분단체제와 87년체제

분단체제와 87년체제

/ 김종엽 지음

창비

지금은 그렇지 않지만 2000년대 중반까지만 해도 나를 1990년대의 문화평론가로 기억하는 이들은 내가 분단체제론과 87년체제론 연구를 진행한 것에 대해 약간의 의아심을 표하곤 했다. 나에게는 그렇지 않은 것이 남들에게는 방향전환으로 보인 것은 아마 지식인에게도 첫인상이나 데뷔작 같은 것이 적지 않은 중요성을 가져서일 것이다. 나를 빗대기엔 너무 뛰어난 인물이지만 에드가 모랭(Edgar Morin)의 경우도 그렇다. 그는 광범위한 주제에 대해 수많은 뛰어난 저서를 남겼지만, 『스타』는 그의 초기 영화비평서로 가장 잘 알려져 있다. 아마도 모랭은 『스타』의 저자로 기억되는 것이 억울할 수도 있을 것이다. 그리고 기회가 닿는다면 약간의 변명을 늘어놓고 싶을 것이다. 나도 그렇다.

물론 지적인 작업도 생애의 경로만큼이나 사후적 정당화 여지가 큰 편이다. 표류했던 것을 필연적 과정으로, 다시 말해 그렇지 않을 수 있었던 것을 그럴 수밖에 없었던 것으로 바꾸어놓을 수 있는 것이다. 그러므로 자신에게 진정으로 충실하기 위해서 요구되는 것은 자아에 대한 나르시시즘적 스토리텔링이 아니라 자아를 설명하려는(accounting for) 엄밀한 노력이다. 그럼에도 불구하고 책의 서문이라는 형식에서 양해를 얻어 나의 내적 일관성에 대해 말하고 싶다. 분단체제론과 87년 체제론 연구는 내 석사학위논문과 박사학위논문의 연장선상에 있으며, 그런 의미에서 내 자신의 지적 경로에서 필연적이지는 않았지만 상당히 개연성 높은 방향이었다고 말이다.

누구도 들춰볼 일이 없고 나 자신도 약간의 부끄러운 감정 없이는 펼쳐볼 수 없는 내 석사논문의 제목은 「80년대 통일논의에 대한 언술 분석(discursive analysis)의 한 시도: M. Pêcheux의 방법을 중심으로」이다. 부제에 언급된 미셸 뻬쇠(Michel Pêcheux, 1938~83)는 루이 알뛰세르(Louis Althusser)의 제자이다. 내가 석사과정 중이던 1986~87년 무렵의 사회학과 대학원생이라면 누구나 알뛰세르를 읽었으니 그런 독서의 연장선에서 만난 뻬쇠의 '담화자동분석법'을 내가 분석방법으로 택한 것은 납득할 만한 일이었다. 물론 그 방법은 그때나 지금이나 학문세계의 아주 구석진 모서리에 있는 것이었고, 뻬쇠가 비교적 일찍 죽은 탓에 더 발전되지도 않았다. 그러니 분석방법의 측면에서 내 석사논문은 더이상 흥미롭지 않다.

하지만 주제의 면에서는 여전히 어떤 의미를 가지고 있다. 너무 포괄적이라 제목만으로는 금세 알아채기 어려운 이 논문의 중심 주제는 1986년 신한민주당 유성환 의원이 연루되었던 이른바 '국시론(國是論)' 파동이었다. 유성환 의원이 1986년 10월 14일 국회 본회의 대정부 질의에서 했던 발언의 요지는 대략 이런 것이었다. '우리나라의 국시가 반공이라고 하는데, 그렇다면 1988년 서울올림픽 때 공산권 국가들이 참가하겠는가, 국시는 반공이 아닌 통일이어야 하는 것 아닌가.'

지금의 감각으로는 국회의원이 이런 발언을 한 것이 무슨 문제인지

6

이해하기 어려울 수 있겠다. 하지만 당시에는 유 의원의 발언 때문에 국회는 벌집을 쑤셔놓은 것처럼 되었다. 당시 집권당이었던 민주정의당은 유 의원의 발언이 그가 속한 신한민주당의 공식당론인지 밝히라고 요구했고, 관변단체인 반공연맹과 재향군인회 등은 곧장 "반공은 국시다"라는 구호를 외치며 유 의원을 용공분자로 몰며 처단할 것을 주장했다. 그리고 국시 발언 이틀 뒤인 10월 16일 밤 10시 40분 국회에서 경호권이 발동된 가운데 민주정의당 의원 146명과 무소속 이용택 의원이 유성환 체포동의안을 만장일치로 통과시켜버렸다. 그로 인해 유성환은 발언 3일 만인 10월 17일 새벽에 구속되었는데, 이는 국회의원이 회기 중 원내발언으로 구속된 최초의 사례였다. 1987년 4월 13일에 열린 선고공판에서 재판부는 유 의원에서 징역 1년을 선고했고, 그 결과 유 의원은 의원직을 상실하고 270일간 수형생활을 해야 했다. 그리고 1992년이 되어서야 대법원이 면책특권 취지로 유 의원에 대한 공소를 기각했다.

이 사건은 20대 중반의 나에게 적지 않은 충격을 주었다. 반공으로 똘똘 뭉친 사회이지만 그래도 어린 시절 학교에서 "우리의 소원은 통일"이라고 노래를 부르면서 성장한 나로서는 유 의원의 발언이 의원직을 상실하고 실형을 살 이유가 된다는 것을 받아들이기 어려웠다. 하지만 유 의원 사태는 바로 우리 사회가 어떤 식으로 구조화되었는지, 분단체제가 어떻게 작동하는지를 잘 보여주고 있었다.

반공을 '국시'로 하는 사회라고 해서 통일을 말할 수 없는 것은 아니다. 하지만 통일은 주제로서 그리고 다뤄진 내용 수준에서 정당성을 얻을 수 없다. 에밀 뱅베니스트(Émile Benvéniste)의 구분을 도입한다면, 오직 발화행위(énonciation) 주체의 자격을 경유해서만 발화된 내용(énoncé)은 정당성을 가진다. 그것은 말할 자격이 있는 자가 누가 말할 자격이 있는지 그리고 무슨 말을 해도 좋은지를 결정하는 순환논리가 작동하고 있음을 뜻한다. 허풍선이 남작 뮌히하우젠(Münchhausen)은 늪에 빠지자 자신의 머리카락을 자기 손으로 붙잡고 스스로를 끌어올려 늪에서 나온다. 마찬가지 우스꽝스러운 일이 통일이라는 발화내용을 둘러싸고 벌어진다. 통일이 용공의 늪에 빠지지 않기 위해서는 발화 주체라는 손이 발화내용인 통일의 머리카락을 움켜지고 위로 들어 올려주어야 한다. 다시 말해 발화행위의 주체로부터 분리된다면, 발화내용은 그 자체로서 독립적인 의미를 갖지 못한다. 반공 이데올로기는 이렇게 발화행위와 발화내용이 서로를 전제하며 재생산됨으로써 작동하는 것이다.

나는 뻬쇠의 방법을 활용해 발화 주체가 알려지지 않았을 때, 우리 사회 성원들이 얼마나 심각한 이데올로기적 혼선을 겪는지 보여주고자 했다. 실제로 조사 대상이 된 교사들은 발화 주체를 임의로 지정해주자 민정당과 전두환의 통일 담화를 좌우파 스펙트럼 속 어떤 입장에도 망설임 없이 귀속시키는 모습을 보였다. 이런 조사 내용을 담은 석사논문은 '엄격한' 방법의 외관을 띠고 있지만, 그 밑바닥엔 물론 집권세력이 통치 정당화를 위해 동원하는 통일 담론을 조롱하려는 풍자적 동기도 깔려 있었다. 아무튼 이런 석사논문에 비춰볼 때, 나의 유력한 후속 작업이 분단체제의 작동에 대한 연구가 되는 것은 당연한 면도 있다.

석사논문 작성을 위해 필요한 이런저런 작업과 독서를 진행하고 있던 1987년 석사 3학기 말에 6월항쟁이 시작되었다. 연초에 터진 박종철 고문치사 사건에서부터 시작해서 점점더 격렬하게 진행되던 전두환 정권 퇴진운동이 마침내 광주항쟁 이후 가장 큰 규모의 대중투쟁으로 발전했던 것이다. 논문 작업을 하고 메모나 서지를 몇줄 정리하다가는 서울역과 명동의 집회 현장에 나갔다 오는 생활이 반복되었다. 그렇게 6월항쟁에 이어 직선제로 바뀐 대통령선거를 치를 즈음 나는 석사논문을 끝내고 박사과정 입학시험에 합격했다.

비틀스의 노래 제목을 빌리자면 "길고 구불구불한 길(The long and winding road)"을 지나 도달한 내 박사학위논문 주제는 고전사회학자 에밀 뒤르켐(Émile Durkheim)의 사상을 근대성 비판의 관점에서 재구성하는 것이었다. 하지만 내 박사학위논문의 서브텍스트의 하나는 6월항쟁이었거니와, 이 점은 뒤르켐이 사회적 연대와 제도 형성의 출처로 제시한 집회와 집회가 자아내는 열광(effervescence)의 개념에 집중한 것에서 드러난다. 그런 의미에서 나의 뒤르켐 연구는 6월항쟁에 대한 오마주이기도 했다.

어쩌면 내 청년기에 받았던 가장 멋진 초대장은 비록 3층 꼭대기 입석이었을망정 6월항쟁의 현장을 세세히 그리고 감격스럽게 바라볼 수 있는 객석에 서 있었다는 것이다. 항쟁의 여파·여진·여운은 매우 길고 짙은 것이어서 그 이후 나의 사회적·정치적·학문적 지향은 6월항쟁이 수립했고 내가 몇몇 학자와 더불어 '87년체제'라고 명명했던 체제의 경로에 깊이 연동되었다. 생각해보면 처음부터 구체제와의 타협 속에서 형성된 체제가 걸어간 길 역시 '길고 구불구불'했다. 하지만 87년체제의 행로가 내가 연구했던 에밀 뒤르켐의 청년기 이후 모든 삶을 담았던 프랑스 제3공화정보다 못하진 않았다. 제3공화정이 보불전쟁 패배와 빠리꼬뮌에서의 학살이라는 폐허에서 출발한 보수 공화정이었던 데 비해, 87년체제는 타협적으로 형성되었다고 해도 승리의 경험에서 출발한 체제였으니 말이다. 생각해보면 신산하기 그지없는 우리의 근현대사에서 절반일망정 민중의 정치적 승리를 청년기에 목도한다는 것은 패배주의로부터 성큼 비껴나게 되는 역사적 행운이다. 더구나 그 절반의 승리를 온전한 승리로 만들어갈 기회가 닫힌 것도 아니었으니 말이다.

그럼에도 불구하고 체제의 수립에 몸을 던졌던 이들조차 이 체제를 사랑하지 않는 경우가 많았다. 왜 아니겠는가. 직선제 개헌으로 얻은 첫 선거에서 전두환의 친구 노태우가 대통령이 되는 모습을 보아야 했으니. 이후 87년체제에서는 희망과 실망이 주기적으로 그리고 큰 낙차를 보이며 반복되었고, 민주파와 보수파는 체제의 발전 방향을 두고 지루한 '진지전'을 계속했다. 교착의 체제라고 불러도 과언이 아닌 이 체제는 바로 그 교착의 답답함 때문에 대략 수립된 지 10여년이 지나자 극복 대상으로 테마화되기 시작했다. 87년체제라는 말이 공론장에 데뷔하여 쓰임새를 넓혀가던 것이 2000년대 초반인데, 공론장에 데뷔하는 그때부터 극복이라는 단어와 함께 붙어 다니게 된다. 물론 극복의 필요성은 분명하다. 교착의 지속은 우리가 바람직하게 생각하는 더 높은 고원(高原)에 도달하는 데 필요한 사회적 자원을 소모시켜 사라지게 하기 때문이다. 우리가 이명박·박근혜 정부를 경유하며 망실한 시간과 자원만큼 그것을 잘 보여주는 것이 있을까. 그러나 극복이 논의된 때로부터 다시 10여년이 훌쩍 넘는 시간이 흘렀다는 사실이 말해주는 것은 교착이 만만찮은 내구성을 가지고 있다는 것이다.

이런 점을 생각하면 87년체제의 극복을 추구하는 이는 한결 침착해져야 할 것이다. 이 체제의 극복은 오직 이 체제가 열어준 민주적 가능성을 실현하는 것을 통해서만 가능하기 때문이다. 따라서 필요한 것은 허약한 정신에서 비롯되는 청산의 몸짓이 아니라 체제의 가능성을 활용할 역량을 제고하는 것이다. 87년체제 연구는 그런 역량을 높이기 위한 작업의 하나일 텐데, 말석에서나마 그런 작업에 참여해온 것이 내게는 스스로에게 일관성 있는 일이었던 덕에 힘겹지 않았다. 아니 끈기를 유발할 만큼의 즐거움도 있었는데, 그 이유는 비록 교착의 체제라 하더라도 그 체제의 진화 경로가 결국은 긍정적인 방향으로 흐를 것이라는 믿음이 있었던 덕분이다. 그리고 나는 그 믿음의 증거를 지난가을부터 올봄까지 서울 도심을 황홀하게 빛냈던 촛불집회, 우리 각자가 밝힌 작은 촛불이 모여 그려낸 거대한 빛의 점묘화에서 다시 한번 발견했다. 그러니 어린 시절 주일학교에서 들었던 말을 상기하면 이렇다. "믿음은 바라는 것의 실상이요, 보이지 않는 것의 증거이다."

  서두가 너무 길어졌다. 이 꼭지가 본래 담당해야 할 이야기를 어서 해야겠다. 올해가 6월항쟁 30주년인 점이나 내 개인사와 학문적 이력에 비춰보더라도 87년체제에 대한, 그리고 87년체제를 분석하기 위해서 항상 요청되는 분단체제에 대한 책을 출간하는 것은 매우 뜻깊은 일이다. 하지만 분단체제와 87년체제를 분석하는 것과 그것을 하나의 책으로 엮는 일은 다른 일이다. 한권의 책을 염두에 두고 쓴 글들이 아니어서 책으로 묶는 일은 여러모로 불만족스럽고 쉽지도 않다. 그간 분단체제와 87년체제에 대해 썼던 글을 살펴보니 대략 1년에 한편 정도씩 발표했음을 알 수 있었다. 늘 머리 한편에 자리잡은 주제이고 꾸준히 작업해왔다고 생각했지만 만족할 만큼 부지런하진 못했다는 사실에 새삼 자책감이 들었다. 이 주제로 한권의 '완결성' 있는 책이 되기 위해서는 더 써야 할 글이 많아 보였다. 작업을 시작하기 전에는 쓴 순서대로 묶으면 될 것이라 막연히 생각했지만, 막상 글들을 펼쳐놓고 보니 그런 배열이 독자에게 매우 불친절하다는 걸 금세 알 수 있었다.
  여러 편의 글이 정치 상황과 그것에 연원하는 논쟁 속에서 쓰인 탓인데, 그로 인해 대략 세가지 문제가 생겼다. 우선 맥락 가운데 일부 측면은 지속되고 있지만 사라진 것도 많다는 점이다. 이 때문에 글이 쓰인 시점에서는 생생함을 주었던 요소가 지금 시점에서는 오히려 글을 이해하기 어렵게 한다. 논쟁이 발생한 시점에 구상되었지만 꽤 시간이 지난 뒤 쓰인 글도 있는데, 이런 글은 지금 시점에서는 맥락적 이해 자체가 까다롭다. 다음으로 분단체제와 87년체제를 해명하기 위해 이런저런 개념을 고안했지만, 그것이 체계적으로 제시되기보다는 논쟁의 맥락 속에서 활용되는 식으로 제출되었다. 글들이 사유의 발전 경로를 따르지 않고 쓰인 것이다. 물론 논쟁이 생각을 자극하고 개념을 발전시키도록 했으니 논쟁의 맥락 속에서 글을 쓰는 것이 체계적 사유의 발전을 막는 것은 아니다. 오히려 도움이 되는 경우가 더 많다. 하지만 그렇게 쓰인 글들 자체가 체계적이기는 어렵다. 마지막으로 '분단체제와 87년체제'를 표제로 하는 만큼 의당 분단체제에 더 비중을 두고 쓴 글과 87년체제를 주로 분석한 글을 질서있게 배열해야 하는데, 글들이 분석단위에 따라 잘 나뉘지 않았다. 그 이유도 글의 동기에 논쟁적 맥락이 가장 중요하게 자리잡은 때문이었다.

정연하고 체계적인 꼴을 갖추려면 글들을 모두 고쳐 써야 하는데, 그러느니 아예 새로 쓰는 것이 나을 지경이라 책 내는 일을 포기할 생각도 여러번 했다. 결국 글들이 쓰인 순서와 분석단위를 함께 고려해 타협적으로 목차를 구성하는 쪽으로 방향을 잡았다. 글들이 우격다짐 끝에 자리를 할당받은 셈인데, 그러고 나니 각각의 글이 자기 맥락을 고수하며 책의 유기적 구성부분이 되기를 거부하는 모양새이다. 목차는 정연한 이미지를 만들어내려 하지만, 글들이 서로를 전제하는 방식은 선형성을 잃고 뒤죽박죽 구근덩이를 이룬 상태이다.

그러니 독자들이 예컨대 책의 제4장보다 제3장을 먼저 읽어야 한다는 식의 강박은 갖지 않았으면 한다. 양해를 바라는 마음으로 한마디 더 말하면, 이런 책을 독자가 잘 읽는 방법은 결국 논쟁의 맥락을 다시 떠올려보는 것이다. 이 책에 쓰인 글이 개입한 또는 개입하려고 했던 논쟁들을 적어보면 대략 다음과 같다. 1980년대의 사회구성체 논쟁(제1장), 신자유주의 문제를 문화론적으로 심화시킨 속물론이나 자기계발 비판론을 둘러싼 논쟁(제2장), 사학법 논쟁(제3장), 김대중·노무현 정부 시기의 진보 논쟁(제5장), 2008년 촛불항쟁을 둘러싼 논쟁(제6장과 보론), 이명박 정부의 성격 분석과 연합정치를 둘러싼 논쟁(제7장), 교육정책에서의 신자유주의 논쟁 및 고교평준화 논쟁(제8장과 보론), 서울대 폐지와 국립대학통합네트워크 논쟁(제9장), 박근혜 정부 시기의 탈민주화와 국가능력의 후퇴 문제를 둘러싼 논쟁(제12장), 국사교과서 국정화 논쟁(제13장) 등이다.

지금 시점에서 보면 사회변화의 결과는 논쟁에서 내가 취한 입장에 손을 들어준 경우도 있지만, 사정없이 기각한 경우도 있다. 하지만 오류 가능성의 부담을 떠안을지라도 논쟁의 분위기를 유지하는 것은 변함없이 중요하다. 우리 사회는 이 책에 실린 글들이 참여했던 논쟁을 통과해 멀리 나아갔다. 그러므로 그런 것들을 그저 희미한 기억으로 남겨도 문제 될 것은 없다. 하지만 논쟁의 성과는 무용하게 사라지는 것이 아니라 사회적 상식을 변화시키며 그 안에 침전되어 남게 된다. 논쟁적 과정 없이 우리가 현재에 이른 것은 아닌 셈이다.

비근한 예로 얼마전 치러진 19대 대통령선거를 이전 선거와 대조해보자. 2002년 16대 대통령선거에서 민주노동당의 권영길 후보는 "이회창 후보와 노무현 후보의 차이가 '샛강'이라면, 노무현 후보와 저 권영길의 차이는 '한강'입니다"라고 열변을 토했고, 민주당 편에서는 민주노동당에 투표하는 것은 사표라고 노골적으로 선전했다. 또 2007년 17대 대통령선거 때는 이명박 후보의 당선도 정상적인 정권교체이며 그의 당선이 민주주의의 후퇴를 가져올 것이라는 것은 민주당에 의한 '두려움의 동원'일 뿐이며, 남북관계는 보수 후보가 당선되어도 후퇴할 일이 없다고 말했던 많은 진보 지식인들이 있었다. 그들은 민주당의 몰락을 진보정당 약진의 기회로 생각했다. 하지만 2017년 대선에서 정의당과 더불어민주당 사이에는 상호 존중이 이루어졌고 갈등과 잡음이 없었던 것은 아니지만 내가 보기엔 최소화되었다. 두 당은 동반상승을 시도했고 그것만이 가능한 길임을 잘 알고 있었다. 그렇게 된 이유는 그동안의 사회과정이 잘못된 생각들을 반증하고 기각해준 덕이기도 하지만, 나를 포함한 창비 지식인들이 확증편향을 통해 재생산된 상식들을 타파하기 위해서 열정적으로 참여했던 논쟁의 보이지 않는 성과인 면도 있다.

여기 수록된 글은 대부분 『창작과비평』에 게재되었던 것이고, 그렇지 않은 글도 '창비'라 불리는 지식인 공동체 안에서 쓰인 것이다. 내가 창비에 편집위원으로 합류한 것은 1998년인데, 창비에서 토론하고 작업하는 것이 나에겐 편안한 환경에서 좋은 배움을 얻는 박사후 연수과정 같은 것이었다. 늘 열린 마음으로 편안하게 대해주고 후학이 아니라 지적 동료로 대접해준 백낙청, 최원식, 백영서 세분 선생님께 이 기회에 깊이 감사드린다.

함께 편집위원을 하며 즐겁게 대화하고 내가 쓴 글에 우애 넘치는 논평을 해준 유재건, 이필렬, 이일영, 이남주, 백영경, 백지운, 김항, 김태

14

우 님께 감사드린다. 문학을 읽는 즐거움을 계속해서 일깨워주고, 좋은 비평을 통해서 사회 분석 또한 어떤 품격을 갖추어야 하는지 예시해준 한기욱, 김사인, 김영희, 유희석, 황정아, 백지연, 강경석, 송종원, 한영인 님께도 감사드린다. 책 만드는 작업에 헌신해준 박대우 씨에게도 깊이 감사드린다. 이외에 일일이 거명하지 않았지만 여러 고문 선생님, 이전의 편집위원 그리고 편집실무진을 포함한 창비의 모든 분들께 고마움을 전한다.

여기에 수록된 글을 쓴 것은 나이지만 글을 기른 것은 창비였다. 그래서 고교시절 배운 한용운의 시구절을 덧붙이고 싶다. '기루다'는 말이 '기르다'가 아니라 '그리워하다'라는 뜻임을 고등학교 때 국어 선생님께 명토 박아 배웠지만, 즐겁게 오독하며 적는다. "님만 님이 아니라 기룬 것은 다 님이다."

2017년 5월
김종엽

| 차례 |

# 몇개의 메타이론적 고찰

## 1

열쇠를 잃어버린 사람에 대한 우화가 있다. "어두운 골목에서 어떤 이가 열쇠를 잃어버렸다. 그는 열쇠를 찾기 위해서 열심히 가로등 밑을 살피고 있었다. 그러자 지나가던 이가 물었다. 왜 가로등 밑만 뒤지고 있습니까? 열쇠가 다른 곳에 떨어졌을지도 모르지 않습니까? 그러자 열쇠를 잃어버린 사람이 말했다. 가로등 밑은 밝지만, 다른 데는 어둡잖아요."

이 이야기 속의 열쇠 잃어버린 사람은 우리 사회 현실을 해명하기 위해 표준적인 서구 사회과학 이론을 활용하는 학자의 모습과 닮은 데가 있다. 물론 잃어버린 열쇠, 그러니까 해명하려는 우리의 현실이 서구 사회과학 이론이라는 가로등 아래 있을 가능성도 있다. 그런 경우 우리는 큰 어려움 없이 우리 현실을 해명할 수 있을 것이다. 하지만 우리의 현실이 서구에서 발전된 표준적 사회과학 이론이 조명하는 영역 바깥에 있을 가능성을 배제할 수 없다. 따라서 가로등 밖의 어두운 지대로 들어서는 이론적인 모험은 회피될 수 없다. 이 책에서 제기한 분단체제론과

87년체제론은 그런 시도의 일환이다.

　물론 이런 비유를 들어 분단체제론과 87년체제론을 정당화하는 것에서 이론적 국수주의의 분위기를 느끼는 사람도 있을 것이다. 하지만 이것은 결코 이론적 국수주의가 아니다. 이론은 보편성을 지향한다. 그런데 그 보편성은 저기 어딘가에 미리 존재하고 있지 않다. 보편성은 모든 특수한 경험을 포용함으로써 구성된다. 그렇기 때문에 모든 이론은 보편을 향한 도상에 있을 뿐이다. 어떤 의미에서 보편은 빈 의자이며, 지금 보편으로 수용되는 것은 일시적으로 그 빈 의자에 앉아 있는 것뿐이다. 따라서 모든 보편성 주장에 대해 우리는 회의적 태도를 견지해야 하는 것이다. 더구나 탈식민주의의 과제를 안고 있는 우리 같은 경우라면, 우리 현실이 산입되지 않은 어떤 이론과 논의도 아직 보편성에 미달한 것으로 간주하는 태도를 고수할 필요가 있다.

　예컨대 이 책의 주요 주제 가운데 하나인 국민국가와 분단 문제에 대해 잠시 생각해보자. 제13장에서 지적했듯이 에릭 홉스봄(Eric Hobsbawm)은 국민국가 문제를 다룬 저서에서 중국, 한국 그리고 일본을 두고 "종족이라는 면에서 거의 또는 완전히 동질적인 인구로 구성된 역사적 국가의 극히 희귀한 사례"[1]라고 말한다. 그런데 한·중·일 가운데서도 이런 동질성이 가장 높은 나라는 한국이다. 그것이 뜻하는 바는 한반도 주민이 국민국가를 형성하기에 지구상에서 가장 좋은 종족적 토대를 갖추고 있다는 것이다. 하지만 바로 그런 우리가 70여년 동안 반으로 갈라져 통상적인 국민국가와는 전연 다른 국가 형태 속에서 살아가고 있다. 그런 의미에서 우리 사례는 국민국가에 대한 모든 논의를 한계까지 몰

---

1 에릭 홉스봄 『1780년 이후의 민족과 민족주의』, 강명세 옮김, 창작과비평사 1994, 94면.

아간다고 할 수 있다. 우리의 이런 역사적 경험을 포섭하지 않고 구성된 국민국가에 대한 이론이 보편성을 주장할 수는 없다. 보편성에 도달하기 위해서도 특수성은 고집스럽게 논구될 필요가 있는 것이다. 이렇게 특수성과 보편성이 어긋나고, 경험과 이론의 간극이 확인되는 지점이야말로 긴장어린 사유가 요청되는 지점이라고 할 수 있다.

하지만 이론에 의해 우리의 경험이 재단되는 일은 흔하게 일어난다. 분단상황을 단순한 예외로 취급하며 '이론적 미안함'를 표하고 물러서는 태도나, 남북관계를 국가 간 외교관계로 처리하면 된다고 보는 '이론적 안이함', 또는 남북관계를 민족주의 입장에서 정리해버리려고 하는 '정서적 방임'이 그런 것이다. 이런 태도는 모두 보편성을 거부하기 위해서가 아니라 보편성에 도달하기 위해서 특수성을 고집해야 한다는 이론적 감수성을 갖지 못한 데서 연원한다.

이 점과 관련해서 분단체제론이 문학평론가인 백낙청(白樂晴)에 의해 제기되고 발전되었다는 사실은 징후적이라고 할 수 있다. 문학비평가는 이론에 구애되지 않고 텍스트 자체를 꼼꼼하게 제대로 읽어내고자 한다. 물론 비평가도 이론의 도움을 받는다. 하지만 비평가에게 이론은 자신의 비평행위가 자의적이거나 편향적인 것이 되지 않도록 향도하는 내적 규율이지 텍스트를 미리 선별하거나 재단하는 틀은 아니다. 비평정신은 텍스트로 돌아가 텍스트가 표현한 것은 물론이고 그것이 미처 제대로 표현해내지 못한 것조차 찾아내어 그 의미를 텍스트에 되돌려주는 것이다. 이렇게 하지 않으면 언제나 새롭게 창작되는 작품을 향해 비평이 열려 있다고 할 수 없을 것이며, 그런 의미에서 '창작'과 '비평'을 켤레로 삼는 작업 태도가 분단체제론의 발원지라고 할 수 있다.

백낙청의 비평작업에서 우리는 민족문학과 세계문학이라는 또하나의 켤레를 발견하게 되는데, 이 켤레는 앞서 지적한 보편과 특수의 관계를 문학의 영역에서 백낙청이 다뤄온 방식이라고 할 수 있다. 그가 주장하듯이, 모(국)어에 뿌리내린 국지적인 문학적 성취들이 문학의 세계 공화국에 시민권을 가지고 참여할 때 세계문학은 위계적으로 구조화된 세계문학 시장 너머의 보편성을 획득할 수 있다.[2] 여기서도 특수성은 보편에 이르기 위해 고수되고 논구되어야 하는 것이다.

이런 백낙청의 관점에서 한반도는 아마도 하나의 텍스트, 진리를 개진하는 '작품'의 반열에는 오르지 못한 텍스트, 기이하고 비틀려 있지만 이 땅에 태어난 비평가로서 사랑하지 않을 수 없는 텍스트였을 것이다. 좋은 비평가는 작가의 도반(道伴)이 된다. 그는 한반도라는 텍스트, 내적으로 조직되어 체제성을 갖추었고, 그래서 분단체제라 부를 만한 이 텍스트로부터 하나의 작품, 보편적 세계사에 기여하는 진리값을 가진 작품이 탄생되기를 바랐고, 자신의 비평작업이 이 체제를 살아가며 그것을 작품으로 승화해보려는 작가/민중의 도반이 되는 일이라고 여긴 것 같다. 텍스트로부터 작품을 이끌어내는 것, 그것이 분단체제를 제기하는 동시에 그것의 '변혁'을 말한 이유일 것이다.

그는 「지구시대의 민족문학」에서 우리의 현실인식 태도가 확장되어야 함을 지적하며 "현실은 언제나 '있어야 할 것'을 일부라도 배태한 '있음'이요, '없는 것' '없어진 것'들의 '흔적으로 있음'"[3]이라고 말한다. 분단체제를 말하는 것은 '없어진 것'들의 '흔적으로 있음'인 한반도를 터전으로 한 삶에 대해서 말하는 것이며, 그것의 변혁이란 '있어야 할 것'

2 백낙청 「세계화와 문학: 세계문학, 국민/민족문학, 지역문학」, 『안과밖』 제29호, 2010, 14~33면.
3 백낙청 「지구시대의 민족문학」, 『창작과비평』 1993년 가을호 100면.

을 일부라도 배태한 '있음'을 밝히고 그것이 제대로 있게 하는 작업이라 할 수 있다(그런 뜻에서 그는 분단체제를 다룬 첫 저서에 '분단체제 변혁의 공부길'이란 제목을 달았을 것이다).

2

이 책에 모인 글은 표준적인 논문 스타일을 따르고 있지 않다. 그렇기 때문에 엄격한 학문적 글쓰기의 산물이라기보다 일종의 에세이로 수용될 수도 있을 것이다. 그렇게 읽어도 좋다. 하지만 그렇게 바라보는 관점이 전제하는 표준적인 사회과학관에 약간의 이의를 제기하고 싶다. 표준적인 관점에서는 개념을 일상어의 혼돈을 피하고 명료한 지시 대상을 가진 잘 정의된 언어로 간주한다. 또 이론을 검증 가능한 명제의 체계로 여기며, 이론의 가치를 인과적 설명 능력에 둔다. 하지만 근대 자연과학으로부터 유래한 이런 표준적인 관점의 타당성은 제한적이다.

인과적 설명부터 보자. 사회적 삶에서는 인과성 해명이 가능한 영역이 매우 제한적이다. 충분한 규모로 복잡한 사회에서는 내가 어떤 결정을 하고 행동을 할 때, 다른 행위자도 모종의 결정을 하고 행동을 취한다. 이런 동시성(simultaneousity)은 선형성(linearity)을 전제하는 인과성과 정면에서 충돌한다. 사회적 삶에서 국지적으로는 선형적 인과성이 존재한다. 그리고 분석적으로 몇가지 변수를 고립시킴으로써, 그러니까 "다른 조건이 동일하다면(ceteris paribus)"이라는 '악명 높은' 전제를 마음 편히 동원한다면, 인과성 추출이 불가능하지는 않다. 하지만 복잡한 현대사회에서 동시성은 압도적인 수준이다. 내가 지금 이렇게 글을 쓰고 있을 때, 누군가는 부동산 계약서에 서명을 하고 있고, 또 다른 누군가는 테니스를 치고 있으며, 또 누군가는 랜섬웨어를 만들고, 누군가는 잠을 자며, 누군가는 앰뷸런스를 몰고 있고, 또 어느 누군가는 내가 이전에 쓴 글을 비판하고 있다. 이렇게 인과적 연관 없는 방대한 규모의 동시 행동이 이루어지는 세계에서 사회과학이 인과적 해명만을 추구한다는 것은 그런 작업이 가능한 국지적 영역으로 철수하는 것이 되기 십상이다.

이론이 검증 가능한 명제 체계라는 관점도 쉽게 방어되지 않는다. 사회과학은 사회 내부로부터 이루어지는 사회에 대한 관찰, 즉 사회의 자기관찰이다. 사회는 외부로부터 객관적으로 조망되지 않는다. 더 나아가 사회과학이 검증을 거쳐 어떤 명제를 생산한다 하더라도 사회에 대한 새로운 명제가 생성된 사회는 이미 그 명제가 다룬 사회가 아니다. 왜냐하면 그 명제는 곧장 사회적 행위자들에게 전유되고 동원되는 지식이 되기 때문이다.

개념 또한 일상어의 모호성을 떨칠 수 없다. 이런 모호성을 피하기 위해서 또는 일상어의 한계를 넘어서기 위해서 수학적 모형이 선호되곤 한다. 기호논리학으로 모호성을 회피해보려고도 한다. 하지만 일상어를 완전히 걷어낸 기호 구성은 비트겐슈타인(L. Wittgenstein)에 의해 이미 포기되었다. 따라서 언어와 개념이 역사적으로 형성된 적층을 가지며 맥락에 의해서만 의미를 획득한다는 사실은 정면에서 수용되어야 한다. 개념의 생성, 이해 그리고 활용에 필요한 것은 개념사적 태도와 맥락에 대한 감수성이다.

그러므로 개념과 이론에 대한 다른 관점을 구상할 필요가 있다. 예컨대 개념의 힘을 지시의 명료성이 아니라 '의미'를 응축할 수 있는 능력

면에서 고찰할 수 있다. 여기서 '의미' 개념을 상세히 논의하기는 어렵고, 그것이 '정보'와 어떤 차이가 있는지 정도만 살펴보자. 이렇게 말할 수 있을 것이다. "정보는 다시 사용할 수 없다. 하지만 의미는 다시 사용할 수 있다." 그리고 그런 재사용 가능성으로 인해 의미는 주관성의 구조에 침투하는 사유의 자원이 된다고 할 수 있다. 예를 들어 '오늘 연방준비이사회(FRB)가 금리를 인상할 것이다'라는 정보는 내일 아무런 쓸모가 없다. 내일이면 금융시장이 이 정보에 대응해 모든 적응을 마친 뒤이기 때문이다. 의미는 이와 다르다. 시인 김수영(金洙暎)이 "미인을 보고 좋다고들 하지만/미인은 자기 얼굴이 싫을 거야/그렇지 않고야 미인일까"(「미인」)라고 적었을 때, 그는 '아름다운 인간'은 어떤 존재인가 하는 문제를 외모의 레벨에서 자기와 관계하는 미묘한 방식이라는 레벨로 옮겨놓았다. 이제 우리는 '아름다운 인간'이라는 문제에 부딪힐 때마다 김수영이 안내한 사유의 공간으로 돌아갈 수 있다. 다시 말해 김수영의 「미인」은 아름다운 인간이 어떤 실존의 미학을 동반하는지 생각할 수 있게 해주는 사유의 자원이 되며, 그럼으로써 이 문제에 대한 우리의 주관적 태도에 지속적인 영향을 미친다.

시가 의미를 혁신한다면, 개념은 이런 의미를 응축하고 총괄한다. 예컨대 헤겔(G. Hegel)의 '인정투쟁', 맑스(K. Marx)의 '잉여가치', 뒤르켐(E. Durkheim)의 '연대', 베버(M. Weber)의 '카리스마' 같은 개념은 수많은 의미를 불러 모아 응축하고 있으며 사유를 새롭게 전개할 수 있게 해준다. 그리고 그렇게 해서 생성된 새로운 의미를 다시 총괄할 수 있는 거점이 된다. 의미의 장을 형성하는 힘을 가진 말, 그것이 개념인 것이다.

분단체제나 87년체제도 이런 개념의 대열에 속할 수 있는 의미 응축

능력을 가지고 있다. 분단체제가 어떤 의미들을 응축하고 있는지 한번 생각해보라. 이 개념은 분단이 외적 요인뿐 아니라 내적 요인에 의해 유지되고 있으며, 남북의 지배층이 상대에 대한 적대를 통해서 자신을 재생산하고 있다는 통찰에 기대고 있다. 이 점에 착목하여 그것을 체제로 개념화하게 되면, 이제 우리는 그로부터 여러가지 의미가 생성되고 그것이 다시 이 개념 안에 응축되는 것을 보게 된다. 분석의 수준에서는 한반도 내의 하위체제들의 상호연동이 시야에 들어오게 되며, 규범적 비판 수준에서는 남북한 지배층 모두에 대해 비판을 수행할 수 있는 입지점이 형성된다. 또한 분단체제가 구조화된 체제라는 것을 보여줌으로써 그것의 극복에 깃든 난관이 얼마나 크며 어떤 성질의 것인지 분석할 수 있게 해주며, 실천 전략의 수준에서도 왜 분단체제에서는 중도적인 것이 급진적 변혁을 향한 경로가 되는지 드러난다. 그리고 분단체제론에 입각할 때 분단체제 극복을 통해 도달한 한반도 사회가 국민국가의 복원이 아니라 창의적인 정치적 실험을 통해 얻어지는 새로운 정치체일 수 있음을 예감하게 된다. 요컨대 분단체제라는 개념으로부터 '포용정책 2.0' '변혁적 중도주의' '국가연합'과 '복합국가' 같은 개념들이 전개되고 이런 개념들의 상호관계로 구성되는 의미의 장이 형성되는 것이다.

개념을 의미 응축의 관점에서 생각해야 하는 것처럼 이론 또한 의미의 문제로 바라볼 필요가 있다. 사회의 자기관찰로서 사회이론은 인과적 해명이나 검증 가능한 명제를 생산하는 것보다 사회체제의 굳어지고 물화(物化, Verdinglichung)된 질서의 자연화된 외관을 깨뜨리고 사회적 잠재력을 일깨우는 새로운 의미론을 제공하는 데서 그 존재 의의가 더 뚜렷하게 드러난다. 사회적 상수로 고착된 체제의 현 상태가 자아내는 자연화된 외관을 깨뜨리는 것만이 급진적 사회 비판이며, 그런 비판만이 사회변화 가능성의 지평을 대담하게 확장할 수 있기 때문이다. 이런 의미론적 개방이 없이 사회 성원들에게 새로운 방향감각을 일깨우는 일은 이루어질 수 없다.

특정한 사회질서 또는 사회체제가 물화된 질서로 수용되는 데는 이유가 있다. 개인들이 현실에 대해 적응력을 높이기 위해서 필수적인 것은 기억이기보다 망각인 것도 그것의 한 이유이다. 망각을 통해서만 우리는 새로운 지각을 수용하고 활동을 위한 새로운 판단을 개시할 수 있는 정신적 여백을 마련할 수 있기 때문이다. 물론 망각이 자동적이거나 의식의 자연적인 마모과정인 것만은 아니다. 그것은 종종 망각하려는 의지(그런 의미에서 내적 억압이라고 할 과정) 또는 외부로부터의 압력이나 탄압에 의해서 강요되기도 한다. 어떤 경험은 너무 압도적이어서 어떤 망각의 의지나 압력도 초월한다. 그럼에도 불구하고 망각이 없다면, 그래서 예를 들어 한국전쟁이 야기한 엄청난 파괴적 경험이 기억을 매개로 시시각각 우리 사회 성원들의 의식을 장악했다면(우리는 이런 일을 외상후스트레스증후군이라고 부른다), 우리 사회가 전쟁의 폐허를 딛고 일어서기는 힘들었을 것이다.

사회적 삶의 물화가 일어나는 또다른 이유의 하나는 의식의 기본적 재료가 지각이기 때문이다. 지각은 신체를 수반하는 과정이며 그렇기 때문에 시공간적 구속성을 갖는다. 비근한 예로 1953년 정전협정 이후에 태어난 세대는 그 이전 경험을 지각 형태로 가질 수 없다. 그들은 그들이 지각하는 사태를 지각 가능한 사태 전부로서 수용한다. 그들은 한반도를 삶의 기본 터전으로 생각하지 않고 휴전선 이남을 터전으로 수용한다. 그렇게 하는 것이 당연히 적응적 이점을 가지고 있다. 하지만 망각을 통해 외상후스트레스증후군으로부터 벗어나고 지각의 현재성을 통해 적응능력을 높이는 것이 댓가 없는 과정은 아니다. 그것은 우리의 삶의 역사적 연속성과 그 연속성에 내포된 가능성의 지평을 축소시키고 주어진 현재적 사실을 마치 자연적 질서인 듯이 수용하게 만드는 것이다.[4]

바로 이 지점이 물화를 비판하며 새로운 의미의 지평을 여는 사회이론이 요청되는 지점이며, 같은 선상에서 분단체제론이 제기된 이유이다. 백낙청은 '후천성분단인식결핍증후군'이라는 (그리 멋지진 않은) 표현을 사용하며 망각과 현재에 속박된 지각에 이의를 제기해왔는데, 그렇게 한 이유는 한반도 전체가 삶의 기본 터전이었던 상황이 망각되고, 분단체제를 구조화하는 적대가 사라진 한반도 전체가 삶의 기본 터전일 때 가능한 삶의 비전도 망각되기 때문이다. 백낙청이 한반도 차원에서 형성된 하나의 체제를 한반도체제가 아니라 분단체제라고 명명한 것도 이런 점 때문일 것이다. 그렇게 명명될 때, 한반도 주민들이 일상적으로 치르는 엄청난 비용과 고통이 표시되고 상기될 수 있으니 말이다.

3

분단체제와 87년체제, 이 두 개념은 각자의 경로를 거쳐 형성되었다. 분단체제는 주지하다시피 1980년대 사회구성체 논쟁을 경유하여 백낙청이 주조한 개념이다. 이에 비해 87년체제는 누가 최초의 명명자인지

---

4 시간지평이 다른 어떤 사회보다 더 강하게 현재로 응축됨으로써 사회적 가능성의 지평 또한 축소되는 것이 분단체제의 에토스이다. 제2장 「사회적 자화상으로서의 분단체제론」에 제시된 '현재주의'는 이런 점을 해명하기 위한 개념이다.

도 희미한 채 2000년대 초반 공론장에 데뷔했다. 그러나 분단체제론과 87년체제론이 서로를 필요로 하며 하나의 켤레로 모인 데는 다음과 같은 내적 이유가 있다.

(1) 우선 87년체제의 출현은 분단체제의 새로운 단계를 표시하기 때문이다. 한국사회의 민주화가 북한사회에 영향을 주고 분단체제를 유지하는 적대적 상호의존 관계를 흔들어놓는다. 이후 분단체제를 재안정화하려는 여러가지 노력이 한국사회의 보수파에 의해서 이루어졌지만, 그럴수록 체제 동요의 폭은 커져갔다. 흔들리는 분단체제를 재안정화려는 시도는 가능하지만, 재안정화 자체는 가능하지 않은 것이다. 이런 분단체제의 동요에는 1989년부터 본격화된 세계사적 탈냉전 또한 중요한 영향을 미쳤지만, 분단체제를 흔든 힘이 한국사회의 민주화라는 내적 힘으로부터 시작되었다는 사실은 87년체제가 어떤 중요성을 갖는지 보여주는 것이다.

다른 한편 분단체제에 대한 인식 그리고 분단체제론의 출현 자체도 87년체제의 형성에 빚지고 있다고 볼 수 있다. 분단체제론의 이론적 발생 맥락은 확실히 1980년대 사회구성체 논쟁이다. 하지만 백낙청의 분단체제론 관련 논술이 등장하기 시작하는 시기는 6월항쟁과 동시적이라는 것을 알 수 있다. 이것이 말해주는 바는 분단체제의 흔들림이 분단체제에 대한 인식을 자극했다고 할 수 있다. 배에 탄 사람이 배의 존재를 예민하게 의식하게 되는 순간은 배가 파도에 흔들릴 때인 것처럼 말이다. 87년체제의 수립은 분단체제를 동요기로 이끌었을 뿐 아니라 분단체제의 존재를 가시화함으로써 분단체제론의 형성을 유도한 사회적 맥락이었다고 할 수 있다. 그런 의미에서 분단체제론은 자신의 발생 연관 해명을 위해 87년체제론을 요청한다.

(2) 이미 지적했듯이 분단체제론 형성의 '이론적' 경로는 1980년대 사회구성체 논쟁이다. 이 논쟁과의 관계에 비춰볼 때도 분단체제론과 87년체제론이 켤레로 묶이는 것은 납득할 만한 일이다. 이 책의 제1장에서 다루었듯이 분단체제론은 1980년대 사회구성체론이 처한 이론적 난관을 돌파하려는 작업 속에서 형성되었다. 사회구성체 논쟁은 맑스주의 전통에 너무 강하게 묶여 있었으며, 맑스주의 역사를 통해서 계속된 정통성(orthodoxy)에 대한 집착에 반복해서 빠져들어갔다. 맑스주의로부터 멀리 표류해가며 이론적 혁신을 감행해나갔던 새로운 이론들에 둔감했고, 스스로 이론적 혁신을 위한 표류를 감행할 의지도 약했다. 당시 유력했던 두 입장을 예로 들어 말하면 신식민지국가독점자본주의론은 일국주의 모델을 고수하며 한국사회에 대해 설명력 있는 명제들을 일부 개발했지만 분단체제의 작동에는 눈을 감았고(마치 열쇠 잃어버린 사람이 가로등 아래만을 뒤지는 것처럼), 식민지반봉건사회론은 분단체제의 작동에는 주목하지만 민족주의적으로 경사된 식민지 이론에 머묾으로써 세계자본주의체제에 깊숙이 편입되어 한국사회가 이룬 성과 그리고 그로 인한 엄청난 역동성과는 아주 동떨어진 이야기를 반복했다(잃어버린 열쇠를 찾지 않고 그것을 잃어버린 것에 대한 애도만 길게 이어간 셈이었다).

관건은 이런 두 측면을 하나의 이론적 전망 속에 통합하는 것이었다. 그런 통합의 유력한 길은 자본주의가 그 발생과 내적 작동 논리에 있어서 처음부터 세계적인 규모에서 활동하는 힘이며, 자본주의체제의 진화과정이 언제나 정치적이고 지리적이라는 것을 이론적 관찰 프레임에 처음부터 장착하는 것이다. 이를 위해 백낙청은 자본주의가 항상 세계적인 수준에서 활동하며 세계경제를 형성하는 힘이라는 점을 명료하게 분석해낸 세계체제론과 제휴하는 동시에 자본주의 세계체제가 한반도에 관철되는 방식을 분단체제 개념을 통해서 포착하고자 했다.

그런 의미에서 분단체제론은 1980년대 사회구성체론을 규정한 이론적 프레임 전반을 갈아엎으면서 새로운 논의의 지평을 열었다고 할 수 있다. 하지만 분단체제론은 남북한의 구조적 연동을 추적하는 데 큰 기여를 한 데 비해 남북한 각각의 작동에 대한 분석에 대해서는 이론적 공간을 마련한 것 이상은 아니었다. 북한에 대한 분석도 중요하지만 1990년대 이래로 기본적으로는 농성체제로부터 벗어나지 못한 북한이 아니라 한국사회가 분단체제의 변혁을 향도할 지렛대를 쥐어지게 된 한에서, 한국사회 분석은 중요한 과제였다. 분단체제론 자체가 한국사회 안에서 이루어지는 작업이고 그것의 변혁을 일차적 과제로 한다는 점을 생각하면 한국사회에 대한 구체적 분석의 필요성은 더 커진다. 87년체제론은 바로 분단체제론이 마련했지만 채우지 못한 이론적 공간에 요청된 이론이라고 할 수 있다. 87년체제의 만화경적인 변화를 포착할 수 있는 87년체제론을 동반함으로써 분단체제론은 마침내 사회구성체 논쟁의 '합리적 핵심'을 온전히 간취해냈다고 할 수 있다.


(3) 1980년대 사회구성체론은 1990년대 초반에 갑자기 소멸했다. 탈냉전은 맑스주의의 사회적 신빙성을 떨어뜨렸고, 더불어 정통에 대한 이론적 집착은 우스꽝스러운 것이 되어버렸다. 지체되었던 글라스노스트(개방)는 이론의 영역에서 전개되었고, 과거의 이론적 입장을 청산하는 몸짓은 도처에서 발견되었는데, 속도가 너무 빨라서 당황스러울 정

도였다. 자고 나면 이론적으로 내 왼편에 자리했던 사람들이 밤새 어딘가로 사라져버렸다.

하지만 사회구성체론이 소멸해도 그때 형성된 사회운동적 입장은 지속되었다. 애초에 사회구성체론 자체가 1980년대 급진적 사회운동의 세가지 의제, 즉 민주, 민족, 민중이라는 의제를 둘러싸고 형성된 것이었으며, 사회구성체론의 기능과 목표는 사회운동 참여자들에게 세 의제의 관계를 어떻게 설정해야 하는지 조망할 수 있게 해주고, 그럼으로써 제한된 사회운동 자원을 효율적으로 동원할 수 있도록 돕는 것이었다(논쟁이 치열했던 이유도 동원 자원이 너무 적어서 집중을 향한 욕구가 강박적이었던 데 있었다). 이 세 의제는 사회구성체론의 운명과 무관하게 여전히 중요성을 가지고 있었고, 그렇기 때문에 세 의제 가운데 무엇이 선차적인지를 둘러싼 사회운동의 분화도 유지되었는데, 자유파(민주), 그리고 흔히 NL로 불리는 자주파(민족), PD로 불리는 평등파(민중)가 그것이다.

문제는 이런 세 분파가 가진 사회적 조망 능력은 여전히 1980년대 사회구성체론 수준에 머물러 있었다는 점이다. 그것은 이론적 청산의 분위기가 논쟁을 중단시킨 댓가의 하나였다. 그로 인해 자유파는 김대중(金大中)·노무현(盧武鉉) 정부의 등장으로 민주주의는 공고화해졌다는 믿음에 쉽게 빠져들었고, 자주파의 다수는 주체사상의 주박(呪縛)에서 풀려나오지 못했으며, 평등파는 사회민주주의로 수렴되는 온건화의 길을 걸었으나 여전히 추상적인 국제주의/보편주의에 머무르고 있었다.

따라서 세 분파는 보수파의 집권 그리고 집권한 보수파가 시도한 분단체제의 재안정화 시도 앞에서 조망 능력의 상실을 경험할 수밖에 없었다. 분단체제론은 그런 세 분파를 계몽하는 성가신 '등에'이기를 자

처했는데, 이 작업을 위해서 87년체제론을 동반해야 했다. 분단체제론이 자주파에 대해 비주사파적인 경로를 제시할 수는 있다. 하지만 분단체제라는 제약이 민주주의의 퇴행을 부를 수 있다는 것 그리고 민주주의에 대한 단순한 표준이론에 안주해서는 안 된다는 것을 경고하기 위해서는 분단체제와 87년체제가 함께 작동하는 방식을 보여주지 않으면 안 된다. 또한 주사파적 자주파와의 관계에서 염증을 경험했고 그런 탓인지 분단문제를 사유하지 않으려는 의지마저 가진 평등파를 계몽하는 작업은 그들과 직접적으로 논쟁의 지형을 형성할 수 있는 87년체제론을 경유할 필요가 있었다.

4

분단체제와 87년체제를 켤레로 사유해야 할 또 하나의 이유는 분단체제가 내용의 힘을 대변한다면, 87년체제가 형식의 힘을 대변하기 때문이다. 양자는 작동하는 방식과 논리가 다르며, 그렇기 때문에 우리 사회의 변동 양상을 살피기 위해서는 양자가 상호작용하는 방식에 주목해야 한다. 왜 그런지 살펴보자.

주지하다시피 사회는 적대와 균열로 가득 차 있다. 그런데도 사회 성원이 원자로 해체되어 자연상태로 돌아가지 않는 이유는 장 자끄 루소(Jean-Jacques Rousseau)가 오래전에 지적했듯이 '결합의 이익'이 존재하기 때문이다. 결합의 이익은 모두에게 나누어질 수도 있고 특정 집단에 의해 송두리째 전유될 수도 있다. 통상 일부는 공동에게, 일부는 특정 집단에게 전유된다. 하지만 전유/착취가 일정 수준을 넘어서면 적대와 균열은 강화된다. 그로 인해 결합의 이익이 포기될 정도로 적대가 커지면 사회는 내전으로 굴러떨어진다.

사회가 적대와 균열에도 불구하고 해체되지 않으면서 결합의 이익을 유지하는 유력한 방법의 하나는 적대가 유발하는 투쟁을 공동의 규칙 아래 진행되는 경쟁으로 전환하는 것이다. 경쟁은 투쟁을 순화하고 진정시키며 재도전의 기회를 부여한다. 민주주의를 정의하는 방식은 다양하지만, 선거경쟁을 통해 승리한 ─ 당연히 승리는 다수의 지지를 받았다는 것을 의미한다 ─ 부분(part), 즉 정당(party)이 전체(the whole)를 향도할 권능과 기회를 일정 기간 갖는 것으로 규정할 수 있다. 이런 절차 전반을 규정하는 동시에 집권세력의 권력행사를 통제하기 위한 법적 규율과 제도적 장치 그리고 언제나 보장되어야 하는 기본권을 보증하는 것이 헌법이다. 그런 의미에서 민주적 법치국가의 시민은 헌법 공동체의 일원이라고 할 수 있다. 요점은 구체적 제도가 어떻게 설계되든 이런 형식적 절차가 합의되면, 그것에 의해 적대가 경쟁의 형태로 흡수되고, 정치는 적과 동지를 분할하는 내전으로부터 시민적 우애를 전제한 공화정으로 이행하는 것이다.

물론 이런 과정은 완벽하지 않다. 사회의 나눗셈은 말끔한 경우가 별로 없다. 나누어 떨어지지 않는 자, 몫을 할당받지 못한 자, 배제된 자가 생기게 된다. 그래서 자끄 랑시에르(Jacques Rancière)라면 제정된 규칙에 의해 운용되는 정치는 진정한 정치가 아니라 '치안'에 불과하며, 제정된 규칙 아래서는 '몫(part)이 없는 자들'의 목소리가 나오고 그렇게 억압된 적대가 제정된 규칙에 도전하기 위해서 재활성화되는 것을 고유한 의미에서 '정치'라고 할 것이다.[5] 부분(part)이 전체를 향도할 권한을 얻기 위해 경쟁하는 것이 민주주의라면, 부분도 아닌 자/몫 없는 자는 민주주의 과정에 들어올 수 없기 때문이다. 그러므로 민주주의는 랑시에르가 말하는 '정치'를 포섭하는 방식으로 확장되어야 할 것이다.

하지만 이렇게 고개를 끄덕일 만한 랑시에르의 논의를 통해 우리 사회를 조명하면 무엇이 보일까? 혹은 무엇이 보이지 않을까? 87년체제라 불리는 것은 랑시에르의 시각에서라면 치안의 차원에 위치할 것이다. 그렇다면 정치는 어디에 위치하는가? 몫이 없는 자에 주목한다면, 여성, 성소수자, 여러 경로로 들어온 이주민, 철거민이 될 것이다. 혹은 평택과 강정과 밀양과 성주 주민도 그런 범주에 속할 것이다. 우리는 이런 이들이 치안 아래 짓눌리는 것에 당연히 항의해야 한다. 몫 없는 자들의 말이 처한 '불화'(mésentente) 상태, 랑시에르가 "대화자 중 한 사람이 다른 사람이 말하는 것을 알아들으면서도 알아듣지 못하는 상황"이라고 정의했던 불화상태에 도전해야 한다. 같은 선상에서 우리는 아마 87년체제의 한계에 대해서, 그것이 하나의 체제로서 자아내는 몫 없는 자의 정치에 대해 이야기해야 할 것이다. 하지만 좀더 들여다보면 성소수자든 강정 주민이든 그들을 치안에 도전하도록 밀어붙인 힘은 치안의 억압적 힘보다는 차라리 분단체제의 적대적 힘이며, 치안에 도전하는 이 몫 없는 자들의 목소리를 억압하는 치안 또한 그 억압의 힘을 분단체제에서 연원하는 적대의 정치로부터 길어올린다는 것을 알 수 있다.

그러므로 이 지점에서 우리는 랑시에르의 논의의 전제들을 검토할 필요가 있다. 랑시에르는 치안에 대한 정치의 도전이 무엇을 목표로 하는지 말하지 않는데, 왜 그런지 물을 필요가 있다. 예상 가능한 혹은 논리적으로 도출 가능한 답변은 두가지이다. 하나는 정치의 목표가 더 높

---

5 정치와 치안 개념에 대해서는 자크 랑시에르『불화: 정치와 철학』, 진태원 옮김, 길 2015 참조.

은 수준의 사회적 포용과 자유의 제도화라고 말하는 것이다. 하지만 랑시에르는 그렇게 말하지 않는다. 짐작컨대 그럴 경우 정치의 역할이 치안을 개선하고 진화시키는 계기로 치안 속에 흡수될 것을 우려하기 때문일 것이다. 그러나 그 길이 아니라면 정치는 치안 없는 삶, 제정된 규칙 없는 항상적인 투쟁상태를 추구하는 것일까? 하지만 그것은 내전상태이다. 나는 그가 내전을 상정했다고 보지 않는다. 오히려 랑시에르는 더 나은 치안의 가능성이 열려 있는 프랑스 사회를 은밀히 전제하기에 오직 몫 없는 자들이 요구하는 평등의 권리에만 초점을 맞출 수 있는 것으로 보인다.

우리의 경우는 그렇지 않다. 분단체제란 휴전상태, 동결된 내전의 체제이다. 남북한은 적대를 각자 자기 영역에서 청소해서 휴전선 너머로 밀어냈다. 휴전선이 바로 적대의 분할선인 것이다. 그런 분단체제 속에서도 우리는 87년체제를 건립했다. 그로 인해 분단체제도 동요기에 접어들었다. 그리고 분단체제의 동요는 그것의 작동방식 또한 변형한다. 두드러진 예 가운데 하나는 적대의 분할선의 위치가 우리 사회 내부로 이동하게 된 것이다. 이 점은 우리 사회 내부에서 적대가 표상되는 방식이 어떻게 변했는지 잠시만 살펴보아도 금세 알 수 있다.

분단체제가 안정적일 때, 한국사회 내부의 적대는 '간첩'에 의해 표상되었다. 간첩은 침투한 자이다. 1960~70년대 반공포스터에 자주 그렇게 그려졌듯이, 간첩은 질병을 퍼뜨리는 쥐, 또는 감염성 높은 질병 자체와 같은 존재였다. 은밀히 어둠 속에 기생하는 존재였다. 그래서 정치적 반대자를 숙청하기 위해서는 간첩으로 조작되어야 했다.

하지만 민주화가 이루어지고 선거경쟁이 제도화되고 근대 정치의 정상적인 좌우파 이데올로기 스펙트럼에 따른 정당 분화가 일어나자 적대는 '친북세력' 또는 '종북세력'이라는 말로 표상되었다. 한국사회 내에 법적으로 제도화된 정당과 그 정당을 지지하는 유권자를 통째로 적으로 삼을 수 있는 식의 정치적 선동이 아무렇지도 않게 횡행하게 된 것이다. 심지어 박근혜(朴槿惠) 정부 초기에는 10·4남북공동선언을 위해 만난 남북정상 사이의 대화에서 합헌적으로 취임한 한국 대통령이 이적행위를 저질렀다는 식의 정치적 공세가 등장했다. 전직이라고 하지만 헌법에 명시된 대통령의 통치행위조차 내전의 상상력에 기댄 적대의 정치 앞에 내던져졌던 것이다. 분단체제의 동요는 남북한의 평화적인 교류협력을 증대시킬 수도 있지만, 동결된 적대가 사회 내부를 향해 풀려나오게 할 수도 있는 것이다.

이것이 말해주는 것은 랑시에르적 의미에서 치안을 수립한, 혹은 좀 더 긍정적으로 묘사한다면 민주적 법치국가를 수립한 87년체제는 내전의 회로 안에 있는 분단체제에 내장된 적대의 정치('정치' 개념을 제안할 때 랑시에르는 상정조차 해볼 수 없었을 가공할 위험을 내포한 정치)를 겨우 누르고 있다고 할 수 있다. 랑시에르에게서 정치는 '어약(魚躍)', 그러니까 물(치안)속에 있던 물고기가 물 위로 뛰어오르는 것 같은 약동의 순간이겠지만, 내전의 상상력에서 연료를 얻는 분단체제의 정치는 87년체제라는 배를 흔드는 파도, 때로는 난파시킬 듯이 흔드는 파도 같은 것이다.

그렇지만 적대를 형식적인 절차와 경쟁으로 흡수하는 87년체제의 힘을 분단체제가 언제나 아무렇지도 않게 갈아엎을 수 있는 것은 아니다. 일단 절차적 형식이 제도화되면, 내용은 형식을 통해서만 제도 안으로 진입할 수 있다. 87년체제의 문화적 성과에 힘입은 촛불혁명도 '외압내진(外壓內進)', 그러니까 외부의 압력을 통해 제도적 장치들이 작동하게 만듦으로써 성과를 얻었다. 누구도 선거경쟁을 경유하지 않고는 정치권력을 획득할 수 없기 때문에 "문재인(文在寅)이 대통령 되면 김정은(金正恩)이 상왕 된다"는 말을 하는 후보도 바로 그 문재인 후보와 나란히 카메라 앞에서 토론회에 임할 수밖에 없다. 따라서 이 형식이 열어준 민주적 가능성을 개척하고 그럼으로써 분단체제라는 적대적 내용을 절차적 형식 안으로 힘차게 흡수할 가능성도 열려 있는 것이다.

분석적으로 이야기하면 이렇다. 87년체제는 모든 사회세력에게 경쟁할 기회를 제공하는 형식적 틀이다. 그렇기 때문에 누가 체제의 고삐를 쥘지 미리 말할 수 없다. 오직 형식에 의해 열린 공간을 더 잘 활용하는 쪽에 손을 들어준다. 분단체제는 적과 동지를 구별한다. 그렇기 때문에 체제의 고삐를 누가 쥐어야 하는지 미리 정해져 있다. 그것은 분단체제의 이편에 선 자이며, 그렇게 이편에 선 자가 이편이 누구에 속하는지도 정한다. 그렇게 구성된 분단체제의 이편에 선 자들은 스스로에게 발부한 면책특권을 가지고 저편에 있는 사람에게 공격성을 풀어놓는다. 그러므로 87년체제가 제안하는 우정의 정치와 분단체제가 제기하는 적대의 정치는 비대칭적이다. 분단체제를 수호하는 행위가 87년체제의 수호자에게는 '점진 쿠데타'이고, 87년체제를 지키는 행위가 분단체제의 수호자에게는 체제전복 행위이다. 그런데도 87년체제를 지키는 자는 자신을 적이라고 부르는 분단체제의 수호자를 친구라고 부르며 그를 우정의 정치로 초대해야 한다. 랑시에르는 상상도 해보지 못한 거대한 규모의 '불화'가 여기에 있는 것이다.[6]

---

6  이런 비대칭적 관계를 백낙청은 87년헌법과 분단체제의 이면헌법 간의 관계로 조명한다. 백낙청 「'촛불'의 새세상 만들기와 남북관계」, 『창작과비평』 2017년 봄호 17~34면 참조.

# 제1장

# 분단체제론의 궤적

## 1

'우리 것으로 학문하기'라는 말을 들을 때 우선 떠오르는 생각은 '것'이라는 말의 모호성이다. 그 '것'은 학문적 작업 대상 자체가 우리의 당면 현실을 가리킬 수도 있고, 그런 현실을 다루는 우리의 개념체계 내지 우리의 문화적 전통 안에 있는 이론적 자원을 가리킬 수도 있다. 전자의 것이라면, 그러니까 우리 현실에 착근된 이론의 모색이라면 지금 여기서 살며 현실을 해명하고자 하는 학자들의 당연한 소임이다. 설령 추상 수준이 높고 우리 현실과 직접적 연관이 없어 보이는 논의조차 지금 여기서 작업이 이루어지는 한, 우리 현실은 논의의 배경으로 작용하게 마련이다. 그러나 후자라면 이야기가 달라진다. 우리 사회 현실을 분석한다고 해서 그 이론의 구성과 개념 체계가 온전히 '자생적'일 필요는 없기 때문이다. 그래야만 한다고 '고집'한다면, 그런 주장은 이론적 국수주의의 위험을 품고 있다고 할 수 있다.

하지만 우리가 마주하는 현실 자체의 고유성으로 인해 우리 스스로 개념을 창안하여 우리 현실을 분석하는 작업이 요청되는 것 또한 사실이다. 그것은 비단 우리 현실 분석을 위해서 긴요할 뿐 아니라 우리의 노력을 통해서 보편적 이론에 기여하는 길이기도 하다. 이를 문학에 비유해서 말하자면, 우리가 세계문학에 기여하는 길은 국민문학 또는 민족문학을 통해서만 가능한 것이며, 우리의 문학을 포함하지 않는 세계문학은 아직 세계문학에 미달하는 것과 같음을 마음에 새길 필요가 있다.

이런 면을 염두에 둘 때, 우리 것으로 학문하기라는 말이 자생적인 이론들, 예컨대 '민중신학' '민족경제론' '민중사회학' 같은 이름을 연상시키는 것은 자연스러운 일이다. 필자는 이런 이름들에 '분단체제론'을 덧붙이는 것 또한 가능할 뿐 아니라 당연하다고 생각한다. 분단체제론은 우리 현실을 이해하기 위해서 가장 중요한 요인인 분단을 이론적으로 규명하려는 시도이기 때문이다.

여기서는 분단체제론의 형성과 전개 그리고 그것을 더 발전시키기 위해 필요한 점들을 검토할 것이다. 이런 작업이 필요한 이유는 우리 현실을 직접 대면하고 분석하려는 분단체제론에 대한 사회과학적 수용이 매우 미진하기 때문이다. 분단체제론이 처음 이론적 틀을 갖추고 등장했을 때의 논쟁을 제외하면, 사회과학은 분단체제론을 간헐적으로 논의해왔을 뿐이다. 양자는 서로를 필요로 하는 상황이었음에도 불구하고 생산적 대화로 나아가지 못했다. 생산적 대화가 이루어지지 못한 데는 어느 한쪽에만 잘못이 있지는 않을 것이다. 그러나 분단체제론을 제기한 백낙청의 여러 글에서 드러나듯이, 사회과학과 대화하고자 하는 분단체제론의 의지는 열렬했다. 그러므로 책임은 기성의 사회과학 편이 더 크다 하겠다. 왜냐하면 우리의 사회적 현실을 해명하기 위해서 가능한 모든 이론적 자원을 탐색하며 진력을 다해야 하는 것은 사회과학의 책무이며, 그런 한에서 분단체제론은 신중한 검토의 대상이 되어야 했기 때문이다. 설령 분단체제론이 우리 현실을 해명하는 데 충분치 않거나 오류를 포함하고 있다고 해도 그렇다. 왜냐하면 어떤 이론의 기각 또한 중요하고 철저하게 이루어져야 하는 이론적 작업이며, 이런 작업을 통해서만 더 나은 새로운 이론에 이를 수 있기 때문이다. 더구나 곧 살펴보겠듯이 분단체제론에 대한 사회과학자들의 논평과 비판은 그것을 기각하는 수준에 이르지 못했다.

이하에서는 미진했던 사회과학과 분단체제론 간의 논쟁적 대화를 새롭게 유도하기 위해, 먼저 분단체제론의 형성과정에 대해서 간략히 서술한 다음(2절), 백낙청과 사회과학자들 사이에 있었던 논쟁의 주요 쟁점에 대해서 살필 것이다(3절). 이어서 논쟁 이후에 이루어진 분단체제론의 발전을 살피고(4절) 마지막으로 결론을 대신해서 분단체제론이 더 논구해야 할 문제를 다룰 것이다(5절).


2


계간 『창작과비평』이 전두환(全斗煥) 정권에 의해 폐간된 후 부정기 간행물의 형태로 출간되던 시절, 『창비 1987』에는 「현단계 한국사회의 성격과 민족운동의 과제」라는 좌담이 실려 있다.[1] 정윤형(鄭允炯), 윤소영(尹昭榮), 조희연(曺喜昐)이 토론자로 참여했고, 사회는 백낙청이었다.

---

1 백낙청 외 「좌담: 현단계 한국사회의 성격과 민족운동의 과제」, 『창비 1987』, 창작과비평사 1987, 6~99면.

80년대 비판적 사회과학 내의 여러 입장 각각의 내면적 동기와 이론적 구상을 잘 짚어내고 있는 이 좌담은 '분단체제론'의 입장에서도 매우 의미심장한 것이었다. 이 좌담을 통해서 분단체제론이 그 싹을 내밀기 때문이다.

이 좌담은 당시의 독자들에게는 식민지반봉건사회론(이하 식반론)을 이론적으로 대변하지는 않지만 그 안에 어른거리는 문제의식을 대변하는 백낙청과 신식민지국가독점자본주의론(이하 신식국독자론)자인 윤소영 간의 논쟁으로 읽혀졌다. 그러나 지금 와서 보면 아직 제 모습을 드러내기 전의 분단체제론과 신식국독자론 간의 논쟁으로 볼 수 있다(좌담자 가운데 정윤형과 조희연은 두 입장 사이에서 동요하거나 양자를 타협적으로 중재하려 한 편이다). 논쟁을 둘러싼 상황이 부정기 간행물의 형태일지언정 『창작과비평』의 복간을 시도할 수 있게 했던 민주화 국면이었던 만큼, 식반론이 대중적 설득력을 가지기 어려운 시기였으며, 아직 잠복기에 있던 분단체제론의 문제제기 또한 그러했다.

그러나 거기엔 신식국독자론이 쉽사리 넘어설 수 없었고, 분단체제론의 독자적 이론화를 불가피하게 요구하는 문제들이 제기되고 있었다. 그것의 두드러진 예가 백낙청이 끈기 있게 질문했던 사회구성체론의 분석단위 문제였다. 백낙청은 이 좌담을 통해서 세가지 사례를 들어 사회구성체론의 분석단위에 대해서 문제를 제기한다. 그는 우선 식반론과 관련해서 다음과 같이 말한다.

사회구성체라는 것을 일정한 생산양식을 가지고 거기에 조응하는 상부구조를 가진 그런 단위가 사회구성체라고 정의를 하고 나면, 그 뒤에 식민지 상황이므로 토대에 조응하지 않는 상부구조를 가진 독

특한 사회구성체로서 식민지반봉건 사회구성체라는 것을 설정하는 것은 자가당착밖엔 아무것도 아니겠지요.[2]

이어지는 논의에서 참석자들은 분석단위 문제를 식반론 자체의 이론적 오류로, 그러니까 식민지에서의 자본주의 발전 가능성에 대한 부인 문제와 사회변혁 전략에서의 오류 문제로 쟁점을 전치한다. 그러나 백낙청은 이어지는 논의에서 다시 한번 단위 문제를 부각시킨다.

식민지에 관한 사회구성체론의 경우에 특별한 문제가 있다는 것은 윤 선생(윤소영)께서 잘 지적해주셨는데, 사실은 식민지사회의 특별한 문제만이 아니라 역시 개념 자체의 엄밀한 정의랄까, 아까부터 말하는 그 적용범위의 문제가 아직 분명해지지 않은 느낌이에요. 가령 고전적인 분석에서는 서양의 일국사회, 특히 영국, 프랑스 이런 사회들이 전제되지 않습니까? 그런데 당장 영국만 하더라도, 잉글랜드가 아닌 그레이트 브리튼이라고 하면 스코틀랜드, 웨일스 다 합친 것(이며) (…) 영국이라는 국가는 아일랜드의 일부를 떼어낸 북아일랜드와 그레이트 브리튼의 연합왕국인데, 그런 점에서 고전적 모델인 영국이야말로 '일국사회'의 개념을 적용하는 데 가장 곤혹스러운 사례일 수도 있다는 역설적 이야기가 됩니다.[3]

백낙청은 마침내 이런 분석단위의 문제를 현재의 한반도로 옮겨온다.

---

2 같은 글 41면.
3 같은 글 45~46면. 괄호 안은 인용자 보충.

일단 하나의 사회가 한반도에 있었는데, 그것이 전후에 분단이 되었단 말예요. 분단이 되었음에도 불구하고 그것을 계속해서 하나의 사회구성체로 보는 것도 무리지만 그것을 단순히 두개의 사회구성체라고 얘기해놓고 끝내는 것도 무리가 될 만큼 그런 독특한 사회구성체라면 사회구성체가 생겨났으니까 이것에 대한 이론적 인식을 하자 이겁니다.[4]

처음에 백낙청은 이 '독특한' 사회구성체 자체에 대한 이론화야말로 당시 사회구성체론이 처한 이론적 궁지를 넘어설 수 있다고 생각했고, 그렇기 때문에 그것에 대한 분석을 요구했다. 이런 요구와 제안은 이론을 넘어서 실천적으로도 절박한 것이기도 했다. 그의 제안이 사회과학에 의해 적극적으로 수용되었다면, 그는 문학평론가로 편안히 되돌아갔을지 모른다. 하지만 좌담의 내용은 그의 제안이 그리 환영받지 못했음을 보여준다. "민족문제 내지는 민족모순의 이중성을 설정해놓고 그것을 국가의 문제와 연결시켜서 어떻게 해서 민주화문제를 통해서 민족문제도 해결할 수 있는가라는 한가지 정식을 제시했었는데, 여기서 불행하게도 백 선생님 혼자서 (웃음) 대안적인 이론화의 가능성을 아직까지도 주장"[5]하고 있다는 윤소영의 진술이나, 분단문제에 대한 구체적 분석의 필요성에 대해 동의하면서도 "당면 민주화의 과제가 해결되는 바탕 위에서 백 선생님이 얘기하는 그러한 가능성이 폭넓게 열리지 않

4 같은 글 72면.
5 같은 글 85면.

을까 생각"[6]한다는 조희연의 진술에서도 분단문제에 대한 인식의 필요성은 지연되고 있다.[7] 따라서 백낙청으로서는 이제 분단된 한반도의 상황을 직접 이론화하는 작업에 직접 나설 수밖에 없었다.

이후 백낙청은 세계체제론을 적극 수용하면서 분단된 한반도 자체를 분석하기 위해서 분단체제라는 개념을 제안한다. 1988년에서 1991년에 이르는 여러 글에서 그는 조금씩 분단체제 개념을 가다듬어나갔고,[8] 1992년에 이르러 「분단체제의 인식을 위하여」를 발표한다.[9] 이 글에서 그는 분단된 한반도를 분단체제라는 개념으로 포착하면서 몇가지 이론적 명제와 이로부터 귀결되는 실천적 함의를 가다듬는데, 내용을 요약하면 다음과 같다.

남북한 각각의 체제로 이루어진 한반도는 일정한 자기재생산 능력을 갖추고 있지만 내재적으로 불안정한 하나의 체제이다. 이 체제는 세계체제의 하위체제로서 존재하며, 지정학적 이유에서 동북아시아라는 중간 영역의 정치군사적·경제적 조건에 민감하게 의존한다. 분단체제는 그 아래 존재하는 남북한 각각의 체제의 지배자와 민중 사이의 대립을 주요모순으로 하는 사회이며, 남북한 각각의 지배층은 적대적이지만 동시에 상당 정도 상호의존적이다. 이런 분단체제가 그 안에 사는 민중에게 고통만 야기한 것은 아니다. 냉전체제의 경계면에 있던 남북한 사

---

6 같은 글 87면.
7 앞서 지적했듯이 1987년 6월의 상황은 이런 진술에 설득력을 높여줄 수도 있었다. 하지만 6월항쟁이 이룰 수 있는 것의 한계 그리고 분단체제를 둘러싼 세계체제의 상황 변화는 이런 판단이야말로 이론적 억압과 실천적 지연이었음을 여실하게 드러냈다.
8 백낙청 『분단체제 변혁의 공부길』, 창작과비평사 1994에 재수록된 제1부 2장 이하의 여러 글 참조.
9 이 글은 같은 책에 제1부 1장으로 재수록되었다.

회는 한편으로는 냉전기 미소 양 진영의 체제 경쟁 덕분에 다른 한편으로는 스스로의 내적 역동성에 힘입어 상당한 발전을 이룰 수 있었다. 그리고 남북한 각 사회의 지배층 또한 자신들의 취약한 헤게모니로 인해 지속적으로 민중생활의 복지에 관심을 두지 않을 수 없었다. 그런 만큼 분단체제의 유지는 냉전체제에만 의존하지 않으며, 그것의 형성 또한 냉전에 의한 것만도 아니다.

이런 체제에서 통일과 변혁(또는 개혁)은 우리가 떠안고 있는 두개의 과제가 아니라 분단체제 극복이라는 하나의 과제가 될 수밖에 없다. '선민주 후통일'이나 '선통일 후민주' 같은 노선들은 분단체제의 특성에 대한 인식이 불충분하기 때문에 나오게 되는 주장일 뿐이다. 필요한 것은 통일과 민주화가 통일적 작업임을 인식하는 가운데, 분단체제의 약화 속에서 성취할 수 있는 민주적 개혁과 분단체제의 붕괴를 통해 가능해질 민중주도적 변혁을 분별하는 것이다.

분단체제론의 시각에서 보면 동유럽 사회주의의 붕괴 이후 급격하게 약화된 북한을 바라보며 제기되는 흡수통일론 또한 그 자체로 한반도에 더 나은 사회를 건설할 기회를 좁히는 주장일뿐더러 한국사회와 자본의 역량에 비추어보더라도 가능성이 높지 않다. 통일 작업은 '우리 안의 민족주의'에 크게 힘입을 수밖에 없지만, 통일된 나라의 형태가 국민국가가 되어야 한다고 목적론적으로 상정할 필요는 없다. 그것은 한결 창의적인 제도적 모형을 찾는 작업이 되어야 할 것이다.

이런 분단체제론은 분단체제의 구조와 재생산 메커니즘에 대한 실증적 연구 성과를 산출한 단계에 이르지는 않았다. 그렇지만 핵심적인 개념적 틀과 어느정도는 신뢰할 만한 중요한 가설을 갖추었다는 점에서 하나의 이론에 값한다 할 수 있다. 또한 분단체제론은 자신의 개념틀과 가설을 통해서 한반도 상황에 대한 정세 판단과 한국사회에 존재하는 이론과 운동의 편향에 대한 비판의 작업을 수행했다는 점에서,[10] 그것이 애초에 의도했던 실천적 지향을 충족시켰다.


3


분단체제론이 이론적 면모를 갖추고 기존 사회운동 노선에 대해 중요한 비판을 제기하자 사회과학자들의 주목을 받게 되었다. 분단체제론이 우리 현실에 착근된 비판적 '사회'이론을 지향하는 한에서 사회과학자들과의 논쟁은 분단체제론의 편에서도 환영할 만한 것이었다.

분단체제론에 대한 사회과학자의 비판 또는 논평은 백낙청의 「분단체제의 인식을 위하여」가 『창작과비평』 1992년 겨울호에 게재된 후부

---

10 특히 후자와 관련해서는 분단체제론을 비판했던 손호철이 누구보다 더 명확하게 정리하고 있다. 그에 따르면 분단체제론은 여섯가지 정도의 '각론적인' 공헌을 했다. 첫째, 남북한 사회의 상호연관성에 대한 강조이다. 이 연관은 남북한 민중 간의 연대의 필요성을 지적한다. 또한 분단의 효과가 부정적 효과에 그치지 않고 높은 수준의 경제성장 같은 긍정적 효과도 수반했음에 주목하게 해준다. 둘째, 상대적으로 등한시되었던 북한사회에 대한 부정적 효과, 특히 북한의 자주성 제약이라는 문제를 생각할 수 있게 해주었다. 셋째, 남북한 지배세력 간의 대립뿐 아니라 이해관계의 공유도 부각시켜주었다. 넷째, 분단체제 아래서의 민중권력의 창출이 환상이라고 주장하는 분단체제론은 적어도 현실주의적 평가에 기초하여 민주변혁 전략을 다시 한번 생각하도록 한다. 다섯째, PD진영의 '선민주변혁, 후통일'론에 대해 분단체제론은 중간매개와 요구강령에 대해 생각이 부족한 채 궁극적 목표만을 강조해온 PD의 최대강령주의에 대한 뼈아픈 비판이다. 여섯째, 현정세에서 세계체제 이탈이 현실적으로 불가능함을 직시하는 한편, 일국적 변혁 모델의 한계를 시사하고 있다는 점이다. 손호철 「'분단체제론'의 비판적 고찰: 백낙청 교수의 논의를 중심으로」, 『창작과비평』 1994년 여름호 321~22면 참조.

터 2년간 이어졌고,[11] 그것에 대해 백낙청의 반론[12]과 손호철(孫浩哲)의 재반론이 이어졌다.[13] 하지만 이후로는 이렇다 할 논쟁이 전개되지 않았으며, 한참 뒤 2001년 인터넷 '창비 자유게시판'을 통해서 이수훈(李洙勳)과 백낙청 사이의 짧은 논쟁이 있었을 뿐이다.[14]

지금 시점에서 볼 때 논쟁들이 생산적이진 않았다. 그 이유는 논쟁의 한 축이 세계체제론과 관련된 것이었기 때문이다. 분단체제론은 세계체제론을 이론적 동반자로 수용함으로써 자신에게 주어진 설명 부담을 상당 정도 이양한다. 따라서 세계체제론의 타당성을 다투는 논의가 제기된다. 손호철이 제기한 세계체제론의 유통주의적 시각에 대한 비판이라든가, 박순성(朴淳成)이 제기한 세계체제론에서의 열국체제의 위상 문제 같은 것이 그 예이다. 하지만 이런 문제들을 충분히 다루고 다시 분단체제론으로 되돌아올 정도로 논쟁이 심화되기는 어려웠다.

---

11 이종오 「분단과 통일을 다시 생각해보며: 백낙청 교수의 분단체제론을 중심으로」, 『창작과비평』 1993년 여름호 291~307면; 정대화 「통일체제를 지향하는 '분단체제'의 탐구」, 『창작과비평』 1993년 가을호 289~302면; 손호철 「'분단체제론'의 비판적 고찰: 백낙청 교수의 논의를 중심으로」, 『창작과비평』 1994년 여름호 316~45면; 박순성 「분단체제와 변혁운동」, 『동향과전망』 제24호, 1994, 159~89면 참조.

12 백낙청 「보론: 분단체제 논의의 진전을 위해」, 『분단체제 변혁의 공부길』 40~48면.

13 손호철 「'분단체제론' 재고: 백낙청 교수의 반비판에 대한 답변」, 『창작과비평』 1994년 겨울호, 292~303면.

14 인터넷 게시판의 특성을 고려하여 이수훈과 백낙청 모두 긴 글을 분재했으며, 그 목록은 다음과 같다. 이수훈 「백낙청 교수의 '통일작업과 개혁작업'에 대한 논평: 과잉분단론 ①」, '창비 게시판' 2001년 9월 11일; 「백낙청 교수의 '통일작업과 개혁작업'에 대한 논평 ②」, '창비 게시판' 2001년 9월 12일; 「백낙청 교수의 '통일작업과 개혁작업'에 대한 논평 ③」, '창비 게시판' 2001년 9월 13일. 백낙청 「이수훈 교수의 비판에 답합니다 ①」, '창비 게시판' 2001년 10월 2일; 「이수훈 교수의 비판에 답합니다 ②」, '창비 게시판' 2001년 10월 2일; 「이수훈 교수의 비판에 답합니다 ③」, '창비 게시판' 2001년 10월 2일. 현재 이 글들은 창비의 게시판 개편으로 인해 게재된 형태로 열람할 수는 없다.

또 하나의 중요한 이유는 분단된 한반도 상황 자체가 그것에 대한 이론인 분단체제론을 검증할 기회를 크게 제약하기 때문이다. 분단체제론의 어법을 빌려 표현한다면, 분단체제는 자신에 대한 이론적 분석마저 제약하는 체제라고 말할 수 있다. 이로 인해 논쟁 당사자들의 정세와 장기 전망에 대한 판단이 논쟁 속으로 계속 유입되었다. 이렇게 논의가 진행된 것은 다소간 불가피한 면이 있지만, 결과적으로 논거가 경험적으로 입증될 수 없는 판단에 치우치게 함으로써 논쟁을 소모적으로 만들었다.

그러나 한반도 상황에 대한 더 나은 이론화를 위해서는 분단체제론을 둘러싼 논쟁점을 살펴볼 필요가 있다. 그럴 때만 계속 다뤄야 할 논쟁점과 그렇지 못한 것을 식별할 수 있기 때문이다. 여기서는 논쟁의 경과를 따라가기보다 주요 쟁점을 따라 논의를 전개할 것이다. 그렇게 하는 이유는 백낙청에 대한 여러 논자의 비판과 논평에는 중복되는 것이 많기 때문이다. 이하에서 다룰 쟁점은 (1) 분단체제론의 개념적 성립 가능성, (2) 분단결정론과 기능주의로 비판받는 분단체제론의 논리 문제, (3) 정세 판단 문제이다.

(1) 먼저 살필 것은 분단체제론의 개념적 성립 가능성에 대한 논쟁이다. 분단체제론에 대해서 정대화(鄭大和)나 손호철은 분단된 한반도에 체제 개념을 사용하는 것에 이의를 제기했다. 둘 가운데 이 문제에 상세한 논의를 할애한 것은 손호철이었다. 그는 우선 분단 '체제' 개념이 세계체제 수준의 체제 개념이랄 수는 없으며, 그렇다고 매우 느슨한 개념 수준에서 체제 개념을 사용한다면, 분단체제 개념은 개념적 가치를 잃는다고 주장한다. 그에 따르면 결국 분단체제론의 관건은 남북한 사회

가 체제라는 이름에 걸맞은 상호의존성을 가지고 있는가 하는 것인데, 그렇게 보기 어렵다는 것이다. 예컨대 한국사회는 세계 자본주의경제와 더 상호의존적이며, 남북한 두 사회의 지배층은 공통된 이해관계를 가지고 있기는 해도 그것이 적대성을 넘어설 만큼은 아니며, 따라서 분단체제론은 하나의 개념으로 성립하기 어렵다는 것이다.[15]

백낙청은 이런 손호철의 문제제기에 대해서 남북한 사이의 상호의존성 문제는 기득권세력의 일정한 '공통의 이해관계' 문제와 관련된 것이란 손호철의 지적을 받아들이면서 공통의 이해관계 문제를 중심으로 반론을 전개한다. 그리고 같은 논리의 연장선상에서 체제의 논리와 정책 간의 구별을 도입하면서 손호철이 양자를 구별하지 못한다고 반비판했다.[16] 이에 대해 손호철은 체제논리와 정책 의도 간의 구별은 분단체제론이 도입한 구별이며, 이 구별의 도입이 분단체제론이 처한 이론적 난관을 돌파해주지 않음을 상론했다.[17]

분단체제의 개념적 성립 가능성 자체를 문제 삼기 때문에 꽤 격렬하다고 말할 수 있는 이 논쟁점은 손호철과 백낙청 모두 행위자 수준과 체제 수준의 관계를 이해관계라는 말로 직접 연결함으로써 착종을 야기

---

15 손호철 「'분단체제론'의 비판적 고찰: 백낙청 교수의 논의를 중심으로」 324~25면.
16 다음과 같은 백낙청의 말을 참조할 것. "분단체제론이 남북 기득권세력의 이해관계가 전적으로 일치한다는 이론은 아님은 물론이지만, 손 교수가 지적하는 현상—즉 남북 정권이 정세에 따라 그 통일정책의 적극성을 바꿔가면서도 오늘까지 분단을 혁파 못하고 그렇다고 기득권을 포기하지도 않은 채 연명해온 역사적 기록—을 다시 한번 곱씹어볼 때, 이것이야말로 정책 입안자들 자신의 주관적 의도에 딱히 구애받지 않은 일정한 '체제'의 논리가 작동해왔다는 발상에 설득력을 부여하는 바가 아닐까?" 백낙청 「김일성 주석 사망 직후의 한반도 정세와 분단체제론: 손호철 교수의 비판에 답하며」, 『흔들리는 분단체제』, 창작과비평사 1998, 92면.
17 손호철 「'분단체제론' 재고: 백낙청 교수의 반비판에 대한 답변」 296~97면.

했다고 할 수 있다. 논쟁과정에서 짚을 이야기들이 대체로 모두 거론되었지만, 이로 인해 비판과 방어 모두가 모호성을 띠게 된다. 이해관계라는 말이 한편 객관적이면서 주관적 행동의 원인으로 작용하기에 이 개념이 양자를 매개할 수 있는 유연한 말로 보일 수 있다. 하지만 이해관계라는 말은 너무 폭이 좁아서 그것만으로 분단체제의 재생산 논리를 설명하기에는 역부족이다. 또한 남북한 지배층의 공통된 이해관계를 통해서 체제의 재생산 논리를 설명하는 것은 오해를 부르기 쉽다. 남북한 간에는 공통의 이해관계라기보다는 '같은 또는 유사한 유형'의 이해관계를 가지고 있기 때문이다.[18]

결국 본래의 질문으로 돌아가면, 우리가 마주하게 되는 것은 남북한 사회의 적대성과 상호의존성에 대한 백낙청과 손호철의 입장 차이다. 전자는 적대성에도 불구하고 또는 적대성을 통해서 상호의존성이 관철된다는 입장이고, 후자는 상호의존 현상이 발생하지만 기본적으로 양자의 관계는 적대적인 것이라는 입장이다. 이 문제는 기본적으로 미리 결정되어 있는 것이 아니라 경험적인 관찰을 통해 확인되어야 할 성질의 것이며, 지금까지의 경험으로는 백낙청의 입장이 더 나은 통찰을 제공한다고 할 수 있다. 북한이 현재와 같이 어려운 상황에도 불구하고 체제를 유지할 수 있는 것은 동아시아의 지정학적 요인과 더불어 분단체제의 특성 '덕분'이라고 할 수 있으며, 북한에 대한 현저한 우위에도 불구하고 분단체제에 머무르려는 강한 관성을 보이는 한국사회의 모습 또한 분단이 체제의 특성을 가지고 있음을 보여주기 때문이다. 요컨대

---

18 백낙청은 「개혁문화와 분단체제」(『흔들리는 분단체제』149~71면)에서는 남북한 지배층의 "교묘한 공생관계"라는 표현을 사용하는데, '교묘함'의 내용을 제시해야 한다는 부담이 있다 하더라도 이런 표현이 '공통된 이해관계'라는 표현보다는 훨씬 적합한 표현이다.

남북한의 격차가 크게 벌어진다고 해도 쉽사리 무너지기 어려운 것이 분단임이 계속해서 확인되고 있다.

(2) 분단체제론 비판자들이 자주 거론했던 것 가운데 하나는 '분단체제숙명론' 또는 '분단모순환원론'[19] '분단결정론'[20] '과잉분단론'[21]이다. 대체로 보아 분단체제론이 남북한 현실을 설명하는 데 분단을 과도하게 중요한 변수로 삼는다는 비판이라고 할 수 있다. 그런데 이런 비판에는 두가지 요소가 섞여 있는 경우가 많다. 하나는 분단체제론이 한국사회에서의 독자적 사회변혁의 가능성을 지나치게 낮게 평가한다는 점이고, 다른 하나는 분단체제론이 한국사회의 다양한 면모를 해석하는 데서 나타나는 이론적 문제점에 대한 것이다.

전자와 관련하여 이종오(李鍾旿)는 예컨대 다음과 같이 말한다.

남한사회에서는 아직 통일이 이루어지지 않은 상태에서 정치적·절차적 민주주의와 그것이 변혁까지는 아니더라도 일정한 사회·경제적 개혁이 이루어지고 있다. 분단상태하에서 민주화도 사회개혁도 불가능하다는 논지가 이제 어떤 현실적 의미를 가지고 있는가. 혹은 한국사회의 모든 모순과 문제는 궁극적으로 분단상황에서 유래한다는 논리가 더이상 무슨 의미를 지니고 있는가.[22]

19 이종오, 앞의 글 305면.
20 손호철 「'분단체제론' 재고」 294면.
21 이수훈 「백낙청 교수의 '통일작업과 개혁작업'에 대한 논평 ③」, '창비 게시판' 2001년 9월 13일.
22 이종오, 앞의 글 294면.

백낙청의 진술 가운데 이런 비판을 불러들일 만한 빌미가 없는 것은 아니다. 예컨대 그는 고은(高銀)과의 대담에서 이렇게 말했다. "분단체제가 큰 폭의 변화를 겪지 않은 어느 한쪽에서 변화할 수 있는 여지가 매우 제한되어 있다."[23] 그럼에도 불구하고 이종오의 비판은 잘못된 것이다. 백낙청은 분단체제하에서 가능한 민주화와 분단체제 극복을 통해서 이룰 수 있는 민주화 내지 변혁이라는 단계론을 항상 견지했으며, 한국사회의 민주화를 가능한 수준까지 밀고 나가는 것이 분단체제 극복의 중요한 방편이라고 주장했다.

물론 분단체제하에서 한국사회의 민주화가 어느 정도 성취될 수 있는가에 대해 분단체제론이 답을 가지고 있지는 않다. 분단체제론이 설정한 민주화의 두 수준(분단체제하에서의 민주화와 분단체제 극복을 통한 민주화 내지 변혁)은 현실에서 벌어지는 민주화 과정을 어떻게 판단해야 할지에 대해 엄격한 규정적 판단 기준이 결여되어 있어서 상황에 대한 신축적인 판단의 여지가 너무 넓다고도 할 수 있다. 다시 말해 한국에서 어떤 수준의 민주화가 이루어지든 더 이상적인 수준의 민주화 내지 변혁의 상태를 기준으로 그것을 분단체제하에서의 제한된 성취로 사후 규정할 수 있다. 하지만 이는 이론적인 발전을 통해서 극복되어야 할 문제이지 분단체제 숙명론으로 몰아갈 성질의 문제는 아니다.

다음으로 분단체제론에 따른 한국사회 분석 가운데 분단환원론이라 불릴 만한 설명들에 대한 비판을 살펴보자. 이런 문제를 직접적으로 비판한 것은 이수훈이다. 그는 분단체제론이 "지역주의, 봉건적 정당행

---

태, 보수언론의 권력, 지식인 사회 집단주의 등등 우리 사회의 모든 해악을 분단과 연결시키고" 있으며, "분단이데올로기가 '자기 적응'과 자기재생산을 해서 국면이 바뀌어도 남한사회의 제반 개혁에 걸림돌로 작동하고 있다"고 주장하며, "성차별이 (…) 분단체제 유지의 중요수단으로" 쓰인다고까지 말하는데, 이는 "기능주의적 논증법"이라고 비판한다.[24]

확실히 '지역감정' 또는 지역할거주의 그리고 성차별주의를 분단이데올로기의 '자기 적응'으로 묘사한다거나. 지역주의를 직접 "분단이데올로기로서의 지역주의"라고 진술하는 백낙청의 주장은 무리가 있어 보인다.[25] 하지만 이는 상당 부분 백낙청이 정교하지 않게 또는 너무 강하게 진술한 데서 기인한다. 좀더 자세히 들여다보면 그뒤에 납득할 만한 분석 도식이 자리잡고 있다는 것을 알 수 있다.

이 점을 해명하기 위해서는 우선 기능주의(functionalism)와 기능분석(functional analysis)의 차이를 염두에 두어야 한다. 기능주의는 어떤 현상의 존재를 그것의 기능에 의해서 설명하는 것이다. 예컨대 새의 날개는 새가 날게 해주는 기능을 한다. 거기까지는 기능분석이다. 그런데 만일 새의 날개가 존재하는 이유가 새를 날게 하기 위해서라고 주장할 때 그것은 기능주의가 된다. 이렇게 기능분석을 인과분석으로 대치하는 것은 비과학적이다. 하지만 경우에 따라서는 그것이 과학적 분석으로 받아들여질 수도 있다. 어떤 현상이 다른 현상에 대해 반복적인 되먹임(feedback) 작용을 일으키는 것이 그 경우이다. 되먹임 작용을 분석하

---

24 이수훈, 앞의 글.
25 백낙청 「통일작업과 개혁작업」, '화해와 전진 포럼' 주제 발표, 2001.

기 위해서는 분석이 시간적 평면 속에서 이루어져야 한다. 우리가 기능주의라고 낙인찍는 설명 가운데 많은 것이 이런 시간적 평면을 생략한 채 어떤 현상이 존재하는 이유를 기능에 의해서 설명하기 때문이다. 예컨대 기우제가 존재하는 이유는 그것이 공동체의 단합을 가져오기 때문이라는 기능주의적 진술의 경우, 기우제가 비를 내리게 하기 위해서 행해졌지만 그것이 반복되면서 사회통합과 되먹임 관계를 가지게 되고 그로 인한 기능적 연계가 기우제를 지내는 이유가 된다면, 기우제는 사회통합을 위해서 존재하게 되었다는 기능주의적 진술은 설명 과정에서 결락이 있을 뿐 틀린 설명은 아니게 된다.

이런 차이를 염두에 두고 본다면, 지역주의나 성차별주의가 분단체제를 유지하는 이데올로기로서 작용한다는 주장은 일종의 기능분석의 영역에 자리잡고 있다고 말할 수 있다. 더구나 백낙청은 어디서도 지역주의나 성차별주의가 분단체제로 인해 존재하게 된 것이라고 말하지 않았다. 그가 지역주의를 분석한 최초의 글은 오히려 원초적인 지역감정이 인간생활에서 거의 자연적으로 뿜어 나오는 것이며, 그 자체로 부정적인 것이 전혀 아니라는 점을 길게 서술하고 있다.[26] 이 문제와 관련해서 분단체제론이 '잘못한' 점은 분단체제와는 다른 기원을 가진 지역주의나 성차별주의가 어떤 경로로 분단체제와 기능적 연관 속으로 들어가고 또 상호 강화하는 되먹임 과정에 들어갔는가에 대한 상세한 분석을 제출하지 못한 데 있다. 그러나 이런 비판은 분단체제론 자체의 이론적 답보와 그런 답보의 사회적 원인에 대한 분석을 요구할 뿐 백낙청

---

26 백낙청 「분단시대의 지역감정」, 『해인』 1987년 12월호(『분단체제 변혁의 공부길』 77~82면에 재수록).

의 논의 자체에 대한 비판의 지위를 가지기는 어렵다.

(3) 정세 판단 문제는 분단체제론과 관련된 논쟁의 모든 지점에서 항상 은밀히 개입하는 것이었다. 1993~1994년 즈음의 논쟁에서도 그렇고, 2000년대 초 이수훈이 제기한 분단체제론의 비판도 그렇다. 이런 논쟁을 이해하기 위해서는, 전자의 경우 김영삼(金泳三) 정부의 출범과 초기 개혁 상황 그리고 북한의 붕괴가 임박한 듯이 여기던 사회 분위기, 후자의 경우 김대중 대통령의 햇볕정책과 남북정상회담이라는 사건을 무시할 수 없다. 지금의 관점에서 보면 흥미롭게도 전자의 상황에서 백낙청을 비판하는 논자들은 북한의 농성체제의 견고성을 낮게 평가하고 한국사회의 변혁의 가능성을 대체로 높게 평가했다. 이에 대해 백낙청은 그런 판단의 한계를 주장했는데, 이는 좀더 장기적인 관점에서 정세를 평가한 때문으로 볼 수 있다. 이에 비해 후자의 경우 남북정상회담과 관련해서 백낙청이 내린 높은 평가(예컨대 남북정상회담을 분단시대로부터 통일시대로의 전환을 알리는 시대구분적 사건으로 평가한 것)를 이수훈이 국면에 지나치게 매몰된 판단으로 비판했다.

그러나 이런 대조는 각 논자들의 입장으로 돌아가면 정반대의 평가 또한 가능하다. 예컨대 1993년 당시 북한의 붕괴를 전망하고 흡수통일을 불가피한 것으로 보며 한국 진보세력이 연방제 논의에 매달리는 것을 우려한 이종오는 현재 시점에서 더 긴 전망에서 보면 자신의 논지는 여전히 유효하다는 입장을 보일 수 있다. 요컨대 정세 판단이란 구조적 제약 요인에 대한 평가에 의존하는 한편, 그것이 설정하는 시간지평에 따라 매우 가변적일 수 있다.

그렇기 때문에 실천지향적인 사회이론으로서는 정세 판단 문제를 회피할 수도 없지만, '정세 판단에 대한 판단'은 사후적인 것이 될 수밖에 없으며, 그조차 매우 불확정적이다. 왜냐하면 정세 판단은 그 자체에 머무르는 것이 아니라 사회적 행위자들의 행위 전략을 규정하는 요소로서 참여하게 되기 때문이다. 따라서 사후에 우리가 마주하게 되는 현실에서는 이미 정세 판단에서 비롯된 행위 귀결이 포함된 것이다. 요컨대 계산하는 자가 계산에 포함되는 셈이다.

이 점은 한 단계 더 추상 수준을 높여서 말한다면, 관찰자의 관점이 판단을 매개로 참여자의 관점으로 전환하게 마련인 실천지향적 사회이론 고유의 아포리아이며, 관찰자 관점과 행위자 관점을 매개하는 판단의 영역에서는 논쟁의 분위기가 유지되고 활성화되어야 하는 이유이기도 하다. 그리고 그 논쟁 속에서 활발히 다루어져야 하는 것은 판단의 증거 자료를 가능한 범위에서 부지런히 제출하고, 이것을 서로 비교하려는 노력이다.

하지만 판단의 충돌이 논쟁의 열기를 식혀버린 경우가 많았다. 예컨대 이수훈의 다음과 같은 논평과 그것에 대한 백낙청의 반론은 그런 점을 잘 보여준다.

정권이 바뀌고, 분단체제가 흔들리고, 분단해소 분위기가 무르익고, '햇볕정책의 성과'로 지난해 평양 정상회담이 가능했을까? 국민적 역량과 사회정치적 분위기와 동떨어진 채 지난해 일이 일어난 것은 아닐까?[27]

---

27 이수훈 「백낙청 교수의 '통일작업과 개혁작업'에 대한 논평 ②」, '창비 게시판' 2001년 9월 12일.

우선 '정권교체' '분단체제의 흔들림' '햇볕정책의 성과' 등 조금씩 차원이 다른 사항이 뒤범벅이 돼 있어 어떻게 답해야 할지도 난감하지만, 여하튼 국민적 역량과의 일치가 부족했고 국민적 역량 자체가 미흡한 면이 있었다 해도 6·15남북공동선언에는 대통령 개인의 극적인 돌파에 '냄비 근성'이 강한 국민이 열광한 사태만은 아닌 역사적 의미가 있다는 말을 되풀이할 수밖에 없겠습니다.[28]

논쟁을 전개하면서 보인 서술의 양식이 쟁점을 다른 영역으로 이월시킨 경우도 있었다. 예컨대 앞서 인용한 이종오의 글에 대해 백낙청은 다음과 같이 반박한다.

설혹 현실이 이 교수가 전망하는 방향으로 간다손 치더라도, 그것이 바람직하지 않은 전망이라고 할 때는 더 나은 길을 찾으려는 이론적·실천적 모색의 책임이 인간생활에서는 — 특히 지식인의 삶에서는 — 면제되지 않는다는 사실이다. 바람직하지 않지만 거의 불가피한 장래에 어떻게 대비하느냐는 모색을, 조금이라도 더 바람직한 어떤 길이 있을까라는 모색과 함께 수행할 책임이 중첩될 뿐이다. (…) 그 두가지 모색이 사실은 하나의 과업인 것이 바로 인생이요 역사다.[29]

백낙청의 이런 진술은 마음에 새길 만한 준엄한 말이다. 하지만 이종

---

28 백낙청 「이수훈 교수의 비판에 답합니다 ②」, '창비 게시판' 2001년 10월 2일.
29 백낙청 「보론: 분단체제 논의의 진전을 위해」, 『분단체제 변혁의 공부길』 45면.

오의 논문이 강도 높은 정치적 리얼리즘과 객관주의의 분위기에 의해서 지배되고 있다고 해서, 그가 일종의 객관주의를 가장하여 현실로부터의 후퇴하고 있다는 혐의를 두는 것은 쟁점의 전환이며 논쟁을 이어가기 어렵게 하는 진술이다.

전반적으로 보아 사회과학과 분단체제론의 만남은 논쟁의 분위기가 유지되기보다는 분위기의 논쟁으로 떨어진 경우가 많았다. 그 이유는 이미 앞서 살폈듯이 다소간 부당하거나 잘못 설정된 쟁점이 많았기 때문이며, 분단체제의 힘이 분단체제에 대한 경험적 연구를 제약하여 불확실한 정세 판단을 주고받는 식으로 논쟁이 이루어졌기 때문이다.

사회과학과 분단체제론의 조우가 실패로 끝난 데는 사회과학의 편에서 분단체제론을 하나의 이론으로서 대접하지 않은 점도 중요하게 작용했다. "분단시대의 최고의 인식으로서의 '분단체제론'이 정립될 수 있다면, 이는 전체 진보진영의 **요술방망이**"일 것이라고 빈정거리기도 했고,[30] 분단체제론을 단지 "진보적 사회과학계에 던지는 '화두'"[31] 또는 "하나의 정교한 분석틀로서의 의의보다는 당시의 지배적인 사유틀에 대한 문제제기"[32] 정도로 폄하하는 경우가 많았다. 그러나 분단체제론은 이미 지적했듯이 백낙청의 1992년 논문에서 이미 하나의 이론에 값하는 구성을 갖추었기에 이런 대접을 받을 이유는 없었다. 논쟁에서 상대편 이론의 약점을 파고드는 것이야 항용 있는 일이며, 그것이 논쟁의 본

---

30 이종오, 앞의 글 294면. 강조는 인용자.
31 손호철 「'분단체제론'의 비판적 고찰: 백낙청 교수의 논의를 중심으로」 317면. 강조는 인용자.
32 이수훈 「백낙청 교수의 '통일작업과 개혁작업'에 대한 논평 ③」, '창비 게시판' 2001년 9월 13일. 강조는 인용자.

질이기도 하다. 그러나 상대편 이론을 이렇게 대하면, 논쟁을 이어가며 현실 분석의 새로운 수준을 열기란 매우 어려워지는 법이다.[33]


4


백낙청은 『창작과비평』 편집위원들과 나눈 대화에서 "우리나라에서 사회과학을 하고 역사학을 하는 분들이 이것(분단체제론)을 어떤 식으로든 받아줘가지고, 그걸 그대로 다 인정하라는 말이 아니라 일단 그 문제의식을 수용해서 더 전문적인 역량을 발휘해서 논의를 진전시켜주기를 바랐"[34]고 말했는데, 그런 일은 이루어지지 않았다. 따라서 남은 길은 백낙청 자신이 분단체제론을 발전시키는 것이었는데, 문학연구자로부터 출발한 그로서는 그리 쉽지 않은 일이었다. 따라서 분단체제론은 하나의 이론으로서 발전하기보다 주로 정세 판단과 그것에 근거한 실

---

33 인문학과 사회과학의 학문적 하비투스(habitus) 차이 또한 영향을 미친 것 같다. 앞서 인용한 이종오에 대한 백낙청의 논평에서 드러나듯이, 인문학은 자신의 논술에서 이론의 실천적 의도를 비교적 자유롭게 진술하며 때로는 이론적 작업에서 갖게 되는 소회마저 곧잘 풀어내는 편이다. 이에 비해 사회과학은 이런 식의 진술을 기피하며, 독자가 행간을 통해 읽어내기를 바라는 편이다. 이로 인해 사회과학자들은 예컨대 "꿈을 크게 갖자"는 백낙청의 진술을 난감하게 받아들이기 십상이고, 백낙청은 사회과학자들의 논술방식을 객관주의적 후퇴로 의심한다. 하비투스의 차이 때문에 한편에서는 상대에게서 실천적 의도의 과잉 진술을 보게 되고, 반대편에서는 상대에게서 과소 진술을 보았던 셈이다. 개념적 토대가 비교적 분명한 것에 대해서만 진술하고자 하는 사회과학자와 현실 문제를 이해하기 위해서 한걸음 크게 내딛고자 하는 인문학자의 성향 차이도 논쟁을 어렵게 한 것 같다. 한편에서는 현실의 복잡성을 인식하려는 상대편의 자세에서 상상력의 빈곤을 보고, 반대편은 상대편의 인식을 향한 노력을 인문학적 '상상력'(이 말에는 별로 과학적이지 못하다는 뉘앙스가 깔려 있다)으로 깎아내렸다.

34 백낙청 외 「회화: 백낙청 편집인에게 묻는다」, 『창작과비평』 1998년 봄호 51면.

천적 발언의 준거점으로 기능했다.

물론 이론적 진전이 없었던 것은 아니다. 「분단체제의 인식을 위하여」
이후 백낙청은 대체로 세계체제론의 분석 범주들에 상응하는 범주를
분단체제론 안에 도입하고 그것을 분석하는 작업을 했다. 분단 이데올
로기 분석과 분단체제 극복을 위한 민중운동의 방향과 전략 구성,[35] 분
단체제를 넘어선 한반도 사회에서의 국가 형태와 사회 형태에 대한 모
색,[36] 근대성과 그것의 한계를 극복하는 이론의 탐색[37] 그리고 생태학적
문제의식과 여성주의적 문제의식을 분단체제론과 접목하려는 노력[38]이
그런 것들이었다.

그 가운데는 소략한 분석이나 정세 분석에 머무르는 것도 더러 있지
만, 꽤 상세한 분석이 이루어진 것도 있다. 대표적인 것이 분단체제 극
복을 위한 사회운동의 방향을 모색한 「분단체제극복운동의 일상화를
위해」[39]이다. 이 논문은 「분단체제의 인식을 위하여」 이후의 발전된 논
지를 잘 정리하고 있는데, 거기서 몇가지 전진된 주장을 전개하고 있다.
예컨대 분단체제 극복작업이 분단체제에서 형성된 생활양식과 생활전
망 속에서 살고 있는 주체 자신의 변혁을 요구하는 작업임을 명시한다.
같은 글에서 이루어진 진술은 아니지만, 이런 주장을 백낙청은 다음과

---

35 백낙청 『흔들리는 분단체제』 제3장 「김일성 주석 사망 직후의 한반도 정세와 분단체제론」
　　과 제6장 「개혁문화와 분단체제」.
36 같은 책 제8장 「21세기 한민족공동체의 가능성과 의의」; 백낙청 「한반도에 '일류사회'를
　　만들기 위해」, 『창작과비평』 2002년 겨울호 14~30면.
37 같은 책 제4장 「민족문학론·분단체제론·근대극복론」; 백낙청 「다시 지혜의 시대를 위하
　　여」, 『창작과비평』 2001년 봄호 12~35면.
38 같은 책 제5장 「분단체제극복과 생태학적 상상력」.
39 '안동대학교 제2회 한국학 국제학술대회' 발표논문(『흔들리는 분단체제』 제1장 「분단체
　　제극복운동의 일상화를 위해」로 개칭, 수정되어 재수록).

같이 요약한다.

분단체제가 나쁜 체제니까 극복하자고 할 때에도 그것이 나를 빼놓은 다른 사람들에게만 해당되는 체제의 문제가 아니고 바로 나 자신도 그 체제 속에 얽혀들어서 그 체제에 의해 왜곡된 삶을 살고 있다, 그렇기 때문에 분단체제 극복은 나 자신의 왜곡된 삶을 스스로 극복해나가는 과정을 겸해야 한다는 주장이거든요.[40]

다음으로 백낙청은 분단체제를 세계체제-분단체제-남북한 각각의 체제라는 삼중구도 속에 위치시키며, 삼중의 체제가 상호작용하는 방식을 분석해야 할 필요와 더불어 분단체제 극복운동의 의미 및 과제 또한 이 삼중의 체제와 대응하는 삼중의 운동으로 자리잡을 필요성을 제기한다.[41] 더 나아가 90년대 사회운동의 분화 상황을 진단하면서 계급운동(노동운동), 여성운동, 환경운동이 분단체제 극복운동과 내적 연대를 이룩해야 할 이유를 분석한다. 이런 운동들이 인간해방에 기여하기 위해서는 그런 운동의 발전을 심각하게 제약하는 분단체제에 대한 인식과 그것의 극복을 위한 노력을 회피할 수 없기 때문이다.

백낙청은 분단체제론이 지향하는 분단체제 극복의 전망, 분단체제론의 유토피스틱스라고 할 만한 것을 제시하기 위해서도 노력했다. 백낙청에게 분단체제의 극복은 분단체제가 편입되어 있고 한반도의 분단체제 존속을 강제하는 세계체제의 변혁과 궤를 같이하는 것이며, 그런 만

---

40 백낙청 외 「회화: 백낙청 편집인에게 묻는다」 50면.
41 『흔들리는 분단체제』 제4장 「민족문학론·분단체제론·근대극복론」.

큼 그것의 궁극적 극복은 세계체제의 위기국면에서 가능한 것인 동시에 분단체제 극복작업의 진전은 그 자체로 현존하는 세계체제에 균열을 내는 작업이다. 그렇기 때문에 그는 다음과 같이 말한다.

> 남북을 아우르는 분단체제가 현존 세계체제에서 얼마나 중대한 고리를 형성하는 독특한 하위체제인지를 깨달을 때 분단체제를 허무는 사업이야말로 다른 어느 곳에 '사회주의체제'를 하나 더 건설하는 것보다 훨씬 뜻깊은 성취가 됨을 인식할 수 있다.[42]

이런 문제의식 아래 그는 정치적인 수준에서 분단체제의 극복을 통해 우선 도달해야 할 국가 형태가 '국가연합'이어야 한다고 본다. 그리고 그 국가연합에서 더 진전된 통일된 정치공동체의 형태는 민중의 지혜를 모아 건설되는 새로운 형태, 복합적인 국가 내지 정치공동체여야 한다고 파악한다. 이는 그가 '우리 안의 민족주의'를 분단체제 극복의 에너지로 삼는 것은 당연하지만, 미완의 근대를 달성하는 단일형 국민국가를 목적론적으로 설정하지 않고 있음을 보여준다. 즉 분단체제 너머의 한반도 사회는 근대적 국민국가 개념에 구애되지 않는 창의적인 형태로 구상되어야 마땅하다는 것이다. 그는 또한 분단체제 극복이 근대 세계체제 극복과 궤를 같이하는 한에서 그 작업은 소비주의적이고 환경고갈적인 자본주의경제의 생태적 전환을 동반해야 한다고 본다. 그가 항산(恒産)과 항심(恒心)을 논하며, 적절한 부(富) 그리고 개인적 소유보다는 사회적 부의 공동 향유를 지적하는 것은 발전주의의 가치

---

42 같은 책 23면.

관에서 벗어난 생태학적 생활윤리가 근대를 극복하는 주체의 역량으로 요구됨을 밝힌 것이라고 할 수 있다.[43]

그는 한걸음 더 나아가 근대성에 대한 이론을 전개하기도 했다. 그는 자신이 기획하는 분단체세 극복을 세계체제 변혁과 연계하는 동시에 근대 세계체제의 일반적 특성을 근대성 개념을 통해 재포착하고자 함으로써 한편으로는 근대/탈근대 논쟁에 개입하는 동시에 자신의 전체 기획의 의미를 정리하기 위해서 근대 적응과 근대 극복의 이중과제론을 제출했다. 근대성에 대한 선명한 입장 표명의 형태로 제기되는 이 근대성 이론은 아직 맹아적이다. 그러나 이로부터 그는 근대성에 내면화된 지식체계에 대해서는 그 나름의 이론을 제시하는 데까지 이르렀다. 지혜의 위계, 참과 선의 통합 등을 동아시아의 전통적·문화적·지적 자원으로부터 이끌어내고자 했다고 할 수 있다.

이렇게 분단체제론은 내적으로는 외연을 넓히고 내용을 심화시켰다. 그럼에도 불구하고 분단체제론은 여전히 백낙청이라는 개인에 결박된 지적 담론에 머무르고 있다. 분단체제론의 사회적 외연은 『창작과비평』을 중심으로 한 소수의 작업을 넘어서서 별로 확장되지 않았던 셈이다. 물론 사회과학과의 첫 조우의 실패에도 기인하고 1990년대 중반을 넘기면서 분단체제론이 논쟁적으로 개입할 수 있는 지적 지형 자체가 사회과학 내에서 모습을 감춘 탓이기도 하다. 이는 분단체제론이 한반도의 현실과 대면하면서 쉽사리 가라앉지 않는 부력을 보여온 점을 생각하면 매우 유감스러운 일이다.

---

43 백낙청 「다시 지혜의 시대를 위하여」 31~32면.

5

분단체제론이 여전히 우리 현실에 대해서 유효한 전망을 가지고 있다는 것은 우리가 경험하는 현실로부터 직관적으로 이해할 수 있다. 우리도 제대로 모른 채 지나갔던 1994년의 제1차 북핵 위기, 이후 이어졌던 북미 간의 지루한 협상과 제네바협약 체결, 햇볕정책과 남북정상회담, 9·11테러, 제2차 북핵 위기, 아프가니스탄 전쟁 및 이라크 전쟁 그리고 한국 정부의 이라크 추가 파병 같은 일련의 사건[44]은 우리의 현실을 이해하기 위해서 세계체제, 분단체제, 남북한 체제라는 삼중 조망을 회피할 수 없음을 말해준다.

그러나 이런 사태에 직면하여 더 발전된 논의와 통찰을 생산하기 위해서는 분단체제론이 한결 더 발전될 필요가 있다. 일차적으로 이루어져야 할 작업이 분단체제에 대한 경험적 연구임은 두말할 나위가 없다. 그런 의미에서 분단체제론은 백낙청 개인과 맺고 있는 연계로부터 어느정도 풀려나 더욱 사회적으로 확산될 필요가 있는데, 이런 작업을 위해서도 분단체제론은 새로운 논쟁의 국면으로 들어갈 필요가 있다.

필자가 보기에 유망하고도 필요한 논쟁의 구도는 분단체제론이 동반자로 삼은 세계체제론 자체와의 논쟁이다. 분단체제론은 민족주의를 기반에 둔 변혁 전략을 구상하며, 그런 한에서 분단체제의 극복 형태 또한 그 체제의 모형을 어떻게 설정하든 넓은 의미에서 국민국가 중심적

---

**44** 이 글이 쓰인 2004년 이후에도 분단체제론을 진지하게 검토해야 할 경험적 증거는 계속해서 제공되고 있다.

변혁 전략을 가지고 있다. 그러나 세계체제론은 이런 국민국가 중심적인 변혁 전략에 대해 회의적이다. 물론 세계체제론이 국민국가 중심적인 변혁 전략에 회의적인 그만큼 현실성 있고 구체적인 대안적 변혁전략을 마련하고 있지는 못하다. 이에 비해 분단체제론의 경우 한반도 상황의 특수성과 실천의 구체성을 고려한다는 강점이 있다.

하지만 현 단계의 세계체제는 군사적인 수준에서 그리고 경제적인 수준에서 국민국가의 능력을 점점 더 침해하고 있다. 물론 동북아시아는 민족주의가 매우 강력한 지역이며, 중기적으로 보아도 국민국가의 역할과 비중이 쉽사리 약화되기 어려운 지역임에는 틀림없다. 그럼에도 불구하고 좀더 장기적으로는, 침식되어갈 국민국가의 능력 문제는 분단체제론의 편에서 보더라도 분단체제 극복의 전략을 구성하는 데 고려해야 할 중요한 변수가 된다.

이 문제는 세계체제가 남북한 사회에 영향을 주는 방식은 분단체제를 매개로 해서 이루어진다는 분단체제론의 기본 주장에 대해서도 좀더 상세한 고찰을 요한다. 아마도 분단체제가 존속하는 한에서는 그럴 것이다. 하지만 예를 들어 경제적인 수준에서 본다면 세계체제의 영향은 이전보다 훨씬 더 강력하게 남북한 사회 각각을 강타한다. 한국사회에 한정한다면, 한국 경제구조는 이제 세계자본의 흐름에 직접적으로 연루되어 있다고 할 수 있다. 이런 자본의 국제적 이동 현상은 외국자본이 한국경제에 개입하는 수준에서만 작용하는 것이 아니다. 한국자본의 중국 진출에서 보듯이 그것은 국내자본에도 해당되는 이야기이다. 요약하자면 세계체제의 규정력 가운데 정치군사적인 비중이 높았던 한반도에서 경제적 규정력의 비중은 나날이 커지고 있다고 할 수 있으며, 이 점은 매개변수로서 분단체제의 규정력 또한 동요하고 있고, 경우에 따라서는 상당한 속도로 약화될 가능성도 있음을 시사한다. 이런 점들을 고려할 때 분단체제론과 세계체제론 간의 미묘한 이론적 차이점들이 좀더 명료하게 검토될 필요가 있다. 왜냐하면 몇가지 전제(일정한 수준에서 유지되는 한국경제의 국제적 분업체제 내에서의 지위, 한반도와 주변국가들 사이의 군사적 균형, 한반도 주민들의 실천적 역량 등)가 무너지면 한반도가 "세계사의 어둠 속에서 예외적인 밝음을 기약"[45]하고 있다는 전망 또한 유지되기 어렵고, 그런 만큼 분단체제론은 "바람직하지 못하지만 거의 불가피한 장래에 어떻게 대비하느냐 하는 모색"을 지금보다 더 충실하게 수행해야 하기 때문이다.

다른 한편 근대성에 대한 논쟁 또한 요청된다. 앞서 지적했듯이 분단체제론에 입각한 근대성 논의는 근대에 대한 태도 표명에서 그리 멀리 나아가지 못했다. 근대에 대한 매혹 또는 혐오 사이에서 진자운동을 해왔던 우리 사회의 지적 분위기를 염두에 둔다면, 이런 입장 표명이 가지는 가치는 분명하다. 그러나 여기서 한걸음 더 나아간다면 근대성 자체에 대한 이론화 작업이 필요하다.

그 이유는 분단체제론이 세계체제론을 경유해서 파악한 근대의 내용이 우리 현실을 파악하는 데 충분치 않기 때문이다. 근대화가 진척됨에 따라 우리 사회에서 일어나는 다양한 현상, 예컨대 출산력 저하 또는 이혼율의 증대, 정보화와 생명공학, 에너지 문제 등은 세계체제론에 입각한 월러스틴(I. Wallerstein)이 제시한 근대성 이론만으로 감당하기는 쉽지 않다. 이것은 분단체제론이 근대성의 문제를 다루기 위해서 더 폭넓은 이론과 만날 필요가 있음을 말해준다.

---

45 백낙청 「한반도의 2002년」, 『창작과비평』 2002년 봄호 29면.

요컨대 분단체제론이 구성하는 개념적 단위들인 근대성−세계체제−(동아시아)−분단체제−남북한 사회 등의 연계는 생각보다 만만치 않은 이론적 쟁점들을 포함하고 있다. 분단체제론으로서는 이런 연계를 더 이론적으로 충실하게 해야 하는 동시에 그 과정에서 더 개방적으로 다양한 이론과 논쟁하고 교류할 필요가 있는 것이다. 이런 논쟁의 분위기가 형성된다면 그것은 어떤 식으로든 우리의 문제를 해결하는 주체적 역량을 강화하는 데 기여할 것이다.

한 영문학자는 외환위기 이후 한반도의 여러 사건을 개괄하면서, 남북정상회담이나 월드컵 경기의 성공 같은 "메가톤급 성공"과 북핵 문제 같은 "메가톤급 위기가 교차하는 패턴은 분단체제가 지속하는 한 장기간의 안정은 불가능함을 보여"주며, 시간대를 늘려서 "1987년 6월항쟁에서 1997년의 IMF 위기에 이르는 10년을 살펴보아도 이런 패턴을 눈에 띄"는 현상이라고 지적했다.[46] 우리가 겪었던 성공이나 겪고 있는 위기가 메가톤급이라는 지적은 보는 이에 따라서는 수사적인 표현으로 여겨질 수도 있다. 그러나 분명한 것은 한반도가 세계체제 재편기 또는 변혁기의 현 상황에서 매우 불안정하며, 바로 그런 만큼 한반도에 더 나은 사회를 건설할 수 있는 가능성과 한반도가 지상의 생지옥이 될 가능성 모두가 항존하고 있다는 점이다. 요컨대 한반도 주민들 앞에 놓인 가능성의 폭은 여느 지역보다 크다고 할 수 있다.

세계체제가 열국체제를 통해서 정치군사적 질서를 유지할 수 없고 자본이 국민국가의 경계를 더욱 자유롭게 초월하는 시대에는 일상적이고 국지적인 행위의 국면에서도 세계적인 전망이 반드시 요구된다. 그

---

46 한기욱 「변혁기의 반전평화운동」, 『창작과비평』 2003년 가을호 41면.

렇지 못할 경우 더 나은 공동생활을 지향하는 실천이 도로에 그칠 수 있고 때로는 그런 실천이 극복하려 한 체제를 강화하거나 더 나쁜 체제를 유발할 수 있기 때문이다. 따라서 이런 시대에 한반도에 사는 사람들에게 분단체제론의 이론 구도는 그것에 회의적인 사람에게조차 올바른 실천을 모색하는 데 있어 훌륭한 지적 파트너 역할을 해줄 수 있을 것이다.

# 제2장
# 사회적 자화상으로서의 분단체제론[1]

## 1

'○○사회'라는 제목을 단 책이 여럿 출간되고 있다. 그렇다보니 『사회를 말하는 사회』(정수복 외, 북바이북 2014)라는 책마저 출간되었다. 이책은 '○○사회'라는 이름으로 국내에서 출간된 책들에 대한 서평집인데, 들춰보면 『허기사회』(주창윤, 글항아리 2013), 『분노사회』(정지우, 이경 2014), 『과로사회』(김영선, 이매진 2013), 『잉여사회』(최태섭, 웅진지식하우스 2013), 『주거 신분사회』(최민섭 외, 창비 2010), 『절벽사회』(고재학, 21세기북스 2013) 등 그런 유의 책이 정말 많이 출간되었음을 느끼게 된다. 『사회를 말하는 사회』에서 다뤄지는 책이 국내 저자의 것만은 아니다. 이미 고전이 되다시피 한 울리히 벡(Ulrich Beck)의 『위험사회』(새물결 1997)도 있고, 재독 철학자 한병철(韓炳哲)의 『피로사회』(문학과지성사 2012)나 이웃 일본에서 회자된 『격차사회』(다치바나키 도시아키, 세움과비움 2013) 같은

---

1 원제는 「'사회를 말하는 사회'와 분단체제론」(『창작과비평』 2014년 가을호)이었음.

책도 있다.

그런데 꼼꼼히 살펴보면 흥미로운 점이 발견된다. 이 책에 소개된 『낭비 사회를 넘어서』(세르주 라투슈, 민음사 2014)의 원제는 '파괴를 위하여'이고, 『자기 절제 사회』(대니얼 액스트, 민음사 2013)의 원제는 '유혹'이며, 『부품사회』(피터 카펠리, 레인메이커 2013)는 '왜 선량한 사람들이 직장을 구할 수 없는가'이다. 이런 사실은 한국의 출판인들이 번역서의 경우 원제의 의도를 '○○사회'라는 제목을 달아서 부각시키면 더 잘 팔릴 것이라 생각하고 있음을 보여준다.

『사회를 말하는 사회』의 마지막 장을 쓴 정수복(鄭壽福)은 출판인들의 상업적 직관 뒤에 있는 사회적 욕구를 이렇게 정리한다. "사람들은 인문학 책을 읽으면서 '나는 어떻게 살아야 하는가?'를 묻는다. 그러나 이제 벽에 부딪친 사람들은 '우리는 어떤 세상에 살고 있는가?'라는 질문을 하고 있다."(258면) 적실한 지적이다. 사실 어떻게 살 것인가 하는 질문은 자신을 둘러싼 세계가 그래도 일정한 안정성을 가질 때 던질 수 있다. 반면 기대가 충족되지 않는 일이 일상화되면 사람들은 자신을 둘러싼 세계에 대한 조망 불가능 상태에 빠진다. 그리고 이런 상태가, 어떤 사회에 살고 있는가 하는 질문을 자극하는 것이다. 이에 대한 사회이론과 출판계의 간결하고 응집적인 답변 형태가 바로 '○○사회'일 것이다.

그렇다보니 어느 결에 '○○사회'는 너무 많아졌고, 벌써 식상한 분위기도 느껴진다. 하지만 우리를 '사회를 말하는 사회'로 이끈 내적 욕구는 사라지지 않았다. 그렇기는커녕 세월호참사를 비롯해 육군 22사단의 총기난사사건이나 28사단의 윤 일병 살해사건 등은 그런 욕구를 더 강하게 만들 가능성이 크다. 이명박(李明博) 정부에 이은 박근혜 정부 1년 반 동안 우리가 보아온 것은 민주화를 통해서 이룩한 민주적 법치국가가 '민주적'은 고사하고 '법치'국가 이하로까지 퇴행한 것이었다. 세월호참사는 민주적 법치국가로부터의 퇴행이 기초적 안전과 공공재를 공급하던 행정국가의 (어쩌면 더 심각한) 해체를 동반하고 있었음을 보여주었다. 이런 상황은 불안을 심화하고 그만큼 사회적 조망에 대한 욕구를 강화한다.

이하에서는 '○○사회' 계열에 속하는 저술 가운데 몇몇을 좀더 상세히 살필 것이다. 서동진(徐東振)의 『자유의 의지 자기계발의 의지』(돌베개 2009), 김홍중(金洪中)의 『마음의 사회학』(문학동네 2009), 엄기호(嚴奇鎬)의 『단속사회』(창비 2014), 그리고 김찬호(金贊鎬)의 『모멸감』(문학과지성사 2014)이 그 대상이다. 이 네권을 선별한 이유는 그것이 여느 저술보다 사회적 조망에 대한 욕구에 진지하게 부응하고 있을 뿐 아니라 여타 시도들을 향도하고 있다고 판단했기 때문이다. '○○사회'론 일반이 그렇지만 상기 저술들의 공통된 의도 또한 '사회적 초상화 그리기'라고 할 수 있다. 그런데 초상화를 그리는 작업은 과학적 진리를 추구하는 것과 다른 면이 있다. 초상화는 어떤 인물을 상기하는 힘이 있어야 하지만 그 인물에 대한 배타적인 묘사는 아니다. 복수의 초상화가 가능하며, 개별 초상화는 그것이 아니었다면 가능하지 않았을 새로운 대상의 이해를 견인한다.

이런 점을 생각하면 그런 작업을 식상해하기보다 더 다양하게 시도해봐야 할 때일지 모른다. 하지만 그러기 위해서도 비평적 작업이 필요하다. 자신이 살고 있는 사회의 초상화 그리기는 불가피하게 자화상 그리기이기 때문이다. 자화상에는 자기의 객관화된 상과 더불어 객관화를 수행하는 주체의 터치도 함께 표현된다. 자화상은 타자가 그린 초상화처럼 이해(理解)에 머무르지 않고, 자기와의 화해와 자기수련 그리고 실천의 방향 조정까지 함축한다. 그리고 그것이 '사회적' 자화상인 한에서 비평적 검토를 수반하는 집합적인 작업이 될 수밖에 없다.

이하에서는 앞서 언급한 저술들이 인상적인 성취를 이루었음에도 어떤 맹목과 오류 혹은 과잉을 보이는지 살필 것이다. 그런 한계를 극복하기 위해서는 더 포괄적이며 적합한 시간지평을 가진 이론이 요청된다. 그 이론적 전망을 분단체제론으로부터 얻을 수 있다는 것이 필자의 판단이다. 이 경우 분단체제론 편에서도 새로운 개념과 논의를 개발하려는 노력이 필요함은 물론이다.

필자는 우선 네 저술의 문제점을 세 측면에서 살필 것이다(2절). 다음으로 그런 문제를 새롭게 조명하기 위해서 두개의 예비적 개념을 제시할 것이다(3절). 이어서 그런 개념에 입각해 네 저술에서 드러나는 단편성을 극복할 역량이 분단체제론 안에 있음을 보일 것이다(4절). 그리고 마지막으로 더 나은 사회적 자화상에 대한 욕구에 부응할 수 있는 잠재력이 분단체제론에 내포되어 있음을 논할 것이다(5절).


2


서동진과 김홍중의 저술은 우리 사회에 대한 빼어난 분석으로 널리 인정받았고 후속 연구자들에 의해 자주 인용되고 있다. '자기계발적 주체'나 '속물화' 같은 개념을 여러 분야의 글에서 발견하는 것은 그리 어렵지 않다. 출간된 지 얼마 되지 않아서 아직 널리 인용되고 있진 않지만, 엄기호의 '단속'이나 김찬호의 '모멸감'도 그럴 만한 자질을 충분히 가지고 있다.

여기서 이들 저서들의 중심 주장들을 다시 옮겨 적을 필요는 없을 것이다.[2] 다만 이 저술들이 공통적으로 가진 특징은 지적할 필요가 있다. 이 저서들은 사회학이 통상 체계통합이라고 불러온 영역, 즉 국가나 정치구조 또는 경제구조 등을 통해서 우리 사회를 조명하기보다, 개인들의 자기관계와 타자관계의 구조와 특징 또는 행위의 내면적 동기에 주목한다. 서동진은 "신자유주의 한국사회에서 자기계발하는 주체의 탄생"을 분석하며, 김홍중은 역사철학적으로 경사된 속물 개념을 통해 "마음의 체제"를 분석하고자 한다. 김찬호는 모멸의 경험을 우리 사회 성원이 느끼는 중심 고통으로 조명하고자 하며, 엄기호는 '단속(斷續/團束)'이라는 동음이의어를 통해 "동일성에 대한 과잉접속"과 "타자성에 대한 과잉단속"이라는 이중적 양상을 해명한다. 이런 식의 논의는 사회과학적 분석의 장을 확장한 것이며, 그만큼 독자의 경험세계와 접촉할 수 있는 부면을 넓혔지만, (1) 인과분석의 면에서, (2) 우리 사회의 전체적 양상을 서술한다고 주장하지만 이들을 서로 대조하기만 해도 드러나는 단편성의 면에서, (3) 그들이 그리고자 한 사회적 자화상의 효과 면에서 문제점을 드러낸다.

(1) 인과관계는 주어져 있는 것이어서 우리가 발견하기만 하면 되는 것으로 여겨지는 경우가 많다. 하지만 그렇게 생각할 경우, 인과관계는 거대한 연기(緣起)의 바다에 빠질 것이다. 어떤 사건이 발생하거나 특정 사태가 존속하는 데는 무수히 많은 원인이 존재하며, 그것들이 독립적

---

2 이 저술들에 대해 여기서 상세한 분석을 전개하지는 못할 것이다. 하지만 『자유의 의지 자기계발의 의지』에 대해서는 제법 긴 서평을 쓴 바 있다. 졸고 「자기계발을 넘어선 자유의 의지를 위하여」, 『경제와사회』 2010년 가을호 참조.

으로 작용하기보다 서로 뒤얽혀 있는 경우가 많기 때문이다. 그러므로 의미있는 분석을 추구하는 한 우리는 인과적 적합성과 비중을 따지게 된다. 이 '따진다' 함은, 인과관계가 주어진 것이 아니라 이론에 의해 규율되는 인과귀속(attribution) 작업의 결과임을 말해준다.

이 점을 염두에 두고 거론된 저술들을 살펴보자. 이들 가운데 가장 긴 인과적 시간지평을 설정하는 것은 김찬호의 『모멸감』이다. 김찬호는 "오만과 모멸의 구조"가 전통으로부터 유래하는 신분의식, 권위주의, 집단주의에서 연원한다고 주장한다. "신분제의 붕괴, 신분의식의 지속"(2장 3절) 또는 "공동체의 붕괴, 집단의식의 지속"(2장 5절) 같은 소제목에서 보듯이 서로를 모욕하고 그로 인해 모멸감을 느끼는 우리의 문화적 풍습이 근대화 과정에서 발생한 문화지체에서 비롯한 것으로 설명한다.

현재를 이렇게 전통적인 생활양식과 문화로부터 설명하는 것은 익숙한 방식이다. 하지만 문화적 요인이 사회적 조건의 소멸 이후에도 지속하는 현상은 다른 현상을 설명하기에 앞서 그 자체가 설명되어야 할 것에 속하며, 그런 설명을 위해서는 이론에 기초한 경험적 조사와 인과귀속 작업이 수행되어야 한다. 그렇지 못할 경우, '전통'은 설명 부담을 전가하기 위해서 소환될 뿐 실제로 설명력을 갖지 못한다.

한편 『모멸감』 외의 세 저술은 한국사회의 현재 모습, 즉 자기계발적 주체의 등장, 속물화, 단속사회의 형성을 신자유주의와 관련짓는다. 김홍중은 외환위기를 계기로 97년체제가 형성되며, 더불어 "진정성 레짐"이 "스노비즘" 또는 속물 레짐으로 전환한다고 본다.[3] 이 경우 마음의

---

3 김홍중은 알렉상드르 꼬제브(Alexandre Kojève)가 역사의 종말 이후 두가지 존재 양상으로 파악한 동물과 속물 모두가 우리 사회에서 발견된다고 보지만, 기본적으로는 속물이 더 중요한 양상이라고 보는 것 같다.

체제 전환에 대한 설명 부담은 신자유주의와 그것을 우리 사회에 관철시킨 계기가 된 외환위기로 떠넘겨진다.

엄기호에 의하면 우리는 "만남과 부딪힘을 피하기 위해 끊임없이 자기를 단속하고 상대에게는 그저 형식적으로 예를 갖춘다"(28면)고 말하는데, 그것은 과연 언제부터 그런 것인가? 그에 의하면 "많은 이들이 신자유주의 경제체제에서 자신의 직장동료, 가족 간의 관계가 과거와는 판이해졌음을 실감하고 있다"(같은 면)고 한다. 그 역시 "많은 이들"과 함께 설명 부담을 신자유주의에 넘기는 셈이다.

서동진의 경우는 김홍중이나 엄기호처럼 설명 부담을 신자유주의로 넘긴다고 하기는 어렵다. 그는 미셸 푸꼬(Michel Foucault) 그리고 그에게서 영감을 받은 니컬러스 로즈(Nicholas Rose) 등을 수용하여 신자유주의에 대한 분석을 주체 형성의 문제로까지 심화시키고자 한다. 실업이나 비정규직 고용 같은 개인의 경제적 불안정을 개인의 자유의 행사 공간으로 전도하는 신자유주의 담론과 실천을 그는 예민하게 분석하고 있다. 하지만 어쨌든 그에게서도 설명 항은 신자유주의이다.

이렇게 신자유주의를 끌어들이는 것은 꽤 설득력 있는 인과귀속 전략이다. 국제적인 비교를 가능하게 하는 장점도 있다. 더구나 한국사회는 국제분업에 다른 어떤 나라보다 깊게 개입해 있는 무역국가이며, 그만큼 국제적 거버넌스와 정책 레짐(policy regime)의 영향이 크다. 하지만 '신자유주의'는 일종의 지적 알리바이가 될 위험이 있다. 비근한 예로 자살자가 우울증을 앓았다는 말을 듣는 순간 우리가 마치 자살의 원인을 알았다고 느끼는 현상을 들 수 있다. 하지만 우울증의 원인이 무엇인지 알지 못하는 한, 자살은 여전히 설명된 것이 아니다. 우울증이라는 말과 마찬가지로 신자유주의는 무엇인가가 이미 설명된 것 같은 분위기를 만들어내는 단어가 되어버린 측면이 크다.

신자유주의에 설명 부담을 떠넘기지 않고 그것을 통해 엄밀한 설명을 시도한다 하더라도, 마음의 체제에서 혹은 자기관계의 수준은 물론이고 타자관계에 이르기까지, 왜 신자유주의화가 어느 면에서는 신자유주의의 발원지인 서구보다 더 강력하고 파괴적으로 관철되었고 어떤 면에선 현저히 덜 작동했는지를 물어야 한다. 이와 관련해 물고기가 육상생활에 적응한 과정에 대한 고생물학자 스티븐 굴드(Stephen J. Gould)의 논의는 시사하는 바가 있다. 물고기는 진화과정에서 생존조건상 뭍으로 올라와야 했을 때 중력을 견디며 육상생활에 적응할 수 있었는데, 그것은 물고기에게 이미 중력을 견딜 만한 단단한 등뼈가 있었기 때문이다. 그런데 육상만큼의 중력 부담이 없는 수중에서 물고기가 단단한 등뼈를 발전시킨 것은 육상생활을 예비하기 위해서가 아니었다. 물고기의 등뼈는 바닷속의 나트륨과 칼슘 농도의 불균질성을 극복하기 위해 체내에 발전시킨 칼슘 저장소였다.[4] 마찬가지로 우리가 신자유주의라는 육지에 도달했을 때, 마음의 체제에서의 변동, 자기계발적 주체의 형성, 혹은 단속하는 자기/타자관계의 수립을 가능하게 한 물고기의 등뼈는 무엇이었는지 물을 필요가 있다. 뒤에서 보겠듯이 그것은 분단체제의 에토스였다고 할 수 있다.

(2) 우리가 다루는 네 저술은 직관에 호소하고 임의적으로 수집된 사례에 의존하는 편이다. 이런 방법론적 약점에도 불구하고 사례의 적합

---

[4] Stephen J. Gould & Elisabeth S. Vrba, "Exaptation —A Missing Term in the Science of Form," *Paleobiology*(1982), v. 8, n. 1, 4~15면 참조.

성이 높기 때문에 현실 조명력은 상당하다. 그렇지만 이들을 함께 읽으면 불가불 다음과 같은 질문들이 제기된다. 한 저술의 설득력 있는 주장이 다른 저술의 주장과 양립 가능한가? 각 저술이 나름의 방식으로 특장있게 우리 현실을 포착하는 면이 있음에도 각각은 우리 사회의 초상화로서 다소 편협하거나 또는 특정 부분을 과장한 캐리커처 수준에 머물러 있는 것 아닐까?

예컨대 좀더 구체적으로 이렇게 물을 수 있다. 자기계발적 주체는 어떤 의미에서 속물적인가? 자기계발은 성공이라는 세속적 가치와 매개될 때 (한병철이 지적하듯이) 성과를 창출하기 위해 피로한 상태로 빠져들며 과잉 긍정성의 무게에 짓눌리는 수준에 머물지 않는다. 김홍중에 의하면, 그것은 속물적인 자기 이중화와 성찰 자체의 도구화를 경유해 자기상실로까지 나아가게 되는데, 왜 그런가? 김홍중이 말하는 속물적인 자기관계가 타자관계를 중심으로 하는 김찬호의 논의와 어떤 상응성을 가지는가? 모멸감은 수치심과 연결되는데, 속물이란 바로 그 수치와 자신을 절연하는 '능력' 없이는 유지되지 못한다. 그렇다면 자기관계가 아니라 타자관계로부터 논의를 전개해야 하는 것 아닌가? 또한 김찬호의 논의를 엄기호의 저술과 대조하며 이렇게 질문할 수 있다. 우리는 동일성에 과잉 접속하고 타자성을 차단하는데, 타자에 대한 무시와 모욕은 과잉 접속된 동일성에서 연원하는가, 아니면 타자성의 차단 실패로 인한 것인가?

정리해보면 이렇다. 우리 사회 성원의 자기관계를 초점에 두는 서동진과 김홍중의 논의는 서로 어떻게 연결될 수 있는가? 우리 사회 성원의 타자관계에 초점을 맞추는 엄기호와 김찬호는 어떤 연관을 가지는가? 그리고 이렇게 논의되는 자기관계는 타자관계와 어떻게 연계되는 것인가? 그리고 끝으로 우리가 이 저술들의 상대적 통찰을 융합하려면 더 폭넓은 개념적 틀을 필요로 하는 것은 아닌가?

(3) 서동진 김홍중 엄기호 그리고 김찬호가 그려내는 우리의 자화상은 어둡다. 우리는 모두 자기계발에 여념이 없으며, 자유의 행사가 예속으로 귀결되는 역설에 빠져 있다. 우리는 속물이 되었으며, 타자성과의 대면을 기피하는 자기단속 안에서 살고 있다. 우리는 모두 타자를 비하하고 조롱하고 차별하고 무시하고 침해한다. 그리고 우리 모두 타자로부터 그런 대우를 받으며, 그 결과 모멸감에 빠져 있다.

우리의 모습에 이런 면이 없는 것은 아니다. 하지만 정말 그렇기만 한지 묻지 않을 수 없다. 이들이 우리 사회를 총괄적으로 규정하려고 하기 때문이다. 특정 사회집단이 그렇다는 것이 아니며, 부유층이 그렇다거나 빈곤층이 그렇다는 이야기가 아니다. 혹은 남성 또는 여성이 그렇다는 이야기도 아니다. 명시적으로 말하고 있진 않지만, 우리 모두가, 적어도 우리 대부분이 상당 정도 그렇다는 것이다. 세월호참사 같은 사건을 생각하면 이들의 어두운 묘사에 손을 들어줄 수밖에 없을 것 같기도 하다. 하지만 바로 그런 사건 때문에 이들의 총괄적 규정에 대해 되물어볼 필요도 있다. 그들이 옳다면, 세월호참사에 분노하고 슬퍼하는 이들은 누구이며, 그 분노와 슬픔의 출처는 무엇인가?

이들이 그린 자화상이 우리 자신에게 공정한가 하는 질문에 연결되는 또 하나의 질문은 자화상의 기능 문제이다. 어두운 자기묘사는 각성의 계기가 될 수도 있지만 자기혐오를 불러올 수도 있기 때문이다. 물론 이들도 후자로 흐르는 것을 원치 않는다. 그래서 사회적 각성을 명시적으로 촉구하고 있기도 하다. 서동진은 자기계발의 의지가 아닌 자유의 의

80

지를, 김홍중은 스노비즘의 내부에 균열을 내는 윤리적 기획을, 김찬호는 존엄한 삶을 위한 태도의 고무를, 그리고 엄기호는 타자에 대한 경청을 권고한다. 그러나 이런 각성의 중요성에도 불구하고 그 이상의 작업, 예컨대 무엇이 사회적으로 초점을 가진 과제인지, 어떤 실천적·제도적 비전이 존재하는지 밝히려는 구체적 작업에 대한 시사가 없다면, 그런 사회적 자화상은 빈곤한 것이며 애초에 의도한 기능을 충족할 수 없다.


3

앞서 지적했듯이 인과관계는 인과귀속 작업에 의해서 확립된다. 우리가 현재 경험하는 주관성의 위기를 전통이나 신자유주의에 귀속시키는 것에 그 나름의 타당성이 있지만, 한쪽은 너무 넓게 설정된 인과귀속이 분석 초점을 약화시키고, 다른 쪽은 너무 좁게 설정된 인과귀속으로 인해 사태의 복잡성을 이해하기 어려워진다. 지금의 주관적 위기와 선호체계의 왜곡을 비판적으로 분석하기 위해서는 좀더 폭넓은 개념틀, 그리고 더 적합성 있게 설정된 시간적인 지평이 필요하다. 분단체제에 주목하는 것은 이런 요구에 부응할 수 있으리라는 기대 때문이다.

하지만 이는 시야의 확장을 가져오긴 해도 주관성과 선호체계에 대한 분석능력을 보증하는 것은 아니다. 확실히 분단의 성립 및 재생산과정은 정치·군사·외교 영역뿐 아니라 일상생활과 주관성의 형성 자체에까지 깊은 영향을 미쳤을 것이다. 그러나 분단체제에 주목하여 그런 문제를 해명하기 위해서는 이론적 틀과 개념을 더 개발할 필요가 있다. 여기서는 (1) 현재주의(presentism)와 (2) 연대 없는 평등주의 개념을 통

해 그 가능성을 타진해보고자 한다.[5]

(1) 분단체제의 형성과 재생산과정이 사람들에게 체험의 수준에서, 그리고 그것에 의해 조건 지어진 인지도식과 행동양식에 어떤 영향을 주었는지 알기 위해서는 많은 경험적 연구가 필요할 것이다. 하지만 그런 연구가 부족한 상황에서도 기초적인 가설을 수립하는 것은 가능하다. 우선 초점을 맞추고 싶은 것은 분단체제가 시간에 대한 우리의 경험양식에 어떤 영향을 주었는가 하는 점이다.

이 문제가 중요한 이유는 우리의 모든 행위가 시간적인 지평 속에서 조정되기 때문이다. 이와 관련된 핵심적 개념은 경험과 기대다. 우리가 살아가는 유일한 시간은 현재다. 과거는 이 현재 안에 경험으로서 현존하며, 미래는 기대의 형태로 현존한다. 그런 의미에서 현재는 경험과 기대가 교차하는 장이라고 할 수 있다. 만일 경험과 기대가 정연하게 연계되면 미래는 경험으로부터 쉽게 추론될 수 있고, 그만큼 미래는 경이롭지 않을 것이다.

하지만 둘 사이의 연속성이 깨진다면 미래는 경이와 더불어 불안으로 채워지게 된다. 라인하르트 코젤렉(Reinhart Koselleck)에 의하면, 전통사회에서는 경험과 기대 사이에 연속성이 유지되는 데 비해 근대사회의 도래와 더불어 그 연속성이 깨진다.[6] 그러나 연속성이 깨진다고 해서

---

5 분단체제의 에토스는 여기서 논의되는 둘에 한정되지 않는다. 이외의 것에 대한 소략한 분석은 이 책의 제3장 「분단체제와 사립대학」을 참조하라.
6 코젤렉은 경험은 공간적으로, 기대는 지평으로 체험한다는 점을 들어 '경험공간'과 '기대지평'이라는 개념을 사용한다. 필자는 이렇게 쓰지 않고 경험과 기대만으로도 코젤렉이 의도한 의미를 전달할 수 있다고 보아 '경험' '기대'로 썼다. 라인하르트 코젤렉 『과거가 된 미래』, 한철 옮김, 문학동네 1998, 14장 참조.

양자가 완전히 단절되는 것은 아니며, 양자 사이에 발생하는 간극이 어느 정도인지는 역사적으로 가변적이고 사회적으로 다양할 것이다. 이 간극의 스펙트럼을 전제할 때, 우리 사회는 간극이 상당히 넓은 쪽일 것이다. 이렇게 경험과 기대의 간극을 넓힌 것은 일차적으로 식민지와 분단 그리고 한국전쟁이다. 특히 내전이기도 했던 한국전쟁은 가까운 친족관계조차 위험한 것으로 만들었고, 약간의 눈치 빠름과 우둔함이 생사를 가르는 요인이 되게 했으며, 우연의 잔인함이 합리성을 붕괴시키고 모든 종류의 규범적 기대를 위협하는 과정이었다고 할 수 있다.

이런 경험 속에서는 현재가 과거의 무게와 미래에 대한 기획을 밀쳐내면서 압도적 중요성을 갖게 된다. 이런 시간감각을 '현재주의'라고 부를 수 있다. 경험과 기대의 결속이 풀릴 때, 현재는 양자 사이의 긴장이 유지되는 지점이 될 수 있다. 이 긴장을 유지하며 현실에 대한 충실성을 견지한다면, 우리는 시간의 한복판을 부여잡을 수도 있다. 그럴 때 현재주의는 놀라운 사회적 신축성의 원천이 된다. 경험에 속박되지 않고 기대의 좌절을 충격으로 받아들이지 않으며, 현재의 급진적 가능성에 자신을 걸 수 있게 해주기 때문이다. 우리 사회 성원이 지난 수십년간의 격렬한 사회변동을 견딜 뿐 아니라 주도할 수 있었던 에토스는 이런 현재주의의 긍정적 잠재력으로부터 온다.

하지만 그런 신축성이 어떤 댓가를 요구할지를 짐작하긴 어렵지 않다. 경험에 의해 축적된 것들이 유실되고 미래의 '합리적' 기획이 어려워질 것이다. 합리성은 미래에 대한 계획과 인내심, 장기적 이익, 우회되거나 지연된 보상과 관련된다. 현재주의는 합리성의 이런 속성과 대척점에 서며, 그렇기 때문에 합리성 전반을 약화시킬 가능성이 크다. "먹고 죽은 귀신이 때깔도 곱다"라는 우리 속담은 아마도 현재주의의 부정적 잠재력을 잘 증언하는 말일 것이다. 분단체제의 수립과정은 이런 현재주의의 양가적 시간경험을 사회 성원의 체험 속에 아로새겼다.[7]

　(2) 분단체제가 시간적인 지평에서 현재주의를 고착화한다면, 사회적 차원에서 어떤 에토스를 유발하는 것일까? 식민지와 전쟁을 경유한 한반도의 근현대사는 뿌리뽑힘과 고향상실을 일반화하는 과정이었다. 분단체제의 수립과 더불어 재정착이 시작되었지만, 그것의 형성에 이르기까지 발생했던 사회적 해체는 강력한 것이었으며, 그 효과는 두가지 방향으로 나타났다.

　하나는 사회적 연대의 심각한 해체다. 식민지 총독부도 그랬지만, 해방과 더불어 나라 만들기에 나섰던 한반도 주민이 분단과 한국전쟁을 통해 경험한 것은 억압적이며 전쟁동원을 중심으로 조직된 국가였다. 한마디로 국가는 '사람 잡는 것'이었을 뿐 사회적 연대를 고무하는 장치가 아니었다. 이미 지적했듯이 내전이었던 한국전쟁은 가족 내부로까지 침투하여 연대의 자원을 파괴하는 경우가 많았다. 이런 연대의 해체로 인해 아주 좁은 범위의 혈연집단을 제외하면 개인을 보호할 수 있는 공동체가 소멸했다. 정전체제와 더불어 우리 사회에 남은 것은 위험하고 인색한 국가, 그리고 험난한 세계에 내던져진 가족뿐이었다. 이런 가족이 무도덕적 가족주의(amoral familism)로 무장한 것은 이상할 것이 별로 없다.[8]

---

7 여기서 다룰 수 없지만, 이런 에토스가 산업화와 민주화 과정에서 어떤 변동을 겪었는지 살펴 필요가 있다. 박정희체제 시기의 발전주의 시대에 기대의 안정화가 일어난 방식에 대해서는 이 책의 제11장「분단체제와 87년체제의 교차로에서」를 참조할 것.
8 무도덕적 가족주의는 가족 성원들의 번영과 이익 추구를 위해 반사회적으로까지 행동하진

다른 하나는 평등주의이다. 식민지와 전쟁을 경유하는 사회적 해체의 과정은 사회적 위계의 파괴과정이기도 했기 때문이다. 식민지화로 사대부집단은 존재기반을 잃고 사라졌으며, 식민지시기 상층계급은 친일집단으로서 정당성을 상실했고, 농지개혁으로 인해 계급으로서의 지주 또한 거의 소멸되었다. 그리고 전쟁은 물질적 자원의 파괴와 이주를 야기함으로써 모든 사회 성원을 뒤섞고 재정렬했다. 그런 의미에서 전쟁 이후 한국사회에서는 모두 위계 없는 평등한 출발선에서 출발했다고 말할 수 있다. 물론 계층적 상황을 면밀히 살펴보면, 전쟁 후에도 사회 성원이 가진 물질적·상징적 자원에는 차이가 존재했으며, 그것이 향후 사회변동 과정에서 차이가 확대되는 데 중요하게 작용했다. 하지만 사회심리적인 수준에서 사회적 위계는 완전히 해체되었다. "우리는 화전민이다"라는 이어령(李御寧)의 전후(戰後) 발언은 이런 파괴적 평준화를 잘 표현하는 말이었다. 이렇게 사회적 연대의 해체와 파괴적 평준화의 결과로 주어진 것은 연대 없는 평등주의였다.

이런 연대 없는 평등주의도 현재주의와 마찬가지로 양가성을 띠는데, 그 양가성이 연대 없음의 부정성과 평등주의의 긍정성의 단순한 결합으로 이해되어서는 안 된다. 연대 없음조차 양가적인 면을 갖기 때문이다. 예상할 수 있듯이, 연대의 약화는 인간에 대한 사물화된 태도, 협동능력의 후퇴 같은 부정적 결과를 낳지만, 동시에 온갖 전통과 봉건적 유산 또한 함께 쓸어내는 효과도 갖기 때문이다. 이런 과정에서 가치있는 것들이 파괴되었겠지만, 좀처럼 없애기 어려운 부정적인 것들 또한

---

않지만, 사회적 가치와 대의에 대해 둔감하거나 냉담한 태도를 지칭한다. 이런 태도의 사회적 일반화는 가족 이외의 영역에서 사회적 연대감이 해체되고 그렇기 때문에 더욱 연대감이 가족 안으로 집중되기 때문에 일어난다.

해체되었다고 할 수 있다.

평등주의 또한 인정투쟁을 강화하고 그로 인해 시기와 질투 같은 부정적 감정을 유발할 수 있는 반면 동료 중 나은 자가 되려는 경쟁을 부추긴다. 너무 경쟁이 격렬해서 그것에 대해 우리는 부정적인 감정을 갖게 되었지만, 더 나은 자가 되려는 인정투쟁에 자기고양의 계기가 들어 있음을 부인할 수 없다. 이런 열정은 산업화를 향한 집합적 에너지의 원천이 될 수 있었다. 또한 평등주의는 동등한 시민적 권리에 대한 요구를 강화하고 불평등을 억제하기 때문에 민주화의 내적 동력이 되었다고 할 수 있다.

같은 선상에서 현재주의와 연대 없는 평등주의가 함께 작동할 때 어떤 사회적 결과가 생겨날지 생각해볼 수 있다. 아마 가장 부정적인 것으로는 우리 사회에 만연한 '먹튀' 현상을 꼽을 수 있을 것이다. 황금알을 낳는 거위는 물론이고 평범한 알을 낳는 닭의 배마저 가르는 이 근시안적이고 약탈적 태도는 지금 마주한 타자와의 유대감은커녕 그를 다시 만날 일조차 없다는 생각에서 연원한다. 이것은 현재주의와 연대 없는 평등주의의 결합이 심각한 아노미를 유발할 수 있음을 의미한다. 하지만 양자의 결합이 그렇게 부정적인 것만은 아니다. 양자가 함께 작동하는 사회는 놀라운 신축성과 임기응변이 강렬한 욕망과 결합하여 부글거리는 열정적 사회, 스스로에게도 놀라운 일을 창출하는 역동적 사회이기도 하기 때문이다.[9]

---

9 외국인의 시선으로 이런 양가성을 잘 표현한 다니엘 튜더의 한국문화론 제목은 『기적을 이룬 나라, 기쁨을 잃은 나라』(문학동네 2013)다. 이 책의 영어판 원제는 한층 더 시사적인 '한국: 불가능한 나라'(*Korea: The Impossible Country*)다.

4

이제 분단체제론의 관점에서 앞서 논의된 저술들 사이에 잠복해 있는 내적 연계성을 밝혀보자. 이런 내적 연계의 해명은 이들이 그린 사회적 자화상이 파편적이고 단편적이었음을 드러낼 뿐 아니라 그것을 극복하고 종합하는 유력한 이론적 전망이 분단체제론에 있음을 보여줄 것이다. 논의는 사회 성원의 타자관계로부터 출발할 것이다. 사람들은 자기관계의 모형을 타자관계, 즉 사회적 삶의 패턴으로부터 얻기 때문이다.

(1) 김찬호의 『모멸감』부터 조명해보자. 앞서 지적했듯이 평등주의는 동료 중에 나은 자가 되려는 경쟁을 강화하는데, 이 경쟁을 적정수준으로 제어할 연대감이 없을 경우 사회적 인정은 어려운 과제가 된다. 그리고 바로 그 때문에 인정투쟁이 격렬해진다. 이 투쟁의 열기를 식히기 위해서는 존중받을 만한 업적이 사회적으로 합의된 표준으로 부상해야 한다. 이 표준은 이의제기 없이 통용될 만한 것이어야 하는데, 인정투쟁이 격렬할수록 엄격하고 비교 가능성이 높은 것이 표준으로 선택된다. 세가지 표준이 쉽게 형성되었다. 돈과 권력과 학벌이었다. 이에 비해 명예나 직업적 가치 등은 일반성을 획득하기 어려웠던 것 같다. 한껏 좁아진 표준 속에서 인정 '투쟁'은 인정 '경쟁'으로 전환되지만, 투쟁에 녹아 있던 감정적 열도는 쉽게 진정되지 않는다.

표준의 형성은 존중받을 길을 열지만 동시에 무시하는 길도 연다. 표준은 이미 존중된 자리를 안배한다. 이 자리를 차지하는 사람은 오만해지고, 오만해진 자는 타자를 무시한다. 하지만 평등주의는 존중하기 싫어하지만 무시당하기도 싫어하는 사회이다. 그렇기 때문에 우리는 잘 존중하지 않으며, 쉽게 굴복하지도 않는다. 그 결과 김찬호가 존중과 무시라는 다소 평범한 단어보다 모멸감이라는 강렬한 단어를 선택할 만큼 인정경쟁은 열렬한 것이 된다. 그런 인정경쟁의 매트릭스인 연대 없는 평등주의로 돌아가보면, 우리가 겪는 고통의 상당 부분은 파괴적인 근대사와 분단체제의 에토스에 우리가 여전히 붙박여 있을 뿐 그것을 연대적 평등주의로 승화하지 못한 때문임을 알 수 있다.

(2) 사회적 인정표준이 형성되면, 우리는 이미 인정되었다고 믿어지는 자리에 도달하기 위한 지위경쟁적 평등주의로 나아간다. 어떤 자리 혹은 지표가 그런 것인지는 끊임없이 변동했다. 학력이나 학벌과 관련해서 본다면, 1970년대에는 명문고 입학이 그런 것이었을 테고, 1980년대에는 대체로 명문대였을 것이다. 1990년대 중반부터는 특목고가 그 자리에 새로 가세했을 것이다. 이런 목록은 더 작성될 수 있다. 고시(考試)라 불리는 5급 공무원 시험, 또는 그것에 견주어 고시로 불리는 시험(임용고시, 언론고시 등), 또는 공인회계사 시험 같은 것이 그런 표준의 힘을 가질 텐데, 그것이 가진 사회적 가치는 추가적 설명이 전혀 필요하지 않은 공인성에 있다. 이런 영역이 이제는 사회적 기회가 축소됨에 따라 각종 공기업과 공사 취업, 9급 공무원, 그리고 대기업 입사로 확장되고 있다. 재산의 영역에서도 가시성과 표준 형성이 중요했다.[10] 아마도 세계

---

10 가시성에 대한 집착을 보여주는 다른 예로는 언제부터인가 매우 일반화된 대학생들의 단체 야구점퍼나 후드티셔츠를 들 수 있다. 요즘 대학생들은 등에 자기 소속 대학 또는 소속 대학과 학과를, 심지어는 출신 고교명까지 새긴 옷을, 주장컨대 자부심과 소속감의 발현으로 입고 있다.

적으로 유례가 없을 아파트 열풍에는 인정표준에 대한 집착도 중요한 역할을 했을 것이다. 아파트는 사회적 비교를 가장 쉽게 해주는 주택형태였기 때문이다.

이런 경쟁 상황에서는 인정표준을 획득하기 위해 매우 금욕적인 자기관리를 수행해야 한다. 그런 면에서 보면 자기계발적 주체는 신자유주의 이후의 새로운 현상이 아니다. 만일 경쟁이 점점 더 첨예해지고 경쟁을 위한 투자기간이 길어지는 것이 불가피해지면, 자기관리는 총체화 경향을 띨 것이다. 사람들은 자기계발을 위해 시간 전체, 사회관계 전부, 감정 전반을 관리해야 하며, 자신의 육체 또한 관리해야 한다. 그리고 모든 과정을 투입과 산출 관계의 측면에서 면밀하게 검사해야 한다. 이 경우 모든 사회적 행위를 자본 투자와 수익의 관점에서 파악하는 신자유주의적 개념체계는 금욕적인 행위 주체의 자기해석을 지원하고 정당화하지만, 그것이 얼마나 총체적으로 관철될지는 담론이 아니라 사회적 경쟁 강도에 의해 결정된다.[11]

(3) 그렇다면 그런 과정이 왜 속물성을 유발하는지 보자. 연대 없는 평등주의의 에토스 안에서 사람들은 존중받고 무시당하기 싫어하지만, 존중하기 싫어하고 무시하는 경향을 보인다. 그런 상황에서 존중을 얻는 비교적 확실한 길은 이미 지적했듯이 인정표준을 획득하는 것이다. 인정표준은 그것을 정서적으로 내면화하고 그렇기 때문에 그것을 획득

---

11 즉 신자유주의 문화가 자기계발적 주체를 생성하는 것이 아니라 이미 존재하는 자기계발적 주체 혹은 금욕적인 자기관리적 주체의 자기해석을 신자유주의 문화가 지원하는 것이다. 신자유주의의 문화적 영향력을 이런 관점에서 다룬 글로 졸고 「개념의 신자유주의화: 자본 개념의 확장에 대하여」, 『민주사회와 정책연구』 제13호, 2008, 253~77면 참조.

한 이 앞에서 주눅 드는 주체를 형성하는 탓이다. 하지만 그렇기 때문에 인정표준을 획득한 이는 그렇지 못한 이들의 인정에 만족하기 어렵다. 자신과 동류 또는 동급이 아닌 타자로부터의 인정은 참된 인정이 아니기 때문이다. 인정받기 위해서는 동류 위로 올라서야 하지만, 그렇게 된 순간 타자는 더이상 나를 인정할 동류에 미치지 못하는 존재가 되는 것이다.

인정표준은 다른 면에서 난점을 가진다. 인정표준은 위계를 도입한다는 점에서 평등주의의 자기전도인 면이 있다. 그런 자기전도를 견디게 해주는 것은 기회균등이라는 이념이다. 이 기회균등이 약화되면 인정표준은 정당성이 약한 매우 불안정한 것이 된다. 그리고 지위경쟁을 향해 달려간 연대 없는 평등주의는 실제로 기회균등을 침해해서라도 인정표준에 이르려는 태도로까지 나아갔다. 그 결과 우리는 명문대 입학생을 부모의 작품으로 폄하할 수 있게 된다. 인정표준은 이런 면에서도 불완전하고 불안정적인 것이다.

인정표준의 획득은 그것을 추구하는 자에게서도 내적 간극을 드러낸다. 그것에 도달하는 것이 자신의 탁월성의 지표로 여겨질 때, 거기에 도달한 자는 인정을 요구할 수 있다. 하지만 그것이 자아에게 희생적인 경험, 삶과 향유의 유예를 넘어서 포기와 거세로 경험된다면, 인정표준은 주체에게 내적 간극을 가진 것인 동시에 어떤 과잉의 측면마저 포함하게 된다. 이 경우 주체는 인정표준을 통해서 희생을 보상받으려 하며, 그것에 집착하게 될 것이다.[12] 그 경우 인정표준은 주체의 업적이 아니

---

12 이런 인정표준에 대한 집착의 예로 다음과 같은 대학생의 리포트에 담긴 발언을 들 수 있다. "나에게 있어 수능점수는 475점어치의 '상품권'과 같았다. 상품권은 그 범위 안에서 물건을 살 수 있지만, 거스름돈을 주지 않는다. 우리가 10만원권 상품권을 가지고 쇼핑을 할

라 주체를 예속시키는 힘이 된다. 이렇게 인정표준과 자신을 동일시하고 그것에 예속된 자에게서 우리는 허약하고 텅 빈 주관성을 발견하게 된다.

인정표준을 얻지 못한 사람 또한 결코 쉽게 승복하지 않는다. 그 결과 우리는 "내가 여기 있을 사람이 아니야" 같은 말을 흔히 듣는다. 하지만 이런 허세가 흔하다는 것은 '제자리에 있다고 느끼지 못함'이 거의 보편적 경험임을 증언하는 것이기도 하다.[13] 다른 한편 승복하지 않는 태도를 노골적으로 드러내는 것은 때로 시기심의 징후로 보일 수 있다. 흔히들 "부러워하면 지는 것"이라 말한다. 하지만 부러워하지 않는다면 옹졸한 것일 수도 있다. 그래서 인정하는 척할 수도 있다. 그러나 우리는 어떤 종류의 가짜 인정도 놀라울 정도로 잘 알아챈다.[14] 인정표준은 이렇게 그것을 획득한 자와 획득하지 못한 자 모두를 내적 불안정성 속에 가두며, 그것에 대한 우리의 태도를 속물적인 것으로 만드는 경향이 있다.

---

때 어떻게든 남김없이 다 쓰려고 했던 것이다. 당시 나는 수능점수가 재수까지 해서 힘들게 획득한 상품권이라 생각했고 그것을 내가 살 수 있는 최대의 가격표가 붙어 있는 서강대 경제학과와 연세대 인문학과에 사용했다. (…) 그것이 정말 내가 원하던 물건이 아니었음에도 불구하고 말이다." 오찬호 『우리는 차별에 찬성합니다』, 개마고원 2013, 143면에서 재인용.

13 이런 태도에는 미국의 코미디언 그라우초 막스(Groucho Marx)의 유명한 농담, "나는 나를 회원으로 받아주는 클럽에는 가입하고 싶지 않아요"의 역설이 스며 있기도 하다.

14 우리는 미묘한 한순간의 표정에서도 무시 또는 불인정의 징후를 포착한다. 송경동의 시 가운데 일부를 그런 예로 들고 싶다. "어느날/한 자칭 맑스주의자가/새로운 조직 결성에 함께하지 않겠느냐고 찾아왔다/얘기 끝에 그가 물었다/그런데 송 동지는 어느 대학 출신이오? 웃으며/나는 고졸이며, 소년원 출신에/노동자 출신이라고 말해주었다/순간 열정적이던 그의 두 눈동자 위로/싸늘하고 비릿한 막 하나가 쳐지는 것을 보았다". 송경동 「사소한 물음들에 답함」, 『사소한 물음들에 답함』, 창비 2009, 16면. 강조는 인용자.

(4) 엄기호는 『단속사회』를 통해서 "우리 사회는 사회도 아니"라고 말한다. 그런데 그는 우리 사회가 언제부터 왜 그랬는지 잘 밝히고 있지 않다. 그러나 분단체제에 착목하면, '단속사회'의 계보를 너듬어볼 수 있다.

정전협정 이후 한국에서 의미있는 사회조직은 생존의 중심 토대였던 가족과, 전쟁을 통해 강화되고 비대해진 국가뿐이었다고 해도 과언이 아니다. 그 사이에 있어야 할 넓은 의미의 시민사회 영역은 파괴되거나 비워졌다. 이후 우리 사회의 발전경로를 간략히 정리해보면, 우선 국가는 전쟁국가로부터 행정국가로 확장되고 발전했다. 하지만 행정국가가 복지국가로 나아가지는 않았다. 느슨한 친족 범위를 포괄하며 개인을 보호하던 가족은 근대화의 진행과 더불어 친족을 떨궈내면서 점차 애정적 핵가족으로 축소되었고 최근에는 출산력 저하로 더욱 규모가 작아졌다.[15] 더불어 가족의 평균적 복지능력도 급격히 약해졌다. 이러한 국가와 가족 사이에서 기업, 그리고 기업들이 활동하는 시장이 성장했다. 산업화가 성공적으로 발전하던 시기에 대기업과 중견기업의 정규직 사원들은 그 안에서 삶의 안정적 기반을 발견했지만, 90년대 중반부터 그리고 외환위기를 계기로 이런 중산층의 기본 토대 또한 약화일로를 걷고 있다.

이런 발전과정이 만들어낸 것은 결국 작고 무력해진 가족 안에 갇힌 개인이다. 감정생활과 경제생활, 양육과 교육과 사랑, 이 모두를 성취해

---

15 가족에서 친족집단의 사회경제적 의미가 거의 상실됐음을 보여주는 지표의 하나는 자신이 보험료를 내는 보증보험이 친인척이 해주던 연대보증을 대체하기 시작한 것인데, 그 시점은 대략 1990년대 초반으로 볼 수 있다.

야 하는 과부하 상태의 가족은 엄기호가 비판하는 '기획된 친밀성'의 문제를 낳고, 그것이 야기하는 소통의 부담이 가족으로부터의 자유를 필요로 하게 만든다. 사회적 연대가 허약한 상태에서 근대화의 심화로 인해 문화적 차이가 커짐에 따라 가족 밖에서도 소통과 상호이해는 점점 더 어려운 것이 된다. 만일 다른 사람과 소통할 개연성이 없고, 소통을 통해서 인정의 교환 속으로 들어갈 수 있다는 기대가 줄어들고, 그것이 아예 불가능하진 않겠지만 그것에 이르는 소통 비용이 너무 높게 책정된다면, 사람들은 동일성에 대한 과잉접속과 타자성에 대한 기피라는 이중적인 의미에서의 '단속'으로 나아가게 된다. 인정이론적으로 환언하면, 단속은 인정의 내적 강화와 인정에 위협적인 타자에 대한 방어라고 할 수 있다.

5

지금까지 2절에서 논의한 세 비판 가운데 첫째(인과분석 문제)와 둘째(단편성 문제)가 분단체제론의 전망 속에서 어떻게 해명되고 종합될 수 있는지 논했다. 이제 셋째 문제, 즉 사회적 자화상의 효과를 검토해보자. 좋은 자화상은 앞서 지적했듯이 자신에게 공정할 뿐 아니라 바로 그렇기 때문에 나르시시즘과 자기혐오 모두를 피하고, 그럼으로써 더 나은 방향감각을 고무한다. 분단체제론이 그런 요구에 어떻게 부응하는지를 보여주기 위해서는 긴 논의가 필요할 것이다. 여기서는 결론을 대신해 그런 지적 전망이 분단체제론 안에 함축되어 있음을 제시할 것이다.

분단체제론은 분단이 한반도 주민의 삶에 가한 근본적 제약에 주목해왔다. 이 제약은 지정학적이거나 지경학적인 제약처럼 객관적인 것에 머무르지 않고 주관성 안으로 범람해 들어온다. 그렇게 해서 주관화된 제약은 우리의 선호체계에도 관철된다.[16] 이렇게 사회의 구조적 제약의 영향 아래에서 선호가 그것에 맞추어 변경된 경우를 "적응적 선호"(adaptational preference)라 부를 수 있을 것이다.[17]

우리가 다룬 자기계발적 주체, 속물성, 동일성에 대한 과잉접속과 타자성의 차단, 오만과 모멸의 구조 등은 적응적 선호의 양상을 상이한 이론적 전망 속에서 비판적으로 해부하려고 한 것이라 할 수 있다.[18] 하지만 그런 작업이 자기혐오의 경로로부터 쉽게 벗어나지 못하는 것은 제약과 선호가 상호작용하는 방식에 둔감한 채 적응적 선호가 드러내는

---

16 백낙청이 말한 바 있는 '후천성분단인식결핍증'은 분단체제의 제약이 인지적인 수준에서 관철되는 예이다. 같은 선상에서 분단체제의 제약은 선호처럼 심미적 수준이나 가치 같은 규범적 수준에도 관철될 수 있다.

17 적응적 선호의 고전적인 예는 라 퐁뗀(Jean de La Fontaine) 우화의 하나인 「여우와 포도」이다. 이 이야기에서 여우는 높이 열린 포도를 따 먹으려고 여러번 시도했다가 거듭 실패한 다음 포도를 포기하며 "저 포도는 실 거야"라고 말한다. 여우는 자신이 가질 수 없는 것을 소망함으로써 생기는 고통을 피하기 위해 선호를 바꾸는 쪽을 택한 셈이다. 소망하는 바를 얻을 기회의 제약에 직면해서 기회구조를 바꿔나가려고 하기보다 선호를 바꿈으로써 내적 갈등을 벗어나려고 한다. 이 문제에 대한 더 상세한 논의는 Jon Elster, *Sour Grape: Studies in the Subversion of Rationality*, Cambridge University Press 1983, 제3장 참조.

18 20대의 자기계발 문화를 분석하는 오찬호의 논의는 이런 해석이 타당성을 가지고 있음을 보여준다. 그는 20대 자기계발 문화의 특징을 세가지로 요약한다. 첫째, "20대 대학생들에게 자기계발이란 취업의 목적을 달성하기 위한 수단으로서만 의미가 있다." 둘째, "20대 자기계발하기의 두번째 특징은 그 결과가 무엇도 보장되지 않는데도 다른 대안이 없어 그저 '계속'해나가고만 있다는 데 있다." 끝으로 "'자기계발에 열심이지 않은 게으른 자'와의 비교에서 자신의 현재에 대한 위안과 만족을 구한다." 첫번째는 20대 자기계발 문화는 제약된 기회구조 속에서 채택된 것임을 말해준다. 두번째는 그런 적응적 선호가 전시적이거나 무사고성을 경유해 속물성으로 심화될 수 있음을 보여준다. 그리고 마지막 특징은 적응적 선호가 자기강화적인 과잉 그리고 인정과 무시의 역동성 안으로 흘러들어가게 됨을 말해준다. 오찬호, 앞의 책 55~61면 참조.

양상에 대한 분석에만 몰입하고 있기 때문이다.

그렇게 된 맥락을 이해하긴 어렵지 않다. 이런 논의들은 87년체제가 정체상태에 빠지고 그로 인해 분단체제의 에토스가 부정적 방향으로 작동한 시기에 대한 관찰에 기초하기 때문이다.[19] '민주정부 10년'이 민주화의 면에서보다 신자유주의화의 면에서 뚜렷한 '성과'를 냄에 따라 민주파 내부의 세력균열과 지적 혼동을 야기했고, 그로 인한 정치적 패배가 민주주의의 후퇴, 남북관계의 적대성 강화 그리고 신자유주의의 심화를 가져왔기 때문이다.[20] 이런 사회적 변화는 현재주의와 연대 없

---

**19** 이 글에서 자세히 다루지 못한 87년체제론에 대해서는 이 책에 수록된 87년체제 관련 글과 졸편 『87년체제론』(창비 2009) 참조.

**20** 보수와 진보 혹은 우파와 좌파 같은 용어들은 정치적 구별의 용어이다. 이런 구별과 관련된 우리 사회의 맥락을 수용하기 위해 필자는 보수와 진보 대신 보수와 민주라는 구별을 사용했다. 이런 구별은 '민주정부 10년' 같은 표현에 잠재된 것이기도 하다. 물론 민주파보다는 진보개혁파 또는 진보개혁진영 같은 표현이 더 널리 사용되며, 그런 표현도 설득력을 가진다. 하지만 필자는 민주파라는 용어가 간결함 이상의 장점이 있다고 생각한다. 구별의 두 항은 각각 상대가 아닌 것을 통해서 의미를 획득한다. 보수/진보의 구별도식에서 진보는 보수가 아닌 것이고, 보수는 진보가 아닌 것이다. 같은 선상에서 보수/민주에서 보수는 민주가 아니고, 민주는 보수가 아니다. 그런데 이렇게 구별하면 분단체제 아래서 보수가 민주적 법치를 온전하게 수용하지 않는 집단임을 보여줄 수 있다. 그런 보수를 수구라고 명명하는 것도 한 방법이다. 하지만 수구라는 말이 보수 내의 일부 집단을 넘어서서 그 집단 전반을 지칭하기는 무리가 있다고 생각된다. 일상적으로 쓰이는 '합리적 보수'와 '수구'라는 구별 또는 '시장형 보수'와 '냉전형 보수'라는 표현은 우리 사회의 보수파가 둘 이상으로 분해될 수 있는 복잡성을 가지고 있음을 시사한다. 그럼에도 불구하고 이들을 보수파로 통칭하는 것은 수구세력이 이른바 합리적 보수에 대해 헤게모니를 장악하고 있는 것이 우리 사회 보수파의 특징이기 때문이다. 보수파 전체의 '수구성'을 민주파라는 대립 개념을 통해서 표시하는 것이 필자의 의도이다. 차제에 민주파의 내적 구성에 대해서도 지적할 수 있을 것이다. 민주파를 구성하는 세 분파를 필자는 자유파, 평등파, 자주파로 명명하고자 한다. 구 운동권의 용어로 표현하면 자유파는 이른바 BD(부르주아 민주주의) 계열, 평등파는 PD(민중민주주의) 계열, 자주파는 NL(민족해방) 계열이라고 할 수 있다. 이 책에 수록된 모든 글에서 이런 명명법은 일관되게 사용될 것이다.

는 평등주의의 부정적 측면을 강화하며, 개인의 내면에서 병리적인 자기관계와 타자관계를 강화했다. 사회구조 수준의 퇴행이 적응적 선호를 강화하고 다시 적응적 선호가 구조적 제약을 증대시키는 악순환이 일어난 것이다.

하지만 이론적 작업은 그런 적응적 선호의 강화에 휘말려 함께 침강하지 않는 부력을 가지고 있어야 하며 그런 부력을 유지하기 위해서는 두가지가 요청되는 것으로 보인다. 하나는 시간지평을 이런 악순환이 두드러졌던 최근 시기보다 더 넓히는 것이고, 다른 하나는 적응적 선호 개념 이면의 메시지, 즉 구조적 제약이 약화되면 그것에 조응해서 적응적 선호로부터 탈피가 일어난다는 것, 더 나아가 그 과정이 빠른 속도의 자기강화적 개선으로 나갈 수 있다는 데도 공평하게 주목하는 일이다.

이렇게 시야를 넓히고 달리하면, 4·19혁명이나 현재 우리 사회의 구조적 틀을 형성한 6월항쟁도 새롭게 조명할 수 있다. 더불어 4·19혁명이나 6월항쟁처럼 제도화의 문턱을 넘지 못했다 해도 기회의 제약에서 풀려날 때 대중의 잠복된 능력이 행동으로 전환되는, 그것도 매우 폭발적 사건으로 응집된 많은 예를 떠올려볼 수 있다. 부마항쟁이나 5·18광주민주화운동 같은 경우도 그렇지만, 가까운 예로 2008년 촛불항쟁을 생각해보라. 2002년 월드컵, 여중생 '효순이·미선이' 추모집회, 탄핵반대 집회를 통해서 가다듬어진 새로운 집회문화, '민주정부 10년' 동안 낮아진 집회비용('약화된' 집회 통제능력), 정보통신기술 발전에 힘입어 향상된 전달능력 등이, 일단 기회가 열리자 우리 자신에게도 놀라울 정도로 유쾌하고 재기발랄한 선호 표현과 그것에 입각한 행동의 자기강화적 증폭을 경험하게 한 바 있다. 촛불집회 몇개월 전에 이명박 후보가 압도적인 표 차이로 당선된 것을 생각하면 이것은 확실히 급격한 변화였는데, 이런 사실은 사회적 에너지가 조합되는 방식에 따라서 우리 사회가 성큼성큼 앞으로 나아갈 수 있음을 말해준다.[21]

그러므로 시간지평을 넓혀서 적어도 분단체제의 전개과정 전반을 시야에 끌어들이면, 우리가 처한 사회적 제약과 선호체계의 관계를 더 역동적으로 파악할 수 있으며, 그럴 때 우리는 사회 성원이 보여온 퇴영적인 모습뿐 아니라 혁신에도 균형감 있게 주목함으로써 현재 선호에 대한 속물적 긍정과 자기혐오적인 비판 모두를 벗어날 수 있다. 더불어 분단체제론이 강조해온 것, 즉 분단이라는 매우 근본적인 기회구조의 제약을 바꾸는 일의 중요성과 그것을 위한 실천적 초점을 명료하게 가다듬는 작업의 중요성을 자각할 수 있을 것이다.[22]

---

21 하지만 유감스럽게도 이런 자기강화적 변화의 예가 최근에 드러난 것은 오히려 보수적 정렬의 측면이었다. 박근혜 정부의 인사(人事)정책, 특히 윤창중 청와대 대변인 임명이나 채동욱 검찰총장 찍어내기를 생각해보자. 윤창중의 능력과 성향에 대해서는 내부에서도 비판이 있었지만 임명을 강행했는데, 그것은 관료와 여권 전반에 능력보다 충성을 보상한다는 신호를 보내기 위한 것이었고, 채동욱의 경우는 충성하지 않은 데 강력한 징벌신호를 보내는 것이었다. 영장만 있다면 우리 사회 성원 가운데 누구의 신상도 완벽하게 털어낼 수 있는 검찰총장이 숨겨진 개인생활로 인해 사임한 사태는 모든 관료와 정치인을 두려움에 떨게 하기에 충분했다. 재임기간 중 숱한 군기사고에도 김관진 전 국방장관이 국가안보실장으로 영전한 일 또한 과오는 도외시하고 군사이버사령부 운영 등에서 드러난 충성에만 보상하는 예로 보인다. 이런 식의 신호는 국가관료 전체가 보상과 처벌회피를 위해 대통령을 향해 정렬되게 한다. 더구나 관료제나 군대는 본래 위계적 조직이기 때문에 이런 정렬은 자기강화적 과정을 거듭하며 거의 한순간에 이루어진다고 할 수 있다. 그 결과 우리가 보게 되는 것 가운데 하나가 세월호참사에서 관료들이 보인 무능력한 대처나 육군 22사단의 총기난사사건, 그리고 28사단의 윤 일병 살해사건이라고 할 수 있다.

22 이와 관련해서 분단체제론의 다른 축들을, 예컨대 남북관계에 대한 전망을 새롭게 한 '포용정책 2.0'이나 정치적 프로그램을 규율하고 세력연합의 가닥을 잡아나가는 '변혁적 중도주의'에 대한 논의를 심화할 필요가 있다. 백낙청「'포용정책 2.0'을 향하여」, 『창작과비평』 2010년 봄호 71~94면(『2013년체제 만들기』, 창비 2012, 95~123면), 백낙청「2013년체제와 변혁적 중도주의」, 『창작과비평』 2012년 가을호 15~35면 참조.

글머리에 적었듯이, '어떻게 살 것인가' 하는 질문이 벽에 부딪혔을 때 '어떤 사회에 살고 있는가'라는 질문이 제기되었고, 그로부터 여러 종류의 '○○사회'론이 등장했다. 하지만 그런 질문의 경로에 우리가 빠져든 이유 가운데 하나는 우리가 함께 살고 싶은 사회는 어떤 것인가 하는 질문, 더 나은 공동의 삶에 대한 질문을 잃었기 때문인지도 모른다. 과연 우리가 더불어 살고 싶은 '다른 세상'은 어떤 것인가? 명칭이 무엇이든 그것이 어떤 방향으로 귀일할지 알기 어려운 것은 아니다. 그 최저선은 더이상 세월호참사 같은 일이 일어나지 않는 사회일 것이며, 원(願)을 크게 세운다면 분단체제 너머의 '일류사회'일 것이다. 그런 사회는 인정투쟁이 상호인정으로 지양된 사회이기도 할 것이다.

# 제3장

# 분단체제와 사립대학

– 민주적 개혁의 관점에서

1

우리 사회에서 사립대학은 2010년대 들어 두가지 커다란 도전에 직면하고 있다. 하나는 이명박 정부 시기 다시 심각해진 사학분쟁에서 잘 드러나고 있는 비민주적인 지배구조 개혁이라는 과제이다. 사학은 우리 사회에서 전체 대학의 거의 80%에 이를 정도로 큰 비중을 차지한다. 그런 사학 가운데 상당수가 학교법인에 의해서 민주적으로 운영되지 않고 이사장과 그 친인척의 사유재산처럼 취급되어왔으며 그로 인해 비리와 분쟁의 온상이 되어왔다. 이런 현상은 사학체제가 형성되던 1950년대 후반 그리고 기본적인 제도적 틀이 갖추어진 1960년대 이래 계속된 현상이다. 이하에서는 그런 사학체제가 우리 사회구조와 어떤 연관이 있는지, 사학체제를 민주화하기 위한 노력이 어떤 결실을 거두었는지, 그리고 그런 결실이 왜 다시 무효화되다시피 했으며, 그것이 제기하는 현재의 개혁 과제는 무엇인지 살필 것이다.

이런 사학의 민주화라는 과제에 더해 현재 사립대학은 새로운 도전에 직면하고 있다. 그것은 학령인구 감소가 촉발하는 대학체제 전반의 구조개혁 문제이다. 이 문제는 대학교육에 대한 초과수요 속에서 성장해온 대학이 과도한 대학진학 현상을 야기한 것과 같은 원인에서 비롯된 출산력 저하로 인해 수요를 상실함으로써 유발된 것이다. 지금까지 사학 문제는 민주화라는 단일 과제에 직면해 있었고 그렇기 때문에 그것의 해결 방향도 비교적 뚜렷했다고 할 수 있다. 하지만 이런 구조개혁 문제가 중첩됨에 따라 사학 민주화의 모색도 좀더 복합적인 과제가 되었다고 할 수 있다.

사학과 관련된 민주적 개혁 과제를 분명히 하고 해결방안을 찾기 위해서는 현재 사학이 직면하고 있는 지배구조 문제와 구조개혁 문제를 동시에 일관되게 조명할 필요가 있다. 이를 위해서 이 글은 분단체제론을 활용하고자 한다.[1] 사학 문제를 잘 살피기 위해서 분단체제론을 끌어들여야 한다는 주장이 낯설게 느껴질 수도 있다. 하지만 분단체제론의 기본 통찰은 북한과 무관한 한국사회 내부 문제로 보이는 것조차 분단체제 형성 그리고 남북한의 상호작용에 관련된 경우가 많다는 것이다. 따라서 사학이 직면한 두가지 문제 모두가 해방 후 우리 사회 전체의 구조 변동 속에서 배태된 것인 만큼 분단체제의 작동에 매개된 것이며, 그런 점에 주목할 때 우리 사회의 사학 문제가 더 잘 조명될 것이라는 것이 이 글의 입장이다.

이하에서는 먼저 분단체제론의 관점에서 해방 후 우리 사회에서 형

---

1 분단체제론에 대한 논의는 그것을 처음 주창한 백낙청 『분단체제 변혁의 공부길』, 창작과비평사 1994; 『흔들리는 분단체제』, 창작과비평사 1998; 『한반도식 통일, 현재진행형』, 창비 2006; 『어디가 중도며 어째서 변혁인가』, 창비 2009; 『2013년체제 만들기』, 창비 2012 참조.

성된 습속 내지 에토스에 대해서 간략히 논의할 것이다(2절). 그리고 그
것이 향후 사회적으로 선택된 발전방식인 박정희(朴正熙)체제 속에 어
떤 식으로 용해되었는지 논할 것이며(3절), 박정희체제에서 사학 지배
구조가 어떤 식으로 구조화되었는지 살필 것이다(4절). 이어서 현재 사
학의 지배구조와 구조개혁 두가지 문제가 1987년 민주화 이후 어떤 양
상을 띠게 되었는지 검토하며(5절), 끝으로 이와 관련된 민주적 개혁 과
제에 대해 논의할 것이다(6절).


2


분단체제론은 해방 후 한반도에 수립된 두개의 국가인 한국과 북조
선이 서로 상호작용하며 하나의 체제를 형성하고 있는 것으로 파악한
다. 이렇게 보면 한국사회는 분단체제의 하위체제라고 할 수 있다. 그렇
다면 상위체제인 분단체제와 하위체제인 한국사회가 어떤 관계를 갖는
것일까? 상위체제가 하위체제에 대해 갖는 결정력은 하위체제가 상위
체제에 대해 갖는 결정력보다 큰 법이다. 하지만 상위체제의 결정이 하
위체제의 구체적 형태를 세세하게 규정하는 것은 아니다. 대체로 상위
체제는 하위체제의 가능한 형태와 불가능한 형태의 경계를 확정한다고
할 수 있으며, 그런 의미에서 한정(limitation)한다고 할 수 있다.[2]
  이 문제를 하위체제의 관점에서 본다면 관건은 상위체제와의 양립가

---

2 한정 개념은 Erik Ohlin Wright, *Class, Crisis and the State*, London: Verso 1978에서 차용한
  것이다. 그는 이 책에서 맑스주의적 결정 개념을 다양한 형태로 분화해서 논의하고 있다.

능성이다. 즉 하위체제는 상위체제와 양립 가능한 범위에서 다양한 변이형태를 취할 수 있다. 이런 다양한 변이 가운데 어떤 형태의 하위체제는 상위체제를 안정적으로 재생산하는 데 기여할 수도 있지만, 다른 형태의 하위체제는 그것을 침식하는 역할을 할 수도 있다. 만일 하위체제가 상위체제를 지속적으로 동요시킨다면, 그리고 그것이 일정한 수준을 넘어선다면 우리는 상위체제의 해체를 말할 수도 있을 것이다.

이런 관점에서 본다면 해방 후 우리 사회의 발전과정을 한국전쟁을 경유해 분단체제가 수립되는 시기, 하위체제가 상위체제인 분단체제의 재생산에 기여하던 분단체제 안정기, 그리고 하위체제가 분단체제를 침식하는 분단체제 동요기로 구분해볼 수 있다. 연도상으로는 1945년부터 1953년까지를 분단체제 성립기, 1953년 정전협정 이후 전두환 집권기까지를 분단체제 안정기,[3] 1987년 민주화 이행 이후를 분단체제 동요기라고 할 수 있다.[4]

분단체제의 수립은 그 이후 한국사회의 발전과정에 깊은 영향을 미치는 특유한 사회적 에토스가 형성되는 과정이기도 했다. 필자는 그런 에토스를 (1) 상처 입은 민족주의, (2) 사유와 심성의 전역적(全域的) 우경화, (3) 연대 없는 평등주의로 요약할 수 있다고 생각한다.[5] 이런 세가지 에토스는 일부 분단체제에 선행해서 형성되기도 했지만 그것이 구

---

3 분단체제 안정기는 다시 세 시기로 나눌 수 있다. 박정희 집권 이전의 후진국형 독재 시기, 박정희 집권기인 권위주의적 발전국가체제 시기, 마지막으로 연장된 박정희체제로서의 전두환 집권기가 그것이다.

4 한국의 민주화 이행을 분단체제 동요의 기점으로 파악하는 이유에 대해서는 이 책의 제4장 「87년체제와 분단체제」 참조.

5 이 책의 제2장 「사회적 자화상으로서의 분단체제론」에서 분석한 시간경험 양식으로서의 '현재주의'도 여기에 포함시킬 수 있을 것이다.

조적으로 안착된 것은 분단체제의 형성과 함께이며, 그것들이 다른 성향에 의해서 대치되지 않고 지속적으로 재생산되게 하는 것은 분단체제의 압력이라고 할 수 있다.

먼저 상처 입은 민족감정부터 살펴보자. 식민지화와 전쟁 그리고 분단의 경험으로 인해 국가와 민족에 대해 우리 사회 성원들이 품은 원초적 감정은 부끄러움이 되었다. 식민지화 자체가 수치스러운 경험이었던데다가, 해방 이후에도 그런 감정이 가시지 않은 것은 해방이 자력에 의해 이루어지지 못했고, 해방이 제대로 된 나라 만들기가 아니라 전쟁과 분단으로 귀결되었으며, 그 분단이 끝나지 않고 있기 때문이다.

분단으로 나아간 역사와 분단상태가 유발하는 상처 입은 민족적 자의식은 다양한 반향을 가지고 있다. 그것은 박세리나 박찬호 혹은 박지성이나 김연아 또는 박태환이나 손흥민 같은 세계 정상급 스포츠 스타에 대한 대중적 열광에서 글로벌 기업으로 성장한 삼성에 대한 자부심에 이르기까지 매우 다양하고 광범위한 영역에서 민족적 자부심을 추구하는 모습으로 나타나기도 하고, 어딘가 어긋난 역사의 지점으로 돌아가 그것을 정정하고 싶어 하는 '심리적 반민특위' 현상 같은 것을 통해서 나타나기도 한다. 상처 입은 민족감정은 이런 대중적 현상뿐 아니라 지적 담론 영역에도 펼쳐져 있다. 예컨대 우리 사회가 여전히 근대 미달, 혹은 미완의 근대 상황에 있다고 파악하는 사회과학적 진단의 뿌리에 있는 것은 근대를 국민국가 형성과 동일시하는 서구이론 추종 못지않게 분단체제를 일종의 결손상태로 파악하는 우리 사회 내부에서 분비되는 자의식이다.

다른 한편 분단체제의 형성의 뿌리에 있는 것은 세계사적 냉전의 형성, 해방공간에서의 좌우대립 그리고 국제적 내전의 형태로 벌어진 한국전쟁이라고 할 수 있다. 전쟁의 결과로 고착된 분단은 이데올로기와 계급 그리고 사회적 성향에 따른 한반도 주민의 재배치이기도 했다. 전쟁으로 인한 거대한 인구이동은 한반도에 형성된 두 체제 가운데 하나를 한반도 주민들이 선택하는 과정이었으며, 이 선택이 남긴 잔여는 검거, 학살 그리고 숙청을 통해서 제거되었다.

인구의 이런 폭력적 재편으로 인해 한국사회는 거의 체질적으로 우경화되었다. 세계관과 사유방식 전반이 우경화된 사회에서는 다양한 제도 역시 우경화된 방식으로 구성되었다. 그리고 그런 심성구조로부터 이익을 발견하는 사회세력들이 그것을 다시 강화했으며, 이로 인해 사회적·정치적 상상력 또한 심대하게 제약되었다. 근대화 과정을 통해서 분화되고 다원화된 사회적 균열과 대립을 대의해야 할 정치제도와 정당체제가 그것을 해내지 못하고 심각한 지체 현상을 보이고 있는 것 또한 이런 우경화에서 기인한다.

상처 입은 민족감정과 사회의 전역적 우경화는 분단체제와 관련해 자주 논의되어왔던 편이다. 하지만 분단체제가 연대 없는 평등주의의 출처임은 우리 사회에서 상대적으로 많이 논의되지 않았다. 식민지와 전쟁을 경유한 한반도의 근현대사는 대다수 인구에게 유랑과 이주 같은 사회적 해체의 과정이었으며, 분단체제의 수립과 더불어 재정착이 시작되었지만, 그때까지 사회 성원들이 겪은 '뿌리뽑힘'의 경험은 가혹한 수준이었다.

이런 연대감의 상실은 국가나 이웃 또는 친족 같은 기본적 사회 단위에 대한 체험에 깊은 그늘을 드리웠다. 한반도 주민은 한국전쟁을 통해 국가를 '사람 잡는' 압제적인 것, 동원을 일삼지만 연대를 고무하지는 않는 장치로 체험하게 되었다. 지역공동체는 거의 소멸하다시피 했으며, 정치적 투쟁과 전쟁은 종종 가족 내부에까지 침투해 사회적 유대를 파괴했다. 이렇게 연대감을 파괴한 과정은 동시에 사회적 계서제도 붕괴시켰다. 식민지 경험을 통해 전통적 지배계급인 양반은 정당성을 상실하고 해체되었으며, 식민지시대의 상층계급은 친일집단으로서 정당성을 상실했고, 전쟁은 물질적 자원의 파괴와 이주를 야기함으로써 모든 사회 성원을 뒤섞어버렸다. 그런 의미에서 전쟁 이후 한국의 사회 성원은 모두 위계 없는 제로베이스에서 출발했다고 할 수 있다.

이렇게 연대의 해체와 동시적이었던 파괴적 평준화로 인해 주어진 것은 연대 없는 평등주의였으며, 그런 평등주의는 매우 복잡한 역동성을 가졌다. 모든 평등주의가 그렇듯이 연대 없는 평등주의 또한 불평등의 형성을 억제하고 민주주의의 발전을 위한 토양이 된다. 한국사회가 민주화를 성취할 수 있었던 데에는 여러가지 요인이 있었지만, 그 핵심 요인 가운데 하나는 이런 평등주의였다고 할 수 있다. 하지만 우리 사회가 제약된 수준의 민주화 이상으로 잘 발전하지 못한 것은 그것이 '연대 없는' 평등주의였기 때문이다.


3


한국전쟁 후 이승만(李承晩) 집권기와 4·19혁명을 거쳐 제2공화국에 이르는 기간 동안 이런 분단체제의 에토스가 이런저런 사회적 효과를 발휘했지만 어떤 사회발전 패턴과 결합할지는 다소 모호한 상태였다. 그것이 뚜렷한 형태를 취하기 시작한 것은 5·16군사쿠데타 이후 형성된 박정희체제부터이다.

박정희체제는 기본적으로 권위주의적 발전국가체제인데, 이 발전체제는 한편으로는 냉전질서에 순응하는 동시에 세계체제의 분업구조 속에 깊숙이 편입되는 전략을 취하며, 2차 세계대전 후 미국 주도의 세계체제의 이데올로기였던 발전주의 모델에 근거한 추격발전을 시도하는 형태였다. 동시에 그것은 국내적으로는 국가-은행-독점자본의 3자동맹과 민중의 정치경제적 배제에 기초한 권위주의적 지배체제였다. 이 지배체제가 배제된 민중의 지속적인 도전에도 불구하고 긴 시간 동안 존속한 것은 내부의 민주적 도전을 적으로 규정할 수 있는 분단체제 덕분이었다고 할 수 있다.

박정희체제는 민중 배제적인 독재를 댓가로 지불하며 경제적으로는 괄목할 만한 성취를 이뤘는데, 이런 성공의 이유는 미국 헤게모니하의 세계체제에 순응적이었기 때문이기도 하지만 분단체제와 더불어 형성된 사회적 에토스와 그것에 기초해 이승만 시기에 초보적으로 형성된 사회적 특질을 잘 조합해 수용했기 때문이기도 하다. 이 점을 우리의 현재 논의 주제인 교육문제와 관련해 살펴보자.

앞서 지적한 연대 없는 평등주의는 한국사회에서 우경화된 감수성과 접맥되어 일종의 지위경쟁적 평등주의로 나아갔다. 사회적 위계가 깨지고 출발선이 평준화된 사회의 성원들은 비어 있는 상층부를 향해 나아가려는 동기를 갖는다. 하지만 냉전뿐 아니라 분단체제에 토대를 둔 우경화된 사회에서 집합적 지위 개선을 위한 노력의 전형인 노동운동 같은 경로는 폐쇄되었다. 따라서 개인들은 개인적인 지위 향상을 위해서 노력했으며, 이런 지위경쟁의 정당화된 통로로 자리잡은 것이 교육이었다.

우리 사회에서 뿜어져 나온 놀라운 수준의 교육경쟁의 근원은 바로 지위경쟁적 평등주의라고 할 수 있다. 그리고 지위경쟁적 평등주의가 야기한 교육경쟁이 어떤 순환적 메커니즘을 가지고 강화되어갔는지는 잘 알려진 바이다. 교육기관의 정원을 초과하는 교육수요에 부응할 국가 역량이 없는 상태에서 두가지 요소가 문제를 해결했다. 하나는 교육비를 기꺼이 자가부담하려는 대중의 태도였고, 다른 하나는 이런 대중적 열망에서 수익 기회를 발견하고 설립되기 시작한 사학이었다. 그런데 이런 지위경쟁적 평등주의에 의한 교육경쟁의 귀결은 자기패배적이다. 모든 사람이 지위경쟁에 나서면 지위경쟁에서 승리하기 위해 더 경쟁적으로 자원을 투입해야 한다. 다수가 초등학교 졸업자일 때 가치있는 것은 중학교 졸업장이며, 다수가 고등학교 졸업자일 때 가치있는 것은 대학 졸업장이 된다. 이런 이유로 학교가 팽창하고 상급학교로의 진학이 증가되는데, 그런 팽창과 더불어 학력의 가치와 그것에 대한 사회적 보상은 하락하게 된다. 모두가 대학 졸업장을 가지게 될 때는 그것이 받는 보상은 대다수가 초등학교 졸업일 때 중학교 졸업장에 주어지던 보상보다 못하게 된다. 따라서 대학 졸업장에 추가적인 '스펙'이 더 요구되는 것이다.

이런 자기강화적인 메커니즘이 자기패배적인 귀결에 직면하는 것을 유예한 것이 바로 고도성장이었다. 급속한 경제성장은 타자와의 지위경쟁에서의 승리 또는 패배를 '자신의 과거 상태와의 경쟁'으로 전환할 수 있게 해주기 때문이다. 박정희체제가 주도한 경제성장은 바로 이런 지위경쟁적 평등주의에 내장된 자기패배적 귀결을 방어하는 역할을 했다.[6] 달리 말하면 박정희체제에서 이루어진 고도성장은 경험과 기대의

---

6 이 글에서는 상세히 다룰 수 없지만, 박정희체제의 발전주의는 앞서 분단체제의 에토스의

분리를 막아주는 역할을 했다고 할 수 있다.[7] 즉 그것은 일상적 삶의 변동과 미래의 삶에 대한 기대를 통합할 수 있게 해준 것이다. 그런 의미에서 고도성장은 단지 사회변동의 리듬일 뿐 아니라 사회통합의 한 방식이기도 했다. 그것은 현재의 사회적 불평등과 차별을 다가올 미래의 보상으로 위무하는데, 그렇게 할 수 있는 신빙성 있는 증거를 과거보다 나아진 현재의 삶에서 획득했다. 이렇게 과거와 미래가 연결됨으로써 현재의 활동이 안정화된 것이다.

하지만 지위경쟁적 평등주의와 결합된 발전의 드라마가 그렇게 순조로운 것은 아니었다. 박정희체제가 자신의 성취로 자평하는 경제성장은 그것을 추진한 체제에 대해 자기파괴적인 경향을 가지고 있었다. 한편으로는 독재에 기초한 박정희체제는 정당성의 원천을 경제성장이라는 수행성으로부터 끌어올렸다. 그러나 경제성장은 고도성장기에도 호황과 불황 또는 경제위기라는 주기적 리듬을 경유했다. 그리고 박정희체제는 경제위기가 닥칠 때마다 민주적 체제라면 경험하지 않을 정치적 위기에 직면하곤 했다. 다른 한편으로 경제성장이 가져온 근대화의 성과로 대중의 교육수준이 상승하고 문화적 개방성이 증대하며 민주주의에 대한 신념이 확산되었다. 이런 사회문화적 변동은 박정희체제에 도전적인 것이었다. 경제성장은 위기에 처할 때도 박정희체제를 압박하며 성공적일 때도 사회문화적 저항의 힘을 축적한 셈이었다. 점점 더 강화되는 독재에 대한 도전을 폭력적으로 진압하는 것이 한계에 이르

---

하나로 거론한 상처 입은 민족감정에서 연원하는 민족적 영광의 추구와도 관련된다. 박정희체제의 발전주의는 이런 민족적 프로젝트의 성격도 가지고 있었으며, 그것이 박정희체제의 민족주의와 결합된 발전주의가 일정한 대중적 호소력을 가진 이유이기도 했다.

7 라인하르트 코젤렉 『지나간 미래』, 한철 옮김, 문학동네 1998, 14장 참조.

자 박정희는 몰락했으며, 연장된 박정희체제였던 전두환 정권도 같은 패턴을 경유하여 더 커진 민주화의 압력에 굴복했다. 이제 민주화와 더불어 형성된 새로운 체제가 교육경쟁 및 교육체제에 어떤 변화를 가져오는지 볼 차례이다. 하지만 그 전에 박정희체제가 교육수요가 아니라 교육공급에 미친 영향을 먼저 살필 필요가 있다.

## 4

앞서 지적했듯이 현재 대학체제의 위기의 한 축은 고도성장을 이룩한 박정희체제를 통해 형성된 생활양식이 교육을 비롯하여 주거 같은 사회적 재생산 영역에서 지속됨으로써 야기된 것이다. 또다른 축은 고등교육의 80%에 육박하는 사학의 지배구조 문제(그리고 사학과 연관된 국립대학의 지배구조 문제)인데, 이는 더욱 직접적으로 박정희체제로부터 비롯된 것이다.

한국의 사립대학은 해방 후 농지개혁에 대한 지주들의 토지자산 유지방안의 일환으로 급속히 팽창했다.[8] 즉 3정보 이상의 토지를 매각해야 하는 상황에서 벗어나기 위해 지주들은 토지자산을 학교법인에 기탁하거나 스스로 학교법인을 설립하고 거기에 기부했던 것이다. 이렇

---

8 숭고한 동기에서 출발해 사학법인에 토지와 재산을 기부한 사례도 상당수 있었다. 하지만 사립학교의 급속한 증설 배후에서 작동한 가장 강한 요인은 농지개혁이었다고 할 수 있다. 이광호 「해방 직후 고등교육기관 설립 추진세력의 사회적 배경: 1945~55년 기간을 중심으로」, 『연세대학교 미래교육연구』 제5권 1호, 연세대교육연구소 1992, 63~85면; 오성배 「사립대학 팽창과정 탐색: 해방 후 농지개혁기를 중심으로」, 『한국교육』 제31권 3호, 한국교육개발원 2004, 53~73면 참조.

게 팽창한 대학은 한국전쟁 기간 동안 대학생들의 입영연기 특혜 등을 통해 교육수요를 획득할 수 있었다.[9] 한국전쟁 후에는 대학에 대한 교육수요가 더욱 증가하여 정원 외 학생을 정원에 육박하는 정도로 받으며 대학들은 성장했고, 대학이 상아탑이 아니라 '우골탑'이라는 말이 생겨난 것도 이 시기이다. 하지만 같은 시기 전후 경제 복구와 발전은 느리게 진행되었고, 그렇기 때문에 급속히 성장한 대학이 배출한 많은 졸업생을 기다린 것은 직장이 아니라 실업이었다. 이 긴장상태가 대학생이 4·19혁명의 주역으로 등장하게 된 요인 가운데 하나라고 할 수 있다.[10]

이런 사립학교 그리고 사립대학에 현재의 거버넌스의 기본형이 부과된 것은 박정희체제에 의해서였다. 대학생들이 중요한 참여집단이었던 4·19혁명으로 인해 쿠데타 시점을 놓치기도 했던 박정희 정권은 대학생들을 통제할 필요를 강하게 느꼈던 것 같다. 그래서 사립학교들이 저지른 비리를 매개로 교육체제 전반에 대한 국가 통제를 시도했다. 5·16군사쿠데타 직후 박정희는 '교육법'과 '교육공무원법' 등의 효력을 일시 정지시키는 내용을 담은 '교육에관한임시특례법'(1961.9.1)을 공포하고, 특히 남설(濫設)과 비리로 사회적 비판이 비등했던 고등교육에 대한 정리 작업을 시도했다.[11] 그리고 같은 시기에 만들어진 '사립학

---

9 한홍구 『대한민국사 1』, 한겨레출판 2003.
10 4·19혁명을 분석할 때, 당시의 대학 상황을 중요한 요인으로 분석하는 경우는 별로 없다. 그 이유는 4·19혁명과 같은 숭고한 사건의 원인을 대학생들의 산재한 불만과 매개하는 것이 혁명의 가치를 훼손하는 것이라는 의식이 암암리에 작용하기 때문으로 보인다. 하지만 사회적으로 중대한 의미를 갖는 사건은 그것이 발생 원인을 초과하는 자기강화적 발전과 영향력을 가진다. 그러므로 혁명의 경험적 조건을 규명하는 것(그리고 그 조건이 다소간 비속한 것으로 밝혀진다 하더라도)이 혁명의 가치와 의미를 약화시키는 것은 아니다.
11 이혜영 외 『한국 근대 학교교육 100년사 연구(III): 해방 이후의 학교교육』, 한국교육개발원 1998, 34~35면.

교법'(1963.6.26)은 지속적인 영향력을 발휘하며 사립학교에 대한 국가 개입의 근거로 작용했다. 여러번 개정되었지만 오늘날에도 여전히 기본 골간을 유지하고 있는 1963년 제정 사립학교법은 교육법에 의해 최소한의 규율만을 하던 국가가 사학에 대한 광범위한 통제를 행사할 수 있는 법적 근거가 되었다.[12]

그러나 1963년 제정 사립학교법이 단순히 사학에 대한 국가 통제만을 함축하고 있는 것은 아니다. 이 점을 이사회 관련 규정은 잘 보여준다. 1963년 제정 이후 지금까지 사립학교법은 이사 상호 간 민법상의 친족관계를 매우 관용적으로 허용하고 있으며, 이사 선임에 대한 특별한 규정이 없으므로 친족집단에 더해 친분 있는 인사 몇몇만 이사로 선임하면 특정 친족집단이 한 학교의 이사진을 장악할 수 있도록 해주었다. 또한 사립학교법은 이사회 단독 소집의 권한을 부여하는 등 법인 이사 가운데서도 이사장에게 예외적으로 강력한 권한을 부여하고 있다.[13]

사립학교법은 한편으로는 사학에 대한 국가 통제의 토대가 되는 동시에 사학 내에서의 재단과 이사장의 학교 지배를 보증하는 법이 되었으며, 이는 사립학교가 국가의 정치적·이데올로기적 지배에 순응하는 한, 국가가 법인의 학교 내부 지배를 확보해주는 식으로 양자 간에 타협이 이루어졌음을 말해준다. 그렇게 해서 국공립에 대한 정부의 직접적

---

12 사립학교법은 감독청이 사립학교를 지휘·감독한다고 규정하고 있다. 또한 학교법인이 자신의 수익사업을 감독청에 일일이 신고하도록 규정하고 있으며, 법인 임원의 정원과 구성 그리고 임기에 대해 세밀한 제한 규정을 두고 있다. 또한 학교법인의 예산편성, 회계규칙 등의 사항을 (제정 당시 명칭으로는) '문교부' 장관이 정할 수 있게 했으며, 감독청은 법인의 예산안 시정을 요구할 수 있으며, 사립학교의 장을 임명할 때 감독청의 승인을 받도록 했다.
13 사립학교법에서 지배구조와 관련된 조항들의 법률 연혁에 대해서는 이 글의 맨 뒤에 수록된 부록 1, 2, 3 참조.

통제와 사학법인을 매개로 한 사립학교 통제가 박정희체제에서의 교육체제의 근간을 이루었다.

이런 과정을 거쳐 우리나라 사립학교들은 법적으로는 비영리조직이지만 이사장의 독단에 의해서 지배되는 사기업과 유사한 구조를 가지게 되었다.[14] 그런 의미에서 우리나라 사립학교들, 특히 사립대학을 운영하는 학교법인은 일종의 위장된 영리법인이라고 할 수 있다. 그런 행태가 광범위하게 용인될 수 있었던 것은 분단체제의 수립으로 인한 사회의 우경화로 말미암아 소유권이 일종의 신성한 권리로 격상되고 사회적 공공자산조차 소유권자 또는 '주인'이 있어야 마땅하다는 식의 소유권 지상주의가 만연했기 때문이다.

이런 분단체제의 에토스의 영향은 비리 사학을 처리하는 방식에서 잘 나타난다. 비리 사학의 문제를 해결하기 위해서 관선이사들이 파견되더라도 관선이사 체제가 정이사 체제로 전환되기 매우 어렵고, 정이사 체제는 항상 설립자와 그 가족 또는 비리 발생에 연루된 이전 시기의

---

14 한스먼에 따르면, 비영리조직의 경우 비분배 원칙(non-distribution constraint), 즉 비영리조직에서 발생하는 이익은 설립자나 경영자가 가져갈 수 없을 때만 사회적 신뢰를 얻을 수 있다. 사립학교 같은 비영리조직은 소비자와 공급자 간에 정보비대칭성이 크며, 기부자와 운영자 간의 정보비대칭성도 크기 때문이다. Henry B. Hansmann, "The Role of Nonprofit Enterprise," *The Yale Law Journal*, 89(5), 1980, 835~901면. 우리 사회의 사학법인은 이런 비분배 원칙을 지키지 않기 때문에 비리가 만연했는데, 그것의 구조적 원인은 사학법인 이사장의 비대한 권력과 이사회 구성의 비민주성과 폐쇄성 때문이다(사립학교의 지배구조와 관련해서 핵심 규정인 제14조 임원규정과 제21조 임원선임의 제한 규정의 연혁은 이 글의 '부록 1'과 '부록 2'를 참조하라). 그럼에도 불구하고 사학이 존립하고 발전할 수 있었던 이유는 정부의 낮은 공교육 투자와 최근까지도 계속된 초과 교육수요 덕분이었다. 사학비리와 부패에 대해서는 이수인 「교육개혁전쟁에서 어떻게 승리할 것인가」, 『창작과비평』 1999년 여름호 364~90면과 민주화를 위한 전국교수협의회·교수노조 『한국 사학과 사학법 커넥션』 2007년 4월 5일 공개토론회 자료집 참조.

정이사들과 일정한 연속성을 확보해야 가능한 경우가 대부분이다. 설립자의 재산은 이미 비영리 공익재단에 이전되었고, 학교 재산의 상당 부분이 학교 설립 후 재학생과 학부모에 의해 형성된 것임에도 불구하고 비리 사학조차 '주인'에게 되돌려주는 법적·관료적 관행은 분단체제로 인해 우경화된 사회의 소유권 지상주의가 아니고는 설명하기 어렵다.


## 5

1987년 민주화운동에 의해 박정희체제는 정치적으로 종식을 고했다. 민주화는 분단체제의 한 축인 한국사회를 변모시킴으로써 분단체제 전체를 흔들어놓았다. 그리고 한국사회의 민주화에 뒤이어 진행된 세계사적인 냉전 해체로 인해 이런 흐름은 더욱 돌이킬 수 없는 방향으로 나아갔다. 하지만 1987년 민주화 이행은 구체제와의 타협에 의한 것이었고, 그렇기 때문에 박정희체제의 다양한 사회경제적 유산이 민주화 이행과 더불어 청산되지 않은 채 지속되었다. 이 체제가 87년체제라 널리 불리게 된 것은 보수파와 민주파 간의 투쟁이 민주화 이행 이후 긴 진지전으로 이전되었고, 그로 인해 체제의 발전 방향이 계속적인 각축상태에 있었고 그런 의미에서 미확정 상태였기 때문이다. 긴 이행의 체제라 할 수 있는 87년체제에서 민주파와 보수파는 포스트-박정희체제의 행로를 결정하기 위해 각각 나름의 프로젝트를 가동했는데, 이런 프로젝트들의 중심 아이디어는 권위주의적 발전국가체제로부터의 해방이었다. 보수파는 국가로터의 해방을 시장화 또는 신자유주의화의 형태로 수행하고자 했고, 민주파는 정치적 민주화를 더욱 추진하는 동시에 사회경제적 민주화를 통해 민주화를 심화하는 길을 모색했다.

하지만 이 과정에서 전체 사회를 국가와 시장이라는 이분법으로 파악하는 사고가 민주파의 사유 속으로까지 상식의 형태로 파고들었고, 이로 인해 국가와 시장에서 벗어난 제3항으로서 공공영역(public sphere)과 그것의 육성이 민주화의 관건이라는 인식은 널리 확산되지 못했다. 그 때문에 시장화에 대한 이의제기가 국가 중심적인 권위주의적 유산에 집착하는 기득권 수호로 오인되는 경우가 많았는데, 민주파는 공공성 강화와 기득권 고수 간의 착종을 식별하는 동시에 양자를 등치하는 오인에 대항할 분별력 있는 담론을 충분히 발전시키지 못했다. 그 결과 실제로 국가적 규율이 아닌 공적인 사회적 규율에 입각한 제도 재편의 길이 제대로 모색되지 못했다.

교육영역에서도 탈국가화는 각 교육단위들의 자치와 자율화와 그리고 억압적인 이데올로기적 통제로부터의 자유라는 이름으로 진행되었지만, 시장주의 담론이 국가중심적 교육으로부터의 해방을 향도하는 헤게모니를 쥐게 됨에 따라 교육의 재구조화의 슬로건도 '수요자 중심 교육'이 되었다.[15] 따라서 시장주의에 따른 제도 개혁은 뚜렷한 모습으로 부상한 반면, 민주적 공공성의 강화를 지향하는 학교운영위원회의 도입조차 수요자 중심적 개혁으로 오인되었다.

더구나 많은 사회영역에서 민주화의 지지세력이었던 노동운동이 교육영역의 경우에는 1997년 전교조 합법화 이전까지 답보상태에 머물렀

---

15 이 점을 뚜렷이 드러낸 것이 김영삼 정부 시절 교육개혁위원회가 마련한 '5·31교육개혁 (안)'이다. 이 문제에 대한 좀더 자세한 논의는 이 책의 제8장 「교육에서의 87년체제」를 참조하라.

다. 그랬기 때문에 위장된 영리법인이나 다름없는 사립학교를 민주화하고 본래의 취지에 맞게 공익법인화하려는 시도인 사립학교법 개정운동은 전교조가 합법화된 후 일정 정도 조직을 정비한 2000년에 이르러서야 대중운동으로서 그 모습을 갖출 수 있었다. 그리고 그런 개정 운동은 2005년 노무현 정부에서 일정한 결실을 맺을 수 있었다.

하지만 이런 결실은 금세 파괴되었는데, 그 이유는 한편으로는 노무현 정부의 개혁 기조가 흔들림에 따라, 다른 한편으로는 분단체제의 수구세력이 자신들의 사회적 진지의 하나인 사학재단을 방어하기 위해 벌인 저항 때문이었다. 사립학교법은 개정 2년 만인 2007년에 다시 개악되었는데, 그 개악된 조항(사학분쟁조정위원회 관련 조항)이 이명박 정부에서 와서는 10여개 대학에서 심각한 사학 분쟁을 야기하는 원인이 되었다.[16] 이런 사실은 사립학교의 공공성을 강화하는 노력이 필요하며, 그런 시민사회의 자율적 노력을 통해 강화된 역량을 국가에 투입하여 국가를 경유한 공공성 강화를 이끌어내고 그것으로 다시 시민사회의 민주적 역량을 강화하는 선순환을 마련하는 것이 여전히 중요한 과제임을 보여준다.[17]

사학의 지배구조 문제가 이렇게 민주화 이후에도 일면 존속해온 박

---

[16] 이런 사학 분규는 이명박 정부 시기에 일어났지만 이 문제에 관한 책임은 이명박 대통령보다 박근혜 의원이 더 크다. 2007년 사립학교법 개악의 주역이 당시 한나라당 대표였던 박근혜 의원이었기 때문이다. 박 의원이 제도화한 사학분쟁조정위원회가 맨 처음 구재단에 복귀의 길을 열어준 사례도 그 자신이 이사장이었다가 비리로 물러났던 영남대학교였다는 것은 시사하는 바가 크다.

[17] 이를 위해 시민사회의 공공성과 국가를 경유한 공공성을 국가적 공공성과 분별하는 것이 사회운동과 그것을 지지하는 담론의 수준 모두에서 중요하다. 국가를 경유한 공공성이라는 관념에 대한 좀더 상세한 논의는 신진욱 「국가를 경유하는 시민적 연대의 길」, 『시민과 세계』 제12호, 참여연대 참여사회연구소 2007, 6~28면 참조.

정희체제 때문에 발생하는 것이라면, 현재 사립대학이 직면하고 있는 교육수요 감소로 인한 구조개편의 압력은 박정희체제의 유산에서 비롯된 것이다. 박정희체제가 이룩한 발전은 지위경쟁의 불평등한 귀결을 완화하는 기제인 동시에 그것이 가진 자기패배적인 메커니즘에 대한 자각을 지연하고 대안 모색을 방해함으로써 장기적으로 더 파괴적인 결과를 축적해왔는데, 그것이 87년체제에서 폭발했다고 할 수 있다.

실제로 87년체제의 등장과 함께 성장률은 저하되었는데, 그것은 한국사회가 20여년 이상 높은 수준의 발전을 거듭해온 것의 정상적인 귀결이었다. 하지만 연대 없는 평등주의에서 비롯된 지위경쟁이 지배적인 사회에서 성장률의 하락은 견딜 수 없는 긴장을 야기했다. 둔화된 경제성장을 보완하는 방법으로 활용된 것이 바로 신용 창출에 의해 소득을 보전하는 것이다. 외환위기 이후 과도한 신용카드 발급이나 부동산 프로젝트 파이낸싱과 가계대출의 폭증은 성장률 저하를 미래의 가능한 소득을 통해 보충하는 것이라고 할 수 있다. 사회적 경쟁과 비교를 자신의 과거와 현재의 비교 속에 투사하는 발전주의가 박정희체제의 토대였다면, 87년체제에서는 박정희체제가 형성한 기대를 충족하기 위해서 미래의 자산을 현재로 가불해왔다.[18] 전자가 현실적 토대를 가진 것이었다면 후자는 언제든 무너질 수 있는 허구적 토대 위에 있다고 할 수 있다.

아무튼 고도성장 사회의 저성장 사회로의 전환은 경험과 기대의 분리를 야기하며 양자 사이의 공간을 불안으로 물들였다. 그러나 그 불안

---

18 이런 신용을 창출할 수 있는 것도 중산층에 한정된다. 그런 신용을 창출할 수 없는 계층은 이미 상당한 지위 하락을 겪으며 양극화의 아래 축을 형성하고 있다.

이 적어도 현재까지는 교육경쟁을 약화시킨 것은 아니다. 교육투자를 집중하기 위해 자녀 수를 줄이고, 줄어들어서 더 소중해진 자녀에게 더욱 많은 교육투자를 하며, 이런 투자경쟁으로 인해 교육투자수익률이 하락하는 게임을 거듭하고 있는 것이다. 그리고 그것의 귀결로 학령인구가 급감함으로써 해방 후부터 최근까지 줄곧 계속되어온 초과 교육수요도 소멸해가고 있는 것이다.

이런 학령인구 감소가 초과수요에 의존해 성장해온 사학 중심의 고등교육에 심각한 위기 요인이 된 데는 교육부의 잘못된 정책도 크게 작용했다. 앞서 지적했듯이 민주화 이행 이후 보수파의 프로젝트였던 시장주의에 입각해 1995년 대학설립준칙주의를 도입하여 1950년대 이후 가장 심각한 대학의 남설을 유도했기 때문이다.[19] 박정희체제의 사회문화적 지속과 보수파의 어설픈 시장주의 정책이 현재 고등교육이 처한 심각한 위기의 원인인 것이다.

6

앞서 지적한 한국 사립대학의 두가지 문제를 다시 한번 살펴보자. 한국의 대학은 그것을 둘러싼 사회와의 접촉면에서 입학자원의 감소라는 구조적 문제 그리고 그 연장선상에서 발생하는 대학 등록금 문제에 직

---

19 이명박 정부의 교육부장관 이주호는 김영삼 정부 시기의 교육개혁위원회의 위원으로서 학령인구 감소가 예상되는 시점에서 시장주의적 이데올로기에 매몰된 정책을 도입했고, 아이로니컬하게도 현재 자신의 정책이 야기한 후과를 대학구조조정이라는 칼을 휘둘러 해결하고자 했다. 하지만 그의 서툰 칼질은 현재 또다른 심각한 문제를 야기하고 있다.

면해 있다. 그리고 동시에 허술한 공적 감시를 틈타 부패와 분규를 반복하는 나쁜 지배구조라는 문제에 처해 있다. 두가지 문제는 분단체제의 수립과 더불어 형성된 에토스가 박정희체제를 통해 재생산되고 강화된 것에 뿌리를 두고 있다.

문제는 우리 사회가 민주화 이후에도 여전히 박정희체제의 유산으로부터 충분히 벗어나지 못한 채 고도성장 사회에서 저성장 사회로 이동했다는 점이다. 민주화가 사회의 모든 영역에 깊이 침투하고 심화되기 위해서는 두가지 비전이 함께 구체화되어야 했다. 하나는 우리 사회의 격심한 경쟁의 원천인 연대 없는 평등주의를 연대에 기초한 평등주의로 전환하는 것이고, 다른 하나는 저성장 사회라는 조건을 수용하면서 그것을 새로운 생활양식을 통해 타개하는 탈발전주의를 일궈냄으로써 고도성장기에 대한 정치적 향수를 방어하는 것이다.

요컨대 지위 상승을 향한 교육경쟁, 주거와 투자가 혼재된 상태에서 환금성을 좇아 획일화된 아파트 주거양식에 갇힌 생활양식, 차를 몰고 대형마트에 가서 장을 보고 소비에서 자기 정체성을 찾는 소비주의적 태도 또는 상업화된 여가에 매몰된 생활양식 등에서 벗어나는 것이 요청된다. 그런 생활양식 대신 노동과 여가의 흐름을 재조정하는 새로운 가치관·생활양식·사회적 연대감을 매개로 국가의 재원을 형성하고 그것을 공공적으로 재분배하는 정치적 매개, 즉 진보적 생활양식과 국가의 공공적 재구성을 연결하고 상호 강화하는 흐름을 생성하는 것이 필요하다.

2008년 촛불항쟁 이래로 우리 사회에서는 복지 담론이 활성화되고 모든 정당과 대선 후보가 경제민주화를 주창했다. 실제로 실행의 수준에서 어떤 정당이나 후보가 진정성을 가지고 경제민주화와 복지를 강

118

화할 것이냐 하는 문제와 별도로 이런 담론 지형의 형성 자체는 87년체제를 통해서 민주화를 압도하는 영향력을 행사했던 시장주의가 퇴조하고 사회의 새로운 담론 중심이 형성되고 있음을 말해준다. 즉 적어도 연대 없는 평등주의를 연대적 평등주의로 전환할 가능성이 형성되고 있음을 말해준다. 필요한 것은 그것에 아직은 뚜렷한 모습을 드러내지 못하고 있는 탈발전주의 비전을 결합하는 것이 될 것이다.

더불어 교육영역에서도 지배구조의 민주화와 공공성 제고를 사회연대 및 탈발전주의 비전과 연계하는 작업이 요청되거니와 이를 위해서는 좀더 세심한 논구가 필요할 것이다. 여기서는 앞서 제기한 두가지 문제에서 제기되는 교육개혁 담론과 관련해서 초보적인 문제제기에 그치고자 한다.

현재 우리 대학체제에서 가장 뚜렷하게 초점을 획득한 문제는 대학등록금 문제이다. 이 문제는 앞서 지적했듯이 등록금이 높다는 것이 새삼스럽게 발견되어서 문제가 된 것이기보다는 등록금이 그만한 투자가치가 없다는 것이 자명해졌기 때문에 제기되기 시작했다. 등록금이 정치적 압력이 될 만큼 중요한 의제로 부각되자 그 부담을 완화하기 위한 정책들이 제기되었다.

이와 관련해 교육부가 실행하고자 한 정책은 등록금 재원을 대학생과 대학에 투입하는 대신 대학의 효율성 제고를 요구하는 것이었으며, 그것에 입각해 교육부는 대학을 평가해서 2012년 정부재정지원 제한 대학 및 학자금 대출제한 대학 명단을 발표했다. 공공재정 투입과 대학구조조정을 교환하는 교육부 정책은 저성장 사회에서 대학 졸업장의 가치 하락 그리고 대학교육과 산업수요와의 괴리, 교육수요를 초과하는 대학정원 같은 문제들을 해결하는 데 재정 지원을 활용해서 대학 등록금에 대한 사회적 불만을 누그러뜨리려는 것이다.

이에 비해 진보적인 교육운동 진영에서는 등록금 부담을 완화하기 위한 재정 투입의 증대를 사립대학의 지배구조 개선과 교환하는 정책을 요구하고 있다. 이런 요구는 세수에 입각한 재정을 사립대학에 더 확대해서 투입하는 한, 사립대학의 지배구조도 더 공공화하는 것이 옳다는 주장에 입각한 것이다.

두가지 개혁 방향이 가진 각각의 문제점을 식별하는 것은 그리 어렵지 않다. 교육부가 주도하는 정책이 재정을 투입함에도 불구하고 사립대학의 지배구조라는 까다로운 정치적 문제(교육부 관료들과 사학재단과의 유착을 염두에 둔다면 회피하고 싶은 문제)를 회피하는 것이라면, 후자의 논의에서는 대학이 대학교육 수요자들에게 어떻게 부응할 것인가 하는 문제, 탈발전사회에서의 고등교육의 비전이라는 문제가 제대로 논의되지 않고 있다.[20]

현재 사학재단과 사학 분규와 한국 민주주의의 과제라는 문제의식에서 볼 때 필요한 것이 무엇인지도 좀더 분명해진다. 교육민주화운동 진영은 지금까지 자신들이 추구해온 교육재정 투입의 확대와 사립대학 거버넌스의 공공화를 적극적으로 매개하는 개혁을 계속해나가야 할 것이다. 하지만 그와 동시에 대학교육 수요자들의 요구에 어떻게 부응할

---

20 여기서 탈발전주의적 교육비전을 구체적으로 제시할 수는 없지만, 탈발전주의적 생활양식과 경제체제에 대한 고민을 담은 이원재의 『이상한 나라의 경제학』(어크로스 2012)의 문제의식을 진지하게 살필 필요가 있다고 생각된다. 진보진영에서 논의되는 것처럼 재벌개혁이 이루어진다고 해도 다수의 경제생활과 일자리 문제가 해결되는 것이 아니라면, 그리고 복지가 일자리와 생산성의 문제를 충분히 해결해주는 것이 아니라면 사회적 경제 혹은 협동조합 경제에 대해 살펴봐야 할 것이다. 그리고 이 경우 대학교육은 매우 중요한 역할을 부여받을 것이다.

수 있을지에 대한 응답을 마련해야 한다. 그리고 더불어 자신들이 제기하는 교육개혁 방안이 여전히 발전주의 시대의 고등교육체제를 수선하는 방식으로 진행되고 있는 교육부의 개혁 방안과 어떤 점에서 근본적으로 다른지를 보여주어야 할 것이다. 요컨대 과제는 탈발전사회의 삶의 비전과 상응하는 교육비전이 무엇인지 그리고 그것이 대학의 민주화와 공공화가 어떻게 내면적으로 연관되는 것인지 보여줄 수 있어야 한다. 그럴 때 사립대학의 이해당사자 가운데 한 집단인 교수나 교직원이 제기하는 공공성 요구가 기득권 수호와 다른 것임도 대중의 눈에 선명하게 드러날 것이다.

부록 1

## 사립학교법 제14조의 연혁[21]

| 제정·개정 연도 | 사립학교법 제14조 |
|---|---|
| 1963. 6. 26 | ① 학교법인에는 임원으로서 5인 이상 15인 이하의 이사와 2인 이상의 감사를 두어야 한다.<br>② 이사 중 1인은 정관이 정하는 바에 의하여 이사장이 된다. |
| 1964. 11. 10 | ① 학교법인에는 임원으로서 5인 이상 15인 이하의 이사와 2인 이상 감사를 두어야 한다. 다만, 학교법인은 감독청의 승인을 얻어 그 이사의 수를 증가할 수 있다.<br>② 이사 중 1인은 정관이 정하는 바에 의하여 이사장이 된다. |
| 1990. 4. 7 | ① 학교법인에는 임원으로서 7인 이상 15인 이하의 이사와 2인 이상 감사를 두어야 한다. 다만, 학교법인은 관할청의 승인을 얻어 그 이사의 수를 증가할 수 있다.<br>② 이사 중 1인은 정관이 정하는 바에 의하여 이사장이 된다. |
| 1997. 1. 13 | ① 학교법인에는 임원으로서 7인 이상 이사와 2인 이상 감사를 두어야 한다.<br>② 이사 중 1인은 정관이 정하는 바에 의하여 이사장이 된다. |
| 1999. 8. 31 | ① 학교법인에는 임원으로서 7인 이상 이사와 2인 이상 감사를 두어야 한다. 다만, 유치원만을 설치·경영하는 학교법인에는 임원으로서 5인 이상 이사와 1인 이상 감사를 둘 수 있다.<br>② 이사 중 1인은 정관이 정하는 바에 의하여 이사장이 된다. |
| 2005. 12. 29 | ① 학교법인에는 임원으로서 7인 이상의 이사와 2인 이상의 감사를 두어야 한다. 다만, 유치원만을 설치·경영하는 학교법인에는 임원으로서 5인 이상의 이사와 1인 이상의 감사를 둘 수 있다.<br>② 이사 중 1인은 정관이 정하는 바에 의하여 이사장이 된다.<br>③ 학교법인은 제1항의 규정에 의한 이사 정수의 4분의 1 이상은 학교운영위원회 또는 대학평의원회(신설 법인의 경우 관할청)가 2배수 추천하는 인사 중에서 선임하여야 한다. 〈신설〉<br>④ 2 이상의 학교를 설치·운영하고 있는 학교법인의 경우에는 제3항의 규정에 따라 학교운영위원회 또는 대학평의원회가 이사를 추천함에 있어 각 학교의 학교운영위원회 또는 대학평의원회가 협의하여 추천한다. 〈신설〉<br>⑤ 제3항의 규정에 의하여 학교운영위원회 또는 대학평의원회가 이사를 추천하는 경우에는 30일 이내에 완료하여야 하며, 이 기간 내에 추천하지 못하는 때에는 관할청이 추천한다. 〈신설〉<br>⑥ 제3항 내지 제5항의 규정에 따른 이사의 추천, 선임방법 등에 관하여 필 |

| | 요한 사항은 대통령령이 정하는 바에 따라 정관으로 정한다. 〈신설〉 |
|---|---|
| 2007. 7. 27 | ① 학교법인에는 임원으로서 7인 이상의 이사와 2인 이상의 감사를 두어야 한다. 다만, 유치원만을 설치·경영하는 학교법인에는 임원으로서 5인 이상의 이사와 1인 이상의 감사를 둘 수 있다.<br>② 이사 중 1인은 정관이 정하는 바에 의하여 이사장이 된다.<br>③ 학교법인은 제1항에 따른 이사 정수의 4분의 1(단, 소수점 이하는 올림한다)에 해당하는 이사(이하 '개방이사'라 한다)를 제4항에 따른 개방이사추천위원회에서 2배수 추천한 인사 중에서 선임하여야 한다.<br>④ 개방이사추천위원회(이하 '추천위원회'라 한다)는 제26조의 2에 따른 대학평의원회(이하 '대학평의원회'라 한다) 또는 초·중등교육법 제31조에 따른 학교운영위원회(이하 '학교운영위원회'라 한다)에 두고 그 조직과 운영 및 구성은 정관으로 정하되, 위원 정수는 5인 이상 홀수로 하고 대학평의원회 또는 학교운영위원회에서 추천위원회 위원의 2분의 1을 추천하도록 한다. 다만, 대통령령으로 정하는 종교지도자 양성만을 목적으로 하는 대학 및 대학원 설치·경영 학교법인의 경우에는 당해 종교단체에서 2분의 1을 추천한다.<br>⑤ 제3항에 따라 추천위원회가 개방이사를 추천하는 경우에는 30일 이내에 완료하여야 하며, 이 기간 내에 추천하지 못하는 때에는 관할청이 추천한다.<br>⑥ 제3항부터 제5항까지의 규정에 따른 개방이사의 추천, 선임방법 및 자격요건과 기준에 관한 구체적인 사항은 대통령령으로 정하는 바에 따라 정관으로 정한다. |

---

21 이하 부록의 법률 연혁은 제정 이후 개정되거나 신설된 것만을 기재했으며, 신설의 경우에 따로 〈신설〉로 표시했다.

부록 2

사립학교법 제21조의 법령 연혁

| 제정·개정 연도 | 사립학교법 제21조 임원 선임의 제한 규정 |
|---|---|
| 1963. 6. 26 | ① 이사 정수의 반수 이상은 대한민국 국민이어야 한다.<br>② 이사회의 구성에 있어서 각 이사 상호 간에 민법 제777조에 규정된 친족관계나 처의 3촌 이내의 혈족관계가 있는 자가 그 정수의 3분의 1을 초과하여서는 아니 된다.<br>③ 이사 중 적어도 3분의 1 이상은 교육에 경험이 있는 자라야 한다.<br>④ 감사는 감사 상호 간 또는 이사와 민법 제777조에 규정된 친족관계[22]나 처의 3촌 이내의 혈족관계가 있는 자가 아니어야 한다. |
| 1981. 2. 28 | ⑤ 대통령령으로 정하는 기준 이상의 학교법인에서는 감사 중 1인은 공인회계사의 자격을 가진 자라야 한다. 〈신설〉 |
| 1986. 5. 9 | ③ 이사 중 적어도 3분의 1 이상은 교육경험이 1년 이상 있는 자라야 한다. |
| 1990. 4. 7 | ② 이사회의 구성에 있어서 각 이사 상호 간에 민법 제777조에 규정된 친족관계나 처의 3촌 이내의 혈족관계가 있는 자가 그 정수의 5분의 2를 초과하여서는 아니 된다. |
| 1997. 1. 13 | ③ 이사 중 적어도 3분의 1 이상은 교육경험이 3년 이상 있는 자라야 한다. |
| 1997. 8. 22 | ① 이사 정수의 반수 이상은 대한민국 국민이어야 한다. 다만, 대학교육기관 중 대통령령이 정하는 학교를 설치·경영하는 학교법인으로서 대한민국 국민이 아닌 자가 학교법인의 기본재산액의 2분의 1 이상에 해당하는 재산을 출연한 학교법인인 경우에는 이사 정수의 3분의 2 미만을 대한민국 국민이 아닌 자로 할 수 있다. |
| 1999. 8. 31 | ② 이사회의 구성에 있어서 각 이사 상호 간에 민법 제777조에 규정된 친족관계에 있는 자가 그 정수의 3분의 1을 초과하여서는 아니 된다.<br>④ 감사는 감사 상호 간 또는 이사와 민법 제777조에 규정된 친족관계에 있는 자가 아니어야 한다. |
| 2005. 12. 29 | ② 이사회의 구성에 있어서 각 이사 상호 간에 민법 제777조에 규정된 친족관계에 있는 자가 그 정수의 4분의 1을 초과하여서는 아니 된다.<br>⑤ 학교법인에 두는 감사 중 1인은 초·중등학교는 초·중등교육법 제31조의 규정에 의한 학교운영위원회가, 대학은 제26조의 2의 규정에 의한 대학평의원회가 추천하는 자로 한다. 〈신설〉<br>⑦ 다음 각 호의 어느 하나에 해당하는 자를 임원 취임의 승인을 요청하는 경우에는 재적 이사 3분의 2 이상의 찬성을 얻어야 한다. 〈신설〉<br>1. 제20조의 2의 규정에 따라 임원 취임 승인이 취소된 날부터 5년이 경과한 자. |

| | |
|---|---|
| | 2. 제61조의 규정에 따라 파면된 날부터 5년이 경과한 자. |
| | 3. 제54조의 2의 규정에 따라 학교의 장의 직에서 해임된 날부터 3년이 경과한 자. |
| 2007. 7. 27 | ⑤ 학교법인에 두는 감사 중 1인은 추천위원회에서 추천하는 자를 선임한다. |
| 2008. 3. 14 | ② 이사회의 구성에 있어서 각 이사 상호 간에 민법 제777조에 규정된 친족관계에 있는 자가 그 정수의 4분의 1을 초과하여서는 아니 된다. |
| | ④ 감사는 감사 상호 간 또는 이사와 민법 제777조에 규정된 친족관계에 있는 자가 아니어야 한다. |

---

22 친족관계는 1990년 이전에는 (1) 8촌 이내의 부계혈족 (2) 4촌 이내의 모계혈족 (3) 부의 8촌 이내의 부계혈족 (4) 부의 4촌 이내의 모계혈족 (5) 처의 부모 (6) 배우자였고, 그 이후로는 (1) 8촌 이내의 혈족 (2) 4촌 이내의 인척 (3) 배우자로 규정되었다.

## 부록 3

### 사립학교법 제25조 임시이사 관련 조항의 연혁

| 제정·개정 연도 | 사립학교법 제25조 |
|---|---|
| 1963. 6. 26 | 문교부장관은 학교법인이 이사의 결원 보충을 하지 아니한 경우에, 이로 인하여 당해 학교법인의 목적을 달성할 수 없거나 손해가 생길 염려가 있다고 인정한 때에는 이해관계인의 청구 또는 직권에 의하여 임시이사를 선임하여야 한다. |
| 1990. 12. 27 | 교육부장관은 학교법인이 이사의 결원 보충을 하지 아니한 경우에, 이로 인하여 당해 학교법인의 목적을 달성할 수 없거나 손해가 생길 염려가 있다고 인정한 때에는 이해관계인의 청구 또는 직권에 의하여 임시이사를 선임하여야 한다. |
| 2001. 1. 29 | ② 임시이사는 조속한 시일 내에 제1항의 규정에 의한 사유가 해소될 수 있도록 노력하여야 한다. 〈신설〉<br>③ 임시이사는 제1항의 규정에 의한 사유가 해소될 때까지 재임한다. 이 경우 그 사유가 장기간 지속되는 경우에도 그 재임기간은 2년 이내로 하되, 1차에 한하여 연임할 수 있다. 〈신설〉<br>④ 임시이사는 제20조의 규정에 의한 임원으로 선임될 수 없다. 〈신설〉 |
| 2005. 12. 29 | ① 관할청은 다음 각 호의 어느 하나에 해당되는 경우에는 이해관계인의 청구 또는 직권으로 지체 없이 임시이사를 선임하여야 한다.<br>1. 학교법인이 이사의 결원 보충을 하지 아니하여 학교법인의 정상적 운영이 어렵다고 판단될 때.<br>2. 제20조의 2의 규정에 의하여 학교법인의 임원 취임 승인을 취소한 때.<br>3. 제25조의 2의 규정에 의하여 임시이사를 해임한 때.<br>② 임시이사는 조속한 시일 내에 제1항의 규정에 의한 사유가 해소될 수 있도록 노력하여야 한다.<br>③ 임시이사는 제1항의 규정에 의한 사유가 해소될 때까지 재임한다.<br>⑤ 관할청은 임시이사가 선임된 법인에 대하여 이사회의 소집을 요구할 수 있다. 〈신설〉<br>⑥ 임시이사의 선임방법 및 운영 등에 관하여 필요한 사항은 대통령령으로 정한다. 〈신설〉 |
| 2007. 7. 27 | ① 관할청은 다음 각 호의 어느 하나에 해당되는 경우에는 이해관계인의 청구 또는 직권으로 조정위원회[23]의 심의를 거쳐 임시이사를 선임하여야 한다.<br>1. 학교법인이 이사의 결원 보충을 하지 아니하여 학교법인의 정상적 운영이 어렵다고 판단될 때. |

2. 제20조의 2에 따라 학교법인의 임원 취임 승인을 취소한 때. 다만, 제18조에 따른 이사회 의결정족수를 초과하는 이사에 대하여 임원 취임 승인이 취소된 때에 한한다.
3. 제25조의 2의 규정에 의하여 임시이사를 해임한 때.
③ 임시이사는 제1항에 따른 사유가 해소될 때까지 재임하되, 임시이사의 임기는 선임된 날부터 3년을 초과할 수 없다.
⑥ 임시이사가 선임된 학교법인 중 재정이 열악한 학교법인의 최소한의 이사회 운영경비 및 사무직원 인건비는 국가 또는 지방자치단체에서 지원할 수 있다.

---

23 조정위원회는 한나라당의 집요한 요구로 2007년 7월 27일 사립학교법의 신설조항 제 24조의 2와 3에 의해서 설치되는 사학분쟁조정위원회를 뜻한다. 이 위원회는 제25조에 따른 임시이사의 선임과 제25조의 2에 따른 임시이사의 해임 및 제25조의 3에 따른 임시이사가 선임된 학교법인의 정상화 등에 관한 중요 사항을 심의하며, 대통령이 추천하는 자 3인, 국회의장이 추천하는 자 3인, 대법원장이 추천하는 자 5인으로 구성된다. 조정위원회의 설치로 인해 사학 분쟁에 대한 신속한 개입이 어려워졌으며, 정치권력과 사법부의 성향에 의해 사학 분쟁의 해결 방향이 결정되게 되었다.

# 제4장

# 87년체제와 분단체제

### – 해방 60주년에 즈음하여

## 1

　개인사에 대한 동양적 시간감각이 투사되어 기념된 해방 '60주년'이 저물어가고 있다. 연대기적 시간이 그 자체로 의미있는 것은 아니지만, 새롭게 출발하기 위해서도 그리고 시대감각을 획득하기 위해서도 시간의 매듭이 필요한 법이고 그런 일을 하는 계기로 삼기에 60년이라는 시간은 적절한 것 같다. 요컨대 시대감각 또는 방향감각의 획득을 위해서 자기서술을 시도해볼 때라고 할 수 있다. 그런데 우리의 경우 이 자기서술 자체가 그리 간단치 않다. 해방 60주년은 대한민국의 관점에서 서술될 수도 있고, 한반도적인 관점에서 기술될 수도 있기 때문이다. 정부가 따르고 있고 사회적으로도 공식적인 입장인 전자의 관점이라면 지난 60년은 분단국가로서 출발한 대한민국이 경제성장과 민주화라는 두가지 성과를 거두며 하나의 국가로서 꼴을 갖추어온 과정으로 인식될 것이다. 그러나 후자의 관점에서 본다면 해방 후 60년의 시간은 분단시대로 기술될 것이며, 그런 관점은 전자의 관점을 즉각 상대화한다. 왜냐하면 분단시대라는 자기서술은 남북한 각각의 정통성에 대한 물음을 끊임없이 제기하기 때문이다. 입장에 따라서는 분단 속에서도 한반도에서 적지 않은 성취가 있었으며 분단과 사회발전 간의 간단치 않은 관계를 조명하기도 하지만, 그 성취 자체가 분단으로 인한 근본 제약 아래의 것이기에 지난 60년은 단절로 인한 고통(이산가족이 가장 전형적인 예일 것이다), 외세의존과 그로 인한 민족적 자존의 망실, 민족 내 적대를 빌미로 한 민주주의의 탄압과 사회적 발전의 지체, 그리고 사유지평의 심층적 제약 등으로 얼룩진 긴 시간으로 여겨진다. 심지어 근본부터 어긋나버렸고 그래서 되돌아가 다시 시작하고 싶은 그런 역사로 분단시대를 생각하는 사람도 있다.

현대사에 대한 이 두가지 관점 가운데 어느 하나를 배타적으로 강조하는 사람들도 있지만 이 두가지 관점을 공유하고 있고 또 이 두가지 관점 사이에서 동요하고 있는 것이 우리 사회 성원 대부분의 모습일 텐데, 나는 이런 평균적 감각에 어떤 직관적 진실이 자리잡고 있으며, 그렇기 때문에 양자를 적극적으로 교직하여 사고하려는 태도가 필요하다고 생각한다.[1] 그럴 때에만 어느 관점에 속박됨으로써 생기는 심리적 경향, 자부심과 자괴감이 병존하고 영광과 상처의 제스처가 자리바꿈을 거듭

---

[1] 최장집은 해방 60주년을 회고하며 우리 사회의 현재적 과제를 논하는 최근의 글에서 이렇게 쓰고 있다. "오늘의 남한사회는 분단시대라는 정의가 함의하듯 불안정하고 불완전한 반쪽의 정치체제가 아니라, 근대화되고 자족적으로 완성된 사회이자 국가이며, 체제라고 할 수 있다." 「해방 60년에 대한 하나의 해석: 민주주의자의 퍼스펙티브에서」, 참여사회연구소 『해방 60주년 기념 심포지엄 자료집』 21면. 나는 그의 글의 다른 많은 논지에 대해 찬성하지만, 이런 주장은 분단시대론 전반을 자기 방식으로 정리한 다음 그것을 비판한다는 점에서 문제가 있다. 설령 그의 이해방식을 따른다고 해도 그의 주장은 분단시대라는 역사인식이 야기할 수 있는 난점과 위험을 지적하는 것을 넘어서 그것에 내포된 정당한 통찰조차 회피할 위험을 가지고 있다.

하는 현상에서 벗어날 수 있을 것이며, 사고의 지평을 한국사회로 제한하고 그것에 몰입하는 경향과 한국사회 내부의 복잡성에 대한 신중한 고려를 잃은 열정이나 분노의 표출로 치닫는 경향 모두에서 벗어나 현재의 가능성을 침착하게 찾아나갈 수 있을 것이다.

사실 어떤 입장을 취하든 각각 만만치 않은 논쟁 그리고 그것에 함축된 사회적 갈등과 대립을 피할 수 없다. 두가지 성과라고 하지만 경제성장은 분배 정의 문제에 직면해 있고, 민주화 또한 어떤 수준까지 심화돼야 하는지가 갈등 대상이다. 또 양자는 분리된 문제가 아니다. 경제성장과 민주주의 간의 관계가 인과적으로 어떻게 설정될 수 있는지, 또 현시점에서 양자는 어떤 규범적 연관을 맺어야 하는지에 대해 많은 논쟁과 대립이 존재한다. 게다가 이 두가지 성취 모두가 현시점에서 그리 만만치 않은 난관에 처해 있다. 그렇기 때문에 기존의 성과를 보존하고 개혁하고 확장해야 한다는 사회적 합의는 존재하지만, 어떤 방안으로 그것에 이를 수 있는지에 대해서는 심각한 입장 차이와 갈등이 존재한다.

또한 이런 문제들에 한반도적 관점을 겹쳐놓으면, 경제성장과 민주화가 남북분단과 어떤 관계에 있는가 하는 어려운 문제가 제기된다. 그리고 이 문제는 단순히 과거에 대한 인과적 해명의 문제를 넘어 현재 우리 사회의 민주화와 발전의 비전을 가다듬는 문제와도 연관된다. 그러니까 한반도적 관점을 회고적 전망에서 현재와 미래에 대한 전망으로 끌어오면, 탈냉전 이후 동아시아에 지정학적 질서뿐 아니라 지경학적(geoeconomic) 질서까지 포함하는 새로운 역내질서를 어떻게 구축할 것인가 하는 문제에 당면하게 된다. 이 새로운 역내질서의 성격과 형성 경로에서 남북관계의 행로는 매우 핵심적인 고리라고 할 수 있다.

자기서술과 그것을 통한 시대감각 획득의 매트릭스로 제기되는 이런 문제들의 복잡성을 다루기 위해서 이 글은 분단체제와 87년체제라는 개념을 중심에 놓을 것이다. 한편으로는 한반도적 현실과 한국사회를 교직해서 사고하려는 분단체제론의 기본 통찰들을 활용하면서, 다른 한편으로는 분단체제론 자체가 충분히 확보하고 있지 못한 한국사회체제 분석을 87년체제 개념을 통해 보충하기 위해서이다. 이것은 분단이라는 좀더 장기적인 국면과 한국사회의 구조변화라는 중단기적인 국면을 겹쳐 보려는 시도이기도 하다. 사실 한 사회의 구조는 상이한 역사적 시간의 중첩으로 구성된다. 사회구조란 청산되지 않은 과제들 위에 새로운 과제를 쌓으며 앞으로 나아가는 과정, 그리고 새롭게 시도된 실천들이 과거의 영향력을 제거하고 변형하는 복잡한 과정의 단면이기 때문이다. 따라서 그것을 이해하기 위해서는 시간지평을 달리하는 단위를 함께 놓고 분석해보는 것이 유용하다. 그런 의미에서 분단체제론과 87년체제론을 연계해서 우리 사회를 고찰하는 것은 역사적 원근감과 현재의 실천적 과제를 명확히 하는 데 도움이 될 것이다.


2


분단체제와 87년체제의 연관을 살핌으로써 우리의 과거를 서술하고 현재를 규명하기 위해서는 87년체제라는 말부터 살펴볼 필요가 있다. 분단체제와 분단체제론은 어느정도 알려진 논의인 데 비해 87년체제는 잘 정의되지 않았던 개념이기 때문이다.[2] 아마 87년체제라는 말이 사용

2 내 경우 '87년체제'라는 개념은 노중기(盧重琦)가 처음 제시하여 노동연구자 사이에서 쓰

의 폭을 넓혀가는 이유는 그것이 1987년 민주화 이행 이후부터 현재에 이르는 우리 사회의 양상을 총괄적으로 '지칭'하기에 편리해서일 것이다. 어쩌면 이 편의성은 개념적 명료화에 방해가 될 수도 있다. 어떤 이는 87년체제를 부정적인 의미로 쓸 것이고 어떤 이는 긍정적인 의미로 쓸 것이며, 그것을 느슨하게 사용하려는 시도와 엄격히 정의하려는 시도가 병존할 것이다.[3] 그런 만큼 이 개념에 대한 어떤 확정적인 정의를 제공하는 것은 어려운 일이다. 그래서 나는 87년체제를 엄밀히 정의하기보다는 그런 용어의 대두에 작용하고 있는 시대인식과 통찰을 표면으로 끌어올려보고 싶다.

87년체제라는 용어가 쓰이는 일차적인 이유는 우리 현재의 직접적 뿌리가 1987년 민주화 이행에 닿아 있다는 인식 때문이다. 이는 1987년이 우리 사회에서 전환점인 동시에 그 전환방식이 이후 우리 사회에 구조적 영향을 미쳤기 때문이다. 전환점으로서의 1987년은 정치·경제·사회문화적으로 확인된다. 정치적으로 1987년은 권위주의체제의 종식과 형식적 민주주의의 제도화를 의미하며, 나아가서 이런 수준의 민주화로부터의 정치적 후퇴를 허용하지 않겠다는 것이 일종의 사회적 합의와

---

이게 된 '87년노동체제' 개념에서 영감을 얻은 것이다. 그가 주장하는 87년노동체제는 그것을 포함하고 있는 한국사회 전체의 특징을 통해서 해명되어야 하며, 그런 한국사회의 구조적 특징을 '87년체제'라고 명명할 수 있다고 생각했다. 이 개념은『당대비평』2003년 겨울호에서도 쓰였던 개념임을 나중에 알게 되었는데,『당대비평』에서는 이 개념이 그리 분명하게 정의되지는 않았다. 유철규(劉哲奎)와 조석곤(趙錫坤) 등은 '87년이후체제'라는 표현을 쓰기도 했는데, 개념의 의도는 유사하지만 '87년체제'라는 표현이 더 명확하다고 생각된다.

3 이런 상황이 개념 사용자들에게는 어려움을 야기하겠지만 개념의 확산과 사회적 착지라는 관점에서 보면 그렇게 나쁜 것만도 아니다. 어떤 개념의 사회적 착지는 그 개념이 쓸모 있고 정확히 정의되어 있을 때 가능하지만, 서로 모순적인 의미로 사용하는 사람들마저 함께 끌어들일 만큼 충분히 모호할 때도 가능하기 때문이다.

의지로 자리잡았다. 경제적으로 우리 사회는 박정희식의 발전체제에서 벗어났다. 박정희체제의 경제발전에는 국가-은행-대자본의 연합과 민중부문의 배제라는 두 측면이 결합해 있다. 국가는, 재벌(독점자본)은 금융을 통해 통제하고 노동은 억압적으로 통제했다. 그런데 대자본과 민중부문 양자가 국가의 통제에서 벗어나기 시작했다. 금융을 통한 재벌 통제는 1987년 이후 본격적으로 진행된 '자유화조치'로 쇠퇴하다가, 1997년 외환위기를 겪으며 결정적으로 해체되었다. 더불어 노동자와 농민의 억압에 기초했던 발전체제 또한 더이상 가능하지 않게 되었다.[4] 민중부문의 이해관심이 사회적으로 충분히 포섭되지 않고 다양한 배제가 계속되었지만, 더이상 물리적 억압이 기본적 통제 메커니즘으로 작동하지는 않게 되었다. 사회문화적인 영역의 경우 정치나 경제 영역처럼 명확한 지표가 있는 것은 아니지만, 몇가지 사례를 통해 근본적인 전환을 확인할 수 있다. 1987년 이후 실질소득의 증가로 인한 대중소비사회로의 진입이 그런 예의 하나이다. 이런 전환은 매우 급속해서 그로 인한 생활양식의 변화가 이미 90년대 중반에 문화 담론의 폭증을 유발했다.[5] 또한 90년대 이후 계속되는 다양한 정체성의 탐구, 상징적 투쟁들, 역사적 기억의 투쟁들 또한 변화된 문화적 지형도를 보여준다.[6]

---

4 유철규 「1980년대 후반 경제구조 변화와 외연적 산업화의 종결」, 유철규 엮음 『박정희 모델과 신자유주의 사이에서』, 함께읽는책 2004; 유철규 「1987년 이후 경제체제의 한계와 경제위기」, 『당대비평』 2003년 겨울호 참조.

5 아마도 우리의 영화산업은 이런 문화적 변화가 얼마나 급속하고 강력한 것이었는지 잘 보여주는 예일 것이다. 유신시대에는 한해에 외화 20편이라는 수입제한으로 인해 영화적 교양이 심각하게 낙후되었던 사회가 1987년 이후 비디오플레이어와 비디오숍의 확산을 통해 전국민적으로 수십년간 지체된 영화적 교양을 만회할 수 있었고, 그것에 기초한 영화산업이 1990년대 중반에 이미 할리우드와 경쟁할 수 있을 정도로 상당한 자생력을 갖추었으니 말이다.

1987년은 이렇게 전환을 표시하는 동시에 그뒤 사회적 전개의 구조적 특질을 규정하는 측면도 가지고 있다. 1987년 민주화 이행은 주지하다시피 구체제를 청산하는 이행이 아니라 구체제와의 타협에 기초한 이행이었다. 이 타협은 두가지 국면으로 나누어볼 수 있는데, 이 두가지 국면이 각각 특유한 패턴과 구조를 창출했고 그것이 서로 겹치며 나타나는 것이 이후의 정치과정이라고 볼 수 있다. 첫번째 국면은 6월항쟁에서 6·29선언까지이며, 그 핵심은 6월항쟁의 열기가 6·29선언에 의해 일단 식혀졌다는 사실이다. 이런 패턴은 1987년 이후 반복되었다. 6월항쟁은 노태우(盧泰愚)의 집권으로 후퇴했고, 그후 야당의 총선 승리로 다시 한걸음 진전되었다. 그리고 그것은 다시 3당합당으로 한걸음 물러섰다. 주기와 진폭이 가변적이긴 하지만 민주파와 보수파 간에 정치적 수를 주고받는 투쟁과 타협의 지속이 87년체제의 한 특징을 이룬다.

다음 국면은 6월항쟁과 6·29선언이라는 두 사건이 만들어낸 정치지형 아래서 이뤄진 정치적 거래와 타협의 국면이다. 이 타협의 장면은 6월항쟁의 장면과 많이 다르다. 6월항쟁이 독재에 대항하는 모든 세력이 결집된 최대도전연합에 의해서 수행되었다면, 6·29선언 이후 정치적 타협의 장면은 보수파와 이 최대도전연합의 한 분파인 야당세력에 의해서 수행되었다.[7]

이로 인해 87년체제는 두가지 특징을 가지게 된다. 하나는 정당사를

---

6 이런 사회문화적 변화 또한 역전될 수 없는 성질의 것이다. 박정희 신드롬에서 보듯이 오늘날 젊은 세대 중에도 박정희를 좋아하는 사람은 많다. 그러나 그들의 몸에 밴 하비투스로는 박정희체제 아래서의 삶을 단 하루도 견딜 수 없을 것이다.

7 이 점은 구체제 아래서 야당이 완전히 파괴되지 않고 존속하면서 민주화 투쟁을 통해 사회적 정당성을 축적해온 과정이 민주화 이행기에 매우 중요한 변수로 작용함을 보여준다. 이 문제에 대해서는 윤상철 『1980년대 한국의 민주화 이행과정』, 서울대출판부 1997 참조.

볼 때 늘 사회적 기반이 협애했던 야당(자유파)과 구체제에서 연원한 보수여당이 정치를 주도함으로써 사회적 균열구조가 정당에 의해 대변되지 못하고 지역주의로 대치되거나 그것에 의해 대리 표상되었다는 점이다.[8] 다른 하나는 이런 세력들 간의 타협의 산물로 1987년 헌법이 형성되었다는 것이다. 헌법은 사회의 관점에서 보면 사회가 자신의 미래를 스스로 구속하는 행위의 산물이며, 헌법 제정 및 개정에 참여하는 분파들의 관점에서 보면 각기 다른 분파의 행위를 사전 구속하는 행위의 산물이다. 87년 헌법을 만드는 데 참여한 야당과 보수여당은 대통령 직선제라는 사회적 합의를 헌법개정의 핵심내용으로 수용하면서도, 대통령의 권력이 누구의 손에 들어갈지 알 수 없는 상황에서 적어도 자신들이 일정한 지분을 확보할 수 있는 의회의 권력을 강화하는 방향으로 헌법을 개정했다. 이런 헌법적 상호구속의 논리는 정치적 영역을 개방하기보다는 사법적 기능을 강화하는 것으로 나타났는데, 그 전형적인 예가 민주적 정당성은 매우 취약하면서도 권한은 엄청나게 비대해진 헌법재판소 관련 조항들이다.[9] 이것이 무엇을 의미하는지는 2004년 3월 12일 대통령 탄핵사태에서 명료하게 드러났다. 그것은 87년체제가 "입법부와 행정부 간의 상호견제에 의한 갈등으로 인하여 정치와 정부

---

8 이런 대표성의 위기에 대한 사회의 반응이 바로 2000년 16대 총선을 앞두고 벌어진 낙천·낙선운동인 동시에 참여연대처럼 강력한 시민운동단체가 출현한 배경이었다고 할 수 있다. 하지만 정치적 열정을 불러일으켰던 낙천·낙선운동이 그 당시 시민운동이 가졌고 그 이후로도 상당 기간 지속된 반정치적인 태도에 입각해 수행되었다는 것은 아이러니한 일이다. 이 점에 대한 분석으로는 졸고 「정치개혁을 위해 무엇을 할 것인가」, 『창작과비평』 2004년 봄호 77~92면 참조.

9 1987년 헌법에 대해서는 최장집 「한국어판 서문: 민주주의와 헌정주의」, 로버트 달 『미국헌법과 민주주의』, 박상훈·박수형 옮김, 후마니타스 2005를 참조할 것.

기능이 교착과 마비상태로 빠져들" 수 있는 상황에서, 선출되지 않은 권력인 헌법재판관들이 제왕적으로 사회에 군림할 수 있는 체제임을 보여주었다.[10] 87년체제에는 헌정주의(constitutionalism)가 민주주의를 지나치게 통제하고 압도할 가능성이 항존하고 있는 셈이다.[11]

경제적인 수준에서도 87년체제는 전환점을 이루는 동시에 구조 형성적인 측면을 가지고 있다. 권위주의체제에서 국가의 통제 아래 있는 발전 파트너였던 재벌과, 억압적 통제 아래 있던 민중부문이 국가의 통제에서 벗어남으로써 이전의 발전체제가 해체되었다. 그러나 그것이 어떤 형태의 새로운 경제체제로 나아갈지에 대한 사회적 합의는 없었다. 아마도 새로운 발전체제의 구상은 다음 세가지를 고려했어야 할 것이다. 첫째, 금융을 통한 독점자본의 통제가 더이상 가능하지 않다는 점이다. 따라서 그것을 대신할 통제방안을 모색하는 것이 필요했다. 박정희 통치 시기와 5공화국 시기를 통해 방대한 사회적 자산과 생산력을 자신의 것으로 흡수함으로써 지나치게 비대해져버린 재벌이 전체 사회의 발전과 민주화를 방해하고 제약할 가능성을 가지고 있었던 만큼 그것을 통제하는 동시에 그 안에 축적된 생산성을 발전시켜나갈 대안이 필

---

10 같은 글 52면.

11 헌정주의와 민주주의의 관계는 매우 복잡하다. 전자는 후자를 가능하게 하는 측면과 통제하고 억제하는 측면을 모두 가지고 있다. 여기서 상론할 수는 없지만 1987년 헌법이 우리 사회의 민주화의 진전에 어떤 족쇄가 될 수 있는 가능성을 지니고 있다. 그러나 이 문제가 더 좋은 헌법을 마련함으로써 해결될 수 있다거나 그럴 수 있는 조건이 우리에게 있다는 것을 함축하는 것은 아니다. 논의가 심도를 지니기 위해서는 어디까지를 헌정주의의 영역으로 포괄하는 것이 우리에게 적합한가 하는 근원적인 문제를 다뤄야 할 것이다. 이 문제에 대한 좀더 상세한 논의는 Jon Elster & Rune Slagstad eds., *Constitutionalism and Democracy*, Cambridge University Press 1988; Jon Elster, *Ulysses Unbound*, Cambridge University Press 2000, Part 2 참조.

요했다. 둘째, 민중부문의 재분배 요구를 피하기 어려워졌으며, 그런 요구를 미래의 시간으로 지연하는 발전주의 담론과 정책으로 대처하는 것도 효력을 상실했다는 점이다. 따라서 새로운 분배구조를 창출하려는 의식적인 노력이 필요했다. 셋째, 한국경제는 국제분업적 질서에 깊이 연루되어 있기 때문에 신중하게 고안된 개방 전략이 필요했다. 경제 규모의 확대로 인해 그리고 세계무역기구(WTO)의 수립 등 세계경제의 변화로 인해 점점 더 경제적 개방이 피할 수 없는 현실이 된다면 개방경제로의 통제된 이행이라는 스케줄이 있어야 했다.

그러나 87년체제는 이런 점들을 충분히 고려한 '연대-혁신-개방'의 새로운 경제체제를 구상하고 실행하지 못한 체제였다.[12] 박정희체제의 성과와 한계에 대한 냉정한 성찰에 근거하여 새로운 발전모델을 모색하기보다는 박정희체제를 관치경제라는 이름으로 청산하고자 했으며, 이 청산을 지도한 이념은 '국가 아니면 시장'이라는 단순하고 지적으로 빈곤한 이분법이었다. 이런 이분법에 기초한 국가의 정책이 어떤 재앙을 불러왔는지는 1997년 외환위기가 잘 보여준다.[13] 역설적인 것은 외환위기가 명백히 시장 실패의 산물이었음에도 불구하고 마치 그것이

---

12 '개방-혁신-연대'의 새로운 경제체제의 구상에 대해서는 이일영·이남주·이건범·전병유 「한국형 신진보주의 경제이념: 개방-혁신-연대의 한반도 경제」,『동향과전망』 2005년 여름호를 참조하라. 필자는 이들의 구상이 가진 가치에도 불구하고 세가지 키워드의 순서가 '연대-혁신-개방'으로 바뀌어야 하며, 그 순서대로 중요성과 우선성이 할당되어야 한다고 본다.

13 혹자는 외환위기 이전의 자본자유화가 매우 한정된 것이었다고 주장할 수도 있다. 그러나 그것이 "아무리 제한적이고 부분적인 것이었다고 해도 이행경제의 내적 능력과 필요를 넘어서 진행되었을 뿐만 아니라 그 부작용에 대한 대책도 허술했다"고 평가할 수 있다. 조영철 「위기 이후 구조재편의 문제점과 대안적인 정책방안」, 전창환·김진방 엮음 『위기 이후 한국 자본주의』, 풀빛 2004 참조.

정부 실패의 산물인 양 시장의 힘을 오히려 더 확대하고 강화하는 계기가 되었다는 점이다.[14] 그 결과 경제체제의 수준에서 87년체제는 외환위기를 기점으로 그 전의 불확정적인 상태에서부터 신자유주의적 체제로의 이행경로 위에 서게 되었다. 그리고 이런 경제체제가 이룩하지 못한 소유관계와 생산의 혁신 그리고 사회적 연대의 과제는 사회적 투쟁에 맡겨졌다.

하지만 이런 사회적 투쟁에서 민중부문, 그중에서도 핵심역량인 노동운동이 내보인 능력은 매우 낮은 수준이었다. 1987년 노동의 '빛나는' 그러나 짧았던 대공세 뒤에 이어진 것은 길고 힘겨운 그리고 지금도 지속되고 있는 자본과 노동의 진지전이다. 이 진지전 속에서 노동운동이 보인 열정적인 투쟁을 폄훼할 생각은 없다. 하지만 현재 노동운동의 심각한 위기, 민주노총이 자신의 존재를 선언한 지 10년이 지난 2005년 현재에도 드러내고 있는 답보의 모습은 신자유주의적 지구화의 압력에만 원인이 있는 것은 아니다. 이미 90년대 초부터 노조 조직률이 정체상태로 들어갔으며 같은 시기에 시작된 자본의 신경영 전략에 의해 핵심세력인 대기업 정규직 노동자들이 자본에 경제적·문화적으로 깊숙이 포섭되어 협소한 조합적 이익을 탐닉하기 시작했다. 핵심집단의 노동자 가운데 일부는 비정규직 노동자에게서 자신의 미래를 보고 연대의식을 강화하기보다는 그들을 자신의 직업 안전성의 범퍼로 인식하는 태도를 보이기 시작했으며, 핵심부문 노동자집단과 나머지 노동자집단

---

14 시장 메커니즘과 정부 메커니즘 사이의 정책적 선택에서 시장을 택하는 것 자체가 정부의 행위이다. 외환위기 이전의 자본자유화는 그런 의미에서 정부의 잘못된 선택이기는 하다. 하지만 정책적으로 선택된 시장 메커니즘의 실패도 정부의 실패라면 모든 실패가 정부의 실패일 것이다.

간의 격차도 계속해서 벌어졌다.[15] 사회적 연대의 필요성이 커지는 만큼 연대의 자원이 잠식되고 있는 상황이어서 노동운동의 힘으로 경제 체제의 방향을 조정하기는커녕 노동운동이 처한 위기에서 벗어나는 것조차 버거운 상황이다.

지금까지 간략히 논의된 정치와 경제라는 두 축을 겹쳐서 87년체제의 성격을 규정해본다면, 정치적인 수준에서는 민주화가 난항을 겪으면서도 꾸준히 진전되어왔지만 경제적으로는 답보와 정체 그리고 보수적 헤게모니의 확립이 이루어졌으며, 그로 인해 권위주의적 산업화를 추진했던 세력과 민주파 사이에 일정 정도 힘의 균형이 형성된 체제라고 할 수 있다. 그런데 이 힘의 균형이란 갈등하고 투쟁하는 두 세력 간의 현 상태를 관찰자 시점에서 평가한 것일 뿐, 우리가 경험하는 것은 매우 지루하고 고통스러운 진지전 양상이다. 그리고 이런 교착의 지속은 어느 쪽도 상대를 완전히 굴복시키기 어렵다는 사실을 함축하지만, 그런 사실에 대한 학습에 근거한 타협, 그리고 창의력 있는 해결책이 모색되고 있지는 않다. 오히려 이 교착이 서로에 대한 적대감을 강화하여 상징적인 영역에서의 갈등이 더욱 중요해지는 것이 현재의 국면이다.

한국 현대사의 복잡성으로 인해 생겨난 사회적 상처의 위무와 억압

---

15 이런 사태는 물론 객관적 강제와 압력이 주관적 위기로까지 심화되는 현상이라고 진단할 수 있다. 그러나 이런 주장이 노동계 내부에 등장하는 현상과 관련해서는 두가지가 지적되어야 한다. 하나는 주관적 위기의 원인을 외부로만 돌릴 수 없는 주체의 탐닉, 그러니까 이 경우 핵심부문 노동자들의 연대를 망각한 자족적 생활양식의 차원이 존재한다는 점이다. 다른 하나는 그런 위기에 처한 주체 자신이 그 원인을 분석한다는 점에서 성찰적이지만 그 성찰이 자기혁신을 유도하기보다는 외부로 책임을 전가한다는 점에서 병리적 성찰이라는 점이다. 그것은 소년원에 끌려온 비행청소년이 상담가에게 자신의 비행의 원인을 근대화된 사회의 가치혼란, 가족해체, 병리적인 학교문화 등으로 제시하며 '사회학자'의 관점을 취하는 것과 유사한 현상이다.

140

된 과거의 복원 같은 문제들은 매우 중요하며, 그중에는 상징적 투쟁이
나 갈등을 피할 수 없는 것들도 있다. 그러나 상징적 영역은 설령 그것
이 그렇게 자랑스러운 것이 아니고 오점에 속하는 것일 때조차 각 집단
의 정체성의 뿌리와 관련이 있기 때문에 매우 신중하게 접근해야 할 문
제이기도 하다. 그럼에도 불구하고 민주화의 진전이 답보에 이르자 처
음부터 타협과 조정이 쉽지 않은 상징적인 영역이 더욱 예민하고 첨예
한 문제가 되었다. 사회경제적 대안을 구체화하고 실천해나가지 못한
민주화의 에너지가 상징적 영역에서 자기정당성을 확보하려 하고 그것
이 야기한 갈등에 골몰하는 것이다. 이 때문에 어느 진영에서나 상징적
급진주의가 득세하고 이로 인해 사회적 대안 모색이 지연되는 악순환
이 생겨나고 있다. 현재의 관점을 회고적으로 투사하는 위험을 무릅쓴
다면, 1987년 6월항쟁에서 87년 헌법이 구성되어 대통령선거를 향해 가
기까지의 시간 속에서 이루어진 여러 사회세력 간의 타협과 조정 그리
고 그때 형성된 제도적 매트릭스가 정치·경제·사회·문화의 각 영역에
서 일진일퇴를 거듭하는 긴 교착, 나쁜 균형의 상태로 우리 사회를 몰아
넣었다고 할 수 있다.


3


　이제 87년체제에 대한 논의를 분단체제론과 연관시킴으로써 시간지
평을 확대하는 동시에 분석의 단위들을 더 추가해볼 것인데, 이를 위해
서 먼저 분단체제론의 기본구도를 살펴보자. 87년체제가 우리의 현재
를 민주화의 국면 속에서 파악한다면, 분단체제론은 1945년 이후의 시

간 속에서 우리의 현재를 고찰한다. 분단체제론은 해방 60주년이 곧 분단 60주년에 다름 아니라고 보며, 한반도에서 사람다운 사회를 건설하는 데 최고의 질곡이 분단이라고 파악한다. 이 점에서 분단체제론은 여타 분단시대론과 다르지 않다. 그러나 분단체제론은 거기에 더해 분단이 하나의 '체제'로서의 속성을 가진다고 보는데, 이렇게 체제로서의 속성에 주목하는 것은 몇가지 중요한 인식상의 변화를 수반한다.

우선 체제라는 말이 함축하듯이 분단체제론은 한국사회와 북한사회가 서로 분단되어 따로 떨어진 자족성을 가지면서 단지 역사적 기억과 문화적 전통 속에서 통일을 바라는 두 체제가 아니라, 각자의 재생산이 상대를 매개로 해서 이루어지는 상호의존성을 가지고 있다고 파악한다. 이런 적대적 의존관계에 기초한 한국사회와 북한사회의 재생산을 현실 파악의 중심에 놓게 되면, 그런 체제를 어떻게 극복할 것인가 하는 문제도 새롭게 사고된다. 분단현실이 단지 분단을 강요한 냉전과 외세의 영향 때문만이 아니라 내부적인 요인을 가지고 있다는 사실은 분단의 극복이 대단히 어려운 과제임을 함축하기 때문이다. 이 어려움에 대한 인식은 별것 아닌 것처럼 여겨질 수 있다. 하지만 그 어려움을 철저하게 인식할 때에만 급진적 통일운동이야말로 운동이 의도한 것과는 정반대되는 결과를 야기할 수 있다는 것을 명료히 드러낼 수 있다. 요컨대 분단체제론은 간과되기 쉬운 제약을 강조함으로써 민족적 열정의 급진적 분출을 제어하는 브레이크 역할을 하는 동시에 그런 열정을 저강도의 지속적인 에너지로 내연시킬 방도를 찾고자 한다.

또한 분단체제는 남북한 각각의 지배층의 이익에 기여하고 있기 때문에 분단체제의 극복은 그런 남북한 각각의 내적 개혁과 변혁 없이는 불가능한 과제임을 지적한다. 즉 민주화와 통일이 내적으로 연관된 작업이라는 것이 분단체제론의 핵심 메시지이며, 이는 분단체제론 형성의 이론적 동기이기도 하다. 분단체제론은 1980년대 사회구성체 논쟁의 두 진영인 자주파와 평등파 각각의 약점을 극복하려는 시도에서 출발했으며, 전자에 대해서는 한반도에서의 사회변혁의 과제를 외세 극복으로 단순화하여 남북한이 분단 속에서 살아오며 적대적 상호의존관계를 형성해온 점을 무시하는 것에 대해 비판하고, 후자에 대해서는 한국사회의 민주화에 집중하여 분단이 민주화에 가하는 제약을 무시하고 분단체제극복이라는 의제를 연기하는 것을 비판했다. 다시 말해 분단체제론은 1980년대 변혁운동의 세가지 이념이자 의제였던 민족-민주-민중을 새롭게 매개할 길을 열고자 한 것이다.

끝으로 분단이 체제의 속성을 가지는 한, 분단체제의 극복 또한 그 체제의 모순 그리고 그 체제와 그것이 속한 환경 간의 복합적 관련 속에서 모색되어야 한다고 본다. 따라서 분단을 극복하는 경로와 형태가 어떤 것이어야 하는가 하는 문제는 근본적으로 열려 있는 문제이다. 분단체제론은 분단의 형성을 단일한 민족국가 수립의 좌절이라는 안타까움으로 바라본다는 점에서는 민족주의적 역사의식을 공유하지만, 분단의 극복과 통일이 해방과 더불어 의당 그 시점에서 이루어져야 했던 단일민족국가라는 미완의 과제 완수라는 목적론에는 전혀 동의하지 않는다. 분단의 극복은 분단체제의 현재 조건에서 그 모순에 저항하는 유효하고 실용적이며 창의력 있는 실천을 통해 모색되어야 하며 어떤 목적지를 미리 설정하지 않는다. 사실 분단극복의 노력 끝에 도달하게 될 체제가 어떤 국가 형태를 갖출지는 그리 본질적인 문제도 아니다. 애초에 분단극복의 목적 자체가 한반도에서 사람다운 사회를 건설하기 위한 것이지 어떤 형태의 국가를 수립하려는 것이 아니기 때문이다.

이런 분단체제론의 입장에서 볼 때, 현재는 1960~70년대를 통해서 강고한 형태로 그 체제의 모든 사람을 억압하던 분단체제가 크게 흔들리고 해체의 조짐까지 보이고 있는 시대이다. 분단체제를 동요하게 만든 요인은 크게 보아 한국사회의 민주화와 냉전의 해체 두가지이다.

이 가운데 앞의 요인, 그러니까 87년체제의 수립이야말로 분단체제의 동요를 야기한 제일의 요인이다. 민주화 이행은 한편으로는 통일 담론과 통일운동의 에너지를 해방시켰고, 다른 한편으로는 분단을 하나의 체제로 고착시킨 핵심요인인 남북한 지배층의 적대적 상호의존을 무너뜨린 계기가 되었기 때문이다.

앞서 87년체제는 민주화를 가능케 하는 동시에 그것을 제약하는 체제이며, 민주화의 효과가 여러 영역에 걸쳐 불균등하게 관철된 체제임을 지적했다. 이 불균등에 주목한다면 87년체제는 여타 영역보다 남북관계에서 진보적 성과를 낳았다고 할 수 있다. 87년체제는 형식적이고 절차적인 민주주의를 확립했고, 이는 선거경쟁의 결과에 국가권력이 종속됨을 뜻한다. 선거경쟁의 제도화는 경쟁규칙의 공정화로 나타나고, 실제로 정권교체라는 문턱을 넘게 되어 적어도 김대중 정부에 이르러서는 절차적 민주주의가 '민주정부'의 탄생이라는 실질적 결실로 이어졌다. 이런 국가의 민주화는 보수파를 국가조직에서 상당 정도 밀어낼 수 있었으며, 더불어 국가권력을 매개로 한 남북한 지배계급 간의 적대적 상호의존관계를 깨뜨렸다. 이로 인해 분단체제 아래서 처음으로 국가가 분단체제 관리뿐 아니라 그것의 극복의지를 정책의 실질적 축으로 삼을 수 있는 길이 열렸다. 분단체제론은 애초에 분단체제하의 민주화와 분단체제 극복을 통해 이루어지는 민주화의 수준이 다름을 지적했다. 전자는 분단체제로 인해 제약된 민주화인 반면, 후자는 훨씬 더 높은 수준의 민주화 가능성을 연다. 그런데 이런 분단체제 극복은 바로 분단체제하의 낮은 수준의 민주화에서 시작될 수밖에 없으며, 그것이 야말로 분단체제 극복의 가장 중요한 내적 동력인 셈이다.

'민주정부'의 수립과 국가의 민주화가 결정적인 이유는 남북관계에서는 정부가 민간부문보다 더 많은 정보와 접촉경로를 가지고 있으며, 북한을 둘러싼 여러 의제가 국제정치적인 것이기 때문이기도 하다. 따라서 김대중 정부 이후 남북관계에서는 6·15남북정상회담이나 금강산관광 그리고 개성공단 같은 진보적 성과가 축적되었다. 그중에서도 6·15남북정상회담은 87년체제가 분단체제 극복에 기여한 최량의 성과라고 할 수 있다. 그것은 회담방식, 채택된 선언의 내용, 남북한 주민들에게 미친 문화적·정치적 효과 면에서 남북관계에 어떤 불회귀점을 형성했다고 할 수 있으며, 동요하는 분단체제를 그 해체기로 밀어넣는 분기점이 될 만하다고 평가할 수 있다.

분단체제를 흔든 다른 요인은 냉전의 해체이다. 분단체제의 형성과 유지에 내적 요인이 있긴 하지만, 분단체제 자체의 형성을 추동한 것 자체가 세계사적 냉전이었던 만큼 탈냉전이 분단체제에 미친 영향은 엄청난 것이다. 그러나 냉전의 해체는 분단체제를 동요시키되 한국사회의 민주화처럼 그것을 극복하는 긍정적 비전을 함축하고 있지는 않다. 그것은 한반도에 더 민주적이고 평등한 사회를 건설할 기회일 수도 있고 재앙을 안겨다줄 위험요소일 수도 있다. 한국사회만을 두고 보더라도 그런 양가성은 여실히 드러난다. 탈냉전은 오랫동안 사유의 지평을 제약하던 레드콤플렉스를 떨어낼 수 있게 해주었지만, 다른 한편으로 냉전을 종식시킨 요인인 현실사회주의의 몰락은 자본주의적 근대에 대한 모색의 정신적 지평을 축소했다. 또한 탈냉전이 동북아시아 지역질서의 재편을 요구하기 때문에 그것에 우리가 주체적으로 개입할 여지를 열어주는 한편 신자유주의적 지구화의 압박을 가중시키는 요인도 되었다. 한국사회의 눈부신 경제성장은 냉전의 최전선이라는 위치에 힘입은 바가 컸는데 이제 그런 조건이 사라진 셈이다.[16] 또한 냉전의 해체가 신자유주의적 지구화를 더욱 가속화했다는 점을 생각하면, 그것은 갓 출발한 87년체제의 민주화 행로에 심대한 장애가 되었다고 할 수 있다.

북한의 경우 사정은 더욱 좋지 않았다. 이미 세계경제에서 고립된 채 이룩한 발전의 잠재력이 소진해 있던 북한사회는 탈냉전으로 더 큰 어려움에 처했다. 사회주의적 국제교역체제가 붕괴하고 그로 인해 체제위기로까지 번진 심각한 식량위기와 에너지위기를 맞았기 때문이다. 북한의 체제위기는 남북관계의 관점에서 본다면, 북한이 한국의 민주적 정부와 이전보다 긴밀하고 공식적으로 협조하게 했고, 그로 인해 6·15남북정상회담을 비롯한 여러 교류와 협력의 성과가 축적될 수 있게 한 측면도 있다. 하지만 북한이 위기 타개를 위해서 꺼내든 두가지 카드인 경제 개방과 개혁 그리고 핵위기 조성 어느 쪽도 뚜렷한 성과를 내지 못한 채 답보상태를 거듭하고 있다. 주지하다시피 위기 타개를 위한 가장 핵심적인 타협 대상 미국이 9·11사태 이후 '글로벌 리바이어더니즘'을 외교의 기조로 하고 있기 때문이다. 제4차 6자회담이 일정한 성과를 거둠으로써 위기의 강도는 누그러졌지만, 이 문제가 가까운 장래에 일괄타결될 가능성은 낮아 보인다.

---

16 월러스틴은 1970년대 이래 세계경제 하강기에 동아시아에서 발전이 가능했던 이유에 대해 이렇게 말한다. "동아시아가 브라질이나 남아시아와 가장 다른 점은 냉전과 관련된 지리적 위치였다. 동아시아는 전방에 있었고 나머지 둘은 그렇지 않았다." 이매뉴얼 월러스틴 『우리가 아는 세계의 종언』, 백승욱 옮김, 창작과비평사 2001, 59면.

아무튼 분단체제는 한국사회의 민주화로 인해 내부에서부터 그리고 냉전의 해체로 인해 외부에서부터 침식되고 있으며, 이제는 해체의 길로 들어서고 있다는 점은 분명한데, 그 해체기에서 우리가 마주하는 것은 안정적인 역내질서를 아직 갖추지 못한 불안정하고 복잡한 동북아시아의 정세이다. 그런 질서 잡히지 않은 상황에서는 늘 그렇듯이 구조적 제약요인보다 개별 행위자들의 선택과 행위의 중요성이 커진다. 요컨대 동북아시아에 어떤 역내질서가 수립되는가는 동북아시아 각국과 미국의 행동 그리고 각국의 행동을 규정하는 내부집단들의 행동의 총합에 의존하게 되었으며, 그 귀결의 진폭도 커졌다. 그런 질서 형성에서 핵심 고리는 역시 한반도이다. 중국과 미일동맹 간의 역내 헤게모니 경쟁이 어떤 국제정치적 해결에 도달할 수 있을지는 한반도 문제와 긴밀히 연계되어 있기 때문이다. 분단체제를 허물고 한반도에 어떤 체제를 건설하는가 하는 문제가 세계체제의 행로에 중대한 계기가 되는 셈이다.

이런 상황에서 관건인 것은 한국사회 내부의 개혁 역량이다. 노무현 정부 외교능력의 시험무대였던 제4차 6자회담(2005.7.26~9.19)은 이 점을 보여주는 좋은 예이다. 냉전적 태도와 미국의존적 외교에서 벗어나는 데 과도한 자임과 잘못된 상징 남용의 오류가 있었다고 해도 자주적 외교의 길을 모색하고 9·19공동성명이라는 성과를 도출해낸 힘은 바로 '민주정부'의 존재에서 비롯한다는 것을 잘 보여주었기 때문이다. 다른 사정을 고려하더라도 한국사회의 민주화 역량은 중요하다. 비록 제4차 6자회담이 말 대 말, 행동 대 행동이라는 원칙을 세웠다고 하더라도 북한이 강요된 농성체제의 터널을 간단히 빠져나오지는 못할 것이다. 따라서 북한이 여전히 터널 속을 걷고 있는 동안 필요한 것은 북한이 일정한 경제적 능력을 확보해나가는 것이며, 그렇게 되기 위해 필요한 것이

6·15선언에서도 이미 제시한 바 있는 '민족경제의 균형적 발전'이라는 과제이다. 남북 간에는 지난 몇십년의 산업화 과정을 통해서 엄청난 경제력 차이가 생겨났고 이로 인해 이제 민족경제의 균형적 발전을 향도하는 힘은 한국사회에서 나올 수밖에 없다. 그런 과제를 스스로 짊어지고 일관성 있는 정책을 수행하기 위해서는 민주적 정부가 필수적이다.[17]

따라서 분단체제 극복은 87년체제의 진보적 재편이라는 과제와 내적으로 연관된다. 아직은 교착상태에 있는 87년체제가 사회경제적 양극화의 심화라는 덫에 빠져 더이상의 민주주의의 추진력을 잃고 보수적이고 절차적인 민주화에 머무르게 될 경우, 그것은 그 자체로 매우 고통스러운 일일 뿐 아니라 그로 인해 분단체제 극복의 작업은 더뎌질 것이고 분단체제가 해체된 자리에서 만나게 될 새로운 체제 또한 지금보다 더 나은 체제일지 확신할 수 없기 때문이다.

87년체제에서 가능했던 민주화가 민족적 의제에서는 우여곡절 속에서도 일정한 성과를 쌓아가는 데 비해, 민중적 의제에서 보인 성과는 나날이 빛이 바래가고 있다. 민주화가 민중적 의제를 담지하고 확장해나가지 못한다면, 방기된 민중적 의제가 민주주의의 잠재력을 잠식하고 그에 따라 민족적 의제 해결의 힘도 크게 약화될 수 있다. 따라서 분단체제론 또한 민족-민주-민중의 세가지 이념 및 의제를 민중적 의제의 견지에서 조명하고 매개하는 작업에 더욱 집중해야 할 때이다. 이는 분단극복이라는 의제 자체를 민중적 의제의 희석으로 받아들이고 회피하

---

17 경제적 구상에서 한반도적 관점을 지향하는 것은 비단 북한에만 필요한 일이 아니라 부상하는 중국경제와 일본경제 사이에서 그리고 국제분업적 질서 속에서 한국경제의 활로를 모색하는 데에도 필요한 일이다. 그러나 한국사회의 이런 자기이익 추구적인 행위에서조차도 분단체제론적 관점을 견지하는 정치적 리더십이 요구된다.

려는 경향을 극복하기 위해서도 필요하다.


4


　87년체제의 수준에서든 분단체제의 수준에서든 우리 사회가 어떤 방향으로 나아갈지는 불확실한 상황이다. 앞서 지적했듯이 외교적 현안이나 북핵문제와 관련하여 진보적 자세를 견지하고 있는 노무현 정부가 국내정치에서는 '대연정'을 운운하는 등 자기정체성이 크게 흔들리는 모습을 보이는 것은 매우 징후적이다. 민주적 정부를 자임하는 정부들이 일련의 정책 선택과 실행에서 보인 난맥상의 뿌리에는 신자유주의적 엘리트 합의를 깨뜨릴 만한 사회경제적 비전의 부재라는 심각한 문제가 자리잡고 있다. 이런 비전의 부재로 인해 민주적 정부가 신자유주의적 정책을 실천하고 그로 말미암아 지지층과 괴리되고 있는 것이다. 그리고 그것이 다시 정책 능력에 대한 자신감 상실로 이어지며, 그럴 때마다 관계·학계·언론계에 폭넓게 포진한 보수적 엘리트들의 발언이 힘을 얻어간다. 종종 약화된 지지기반을 민족주의적 상징 내지 과거사에 대한 상징정치를 통해 결집하려고 하지만 그것이 일관성 있는 지지기반의 확장을 가져오는 것은 아니다. 이런 정책적 동요와 표류, 그로 인한 민주적 정부에 대한 실망 그리고 사회경제적 양극화는 계속해서 민주주의 심화를 위한 사회적 자산을 잠식하고 있다. 1987년 이후 여러 우여곡절 속에서도 일정한 헤게모니적 힘을 행사해온 민주적 개혁 담론이 그렇게 쉽게 얻어진 것이 아니다. 그것은 유신시대와 제5공화국을 통해 적어도 한 세대 이상이 희생을 치르며 민주주의에 대한 신념에 헌신함으로써 얻어진 것이다. 그런데 그것이 두 차례의 민주적 정부의 집권 아래서 빠른 속도로 약화되어 이제는 공공연한 도전에 직면하고 있다. 하지만 이런 상황을 극복하기 위해서, 그러니까 87년체제의 한계를 민주주의의 심화를 통해 극복하고 그 에너지를 분단체제 극복의 에너지로 삼기 위해서 무엇을 할 것인지에 대해 선명하고 일관된 청사진을 제공하는 것은 쉬운 일이 아니다. 그러나 다소 두서없더라도 직관적으로 중요하다고 여겨지는 몇가지 방향을 제시하는 일은 가능하겠다.

우선 국가의 민주화를 유지하는 것 그리고 그것을 강화하는 것이 여전히 중요하다. 동아시아의 복잡한 정세와 북한 문제를 염두에 둔다면 난관이 있더라도 민족적 의제를 일관성 있게 자주적으로 해결하려는 민주적 정부의 존재는 매우 중요하며, 그간 민주적 정부들이 보여온 남북관계에서의 민족공조는 이 점을 잘 보여준다. 하지만 국내정책에서 지구화 압력을 구실로 '민족적' 성격을 약화시켜왔던 점은 유감스러운 일이었으며 이는 극복되어야 한다. 흔히 얘기되듯이 신자유주의적 지구화로 인해 국민에 의한 정부가 국민을 위한 정부로 활동하는 것이 제약되는 것은 사실이다. 그럼에도 불구하고 국가는 여전히 조세·관세·산업·노동·복지 정책을 통해서 민족적으로 활동할 수 있는 여지를 가지고 있고, 바로 그런 활동을 통해서 민중적일 수 있으며, 그것이 민주주의의 토대를 강화한다. 이런 정부의 활동은 주택·의료·교육 같은 영역에서 공공성을 높이는 것으로 이어져야 한다. 사실 한국의 국가는 박정희체제는 물론이고 현재까지도 시민에게 별달리 해준 것이 없다. 오직 경제성장을 지속하고 그 과실(果實)이 일반시민들에게 트리클다운(trickle down)되게 함으로써 시민의 삶을 개선하고자 했을 뿐이다. 그것이 상당한 성과를 냈던 것도 사실이다. 하지만 이제 국가가 주도하는 경제성장은 그리 큰 가능성을 지니고 있지 않으며 성장의 트리클다운도 사라져가고 있다. 따라서 국가는 이제 경제성장의 향도자가 아니라 연대, 혁신, 개방이라는 세가지 프로그램의 지원자이자 조정자로 행동해야 할 것이다. 그런데 그중에서 개방과 혁신이라는 의제는 국가의 기존 행동패턴과 어려움 없이 유화할 수 있는 것들이지만 연대의 영역은 정책 구상과 실행에서 발상의 전환을 요하는 것이다. 따라서 그것은 국가정책 형성과 실행 과정에 더 많은 민주적 요구를 투입할 것을 요청하며 그것을 수용할 수 있는 것은 역시 더 강화된 민주적 정부이다.

다음으로 새로운 사회적 협약 또는 타협을 이룩할 필요가 있다. 오늘날 논의되는 사회적 대화 내지 타협은 대개 노동과 사회 간의 타협을 의미하며 은연중에 노동의 양보를 이끌어내려는 시도를 함축하는 경우가 많다. 그러나 노동문제를 둘러싼 사회적 협약보다 더 시급할 뿐 아니라 노동에 대한 사회적 협약 자체가 성공하기 위해서도 필요한 것은 재벌을 둘러싼 사회적 협약이다. 사실 독점재벌과 독점부문의 조직노동은 87년체제의 쌍생아이다. 87년체제는 국가의 금융을 통한 독점자본 통제의 후퇴와 노동에 대한 억압적 통제의 후퇴를 의미하며 이는 양자가 동일한 억압자에게서 해방되었음을 말한다. 또한 자본의 핵심인 독점재벌과 독점부문의 정규직 노동자는 우리 사회 생산력의 중심에 있는 동시에 너무 적은 지분으로 너무 많은 영향력을 행사한다는 점에서도 닮은꼴이다. 그리고 그런 영향력에도 불구하고 전체 사회에 대한 연대의식을 결여하고 있다는 점 또한 다르지 않다. 글로벌기업으로 성장한 재벌기업들은 그 자체가 국민적 노력의 소산임에도 불구하고 자유로운 정리해고와 내부하청을 통한 노동 통제와 분할, 하청 중소기업에 대한 착취, 그리고 취약한 지배구조와 변칙적 상속과 증여라는 어두운 그늘이 있다. 노동의 경우에는 조직된 노동과 미조직된 비정규직 노동의 분열 상황이 노동 전체의 위기로 심화되고 있지만 스스로의 힘으로 그런 연대를 창출하고 혁신을 이룩할 능력은 크게 떨어져 있는 실정이다. 따라서 전체 사회의 이익과 화합하고 유대감을 확립할 수 있는 사회적 협약이 필요하며, 그것을 위해서 개혁지향적인 다양한 사회집단이 참여하는 것이 정당한 상황이다.

마지막으로 좀더 긴 시간지평 속에서 87년체제와 분단체제를 넘어선 우리 사회가 어떤 체제를 향해 가야 할지를 우리 안에 존재하는 문화적 자원과 관련해 생각해보고 싶다. 지난 60여년간 우리 사회가 높은 수준의 역동성을 지닌 사회였다는 것은 주지의 사실이다. 근대화를 향한 돌진이라고까지 불리는 우리 사회의 역동성의 근원이 무엇인지에 대해서는 여러 논의가 있을 수 있지만, 나는 그 중요한 뿌리가 높은 수준의 평등주의 에토스라고 생각한다. 식민지에서의 해방과 농지개혁은 계급으로서의 지배층을 일소했고 전쟁은 미소한 차이를 남기고 모두를 동일한 출발선으로 끌어내렸다.

그런 상황은 한편으로는 '동료 중에 나은 자'가 그것을 넘어서 동료에 대한 지배자가 되는 것을 막으려고 하는 경향을, 다른 한편으로는 '나도 저 꼭대기로 올라갈 수 있다'는 지위상승 욕망을 낳는다. 전자의 승화된 형태가 바로 우리가 지난 몇십년 동안 이룩한 민주화 프로젝트라고 할 수 있다. 후자는 제법 복잡한 경로를 밟았다고 생각되는데, 정리해보면 이렇다. 지위상승의 열망은 집합적인 수준에서는 박정희체제를 경유하며 '잘살아보세'라는 발전 프로젝트의 형태를 취했다. 이는 분단국가의 수립과 반공주의에 의해 사회운동을 통한 집합적 지위상승이 차단됨으로써 억압되어 있던 에너지에 출로를 마련해주었다. 개인적인 수준에서는 교육경쟁의 형태로 나타난 개인적 지위상승의 길이 있었다. 집합적인 성장 프로젝트가 사회 성원의 에너지를 동원하고 체제를 안정화하는 데 일정한 성과를 거두자, 그것을 주도한 박정희체제 조차 그에 따른 압박을 면할 수 없었다. 박정희체제 또한 "경제성장이 둔화되면 어김없이 헤게모니 위기에 직면해야 했다."[18] 정치적 정당성과 수행성이 연계되는 문화는 87년체제에서도 지속되었다. 그 결과 민주화된 정부도 이런 대중적 열망의 압력에 시달려야 했고, 경기후퇴와 자본의 투자 스트라이크 그리고 보수언론의 공세 앞에서 민주적 정부는 심층적인 구조개혁보다 경기부양책을 동원하고 보수층과 화해하려는 제스처를 내보였다. 그리고 그것이 결과적으로 보수파의 헤게모니 유지를 도왔다.

그러나 이런 집합적 프로젝트는 이제 그 시효를 다해가고 있다. 외환위기 이후로 더욱 가속화된 신자유주의적 재편 속에서 우리 사회 성원들은 재빠르게 신자유주의적 규범을 받아들였는데, 신자유주의적 제도 재편의 정당성과 그것에 수반되는 생활양식과 가치관이 엘리트 합의를 넘어 대중적으로 확산되어간 것은 그것이 강제된 때문이기도 하지만 자발적으로 수용된 면도 있다. 우리 사회에서 집합적 희망은 약화되었고 오래전부터 그것과 병행되어온 개인주의적 지위상승(이제는 지위실추 방어) 프로젝트만이 남게 되었는데, 이런 집합적 기대의 약화와 개인화는 문화적인 측면에서 신자유주의와 아주 쉽게 공명하기 때문이다. 오늘날 더욱더 극심해진 교육경쟁이 가장 전형적인 증좌이다.

---

18 전창환 「1980년대 발전국가의 재편, 구조조정, 그리고 금융자유화」, 유철규 엮음 『박정희 모델과 신자유주의 사이에서』, 함께읽는책 2004, 89면.

하지만 평등주의 에토스가 집합적이든 개인적이든 지위상승 프로젝트로 전환되고 그중에 집합적인 프로젝트가 힘을 잃고 개인적 프로젝트만이 기승을 부리는 형태가 되는 것은 평등주의적 에너지가 특수한 경로로 소진되어왔음을 의미할 뿐이다. 평등주의적 에너지에서부터 힘을 길어오지만 대단히 불평등하고 위계적인 사회로 귀착되는 역설을 가진 이런 프로젝트는 이제 더는 유효성을 가질 수 없다. 우리는 평등주의적 에너지의 새로운 경로를 마련해야 하며 아직도 그럴 수 있는 에너지가 우리 안에 내연하고 있다. 그 새로운 방향은 평등주의 에토스를 보편적 가치와 매개하고 제도화해온 민주화 프로젝트를 심화하여 정의와 연대 규범에 철저하게 연결하는 것이다. 한마디로 우리 사회는 더 평등한 체제를 지향하는 방향으로의 집합적 프로젝트를 구상해야 한다. 그것만이 전체 사회의 문화적 저류와 일치하기 때문이다. 그렇지 않을 경우 평등주의 에토스는 질투심과 경쟁심, 사회적 권위에 대한 우상파괴적 태도, 문화적 전통에 대한 무시 등 온갖 병리적인 형태로 전환될 것이며 우리는 이미 그런 병리적 양상을 심심찮게 발견하고 있다.

87년체제의 개혁을 위해서는 여기서 제시된 몇가지 제안 이상의 다양한 방안과 정책적 구체화가 모색되어야 할 것이다. 그리고 이를 위해 더 많은 사회적 토의가 조직화되어야 할 것이다. 이미 강조했듯이 지금은 세계체제, 동아시아, 분단체제 그리고 남북한 사회 각각의 수준에서 변동의 폭이 커져가는 시대이다. 그리고 그런 만큼 위험과 기회가 다같이 커져가는 시대이며, 그렇기 때문에 우리 행동의 몫도 커지고 있다. 커다란 변화에 직면하여 빠져들기 쉬운 체념의 태도를 떨쳐낸다면 공동의 꿈을 꾸고 그것을 실현하기 위해 함께 나아가는 길이 막혀 있지만은 않을 것이다.

# 제5장

# 87년체제와 진보논쟁

## 1

2007년 초 작가 황석영(黃晳暎)은 『경향신문』 인터뷰에서 다음과 같이 말했다.

옛날 얘기지만 80년 광주항쟁 이후 전국 민주화운동이 초토화됐다. 84년인가, 홍남순 변호사의 고희를 맞아 전국에서 숨죽이고 있던 재야 청년들이 우리 집에 다 모였다. 나는 신문연재 때문에 먹고살 만하다고. 160명이 몰려와 2층 계단, 화장실에까지 앉아 이틀간 맥주 80짝을 마셨다. 지금 4당으로 갈라진 정치인들이 여기 다 있었다. 나는 나이브한 문학예술가니까 지금 그 사람들 만나면 그때로 돌아가자, 87년체제 종언하고 다시 시작하자고 한다. '어떻게 잃어버린 세월로 돌아갈 수 있느냐'고 하는데 그 근거는 남아 있다. 과거 잔재 속에서 임시변통, 가건물식으로 생긴 현재 대선판도는 깨지게 마련이다. 이 판이 깨지기 전에 바깥에서 전국의 시민세력들, 양심적인 사람들, 온건한 사람들이 제3의 세력을 형성할 것으로 본다. 6월항쟁 직후의 초심으로 돌아가 정열을 갖고 나라를 위해 일해보자는 것이다.[1]

1987년 6월항쟁의 자리로 되돌아갈 것을 제안하는 황석영은 지난 20년의 시간을 어디서부턴가 어긋나버린 행로로 인식하고 있다. 애도를 넘어 회귀를 천명하는 그의 몸짓 밑바닥에 있는 정서를 납득 못할 바 아니다. 또한 회귀가 전진을 위한 표어 구실을 하는 일이 역사 속에서 드문 것도 아니다. 하지만 지금 우리가 당면한 문제들을 해결하기 위해 6월항쟁 직후의 세력연합 상태로 되돌아갈 근거가 남아 있다는 주장에 동의하기는 어렵다.

그럼에도 불구하고 1987년의 자리에 서서 현재를 조망하는 것은 여전히 유효하다고 생각된다. 1987년의 경험은 그후 몇십년에 걸친 우리 사회의 궤적을 해명하고 현재에서 새롭게 출발하려 할 때 어떤 인식론적 관제고지(管制高地) 구실은 충분히 할 수 있다. 그리고 그것이 적어도 87년체제론을 제기하는 이유이기도 하다. 물론 87년체제에 대한 여러 논의가 잘 수렴되는 것은 아니다. 하지만 87년체제라는 말이 앞서거니 뒤서거니 하면서 널리 쓰이게 된 밑바탕에는 1987년이 우리의 현재를 인식하는 데 있어서 특권적 지점이라는 통찰이 자리잡고 있다.

나는 이런 통찰이 그르지 않다고 생각하는 데 반해, 이런 경향이 문제가 있을 뿐 아니라 위험하기까지 하다고 말하는 사람들도 있다. 예컨대 손호철은 87년체제론이 현재 우리 상황을 이해하고 더 나은 사회체제로 나아가는 데 어떤 인식론적 장애를 유발한다고 본다. 그는 우리 사회

---

1 「황석영 "새 정치질서 만들기 총대 멜 생각 있다"」, 『경향신문』 2007년 1월 23일.

를 87년체제가 아니라 '97년체제' 혹은 신자유주의체제라는 관점에서 파악해야 한다고 주장한다. 누구도 외환위기의 중요성을 부인하지는 않을 것이다. 나아가서 87년체제론에 일종의 단계론을 도입한다면 손호철의 주장과 87년체제론의 대립은 그렇게 대단한 것이 아닐 수도 있다. 하지만 1997년의 중요성을 이야기하기 위해 1987년의 중요성을 평가절하하고, 1987년에 대한 강조가 곧장 민주 대 반민주 전선의 강화 그리고 비판적 지지론의 '악몽'을 불러들일 것이라고 우려하는 손호철의 생각은 지적인 차원이나 정치 전략 차원 모두에서 문제가 있다. 전략의 문제는 뒤에 다룰 것이므로 먼저 지적인 차원의 문제를 지적하고 싶다.[2] 그의 입장에 서게 되면 단적으로 말해 왜 우리가 97년 외환위기에 이르게 되었는가를 분석하기 어렵게 된다. 1997년 외환위기가 구조적 변동을 야기했다는 사실 못지않게 중요한 점은 왜 우리가 그런 위기에 이르게 되었는가 하는 것이고, 그 점을 살필 수 없다면 새로운 출발을 위한 지적 토대가 허약해질 것이다. 나는 이 점과 관련해서 87년체제론이 강점을 가지고 있다고 생각한다.

물론 이 점은 87년체제론에 입각한 분석의 성과를 통해서 입증되어야 할 문제이며, 이 과정에서 87년체제론이 의미하는 바 또한 더 선명해져야 할 것이다. 사실 단순한 지칭 차원에서도 제법 널리 입에 올려진 87년체제라는 말에 대한 사람들의 오해는 적지 않다. 비근한 예로 최장집(崔章集)의 87년체제론에 대한 비판이 그렇다. 그는 87년체제론을 곧장 87년 헌정체제론으로 이해하고 87년체제론의 함의 또한 개헌을 통

---

2 손호철 「몇가지 오해와 몇가지 반론: [조희연 교수 비판] 반신자유주의와 반수구, 무엇이 패배주의인가」, 『레디앙』(www.redian.org) 2007년 2월 12일.

해 우리 사회의 문제를 해결하려는 입장으로 파악한다. 87년체제의 중요한 축이 1987년 헌정체제인 것은 맞지만, 87년체제론이 87년 헌정체제를 배타적으로 강조하는 입장이라고 보는 것은 부당하다. 그는 최근에 87년체제를 지역당 구조/지역당 체제라고 보는 박상훈(朴常勳)의 시각의 한계를 비판하기도 했다.[3] 이런 비판은 87년체제를 매우 폭좁게 해석한 입장을 전거로 87년체제론을 비판하는 방식이다. 이런 방식은 부당한 것이거니와, 최장집 같은 '대가'에게 읽힐 만한 영광을 얻지 못한 87년체제론자들이 명시적이든 묵시적이든 이런 식으로 87년체제를 정의했다고 생각되지는 않는다.

중요한 점은 87년체제론이 현재 우리 사회의 상황, 그것이 신자유주의적 체제 재편이든, 민주주의의 위기이든, 6·15공동선언 이후 형성된 분단체제의 형태 변화든, 한미 자유무역협정(FTA)이든, 이런 상황을 체계적으로 조망할 능력을 입증하는 것일 터이다. 따라서 이 글에서 나는 87년체제의 궤적을 스케치해보고자 한다. 불가피하게 축약적일 이 논의가 자임한 과제를 감당하기는 역부족일 수 있다. 하지만 그것을 통해 당면한 문제들, 특히 2007년 봄 내내 진행된 '진보논쟁'에서 드러난 몇가지 편향에 대해 비판적 논평을 제기할 수는 있을 것이다.


2


1987년 6월항쟁은 우리 사회 전반에 걸친 구조적 전환점이었다. 1987년

---

3 최장집 「정치적 민주화: 한국 민주주의, 무엇이 문제인가」, 『비평』 2007년 봄호 15면.

을 전환점으로 권위주의 정치체제가 해체되고 형식적 민주주의가 제도화되었으며, 경제적으로는 박정희식 발전국가체제에서 벗어났다. 이전의 발전국가체제는 국가―은행―대자본의 연합과 민중부문 배제라는 두 측면이 결합되어 있었는데, 이런 체제의 종식으로 인해 노동뿐 아니라 독점자본 또한 국가에서 해방되었다. 하지만 구체제에서의 해방이 곧장 어떤 체제로의 진화를 의미하는지는 불분명했다.

민주화는 사회가 무엇을 정치의 대상, 즉 자기결정의 대상으로 삼을 것인지, 그리고 그런 대상에 대해 어떤 선택을 할지를 제도화된 선거경쟁 속으로 밀어넣는다. 우리의 경우 그것은 권위주의적 발전국가체제 이후를 어떻게 설계할지가 정치과정에 맡겨졌음을 뜻한다. 하지만 그렇다고 해서 이 정치과정이라는 테이블 위에 모든 카드가 올라올 수 있는 것은 아니다. 사회세력의 배치상태와 확립된 가치정향에 따라 어떤 카드가 올라올 수 있을지 미리 규정되기 마련이다. 하지만 87년체제는 이런 선택범위를 좁히지 못했다. 타협에 의한 민주화였기 때문에 사회세력의 재편이 수반되지 않았고, 권위주의체제를 무너뜨리는 정치혁명이었지만 구체제의 가치와 문화적 에토스로부터 탈피하는 문화혁명적 면모가 매우 빈약했기 때문이다. 이런 상황의 한 결과로, 예컨대 우리 사회의 공론장은 민주화 이행 이후 몇십년간 독재의 그늘을 벗어나 정화되기는커녕 거의 외설적인 수준으로 더러워지고 정파화되었으며, 제어되지 않은 공격성을 표출하는 장이 되어버렸다.

하지만 이행의 향방을 규율할 헤게모니적 능력을 가진 프로젝트가 아예 없었던 것은 아니다. 명시적으로 주장되지는 않았지만 체제 진화 과정에서 점점 더 분명한 형태로 정련된 두가지 프로젝트가 있었다. 그것은 '민주주의의 확장과 심화 프로젝트'와 '경제적 자유화 프로젝트',

혹은 '신자유주의 프로젝트'라고 명명될 수 있다. 전자의 주도세력은 민주파라고 할 수 있으며, 이 집단에 근대적 교육과 사회체제의 진화를 통해 민주적 신념을 획득한 젊은 신중간층, 민주화운동의 세례를 받은 청년층, 전통적으로 민중으로 호명되었던 집단들, 그리고 다양한 사회적 소수자집단이 더해질 수 있다. 이들이 추구한 것은 정치체제의 지속적 민주화, 발전국가체제를 통해 형성된 사회적 부의 재분배, 권위주의 문화의 청산과 평등주의적 사회통합, 생태적 가치의 실현, 그리고 구권위주의체제의 근본 토대로 작용했던 냉전적 반공주의와 분단체제의 점진적 해체였다고 할 수 있다. 하지만 이 프로젝트를 추진한 집단은 가치체계의 수준에서 별로 정합성을 갖추고 있지 않았으며, 사회적 과제의 선차성에 대한 평가의 차이로 인해 쉽게 정파적으로 분열되곤 했다. 그뿐만 아니라 이 프로젝트는 담지자집단의 열망을 일관성 있게 대변하고 실현할 정치세력을 갖지 못했다는 점에서도 한계가 있었다.

후자는 관치경제에서 탈피하여 경제를 자본 주도로 재편하려는 것이라 할 수 있다. 이 프로젝트는 이미 전두환 정권기에 경제관료들에 의해 시도된 것이었으나 발전국가체제 관행의 존속 그리고 냉전적 독재정권의 존재로 인해 충분히 실현되지 않았다. 민주화 이행은 경제적 자유화 프로젝트가 작동될 수 있는 토대를 제공했다. 이 프로젝트는 1970년대 말부터 형성된 영국의 새처리즘과 미국의 레이거노믹스 그리고 중국의 경제개방과 사회주의권 해체로 인해 지구문화로 부상하고 있었던 신자유주의와 공명하는 것이었고, 그런 만큼 신생 민주주의체제의 환경을 제약하는 세계체제의 진화 방향과 유화적이었다. 세계체제로의 편입 전략을 통해 경제성장을 이룩했고 불평등한 분배에도 불구하고 경제성장 자체가 복지였던 발전국가의 경험에 속박된 사회 성원들에게, 개방과 경쟁 그리고 성장을 전면에 내건 이 프로젝트는 설득력이 있었다. 시장 개념이 가진 간명한 설득력도 강점이었다. 데이비드 하비(David Harvey)가 지적하듯이 신자유주의는 성장과 발전의 프로젝트라기보다는 보수적인 재분배 프로젝트의 성격이 더 강하다.[4] 하지만 적어도 민주화 프로젝트가 제대로 갖추지 못했던 대안적 경제발전 방안을 자신들은 가진 것처럼 내세우고 그럼으로써 대중을 호도할 능력은 가지고 있었다.[5]

하지만 이 프로젝트는 보수파의, 보수파를 위한 프로젝트였다는 점에서 한계가 있었다. 보수파는 구체제의 수혜자들이었기 때문에 사회적 지지를 얻기가 쉽지 않았으며, 이 프로젝트가 요구하는 기업의 투명성 제고나 부패청산 같은 일정수준의 자기혁신마저 그들은 수행할 능력도 의사도 없었다. 그렇기 때문에 이 프로젝트는 그들을 대리한 다른 집단에 의해 수행될 때 더 쉽게 사회적 설득력을 얻을 수 있었으며, 실제로 87년체제의 헤게모니 집단으로 부상한 자유파와 경제관료 집단에 의해서 추동력을 획득했다.

---

4 David Harvey, *A Brief History of Neoliberalism*, Oxford University Press 2005, 16면.
5 민주화 프로젝트가 생산에 대한 대안을 예비하지 못한 것은 그것이 박정희체제에 대한 안티테제로서 구성되었기 때문인 측면이 있다. 민주화 프로젝트는 억압적 국가에서 사회를 해방시키려는 충동에 경사되어 있었으며, 박정희체제의 긍정적 유산과 부정적 유산을 신중하게 분별하기에는 박정희체제에 대한 거부감이 강했다. 따라서 신중한 재평가에 존재하는 어느정도의 역사적 거리는 불가피한 측면이 있었으며, 최근 들어 이런 논의는 활발해졌다. 이와 관련해서 주목할 만한 글로, 백낙청 「박정희시대를 어떻게 생각할까」, 『창작과비평』 2005년 여름호 참조. 더불어 조형제 외 「신진보주의 발전모델과 민주적 발전국가의 모색」, 『동향과 전망』 2006년 여름호 참조. 이 글의 필자들은 신자유주의에 대안적인 발전모델과 관련하여 국가의 역할을 정의하기 위해 "민주적 발전국가론"을 제시하고 있는데, 이런 논의는 명시적으로 박정희체제를 거론하고 있지 않지만 명백히 박정희체제의 유산에 대한 재검토를 함축하고 있다.

아무튼 지난 20년간은 두 프로젝트의 경합과정이었으며, 사회적으로는 이를 각기 대변하는 세력이 일진일퇴를 거듭하는 교착국면의 긴 지속이었다고 할 수 있다. 두 세력 가운데 어느 쪽도 상대를 결정적으로 압도할 수 없었다.[6] 요약하자면, 지난 20년간 경제적 자유화는 꾸준히 진행되었고 그와 더불어 재벌은 거의 괴물 수준으로 사회적 지배력을 확립해갔지만, 동시에 다양한 영역에서 민주화가 확장되었으며 무엇보다 집권세력은 계속해서 좀더 개혁적인 집단으로 교체되어왔다. 김대중 정권의 표현을 빌리자면, 우리가 지난 20년간 목도했던 것은 '시장경제와 민주주의의 병행 발전'이었던 셈이다.

하지만 87년체제의 행로를 두 사회세력과 두 프로젝트의 대치국면이었을 뿐이라고 하는 것은 과도하게 단순화된 서술이다. 지난 20년은 훨씬 복잡한 지그재그 과정이었으며, 이런 지그재그 행로를 설명하기 위해서는 새로운 체제 형성을 위한 결정의 공간으로 주어진 정치과정을 살펴보아야 한다.


3


1987년 6월항쟁의 특징 가운데 하나는 구체제에 대한 도전세력인 민주파의 한 분파가 권위주의체제하의 야당이었다는 점이다. 분단체제의 효과로 한국의 정당체제는 매우 보수편향적이었으며, 권위주의체제하

---

6 상징적 사건으로 표현한다면, 민주파는 국가보안법을 폐지할 정도의 능력이 없었으며, 보수파는 민주적으로 선출된 대통령을 탄핵할 만큼의 능력이 없었다.

의 야당 또한 그 기원에서 보수적이었다. 이 집단은 그런 성향에서 크게 벗어나지 않았지만 독재와의 오랜 투쟁을 통해서 개혁적 자유주의 성향을 획득해갔으며, 더불어 같은 성향을 가진 대중 그리고 민주파에 속한 대중 전반의 (신뢰는 아니지만) 지지를 얻어나갔다. 정당체제 내의 자유파라 명명할 수 있는 이들이 1987년 6월항쟁의 성과를 자기 것으로 흡수하면서 87년체제의 헤게모니적 집단으로 부상했으며, 이들의 행로가 향후 정치과정의 중심이 되었다.

정치집단으로서의 자유파는 항상 정치적 다수를 지향했는데, 이는 정치집단으로서는 당연한 속성이라고 할 수 있다. 하지만 민주화 이행이 문화혁명적 성격을 그다지 갖지 못했으며 큰 규모의 세력 재편을 야기하지 않았기 때문에, 이들이 가진 사회적 기반은 충분히 넓지 못했다. 따라서 이들은 정치적 다수 형성을 위해서 보수파와 투쟁해야 하는 국면에서는 6월항쟁으로 형성된 민주파 전체와의 연대를 유지했지만, 권력 획득에 유리하다면 보수파와의 타협 또한 마다하지 않았다. 이런 타협 가운데 가장 극적이고 중요한 것은 노태우 정권기의 3당합당이라 할 수 있다. 집권을 위한 것이었고 또 그렇게 주장되었지만 자신의 대의에 대한 명백한 배신이었다고 할 수 있는 3당합당은 자유파와 보수파 간의 분할선을 심각하게 흐려버렸으며, 그 효과는 지속적이고 구조적이어서 이후 정치집단 형성에도 계속 영향을 미쳤다. 정도가 덜하다고는 해도 이런 타협은 DJP연합이나 노무현 대통령의 대연정 제안 그리고 최근 한미FTA 추진과 더불어 나타난 한나라당과의 사실상의 연정에서도 확인된다.

자유파는 민주파 전반과의 유대 그리고 보수파와의 타협을 그때그때 활용하면서 정치적 다수를 형성할 수 있었지만, 타협의 후과는 작지 않았다. 타협으로 인해 그들이 가진 헤게모니 능력은 지속적으로 침식됐으며, 그 때문에 민주화의 진전에도 불구하고 중도세력의 입지가 점점 약화되는 현상이 나타났다. 앞서 우리 사회 공론장이 건강하지 못한 한 원인으로 6월항쟁의 문화혁명성 결여에 대해 지적했는데, 민주화의 진행이 공론장의 건강성 회복에 이르지 못한 것에는 이런 중도세력의 입지 약화 또한 중요한 영향을 미쳤다.

자신의 헤게모니 능력을 침식하면서까지 진행된 자유파의 행보는 민주파 전체에게는 곤혹스러운 것이었다. 왜냐하면 이런 상황은 비판적 지지론과 독자세력론이 동시에 제기되는 것을 불가피하게 만들었기 때문이다. 하지만 민주파 내 정치화된 분파들의 입장이 무엇이었든 대중적인 수준에서 설득력을 가진 것은 비판적 지지론이었다.[7] 자유파가 정치적 다수가 되지 않는 한 그리고 그 다수화 전략에 영향력을 행사하지 않는 한, 민주파가 자신의 의지와 열망을 실현하는 길은 좁았으며 독자세력화도 그만큼 지연될 가능성이 컸기 때문이다. 그런 의미에서 위험을 감수하는 면이 강했지만 비판적 지지론은 덫이라기보다는 합리적

---

7 비판적 지지론은 1987년 대선에서 이른바 '양김씨'인 김영삼·김대중의 출마를 앞두고 제기된 것이다. 먼저 후보단일화론이 있었고, 그것이 실패하자 상대적으로 더 진보적이라고 여겨지는 김대중 후보에 대한 비판적 지지론이 제기되었으며, 그것에 대한 불만으로 독자후보론이 제기되었다. 이런 발생의 맥락에서 비판적 지지론은 지나치게 수세적이고 전략적으로 좋은 선택이었다고 할 수 없다. 그리고 그런 개념의 기원을 고려한다면, 비판적 지지론을 확장해서 이해하려는 필자의 입장은 혼동을 일으키는 면이 있다. 하지만 이후의 사태를 고찰하기 위해서는 비판적 지지론의 구조적인 측면을 고려해서 확장된 개념으로 사용하는 것이 유용하다는 것이 필자의 판단이다. 만일 1987년 당시에 양김씨가 후보단일화에 이르렀다고 하더라도 그들이 보수적 정당체제 내의 정치지도자이며 그들이 추구하는 민주화가 일정한 제약을 내포했기 때문에, 민주파의 단일화된 후보에 대한 지지는 비판적인 지지라고 보아야 하기 때문이다.

선택이었다고 할 수 있다.[8]

비판적 지지론을 선거국면의 투표행위에 한정하지 않고 좀더 폭넓게 파악한다면, 1987년 이후 사회운동의 행로를 이런 견지에서 조망할 수 있다. 1987년 이후 사회운동은 '민중운동'과 '시민운동'으로 분화되었는데, 이는 사회운동의 계층적 분화로 인한 것이었을 뿐 아니라 폭넓게 파악한다면 비판적 지지론과 독자세력화라는 노선 분화에 기인한 것으로 볼 수 있기 때문이다. 어떤 식으로든 민주파의 의지를 정치 영역에 투입하는 것이 중요하다고 보는 입장에서 선택할 수 있는 길은 시민사회를 동원함으로써 선거국면에서 압력정치를 수행하는 것이었는데, 이런 압력정치는 정당체제 자체의 변형보다는 정당정치를 민주파의 편으로 견인하려는 것이라는 점에서 비판적 지지론의 한 형태라고 할 수 있다.

물론 2000년 총선연대의 활동 같은 인상적인 예에서 보듯이, 비판적 지지론의 힘은 만만치 않은 것이었다. 기존 정당체제의 부패와 대의능력 부재로 인해 정치사회와 시민사회의 간극이 상당히 벌어진 상황이기는 했지만, 시민사회의 자기동원력은 매우 높은 수준이었으며 성과

---

8 더 일반화하면, 대중의 열망과 그것을 대의하는 정당이나 지도자 간의 관계에는 언제나 어긋남이 존재한다. 따라서 모든 종류의 투표행위 혹은 정당 선호는 비판적 지지의 성격을 가진다. 2007년 현재 민주노동당에 표를 던지는 유권자는 민주노동당을 선호하고 그 선호를 직접적으로 표현하는 사람들로만 이루어져 있을까? 예를 들어 선거에서 자유파의 승리가 확실한 경우라면 민주노동당의 정강과 정치적·정책적 능력에 대해 회의적이라 할지라도 민주노동당의 성장이 전체 정치발전에 도움이 된다는 판단 아래 민주노동당에 투표하는 유권자가 존재할 수 있다. 또한 자유파의 우경화에 대해 경고하는 의미에서 민주노동당에 표를 던지는 유권자도 있을 것이다. 유권자 선호가 직접적으로 표현될 가능성이 높은 정당체제가 더 나은 체제이고 이를 추구하는 것이 당연하겠지만, 투표자의 선호와 정당 선택 간의 일치는 언제나 상대적으로 규정되는 것이다.

또한 작지 않았다. 그럼에도 불구하고 종종 지적되듯이 그것이 선거국면을 넘어 일상적 국면에서도 힘을 갖기는 쉽지 않았다. 선거가 끝나고 일상적 현실로 되돌아오면 열정적 동원은 제도화된 보상으로 잘 돌아오지 않았다. 강렬한 동원이 이끌어낸 개혁의 분위기가 분위기의 개혁으로 퇴행하는 경우가 빈번했다.


4

그렇다면 보수파와 타협하기를 마다하지 않았지만 그 과정을 통해 구체제를 밀어내며 정치권력을 획득해간 자유파는 어떤 프로젝트에 입각해서 우리 사회를 이끌어가려 했는가? 이 집단이 독자적인 개혁의 청사진을 가졌는지는 확실치 않다. 오히려 앞서 지적한 두가지 프로젝트, 즉 '민주주의의 확장과 심화 프로젝트'와 '경제적 자유화 프로젝트'를 모두 자기 것으로 받아들였다고 하는 편이 옳을 것이다. 물론 프로젝트는 빌려올 수 있으며, 그 때문에 독자성이 부인되는 것은 아니다. 두 프로젝트를 조합하는 입장과 원칙의 수준에서 독자성이 존재할 수 있기 때문이다. 하지만 자유파가 이런 조합을 수행했다고 보기 어렵다. 이들은 오히려 두 프로젝트를 합집합적으로 수용했으며, 이 때문에 자유파는 우리 사회에서 헤게모니적일 수 있었지만, 동시에 진정한 의미에서 헤게모니를 행사하지는 못했다.

두 프로젝트는 결국 자유파에게는 그들이 임의로 꺼내 쓸 수 있는 두가지 카드 내지 정책 레퍼토리로 수용되었다고 할 수 있는데, 이 두 프로젝트의 대립과 갈등을 중재하기 위해 그들이 구사한 비교적 일관된 방법은 경제와 여타 사회 영역에서 이 둘을 각각 분리된 형태로 적용하는 것이었다. 김대중 정부의 '민주화와 시장경제의 병행 발전'이라는 프로젝트나, 비록 '우스갯소리'였다고 변명하긴 했지만 노무현 대통령의 '좌파 신자유주의' 운운하는 주장은 이런 발상을 잘 보여준다. 실제로 한미FTA를 타결하는 동시에 3불정책[9]은 고수하려는 노 대통령의 행보를 '자비의 원칙'(principle of charity) 아래 해석할 수 있는 유일한 길은 그가 신자유주의 프로젝트와 민주화 프로젝트를 분리된 영역에 각각 적용할 수 있고 그것을 최선으로 여기고 있다고 보는 것이다.

이렇게 두 프로젝트가 병립되고, 또 그것이 자유파에 의해 수행된 것은 '결과적으로' 신자유주의 프로젝트를 잘 작동시킨 측면이 있다. 그렇기에 구체제에서 유래한 정당과 독점자본이 스스로 수행하기 어려웠던 개혁을 해낼 수 있었지만,[10] 손호철이 여러번 강조했듯이 이런 '개혁'이 저항의 전선을 흐린 점도 있음을 부인하기는 어렵다. 나아가서 대중이 신자유주의적 정책의 실패를 민주화 프로젝트의 실패로 보게 하

---

9 대학입시제도에서 본고사, 기여입학제, 고교등급제 세가지를 모두 허용하지 않는 교육정책 원칙을 뜻한다. 1999년 김대중 정부 시절 시작되어 노무현 정부에 이르기까지 지켜졌고, 이후엔 기여입학제를 제외한 나머지 두 정책은 다양한 우회와 편법을 통해서 무력화되었다.

10 신자유주의가 가진 일정한 개혁성 때문에 자유파는 그것을 보수파와 투쟁하는 데 활용할 수 있었다. 그리고 이런 활용은 비단 자유파만 시도한 것은 아니었다. 민주파 또한 보수파 척결에 신자유주의적 요소들을 활용했다. 하지만 이런 과정을 두고, 맑스주의 국가론에서 흔히 발견되듯이 보수파가 개혁세력의 손을 '빌려' 자신을 개혁했다는 식의 기능주의적 해석을 하는 것은 곤란하다. 종종 사람들은 자신이 활용하고자 한 어떤 것에 대해 순수하게 도구적인 자세를 견지하기보다는 그것에 대한 내적 신념을 형성하기도 한다. 이렇게 유발된 신념이 신자유주의 이데올로기가 헤게모니를 행사하게 되는 경로일 수 있다. 하지만 그런 결과에 비추어서 보수파와 자유파 간에 동맹이 존재한다고 말해서는 곤란하다. 그런 의미에서 노무현 정부와 보수파의 '신자유주의 성장동맹' 같은 최장집의 표현은 수사적인 수준을 넘어서는 것이라면 과도한 것이다. 최장집 『민주주의의 민주화』, 후마니타스 2006, 21면 참조.

는 착시효과도 있었다.

하지만 그렇다고 해서 자유파의 집권이 보수파의 집권보다 더 나빴다고 말할 수는 없다. '경제적 자유화 프로젝트' 혹은 신자유주의 정책은 극히 수구적인 문화와 제도에서부터 상당히 높은 수준의 민주적 문화에 이르기까지 정책적 혼융 범위는 매우 넓었다. 아마도 강하고 일관성 있는 민주화의 추구만이 '경제적 자유화 프로젝트'와 정면에서 충돌할 것이다. 다양한 정책혼합의 가능성을 생각한다면, 자유파에 의한 민주화와 신자유주의화의 동시 추진이 최악은 아니었다. '사회경제적 양극화'로 요약되는 우리 사회의 현안을 생각하면, 이런 진술이 어떤 이에게는 자유파에 대한 과도한 변론으로 읽힐 수도 있을 것이다. 하지만 역으로 결과론적이고 기능주의적 시각에서 문제를 봄으로써 자유파의 집권이 차라리 보수파가 집권하는 것만 못했다는 식으로 해석한다면, 그것은 더 잘못된 사태파악이다.

더 나아가 최장집처럼 자유파와 구체제에 뿌리를 둔 보수파 간의 경제정책의 동조에만 중요성을 부여하고 여타 영역에서 두 집단의 차이를 희석하는 것도 문제를 야기한다. 그는 "한국 정당의 균열 축은 민족문제를 둘러싼 한 수준에서는 분명한 차이를 갖지만, 사회경제적 정책이라는 다른 수준에서는 이렇다 할 차이를 갖지 않는 애매한 이중성이 중첩해 있다"[11]고 진단하는데, 경제정책은 그렇다 치더라도 사회정책에서도 이렇다 할 차이가 없었는지는 의문이다. 하지만 그보다 더 중요한 문제는 민족문제를 둘러싼 분명한 입장 차이가 최장집의 판단처럼 그렇게 덜 중요한 차이인가 하는 것이다. 그는 대체로 민족문제를 역사적

---

11 최장집, 앞의 글 20면.

복원으로 이해하고 남북문제에 대한 정파 내지 정당 간의 갈등을 수사적인 것으로 파악하는데,[12] 이런 관점은 받아들이기 어렵다. 자유파, 특히 김대중 정부 이래 '민주정부'가 이룩한 화해협력사업, 남북경협, 남북정상회담 등의 성과는 작은 것이 아니다. 그것은 경제적 이익이나 평화무드의 정착에 더해 남북한 사람들의 상상력의 지평을 넓히고 사회체제의 변혁과 혁신의 지평을 한반도 수준으로 확대하는 효과를 가져왔다. 그런데 그런 협력과 교류 그리고 그것이 열어주는 새로운 가능성을 발전적으로 전유하는 일이 어떤 세력이 집권하느냐와 무관하게 이루어질 수 있다고 보는 것은 근거 없는 낙관론이다. 냉전적 담론이 설령 최장집의 생각처럼 정치적 수사일지라도 언어는 종종 그것을 사용하는 사람 자신을 설득하며, 그 자신이 충분히 도구적으로 자신의 담론을 조직한다고 하더라도 그 담론이 소구 대상으로 삼고 동원하는 사회세력조차 그렇게 만들 수는 없기 때문이다. 냉전적 담론을 조직하는 자의 집권은 냉전적 퇴행으로 댓가를 지불할 가능성이 매우 높다.

확실히 최근의 여러 경향은, '민주주의의 확장과 심화 프로젝트'와 '경제적 자유화 프로젝트'의 병행 추진이 장기적으로 병리적 결과를 산출했음을 보여준다. 하지만 현재의 고통이나 위기의식에 유의한다고 해도 그것이 회고적으로 과거에 대한 인식을 조정하는 것은 공정한 평가를 어렵게 할 수 있다. 물론 공정한 평가는 누구에게도 쉬운 일이 아니다. 하지만 적어도 1987년 이후 두 프로젝트가 지금까지 동시적으로 추진되었고, 그런 동시 추진이 사회적 설득력을 가졌으며, 그것이 심각한 한계를 가져온 동시에 일정한 성취를 이룩했다고 말하는 것이 "민주

---

12 최장집, 앞의 책 280~82면.

화 이후 한국의 민주주의가 질적으로 나빠졌다"는 최장집의 표현보다
는 더 사실에 부합한다고 여겨진다.


5

1987년에서 현재에 이르기까지 우리 사회의 변동과정에 대한 평가와
별도로, 2007년 현재 널리 퍼져 있는 민주주의의 위기에 대한 진단은 중
요한 의미가 있다. 시장경제와 민주주의의 병행 발전이 한계에 직면해
가고 있으며, 경제적 민주화의 진전 없는 민주주의의 진전은 절반의 민
주화일 뿐 아니라 그로 인해 성취된 정치적·사회적 민주화조차 밑에서
부터 잠식될 수 있음이 더욱 분명해지고 있기 때문이다. 우리가 정체적
평형체제인 87년체제의 재편 혹은 또다른 체제로의 전환을 향한 분기
점에 접근하고 있다고 진단할 수 있다면, 그것은 다른 무엇보다 지금까
지의 방식인 민주화와 자유화라는 두 프로젝트의 양립 가능성이 소진
되어가고 있기 때문이다.

이렇게 경제적 자유화 프로젝트가 민주화 프로젝트를 압도해가는 일
이 벌어진 것은 외환위기에 연원이 있으며, 한미FTA 협상 타결은 그런
가능성을 가중시키고 있다. 특히 노무현 정부에 의한 한미FTA 협상 타
결은 외환위기를 극복하기 위해 불가피한 측면이 있었던 김대중 정부
의 신자유주의적 정책의 실행과 달리 그를 지지했던 세력들에게 적잖
은 당혹감마저 안겨주고 있다.

이런 당혹감은 노무현 정부에 대한 기대가 배반된 까닭일 텐데, 그 기
대가 정당한 것이었음은 분명하지만 냉정하게 말하면 그 기대 자체가

오류를 내포하고 있었다고도 할 수 있다. 당연히 기대의 재조정이 있어야 할 것이며 2007년 봄에 진행된 '진보논쟁'의 한 축은 이런 기대의 재조정과 관련된다. 하지만 그 못지않게 중요한 것은 그것의 뿌리를 캐묻는 작업이다. 사태를 노무현 대통령의 개성과 통상관료들의 한탕주의 같은 우연적 요소로 환원하지 않기 위해서는 87년체제론의 관점에서 접근하는 것이 필요하다.

1987년 민주화 이후 우리 사회는 연성 권위주의체제라 할 수 있는 노태우 정부를 거쳐 '민주정부'로 점차 이행해갔다. 대체로 이전 정부보다는 더 온건하고 개혁적인 정부가 계속해서 수립되었는데, 어느 정부든 자신의 성향과 지지기반에 입각해서 운동정치에 근거한 민주화 프로젝트를 통치 가능한 수준으로 제어하는 동시에, 재벌개혁과 경제시스템 개량 같은 경제개혁을 추진하고자 했다. 하지만 발전국가체제가 허물어져감에 따라 풀려나온 사회세력은 민주화가 열어준 정치사회적 공간에 자신의 진지를 구축했으며 국가권력에 의해서 쉽게 제어되지 않았다.

노태우 정부는 물론이고 자유파가 집권했을 때조차 전체 사회를 규율하는 데 힘겨워했던 것은, 앞서 지적했듯이 한편으로는 문화혁명과 사회세력 재편이 결여된 1987년 민주화 이행 때문이었고, 다른 한편으로는 자유파가 응집력 있는 자신의 헤게모니 프로젝트를 갖지 못한 채 정치적 지분 유지를 위해 시민사회를 지역주의적으로 분할하는 데 보수파와 이해관계를 같이했고 정치적 다수 형성을 위해 보수파와 타협하고 섞여가기도 했기 때문이었다.

보수파와 자유파 간의 타협에 의해 제정된 1987년 헌법 또한 상황을 악화시켰다. 개헌에 참여한 두 세력은 어느 쪽 후보가 당선될지 불확실한 대통령의 권한은 약화시키고, 자신들이 일정한 지분을 가질 수 있다고 생각한 의회권력은 강화했다. 민주화 이후 의회권력은 시민사회를 지역주의적으로 분할하는 데 성공하기만 하면 각 세력이 분점하는 것이 가능했다. 결과적으로 국가권력을 손에 쥔 집단은 언제나 규율하기 어려운 사회세력, 그리고 다루기 어렵거나 대통령의 권한을 상당 정도 무력화할 수 있는 의회권력에 직면했다.

이런 상태에서 대통령은 자신의 주도권을 확립하기 위해 대외정책에 눈을 돌릴 개연성이 높다. 실제로 민주화 이후 모든 정부는 내부개혁 혹은 내부세력의 순치를 위해서 대외정책을 가동했으며 그 핵심은 남북관계의 변형이나 금융 및 통상정책의 수정이었다. 민주화 이후 모든 정부가 이렇게 대외정책을 정부의 핵심 프로젝트로 삼은 것은 국제환경이 급변하고 있었기 때문이기도 하다. 탈냉전과 신자유주의적 지구화로 요약될 수 있는 87년체제의 대외적 환경은 어떤 식으로든 우리 사회에 새로운 선택을 강요했다.

남북관계와 금융 및 통상 두 영역의 조정이 어떤 방향으로 이루어질지가 대통령의 의도에 전적으로 좌우되는 것은 아니었다. 대외정책의 향배를 규정하기 위해 국내세력들은 자신의 정치적 의지를 투입했으며, 그 결과 남북관계는 대체로 민주화 프로젝트에 의해서, 금융통상정책은 경제적 자유화 프로젝트에 의해 규정되었다. 혹자는 노태우 정부의 1991년 남북한 유엔 동시가입과 92년 남북기본합의서 채택 등은 민주화 프로젝트에 연원하는 것이 아니라고 할 수도 있다. 하지만 이 역시 임수경(林秀卿)과 문익환(文益煥) 목사의 방북으로 대변되는 통일운동에 대응하기 위한 수동혁명적 성격을 지녔으며, 그렇기 때문에 정책 방향은 민주파의 요구를 상당 정도 수용하는 것이었다.[13] 이에 비해 경제적 자유화 프로젝트가 보수파에 의해 견인되었음은 김영삼 정부의 개방정책에서 잘 드러난다. 90년대 초반 역(逆)플라자합의에 의해 3저호황이 끝나자 보수파의 경쟁력강화 담론이 경제민주화 담론을 압도해나갔고 경쟁력강화론은 급진적 대외개방정책을 유도했다.

그러나 이런 영역에서 대통령이 상당한 주도권을 가지고 있었음은 마찬가지로 강조되어야 한다. 방향 설정을 제외하면 정보와 접근경로, 협상에서의 재량권과 의지, 관료의 동원, 그리고 국내정치와 국제환경에 대한 정세 판단에서 대통령은 상당한 자율성을 가지고 있기 때문이다. 오히려 이런 정책의 실현 여부를 규정하는 요인은 여러가지 정세적인 요소나 대외정책 대상이 되는 파트너의 의지와 요구에 있으며, 심지어 우연적인 요인까지 개입한다. 예컨대 김영삼 정부는 남북정상회담과 경제개방을 모두 시도했지만 김일성(金日成) 주석의 사망으로 전자는 결실을 맺을 수 없었다.

중요한 것은 이런 대외정책이 일단 현실화되면 대단히 비가역적인 방식으로 우리 사회에 영향을 미친다는 점이다. 노태우 정부의 남북기본합의서 체결이나 김영삼 정부의 경제협력개발기구(OECD) 가입과 급진적 개방정책 그리고 그 결과 밀어닥친 외환위기로 인해 수용했던 구조조정정책 및 추가적 개방이 그러하며, 민주파의 입장에서 보면 87년체제 최량의 성과 가운데 하나인 6·15남북정상회담 또한 마찬가지다. 여기에 노무현 정부의 한미FTA 타결을 추가할 수 있다.

대외정책의 이런 비가역적인 효과 때문에 우리 사회를 '97년체제'라고 부르는 것이 가능하며, 마찬가지로 '6·15시대'로 규정하는 것 또

---

13 백낙청 「남북 합의서 이후의 통일운동」, 『분단체제 변혁의 공부길』, 창작과비평사 1994 참조.

한 가능하다. 정말로 우리는 97년체제와 6·15시대를 살아가고 있다. 그러나 이런 체제 변동의 길을 연 것은 87년체제라고 해야 한다. 이것은 87년체제가 필연적으로 97년체제 혹은 6·15시대를 낳을 수밖에 없었음을 말하는 것은 아니다. 이런 사태 전개는 전혀 필연적이지 않았다. 하지만 양자는 87년체제의 개연적인 산물에 포함되며, 개연적인 여러가지 중에 실현된 것들이라고 해야 할 것이다.


## 6

앞서 언급했듯이 87년체제는 다른 체제로 이행하기 위한 분기점을 향해 가고 있다. 민주화 프로젝트와 경제적 자유화 프로젝트 간의 병존이 한계에 달했으며, 비록 약한 수준이었지만 이 체제의 지속기간 내내 헤게모니적 세력이었던 자유파의 외연과 힘은 확장되지 않고 있기 때문이다. 길었던 교착상태가 어떻게 끝나고 어떤 새로운 프로젝트, 어떤 새로운 세력연합이 형성될지는 예측하기 어렵지만, 사회가 완전히 새로운 것을 창출할 수는 없다는 점을 염두에 둔다면, 자유파의 분해과정에서 민주화 프로젝트와 신자유주의적 프로젝트가 정면으로 충돌할 가능성이 더 커질 것이라 예측할 수 있다. 민주화 프로젝트를 지향하는 집단에게 이 상황은 당혹스러운 것이다. 왜냐하면 현 상황은 자유파의 약화가 민주파 전체의 전진으로 이어지기보다는 민주파의 후퇴로 이어질 가능성이 커졌기 때문이다. 아마도 2007년 봄에 이루어진 '진보논쟁'의 밑바탕에는 바로 이런 난맥상이 자리잡고 있다 해도 과언이 아닐 것이다.

174

나는 진보논쟁이 중요한 문제제기를 했지만 성과가 뚜렷하지는 않다고 생각한다. 진보논쟁은 진보 개념을 가다듬는 것과 현재의 민주주의 위기에 대한 대안 제시라는 두 부분으로 구성된다. 전자의 경우 진보 개념을 재정의하려는 시도에 집중하고 있는데, 아쉽게도 아직까지는 그런 논의가 규범 및 가치체계의 재구성과 정련(精鍊)을 향해 충분히 나아가지 못했다. 첫머리에서 인용한 글에서 황석영은 87년체제에서 연원하는 현재의 대선판도를 가건물에 지나지 않는다고 했는데, 내게는 그가 87년체제 자체를 가건물이나 다름없다고 생각하고 있는 것처럼 보였다. 87년체제가 정말 '가건물'에 불과한지는 논란거리일 수 있지만, 그 말의 뉘앙스에는 일말의 진실이 들어 있다. 87년체제는 우리 사회의 장기적 미래, 그러니까 우리가 어떤 사회에 살기를 원하며 그것은 어떤 가치체계에 의해서 규율되는 사회인가에 대해 충분히 논의되지 않은 체제였다. 내가 문화혁명의 결여라고 불렀던 87년체제의 결점을 넘어서기 위해서 진보논쟁은 규범과 가치체계의 정련과 더 나은 사회의 이미지에 대해 더 많이 더 깊게 논의해야 한다.

우리 사회가 또다른 체제로의 이행기에 있다면 이 점은 특히 중요하다. 왜냐하면 불확실성과 회의 그리고 두려움이 드리워진 이행의 골짜기를 통과하기 위해서는 규범과 가치체계가 중요하기 때문이다. 데까르뜨(R. Descartes)는 숲에서 벗어나려는 자는 어느 쪽이든 방향을 정하고 그 길을 곧장 따라가야 한다고 했는데, 이 방향 설정의 힘은 규범과 가치에서 온다. 그것은 적어도 성과가 불확실할 때조차 회의감을 막아주고 옳은 일을 하고 있다는 자긍심으로 우리를 이끌기 때문이다.

더 나은 체제로의 이행을 위해서는 사회적 계몽과 설득작업이 필요하며 자신이 가진 자원을 전략적으로 배분하는 작업이 요구되기도 한다. 민주주의의 퇴행을 막고 가능하면 일보전진을 하기 위해서는 행동 지침이 필요하다. 진보논쟁에서는 세가지 제안을 발견할 수 있다. 최장집의 정당체제혁신론, 조희연의 사회운동활성화론, 손호철의 반신자유주의 연대가 그것이다. 이런 제안들은 김정훈(金正勳)이 지적하듯이 만족스러운 수준의 구체성과 실현방안에까지 이른 것은 아니다. 더러는 강조하고 싶은 것에 경사되어 균형감을 잃은 진술도 엿보인다. 하지만 대안모색에서 염두에 두어야 하고 논점으로 삼아야 할 것을 명료히 하는 데는 기여한 점이 있다. 그렇게 보면 진보논쟁이 "아무 주장도 하지 않는 불임의 논쟁"이었다는 김정훈의 평가는 부러 까칠한 표현을 선택한 것이라도 해도 지나치게 가혹하다.[14]

하지만 최장집과 손호철이 그들의 논의에서 정치적 다수화 전략을 절연시키고 있는 점은 문제적이라고 여겨진다. 반한나라당 전선을 구축하기 위한 노력이 "두려움의 동원"에 그치는 것은 확실히 우려할 만한 현상이다. 하지만 그렇다고 해서 "정부가 실패했다면 교체되는 게 당연"하다는 원론적 진술만 반복하는 것은 노무현 정부에 참여한 세력 전체를 민주파로부터 떼어놓는 전략적 자기축소의 위험이 크다.[15]

손호철은 한걸음 더 나아가 "한나라당 집권의 역설적 긍정성"을 말하며, 그로 인해 "한국정치는 단기적으로는 후퇴할지 몰라도 중장기적으로는 발전"할 수 있다고 한다.[16] 그는 나중에 다른 글에서 자신의 이런 주장이 한나라당의 집권을 당연시하는 패배주의는 아님을 주장했다. 하지만 그 변론을 받아들인다고 해도 이런 진술은 문제적이다. 확실

14 김정훈 「아무 주장도 하지 않는 불임의 논쟁」, 『레디앙』 2007년 4월 18일.
15 최장집 인터뷰 「[1987년 그뒤, 20년] 민주개혁세력 어디로」, 『한겨레』 2007년 1월 22일.
16 손호철 「'두려움의 동원정치'를 넘어서자」, 『레디앙』 2007년 1월 31일.

히 이보전진(중장기적 발전)을 위한 일보후퇴(단기적 후퇴)가 불가능한 것은 아니며, 그것이 경우에 따라서는 매우 높은 수준의 합리성의 실현일 수 있다. 하지만 그러기 위해서는 주체가 그것을 자임하고 디자인해야 한다. 자신이 설계하여 실행하지 않은 프로그램에 대해서 이보전진을 위한 일보후퇴를 말하는 것은 부작위를 작위로 가장하는 것일 뿐이다.

그가 이런 주장을 하는 이유는 보수파의 집권이 계몽적 효과를 가져다줄 것이라고 믿기 때문인데, 그런 계몽적 효과가 얼마나 있을지 모르지만 그것이 민중의 각성으로 이어질 것이라고 보는 것은 민중에 대한 과도한 신뢰일 수 있다. 외환위기 이후 신자유주의 정책의 작동은 우리 사회 성원을 보수화했다. 그런데 이런 보수화가 전적으로 신자유주의 정책이 '민주정부'에 의해서 수행되었기 때문에 생긴 것일까? 오히려 사람들은 신자유주의 체제에서 신자유주의적으로 행동하도록 강요받으며, 그렇게 행동함으로써 그것에 적응된 선호를 발전시켰기 때문이라고 할 수 있다. 그가 말한 계몽적 효과는 가능한 시나리오이지만 그 가능성이 크다고 생각할 근거가 박약하다. 여전히 필요한 것은 정치적 다수화 전략이며, 중요한 것은 그것이 지금까지 우리가 보아왔던 자유파의 선거전술과는 전혀 다른 새로운 내용과 가치체계에 입각한 것이어야 한다는 점이다.[17]

---

17 백낙청은 최근에 '변혁적 중도주의'를 제창했는데, 나는 이 주장이 아직 구체성을 덜 가지고 있긴 해도 현재 한국 민주주의의 위기 극복과 분단체제 극복을 위해서 필요한 정치적 다수화에 대한 고민을 담고 있다고 생각한다. 중도의 '중(中)'이 과녁의 한가운데를 꿰뚫는 것을 뜻함을 염두에 둔다면, 중도란 그저 좌우파의 가운데를 의미하는 것이 아니라 문제의 핵심을 관통하고자 한다는 적극적 의미를 내포한다. 그 적극적 의미가 '변혁적'이라는 수식어 안에 담겨 있다고 할 수 있다.

7

87년체제가 일종의 가건물이라면 우리는 제대로 된 새 집을 지어야 하며, 그럴 때가 다가오고 있다고 해도 좋을 것이다. 하지만 가건물 또한 우리가 비를 피하고 몸을 의탁해 살았던 집이었다. 그래서 그만큼의 존중을 받아야 할 체제이며, 거기에 더해 어느정도는 존경받을 만한 면모 또한 가지고 있다. 다시 황석영의 말을 빌려보자.

산업화와 민주화라는 대등한 가치평가는 과연 가능한가? 그것이 어떻게 대등할 수 있는가? 민주주의가 가치일 수는 있어도 산업화는 하나의 수단일 뿐이다. 나는 형식적 민주주의가 이루어지기 전에 행사장에서 애국가나 국기에 대한 예를 표한 적이 없다. 유명한 얘기로 5공시절 광화문의 그 살벌하던 국기하강식 시간에 행인들이 모두 얼어붙어 중앙청의 태극기를 향하여 서 있던 때에 나는 시인 김지하, 김정환과 셋이서 만취하여 얼어붙은 사람들 사이를 유유히 걸어갔다. 그것은 민주주의만이 존엄을 가지고 국기와 애국가에 대한 예의를 표할 수 있게 해주기 때문이다.[18]

보수언론은 틈만 나면 한국체제의 우위를 이야기한다. 그런 체제우위론에는 한국이 북한보다 잘 먹고 잘사는 것도 들어 있을 것이다. 하지

---

18 황석영 「'개똥폼' 잡지 말고 현실의 저잣거리로 내려오라!」, 『오마이뉴스』 2007년 2월 5일.

만 그것은 부차적이다. 부자가 가난한 사람보다 존엄한 것은 아니듯이 한국이 잘 먹고 잘 입는다고 북한보다 더 존경받을 만한 나라인 것은 아니다. 그렇기 때문에 보수언론은 북한이 열등한 체제인 이유를 정치적 독재와 참혹한 인권 상황에서 찾는다. 보수언론의 이런 주장은 그르지 않다. 민주주의와 인권이 없는 나라는 마땅히 존경받을 수 없다. 그런데 우리는 언제부터 북한과 달리 민주주의와 인권이 살아 있는 나라가 되었고, 작가 황석영에게 존중받을 만한 나라가 되었는가? 1987년 민주화 이행 이후부터이다. 1987년 이전 독재로 민주주의와 인권이 유린될 때 그런 일 없다고 잡아떼던 보수언론이 지금 우리 체제가 북한보다 우월함을 '격조있게' 지적할 수 있게 된 것 또한 1987년 민주화 이행 덕인 것이다. 87년체제에 대한 존경심을 잃지 않는 것, 그것이 우리가 박정희와 전두환 정권 시절 가졌던 자기 나라에 대한 도덕적 수치감에서 벗어나게 해준 체제이며 우리가 그것을 건축했다는 사실에 대해 자부심을 가지는 것, 이것들이야말로 새 집을 짓기 위해 길을 나서는 마음가짐이어야 할 것이다.

제6장

# 촛불항쟁과 87년체제

2008년 5월 이후 몇달은 유례없는 항쟁의 시간이었다. 이런 새로운 사건 속에 있을 때 그것을 이해하려는 욕구는 강렬해지지만 그 욕구를 충족하기는 그리 쉽지 않다. 사건이 새로울수록 기존의 인지적 틀의 변화가 요구되는 법인데, 항쟁의 시간이 아직 끝나지 않았을 뿐 아니라 현재의 해석이 항쟁 참여자들 자신의 의미자원으로 환류해 사건 자체의 행로에 영향을 미치는 상황이기 때문이다. 해석의 타당성 확보는 어려운 데 비해, 해석작업은 강한 현실 개입성으로 인해 이후에 미칠 영향마저 고려해야 할 책임을 떠안는 셈이다.

이런 상황은 마치 숲 안에서 숲을 관찰하려 할 때 처하는 어려움과 유사하다. 조망점을 얻기 위해서는 숲을 벗어나야 하는데, 그러기 위해서는 데까르뜨의 오래된 격언에 따라 자의성의 위험을 감수하더라도 방향을 정하고 그곳을 향해 똑바로 나아갈 수밖에 없다. 필자는 87년체제론을 이런 방향설정의 실마리로 삼고자 한다. 혹자는 87년체제의 종언을 말한다. 그런 주장의 우파적 판본으로는 선진화론이 있고, 좌파적 판본으로는 신자유주의체제론, 97년체제론, 신평등연합론 등이 있다. 하지만 이런 입장들에 서면 우리가 목도한 촛불항쟁은 매우 설명하기 힘들다. 촛불항쟁이라는 사건의 뿌리와 그것의 행로를 짐작하기 위해서는 민주화 이행을 통해서 형성된 87년체제의 발달논리와 촛불항쟁의 연관을 해명하는 일이 필수적이라는 것이 필자의 판단이다.

이 글에서 필자는 먼저 87년체제가 우리 사회 성원의 사고와 행동양식에 구현된 방식을 검토하고 그것에 입각해 지난 대선 및 총선 결과와 현재의 촛불항쟁에서 나타난 대중의 변모라는 논쟁점을 다룰 것이다(1절). 다음으로 촛불항쟁의 주역이 누구인가를 중심으로 87년체제에서 형성된 민주화의 효과가 어떤 집단에 어떻게 축적되는가 하는점을 다룰 것이다(2절). 이어서 촛불항쟁의 새로운 특성을 온라인과 오프라인의 결합 그리고 이데올로기적 투쟁에서의 혁신성을 중심으로 다룰 것이다(3절). 더불어 촛불항쟁의 의미를 신자유주의적 지구화와 관련해서 살피고, 이 과정에서 노무현 정부 이후 신자유주의 대 반신자유주의라는 투쟁구도를 설정해온 좌파적 논의가 간과한 점들을 논할 것이다(4절). 그리고 이에 근거해 대의민주주의와 직접민주주의의 관계를 살필 것이며, 더불어 촛불의 그늘에 대한 논의를 간략히 검토할 것이다(5절). 마지막으로 촛불항쟁의 아포리아를 살피고 그것이 촛불의 행로와 관련해서 갖는 의미에 대해 논할 것이다(6절).


1


제17대 대통령선거에서 이명박 후보가 압도적 표차로 당선되었다. 인수위 시절부터 그리고 정권 초기부터 인사와 정책 양면에서 많은 삐

걱거림이 있었지만 총선에서도 한나라당은 큰 승리를 거두었다. 그때까지만 하더라도 국민들은 이명박 정부에 대한 신임을 거두지 않았던 것 같다. 하지만 대통령의 미국 방문에 정확히 맞춰진 미국산 쇠고기 수입개방 이후 상황은 완전히 반전되어, 취임 6개월도 되기 전에 대통령의 지지율은 놀라운 수준으로 떨어졌고 상당 기간 반등하지 못했다.

이런 급반전을 두고 '어제' 선택한 대통령에게 '오늘' 국민들이 등을 돌리는 일이 어떻게 일어났는가 하는 의문이 제기됐다. 이 질문에 대해 이명박 대통령과 한나라당에 대한 지지의 한정성, 적극적 지지층의 소수성, 대선에서의 이명박 지지를 철회한 국민적 자각 등이 답변으로 제시됐다. 이와 다른 각도에서, 국민들은 제한적이지만 일관되게 합리적으로 행동하고 있다고 말하는 이도 있다. 대선에서는 이명박을 지지하는 것이 자기에게 이익이 된다고 판단해서 지지했지만, 지금은 그에게 반대하는 것이 자기에게 이익이 된다고 판단하고 있다는 것이다.

이런 설명들은 그 나름대로 설득력이 있지만 통합적인 설명은 아니다. 좀더 일관된 설명을 위해서는 87년체제론의 견지에서 조망할 필요가 있다. 87년체제는 권위주의적 구체제와의 타협적 민주화였기 때문에 사회세력의 수준에서는 보수파를 해체하지 못했고, 문화적인 수준에서는 구체제에서 형성된 가치관과 문화적 에토스를 해체하지 못했다. 그런 중에 민주파와 보수파는 체제 이행의 경로를 규율할 프로젝트로 각각 민주화와 경제적 자유화를 주장했지만, 둘 가운데 어떤 것도 확고한 우위를 차지하지 못한 채 긴 교착의 국면이 지속되었다.[1] 어느 쪽도 결정적 우위를 차지하지 못한 채 갈등해온 두 프로젝트는 그 체제를

---

1 이 책의 제5장 「87년체제와 진보논쟁」 참조.

살아가는 사람들의 가치관과 선호체계에도 침투해 들어갔다. 다시 말해 우리는 지난 20여년 동안 더 민주적인 감성을 지닌 존재가 된 동시에, 더 경쟁적이고 신자유주의적인 개인적 합리성을 행동문법으로 하는 인간이 되었다. 그리고 이 두 측면은 개개인의 인격 속에서 복잡하게 얽혀들어갔다. 그래서 우리 사회 성원들을 일직선상에 넓게 펼쳐놓으면 양 끝에는 일관되게 민주적인 가치와 선호체계를 가진 사람들 그리고 일관되게 보수적인 심성과 신자유주의적 선호체계를 가진 사람들이 있겠지만, 그 사이에 존재하는 대다수는 두 프로젝트의 구성요소들이 상이한 비율로 복잡하게 칵테일된 가치관과 선호체계를 가지고 있다고 할 수 있다.[2]

개인 속에서 민주적 선호와 신자유주의적 선호는 내적 긴장을 유발할 가능성이 있는데, 지난 20여년간 우리 사회에서는 사적 행복과 공적 대의를 매개할 수 있는 기회가 매우 협소했기 때문에 이런 내적 긴장은 강화되어왔다고 할 수 있다. 우리 사회 성원들은 자기가 살아가는 체제에 대해 관찰자 시점에서 옳다고 생각하는 선택과 일상적인 경쟁체제 속에 있는 행위자로서의 선택 사이에서 분열을 매우 강하게 경험하게 되었고, 그로 인해 정치적 선택도 상황적 요인에 따라 심한 동요를 보이기 십상이었다.[3]

이런 상황을 염두에 둔다면, 지난 대선과 총선에서 이미 실패로 선고

---

2 사회 성원의 가치관과 선호체계를 민주화와 경제적 자유화라는 두 요소의 혼합만으로 보는 것은 과도한 단순화의 위험이 있다. 하지만 이 두 요소가 여타 가치나 선호를 연계하는 중심요인인 동시에 사회체제의 제도적 설계와 관련된 핵심요인이라는 점에서 중요성을 지닌다고 생각된다.

3 필자는 이와 비슷한 취지로 이른바 '386세대'의 문화적 보수성을 분석한 바 있다. 「공적 대의와 사적 행복 사이에 길을 내자」, 『창비주간논평』 2006년 11월 7일.

된 구여당(노무현 정부)과 정치적 다수를 형성하기 어려운 진보정당 대신 상대적으로 안정적인 정당구조를 유지하고 있고 경제성장을 약속하는 한나라당과 이명박 후보가 선택된 것이 이해하기 어려운 일은 아니다. 그렇다고 대선 직후에 여러 사람이 주장한 것처럼 이런 선택을 대중의 보수화로 해석한다든가, 가치의 정치를 대치해 욕망의 정치가 부상했다고만 보는 것은 과도한 것이다.

87년체제를 살아온 사람들 다수의 인격구조 속에는 구체제적 보수주의와 신자유주의뿐 아니라 민주적 가치와 선호 또한 구조적인 요소로 자리잡고 있다. 하지만 이런 요소가 늘 표면에 드러나고 표현되는 것은 아니다. 종종 사람들은 자신의 선호를 실현할 사회적 기회가 제약되면, 그런 상황에 적응하기 위해서 자신의 가치관과 선호까지 상황에 적응시킬 때가 많다. 민주적 가치와 선호가 이런 제약 상황에 처할 때 대중은 보수화된 것처럼 보인다. 하지만 민주적 가치와 그것을 구현하는 제도가 중대한 위협을 받으면, 적응을 위해서 유보되었던 민주적 선호와 가치가 표출될 수 있거니와, 이렇게 가치와 선호를 역동적으로 이해할 때만 촛불항쟁 같은 사건의 발생을 이해할 수 있다.

이런 민주적 선호의 발현이 역전에 대한 방어기능만 하는 것은 아니다. 애초에 민주적 성향이 잘 표현되지 않은 것 자체가 기회의 제약으로 인한 것이기 때문에, 민주적 가치를 구현할 수 있는 대안이 가시화되면 그것은 더 활발하게 표현될 수 있다. 촛불항쟁을 통해서 대중은 자신의 민주적 가치와 선호를 표현했을 뿐 아니라 그것을 통해서 자신과 유사한 가치를 가진 사람들의 존재를 경험했다. 이런 공동의 경험은 아직 정치적 대안은 아닐지라도 사회적 대안이 우리 안에 존재한다는 자의식을 가져다주었고, 바로 이런 사회적 대안에 대한 지각이 민주적 감성을 더욱 활성화하고 촛불항쟁을 성장시킨 동력이었다.


2


촛불항쟁은 1987년 이후 민주화의 문화적 잠재력을 보여주는 동시에 그 잠재력이 표현됨으로써 더 강화되는 사건이었다. 그런 의미에서 촛불항쟁은 정치적 민주화에 후행한 문화혁명의 성과를 드러낸다고 할 수 있다. 하지만 촛불항쟁은 87년체제의 문화적 잠재력이 폭넓은 저변을 가졌음을 드러내는 동시에, 그런 힘이 각 사회집단에 상당 정도 차별적으로 축적되어 있음을 보여주기도 했다. 이 점을 촛불항쟁의 주역이 누구인가 하는 관점에서 살펴보자.

촛불항쟁은 사회적 합의도가 매우 높았을 뿐 아니라 유례없이 대규모 동원을 이끌어낸 운동이다. 그렇게 된 것은, 민주화된 삶의 경험이 축적되어 국가의 물리적 폭력에 대한 두려움이 사라졌고 더불어 참여 비용이 아주 낮아졌기 때문이다. 이로 인해 정부와 정면으로 대결했음에도 불구하고 서울 도심 한복판을 자유롭고 평화롭게 차지하는 대규모 대중동원이 가능했다.[4] 이렇게 대규모 대중집회가 지속됨에 따라 참여자의 구성은 거의 전 사회 성원을 포괄할 정도로 확장되었다. 그래서 누가 촛불집회에 참여하느냐고 질문한다면, 남녀노소 전계층이라는 것이 정답일 것이다. 이런 초보적인 답변을 넘어 막상 항쟁의 주역에 대

---

4 여기에 더해 서울시청과 광화문 일대를 집회와 시위의 자유로운 공간으로 여기는 태도가 2002년 한일 월드컵, 미군 장갑차에 의해 사망한 효순이·미선이 추모집회, 2004년 대통령 탄핵 반대시위 등으로 이미 일반화되어 있었다.

한 세밀화를 그리려고 하면 그것은 매우 까다로운 작업이 되어버린다.

하지만 1987년 6월항쟁과 대비한다면 적어도 몇가지 인상적인 점을 발견해낼 수 있다. 집회에서 누구나 직관적으로 포착할 수 있었던 사실은 대학생의 자리가 청소년에게 이양되었고, 남성의 자리가 여성에게 절반 혹은 그 이상으로 넘겨졌다는 점이다. 왜 이렇게 된 것일까? 왜 전체 항쟁의 격발자(擊發者)가 현대사에서 자주 그래왔듯이 대학생이지 않고 청소년, 그것도 '촛불소녀'였고, 항쟁의 바통을 이어받은 자가 넥타이부대가 아니라 유모차부대와 하이힐 여성들이 된 것일까? 이를 해명하기 위해서는 지난 87년체제를 통해서 경합하던 두 프로젝트인 민주화와 경제적 자유화가 세대와 성별 그리고 계층과 지역의 분할선을 따라 어떻게 상이하게 작동했는지 살필 필요가 있다.

먼저 왜 대학생이 아니고 청소년인가를 생각해보자. 이에 답하기 위해서는 두 집단의 세대적 경험의 차이에 주목할 필요가 있다. 우선 두 집단의 부모가 다르다. 현재 청소년집단의 부모는 1987년 민주화 이행을 주도한 이른바 '386세대'이지만, 대학생들의 부모는 1970년대 대학생집단과 겹친다. 386세대는 대체로 대중화 단계의 대학을 다녔고, 민주화운동을 집단적인 경험으로 가진 세대였다. 이에 비해 1970년대 대학생은 매우 특권적인 집단이었고, 소수를 제외하면 민주화운동을 비껴갔지만 학력이나 학벌의 사회적 보상을 가장 크게 그리고 직접적으로 누린 세대였다. 그렇기 때문에 대학을 다니지 않은 그 세대 사람들에게서도 학력이나 학벌에 대한 집착은 이후세대보다 더 강하게 나타난다. 따라서 두 집단은 민주적 가치에 대한 신념과 헌신에서 일정한 차이를 보이며, 이런 차이는 자녀양육을 비롯한 가족생활에도 반영되었다. 그리고 이런 생활양식에서의 민주성의 차이가 자녀세대에서 민주화의 문화적 잠재력의 차이를 낳았다고 할 수 있다.

이것뿐 아니라 지금의 대학생집단이 10대 초·중반에 외환위기를 경험했다는 사실도 중요하다. 그들은 환경을 예민하게 지각하긴 해도 사회경제적 문제에 대한 통찰력을 갖추기에는 너무 어린 나이에 경제위기를 경험한바, 고통받는 부모의 근심어린 한숨을 매개로 이들에게는 안전에 대한 욕구가 강화되고 물질주의적 가치관이 체화되었을 가능성이 크다. 반면에 현재의 청소년들은 심각하게 느끼기에는 너무 어린 나이에 외환위기를 겪었고 어느정도 경제가 회복된 후에 청소년기를 맞았다. 그렇기 때문에 그만큼 탈물질주의적 가치를 수용할 체험적 토대를 갖추고 있었다고 볼 수 있다.

대학생 대신 청소년이 전면에 나선 것처럼 여성 또한 정치의 새로운 주역으로 등장했다. 청소년집단 중에서도 핵심세력은 소년들이 아니라 촛불항쟁의 아이콘이 된 '촛불소녀'들이었다. 이런 사실은 민주화의 문화적 잠재력이 남성을 넘어 여성에게, 더 나아가서 남성보다 여성에게 더 많이 축적되었음을 뜻한다. 일반적으로 민주주의가 평등주의에 토대를 두는 동시에 평등을 강화한다는 점을 염두에 둔다면, 87년체제가 달성한 민주화로 창출된 새로운 권리의 수혜자는 사회적 소수자 집단이라고 할 수 있다. 물론 다양한 사회적 소수자에 대한 차별뿐 아니라 남녀 간 차별 또한 여전히 심각하다. UN이 발표한 2007년 여성권한지수(GEM)에서 우리나라는 조사 대상 93개국 중 64위에 머물렀다. 하지만 이런 사실은 여성들이 민주화에도 불구하고 제도적 보상을 받지 못하고 있음을 보여주는 것이지, 그들의 문화적 잠재력이 낮다는 것을 뜻하지는 않는다. 비근한 예로 최근 인문계 고교 졸업자의 고등교육기관 진학률은 남녀 간에 차이가 없고, 군가산점제도 폐지 후 공무원시험 합격률에서는 여성이 앞서는 것으로 나타난다. 민주화의 효과로 가정생활에서의 부부간 평등도 신장되었고, 정보화지수에서도 연령이 낮아질수록 남녀 간 차이는 사라진다.

촛불항쟁과 관련해서는 특히 정보통신기술의 활용에서 나타나는 여성의 능력에 주목할 필요가 있다. 뒤에 좀더 자세히 다루겠지만, 촛불항쟁처럼 온라인과 오프라인이 거의 일체화되다시피 하는 항쟁에서는 특정 집단의 동원 맥락을 규정하는 데 중요한 것이 정보통신기술의 활용 능력이기 때문이다. 여성들의 정보통신기술 활용, 예컨대 휴대전화나 인터넷의 활용은 양적으로 남성에게 별로 뒤지지 않을뿐더러 질적으로는 더 농밀하다. 남성들은 정보통신매체에 도구적 태도를 보이는 것이 일반적이지만, 여성들은 그것을 친밀성의 소통매체로 사용하기 때문이다. 인터넷을 예로 든다면, 여성들은 남성들보다 동호회 활동에 훨씬 열심히 참여할 뿐 아니라 더 내밀하게 교류한다. 촛불항쟁을 통해서 '82cook'이나 '소울드레서' 같은 여성 중심의 인터넷 동호회들이 보인 정치적 활동성은 단지 미국산 쇠고기 수입개방이 먹을거리라는 좀더 여성적 의제였기 때문만은 아니다. 오히려 이들이 보여준 것은 축적된 문화적 능력, 즉 긴밀하게 소통하고 연대하는 능력이 정치적 자기계몽과 결합할 때 어느 정도로 힘을 발휘할 수 있는가 하는 것이었다.


3


앞서 잠시 지적했듯이 촛불항쟁의 두드러지게 새로운 특징은 온라인과 오프라인이 결합된 운동이라는 점이다. 온라인이 거리와 광장으로 걸어나오고 광장이 다시 온라인으로 회귀하는 양상, 아니 오프라인 광장이 실시간으로 온라인 광장에 접속해 있는 상황이 바로 촛불항쟁의 핵심 특징이다. 집회에 나온 사람들의 손에는 휴대전화, 무선인터넷을 갖춘 노트북, 캠코더와 디지털카메라가 들려 있고 집회가 인터넷을 통해 직접 중계되었다. 이런 정보통신기술의 활용으로 촛불항쟁은 양과 질 모두에서 이전의 어떤 항쟁보다 많은 도큐먼트를 생산했다. 인터넷에 접속해서 몇개의 검색어를 두드리기만 해도 방대한 기사, 토론, 사진, 동영상을 만날 수 있으며, 그것은 지금도 끊임없이 가공되어 동호회 게시판과 미니홈피와 블로그에 저장되고 이동하고 있다. 그야말로 현실 총체에 육박하는 텍스트로서 현실을 조정하고 변동시키는 온라인의 현존은 촛불항쟁에 두가지 방식으로 효력을 발휘했다.

우선 정보통신기술은 신문이나 방송 같은 전통적 매체들에 의해 형성된 공론장을 대치하거나 변형하는 대안적 공론장으로 작용했다. 이 점은 우리의 맥락에서 특히 중요한 의미를 지닌다. 1987년 민주화 이행의 타협성으로 인해 민주화가 공론장의 건강회복이라는 효과를 낳기는커녕 권위주의적 구체제에 봉사하던 보수적 언론기관들에 더 폭넓은 자유와 성장의 기회를 주었기 때문이다. 87년체제를 통해 보수층의 유기적 지식인으로 활동했던 보수언론들은 자의적인 기사와 프레임 조작 그리고 표변(豹變)까지 일삼으며 공론장을 외설적 공격성이 넘치는 진흙탕으로 만들었고, 그로 인해 민주주의의 발전에 결정적 장애가 됐다. 따라서 민주적 감수성을 성숙시키고 소통시키기 위해서는 대안적 공론장이 필수적이었는데, 이런 작업이 정보통신기술에 의해 가능해졌다.

하지만 이같은 대안적 공론장의 발전이 정보통신매체에 의해 내재적으로 보증된 것은 아니다. 정보통신기술은 현실사회의 압력에 의해 현

190

실사회와 유사하게 구조화되기 마련이다. 현실자본주의에 대응해 정보자본주의가, 현실의 감시통제 경향에 대응해 전자파놉티콘(electrical panopticon)이, 현실민주주의와 관련하여 전자민주주의가 발전할 수 있다. 이런 잠재적 가능성 가운데 어떤 것이 얼마나 실현되는가는 사회 성원들의 지향과 사회적 세력관계에 달려 있다. 그래서 인터넷 공론장은 익명성을 기반으로 더 큰 자유의 소통을 가져오기보다는 공격성과 적나라한 욕망이 배설되는 '전자 뒷골목'으로 퇴행하기도 한다. 촛불항쟁은 이런 퇴행이 일어나는 것을 막고 정보통신기술을 통해 대안적 공론장을 창출하는 방향으로 이끌었으며, 그럼으로써 보수언론의 여론조작과 정부의 정보통제를 효과적으로 돌파할 수 있었다.

이렇게 형성된 공론장은 대규모로 군집한 대중이 창의력과 자제심을 가질 수 있도록 하는 데, 그리고 그들이 집합적 지성을 발휘하는 데 큰 도움을 주었다.[5] 근대사회에서 대중의 집합 행동은 민주주의의 중요한 원동력이었다. 하지만 산재한 불만이 특정한 계기로 결집할 경우 그들의 행동은 잘 조절되지 않았고, 이 때문에 폭력에 경도되는 때도 많았다. 그렇게 된 이유는 이런 집합 행동을 지적 담론에 연결할 커뮤니케이션 수단이 마땅치 않았기 때문이다. 하지만 이런 집합적 군중이 민주적 잠재력을 내장하고 있으며, 발달된 커뮤니케이션 수단과 결합할 때 그것이 고도의 지성과 자기통제 능력을 발휘할 수 있음을 촛불항쟁은 보여주었다. 인터넷을 통해 계속해서 집회의 의제와 방향을 토론하고 적

---

5 'collective intelligence'는 몇몇 학자와 언론에 의해서 '집단지성'으로 번역되어 촛불항쟁의 양상을 묘사하는 데 쓰였다. 하지만 적절한 번역은 '집합적 지성'이라고 생각된다. 그렇게 번역할 때만 집단지성이라는 표현에 깃든 거대주체의 이미지를 벗어나는 동시에, 촛불항쟁을 특징짓는 분권화되고 탈중심화된 소통과 의지형성의 특징을 포착할 수 있다고 본다.

합한 시위수단을 모색함으로써 한편으로는 창의력을, 다른 한편으로는 비폭력 기조를 유지할 수 있었는데, 전자는 항쟁 전반이 그토록 유쾌한 축제성을 지닐 수 있게 해주었고,[6] 후자는 참여자들에게 높은 도덕적 자긍심과 연대감을 가져다주었다. 앞서 민주화의 효과로 촛불항쟁은 참여비용이 크게 낮아졌다고 했는데, 이렇게 참여비용을 낮추는 데 참여자 자신의 비폭력 유지도 큰 몫을 차지했다. 정부는 걷잡을 수 없이 규모가 커진 시위를 통제하기 위해서 폭력적 진압을 시도하는 동시에 끊임없이 폭력시위를 유도했는데, 그 핵심 목표는 촛불항쟁 참여비용을 높임으로써 참여자 수를 줄이고 집회에서 강경파를 고립시키려는 것이었다. 하지만 항쟁 참여자들은 이런 폭력의 유혹을 거절하는 자제력을 보였다.

촛불항쟁이 보여준 거의 세계 최초이다시피 한 정보통신항쟁의 측면은 이미 많이 논의된 바이다. 하지만 그리 많이 논의되지 않은 촛불항쟁의 새로운 측면이 있으니, 87년체제를 통해서 민주주의를 일상적 경험으로 가진 시민들의 자력화된(self-empowered) 태도로부터 출현한 새로운 비판의 양식과 정신이 그것이다.

주지하듯 촛불항쟁에서 가장 많이 불린 노래는 「헌법 제1조」였다. 2008년이 제헌 60주년 되는 해이며, 노래로 불린 제1조는 지난 60년간 여러번의 개헌에서도 바뀌지 않고 지속된 조항이다. 그런데 지난 60년간 대한민국이 제대로 된 민주공화국이었던 적도 별로 없고, 대한민국의 모든 권력이 국민으로부터 나온 일은 더더욱 별로 없었다. 그런 의미

---

6 이런 대중의 유쾌한 축제성을 잘 포착한 글로는 김어준의 「물대포에 "온수!" 화나는데 미치겠다, 웃겨서」, 『한겨레』 2008년 6월 4일자 참조.

에서 체제를 정당화하기 위한 기만적인 조항이거나 그저 빈말에 지나지 않은 조항으로 여겨졌고, 그렇기에 누구도 거들떠보지 않던 헌법 제1조가 대중 사이에서 흥겹게 읊조려졌다.

통상적인 이데올로기 비판은 체제를 정당화하는 메시지와 그렇지 못한 현실을 대조함으로써 그 메시지의 허구성을 폭로한다. 「헌법 제1조」를 부르거나 "우리는 학교에서 배운 대로 하고 있어요"라고 적힌 피켓을 들고 나온 촛불소녀의 행동은 이와는 다른 방식으로 체제를 비판한다. 즉 체제의 이념을 오히려 자신의 것으로 수용하고 그 이념의 주인이 되고자 하는 것이다. 이렇게 '헌법은 헌법일 뿐이며 교과서는 교과서일 뿐이고, 실제로 현실을 운영하는 원리는 관행'이라는 태도를 정지시키고, 겉으로 내걸었을 뿐인 주장을 그대로 실천할 것을 요구하는 태도는 좌파의 표준적인 이데올로기 비판보다 더 규범적으로 정당할 뿐 아니라 더 효과적이기조차 하다. 이런 접근은 기존의 이념이든 대안적인 이념이든 모두 그것을 주장하는 사람들의 이익 추구로 환원함으로써 "그 놈이 그놈이다"라는 식의 냉소주의를 조장하는 보수언론의 공세를 단번에 차단하기 때문이다. 이런 투쟁방식은 촛불항쟁에서 다양하게 모습을 드러냈다. 예컨대 대로를 막은 경찰버스에 불법주차차량 견인스티커를 붙이는 것이 그러한데, 그것은 풍자정신에서만 발원하는 것이 아니다. 그런 행동은 자신을 법의 저자 자리에 놓는 민주적인 시민의 주인 된 태도를 전제한다.[7] 그리고 바로 이런 태도가 항쟁 속에서 대중이 회의에 젖지 않는 완강함을 지닐 수 있는 원천이었다.

---

[7] 주인 됨의 자세를 보여주는 또다른 예로, MBC 「100분토론」에서 "그렇다고 대통령을 바꾸겠습니까?"라고 한 나경원 의원의 말에 대해 아고라 '100분토론 게시판'에 "아니, 그럼 국민을 바꿔요?"라고 올린 한 누리꾼의 댓글을 들 수 있다.

4

촛불항쟁은 미국산 쇠고기 수입개방 반대에서 출발해 금세 의료민영
화, 물사유화, 교육문제, 대운하, 공영방송 수호 같은 5대의제로 확대되
었다. '미친 소'에 대해 '미친 교육' '미친 민영화' '미친 대운하' '미친
방송장악'이 등가적 연쇄관계를 수립한 셈인데, 이명박 정부가 이런 의
제들에서 국민 대다수와 대치선을 형성하게 된 것은 이들의 정책이 공
격적 신자유주의의 성격을 띠고 있기 때문이다.

이 점을 좀더 분명히 보기 위해서 이명박 정부와 노무현 정부의 성
격을 대조해보자. 노무현 정부는 탈냉전적 진보성, 민주화 그리고 신자
유주의의 정책 혼합을 특징으로 한다. 이런 혼합으로 인해 노무현 정부
는 경제정책에서 신자유주의적 기조를 유지하지만 사회정책에서의 민
주성과 남북문제에서의 상대적 진보성을 견지했으며, 신자유주의 정책
도 조절된 신자유주의 내지 수동적 신자유주의의 성격을 띠고 있었다.
하지만 이명박 정부는 냉전적 보수주의, 성장주의 그리고 신자유주의
의 혼합물인 선진화 담론에 근거하고 있다. 따라서 두 정부는 신자유주
의의 측면에서 공통분모가 있지만 이명박 정부에는 신자유주의 정책의
쇄도를 제어할 수 있는 내적 요인이 결여되어 있다. 이것이 이명박 정부
가 취임 즉시 냉전적 외교와 민주주의의 역전을 내포한 대담하고 공격
적인 신자유주의 정책을 펴게 된 이유이다.[8]

---

8 17대 대선 전 최장집은 남북교류와 관련된 열린우리당과 한나라당의 갈등을 격렬한 듯 보
  이지만 수사적인 것에 지나지 않을 뿐이라고 평가했고, 손호철은 대선을 통해 한나라당으
  로 정권이 넘어간다고 해도 남북문제에서 변할 것은 별로 없을 것이라며 한나라당 집권에

이런 견지에서, 한국에서 신자유주의를 대중의 저항을 무마하며 실행할 수 있는 정부는 신자유주의가 정책 레퍼토리의 하나로서 실용적으로 수용되는 노무현 정부이지 신자유주의가 일종의 신념의 형태를 띠는 이명박 정부는 아니라고까지 말하고 싶다. 사실 이명박 정부의 이념을 구성하는 성장주의, 냉전적 가치관, 신자유주의 가운데 어떤 것도 실용적 의미를 지닌 것이 없다. 그것은 모두 강한 의미에서의 신념의 형태를 지닌 경직적인 것들이다. 이 점은 비록 신자유주의적 지구화에 공명하며 한미FTA를 추진했을망정 미국산 쇠고기 수입개방 문제 앞에서는 멈칫할 수밖에 없었던 노무현 정부와 달리, 한미FTA를 위해 미국산 쇠고기를 거리낌없이 전면 개방한 이명박 정부의 행동에서 잘 드러난다.

검역주권마저 내팽개치는 공격적 신자유주의에 대중은 곧장 저항하기 시작했다. 앞서 지적했듯이 87년체제를 통해 다수 국민은 민주화와 경제적 자유화라는 이중적 프로젝트를 심성 안에 수용했다. 대부분의 사람들은 한편에서는 경쟁적이고 개인적인 합리성을 추구하는 것을 당연시하지만, 동시에 기본권 보장을 비롯한 정부의 기본 책무와 기초적인 공공재의 민주적 운영 또한 당연한 것이라 생각한다. 이런 다수 국민의 시각에서 보면, 이명박 정부식 정책은 참을 수 없는 성질의 것이다. 이렇게 두가지 태도가 공존하는 대중의 심성을 생각하면, 촛불항쟁은 반신자유주의 운동이라기보다는 신자유주의적 지구화의 추진에서 가능한 것과 불가능한 것의 경계를 확정하려는 시도라고 할 수 있다.

여기서 중요한 점은 공격적 신자유주의에 대한 다수 국민의 저항의

---

대한 우려를 "두려움의 동원"으로 깎아내렸다. 하지만 심각한 문제를 야기한 이명박 정부의 냉전적 외교는 이들의 판단이 단견이었음을 보여준다.

토대가 무엇이었는가 하는 것이다. 두말할 나위 없이 그것의 이름은 민주주의였다. 일반적으로 신자유주의적 지구화를 통해서 자본의 힘이 강력해지는 이유는, 자본은 국민국가의 경계를 벗어나는 반면 그것을 통제할 수 있는 민주주의는 국민국가 안에 가둬져 있기 때문이다. 이로 인해 민주주의의 요체인 국민의, 국민에 의한, 국민을 위한 정치가 체계적으로 약해진다. 정부는 세계시장에서의 국가경쟁력을 빌미로 법인세를 인하하고 사회복지를 축소하고 공적 부문을 민영화함으로써 국민을 위한 정치를 위기로 몰아넣는다. 그리고 책임 소재를 불분명하게 하는 복잡한 국제협상을 빌미로 국민에 의한 정치 또한 약화시킨다. 이로 인해 양극화된 국민국가는 두개의 국민으로 쪼개지고, 결과적으로 민주주의의 주체인 국민 자체의 내적 연대와 통일성이 희미해진다.[9]

이런 신자유주의적 지구화의 압력에 도전하기 위해서는 민주주의가 양 날개를 펴야 한다. 하나의 날개는 국민국가가 더욱 민주적이고 국민적일 것을 요구하는 투쟁이며, 다른 하나는 자본의 지구화에 대응하는 시민사회의 지구화 노력이라고 할 수 있다.[10] 이런 점을 염두에 둔다면, 민주주의의 이름으로 미국산 쇠고기 수입에 대해 검역주권을 말하고, 붕괴된 대의제에 저항하여 국민에 의한 정치를 가동하고, 그런 투쟁

---

9 이에 대한 체계적인 논의는 박영도 「세계화 시대의 민주주의: 그 딜레마와 전망」, 『경제와 사회』 2000년 봄호 참조.

10 이런 시각에서 보면, 연전에 우리 지식계에서 유행한 탈민족주의 논의가, 민족주의의 폐해와 역기능을 지적함으로써 민족주의의 성찰성을 높이는 데 기여한 점을 제외하면 얼마나 정치적 맥락에 어두운 것이었는지 드러난다. 탈민족주의 논의는 분단된 한반도에서 민족주의가 가지는 진보성을 고려할 때 탈맥락적일 뿐 아니라, 신자유주의적 지구화라는 좀더 일반적인 맥락에서도 정치적 유효성을 가지고 있지 않다. 그런 의미에서 탈민족주의는 신자유주의적 지구화에 도전하는 담론이라기보다는 그것의 징후에 지나지 않는다고 할 수 있다.

속에서 국민적 정체성을 가다듬고자 국민의 정치를 수행한 촛불항쟁이 얼마나 사태에 정확하게 개입하는 것이었는지 알 수 있다.

이런 대중의 '현명함'에 비추어본다면, 2007년 '진보논쟁'을 통해서 더이상 민주 대 반민주 구도에 집착하지 말고 신자유주의 대 반신자유주의 구도로 이행해야 한다고 말한 민주파의 이론가들과 운동가들이 처한 오류가 무엇인지도 드러난다. 이들은 민주화의 의미를 폭 좁게 해석함으로써, 87년체제를 통해 형성되었고 비록 복잡한 형태로이지만 대중 안에 잠재된 채로 내연하고 있는 민주주의의 호소력을 간과했다. 또한 이들은 바로 이런 접근으로 인해 산업화─민주화─선진화라는 단계를 제시하며 민주화 과제의 종언을 선포하고자 한 보수파의 담론과 의도치 않게 공명함으로써, 기실 내용도 없고 가능하지도 않은 선진화 담론의 대중적 설득력을 높여주었다고 할 수 있다. 촛불항쟁이 보여준 것은 선진화 담론의 허구성에 대한 대중적 자각일 뿐 아니라, 대중의 보수성에서 알리바이를 구하거나 반신자유주의라는 경제주의에 경도된 진보진영의 오류에 대한 경고이다. 촛불항쟁은, 지금 우리에게 필요한 것은 87년체제의 민주적 잠재력을 이끌어내는 더 심화된 민주주의 그리고 공적 감수성의 결집이라고 말하고 있다.


5


촛불항쟁은 모두에게 감탄을 불러일으키는 바가 있었다. 촛불은 개인의 염원 그리고 그렇게 모인 집합체의 염원의 탁월한 은유가 돼주었고, 항쟁 전반을 휩싼 축제와 풍자의 정신, 비폭력성 고수라는 면에서도 값진 것이었으며, 무엇보다 항쟁 참여자 개개인에게 탁한 일상적 삶 위로 높이 들리어지는 체험을 제공했기 때문이다. 그래서 촛불에 대한 다양한 논평에 흐르는 정조 또한 찬미의 정신이었다. 하지만 촛불항쟁에 대한 이런 논평들에는 냉소도 있었을 뿐 아니라 이론적 문제제기도 있었다. 또 촛불이 부지불식간에 드리운 그늘에 대한 논의도 있었다. 하지만 촛불항쟁에 기본적인 찬성을 표하며 제기된 것이라 해도 이런 논의들은 정당성을 결여한 것들이었다.

먼저 이론적 문제제기부터 살펴보자. 최장집은 촛불항쟁에 깊이 공감하면서도 그것이 한계를 가졌다는 점을 일찌감치 지적하고 나섰다. 신문과 토론회 그리고 자신의 정년퇴임 강연 등에서 그는 현대 민주주의는 대의제 민주주의이며 그것은 민의에 대해 책임성과 반응성을 지닌 정당체제에 의한 제도적 실천임을 단언했다. 그리고 한국처럼 정당체제가 허약하고 대의제가 제대로 작동하지 않을 때 촛불항쟁이 구원투수 역할을 할 수는 있지만, 이런 운동정치는 대안 형성이 어렵고, 이슈의 위계질서를 세워 일상적으로 정책을 추구하는 데 어려움이 있으며, 정책이 문제될 때마다 거리시위에 나설 수는 없고, 장기적으로 유지되기 어려우며, 시민사회 내의 갈등을 유발할 가능성이 크다는 점에서 근본적 한계를 가진다고 지적했다. 따라서 필요한 것은 촛불집회에서 발현된 긍정적 힘을 정치적 대표체제를 강화하는 방향으로 이끄는 일이라는 것이다.[11]

이런 주장은 몇가지 점에서 동의하기 어렵다. 최장집 그리고 같은 논

---

11 최장집 「촛불집회와 한국 민주주의, 어떻게 볼 것인가」, 긴급 시국대토론회 '촛불집회와 한국 민주주의'(2008.6.16). 이와 유사하지만 좀더 강한 논지의 글로는 박상훈 「운동이 정치체제 대신 못해… 보수독점 강화할 수도」, 『오마이뉴스』 2008년 7월 8일자 참조.

지의 주장을 펴는 박상훈은 현대 민주주의가 무엇보다 대의민주주의라고 주장한다. 정치적 리얼리즘의 입장에 설 때 이런 주장은 옳다. 하지만 민주주의에 대한 규범적 이론의 입장에 선다면, 민주주의는 직접민주주의 오직 하나뿐이다. 인민의 자기통치가 아닌 한 대의민주주의든 다른 무엇이든 그것은 민주주의가 아니며, 대의민주주의가 민주주의일 수 있는 것은 기능의 측면에서 그것이 인민의 의지를 대의하고 제도적인 측면에서 직접민주주의적 계기를 적합하게 수용하는 한에서이다. 그런데 최장집과 마찬가지로 정치적 리얼리즘의 견지에서 본다면, 대의민주주의는 대의기능을 잘 수행하지 못하는 경우가 훨씬 많다. 따라서 직접민주주의적 계기에 의해서 항상적으로 제어되어야 하는 것이 대의제 민주주의라고 할 수 있다.

물론 현대 민주주의의 현실적 조건을 염두에 둘 때, 정당체제가 중요하다는 점에는 이론의 여지가 없다. 하지만 최장집과 박상훈의 정당체제에 대한 강조는 여타 중요한 요소를 가릴 정도로 지나치다. 대의민주주의가 제대로 작동하기 위해서는 활성화되고 건강한 공론장, 다양하고 힘있게 조직되어 있는 시민사회의 자율적 조직 또한 정당체제만큼, 아니 그 이상으로 중요하다. 촛불항쟁은 이런 요소들을 창출하는 긍정적 에너지를 가지고 있으며, 이런 요소들은 단지 정당체제의 대표성과 책임성이 강화된다고 해서 충족될 수 있는 것이 아니라 시민사회 내부에서 항상적으로 타오르는 열정적 참여를 통해서만 충족될 수 있다.[12]

---

12 예컨대 공론장의 건강성 회복을 위해서 대중은 조·중·동 같은 보수언론에 대하여 광고주 압박운동을 펼쳤다. 이런 운동은 정당체제의 강화로써 해결할 수 없는 문제이다. 아마도 최장집이나 박상훈은 민주파가 집권하고 그들이 대중의 지지를 받는 탁월한 정치를 수행한다면, 조·중·동 같은 보수언론의 위력은 자연히 감소되고 그에 따라 공론장이 정화될 수

더구나 87년체제를 통해서 줄곧 그래왔듯이 허약한 정당체제와 왜곡된 공론장으로 인해 대의제가 잘 작동하지 못하는 상황에서 시민사회 내부의 운동정치 말고는 정당체제와 공론장을 혁신함으로써 대의제를 강화할 길이 전무하다고 할 수 있다.

마지막으로 맥락적인 수준에서도 최장집과 박상훈의 주장은 문제가 있다. 왜냐하면 이들의 정당체제 강화론은 장기적 과제와 단기적이고 임박한 과제를 준별하지 않기 때문이다. 촛불항쟁 이전 87년체제의 민주세력이 최대로 결집해 단호하게 투쟁했던 1996년 노동법 파동에서도 그랬지만, 촛불항쟁이 그토록 뜨거웠던 것은 쇠고기 수입개방을 비롯하여 이명박 정부가 시도하고 있는 물, 의료, 방송의 민영화 같은 것은 대단히 비가역적인 정책들이고, 따라서 지금 막지 않으면 몇년 뒤 정권이 교체된다고 하더라도 되돌리기 극히 어려우며, 그때까지 일상적 삶 또한 견디기 힘든 것이 되리라는 대중의 판단 때문이다. 이런 임박한 의제들의 해결에 나선 대중에게 대의제와 정당체제 강화 같은 장기적인 과제의 이름으로 촛불항쟁의 한계를 강조하는 것은 자신의 담론의 환류효과를 생각하지 않는, 정치적으로 무책임한 행위이다.

최장집이나 박상훈의 논의와는 전혀 다른 각도에서 촛불항쟁의 한계를 논하는 입장이 있다. 촛불항쟁이 근본적으로 중산층적 의제를 중심으로 하며, 어둠을 밝히는 구실을 해야 할 촛불이 의도했든 의도하지 않았든 그늘을 드리우고 있다는 주장이 그것이다. 예를 들어 이랜드 노조위원장 김경욱은 『프레시안』과의 인터뷰에서 "우리는 관심 밖으로 밀

려났다. 촛불은 거대했지만 이슈는 잠식당했다"고 말했다.[13]

필자 역시 촛불항쟁이 에둘러간 비정규직 문제, 남북문제, 한미FTA 같은 의제들에 대해 말한 적이 있다.[14] 촛불항쟁이 제기한 의제들은 더 확장되고 심화되어야 하며, 촛불항쟁에 어른거리는 대안적 사회를 향한 비전을 가다듬기 위해서도 그래야 한다. 그런 관점에서 볼 때, KTX 여승무원, 이랜드 노동자 그리고 기륭전자 노동자들이 의당 받아야 할 주목을 받지 못한 것은 매우 안타까운 일이다. 그럼에도 불구하고 촛불항쟁을 대하는 노동자들의 태도에 어린 한계 또한 지적하지 않을 수 없다. 청소년들이 처음 항쟁의 깃발을 들었을 때, 그들은 곧장 쇠고기 문제와 더불어 자신들의 의제를 거기에 결합시켰다. 의료인들도 그랬고 언론인들의 일부도 그랬다. 촛불항쟁에 참여한 사람들이 쟁점에 집중하기 위해 의제설정에서 신중하게 자기한정을 한 것은 맞지만, 무엇이 의제가 되는가는 열린 문제이기도 했다. 이는 촛불항쟁 과정에서 있었던 화물연대 파업에서 잘 드러난다. 화물연대는 자신들의 의제를 유가인상으로 인한 보편적 고통에 접맥시켰고, 쇠고기 운송거부를 통해서 촛불항쟁에 접속했다. 그리고 대중에게 높은 지지를 받았고 화주들과의 협상에서 상당한 성과를 거두었다. 하지만 애정어린 고언을 하자면, 비정규직 법안으로 큰 피해를 보았던 이랜드 노동자나 KTX 여승무원들은 촛불항쟁에 너무 늦게 도착했고 자신의 의제를 촛불항쟁에 녹여넣지 못했다.

확실히 촛불항쟁의 의제들은 중산층적인 면이 있다. 더구나 온라인

---

13 여정민 「"광화문 뒤덮은 촛불물결 보며 절망했다": [인터뷰] 파업 1년 맞은 김경욱 이랜드일반노조 위원장」, 『프레시안』 2008년 6월 24일.

14 졸고 「촛불이 갈 길」, 『창비주간논평』 2008년 7월 9일.

과 오프라인이 결합된 이 운동에서 인터넷에 들어가볼 시간조차 없이 노동에 시달리고 해고에 내몰린 노동자들과 촛불항쟁 사이의 거리는 그렇게 가깝지만은 않다. 하지만 모두가 주인이 되는 감수성에 충만한 운동에서 유효한 존재가 되기 위해서는 제약된 환경에서도 주인이 되는 참여의 길을 찾는 것이 필요하다.


## 6

교과서적 논의를 따른다면, 권위주의적 정부의 전복은 통상 다음과 같은 시나리오를 따른다. 먼저 광범위하게 축적된 불만이 존재한다. 정당성을 결여한 정부는 통상 경제적 수행성을 통해서 이 불만을 극복하려고 하지만 그것에 실패한다. 그런 과정에서 특정한 의제를 중심으로 불만이 조직된다. 조직된 불만이 항의와 집회로 발전하고, 이로 인해 정부와 대중 사이에 물리적 충돌이 발생한다. 정부의 무리한 진압은 대중의 투쟁을 더욱 고양하고, 이제 정부는 유화책을 시도한다. 하지만 이번엔 너무 많은 양보가 두려워 너무 적게 양보하려고 한다. 실망한 대중의 투쟁은 더 격화되고 전면화된다. 이렇게 투쟁에 나선 대중 앞에서 경찰과 군대는 자신의 친지와 이웃이 어른거림을 발견한다. 진압명령이 작동하지 않고 권위주의 정부는 급격히 몰락한다.

하지만 촛불항쟁은 발생시점 때문에 이런 시나리오를 따르기 어려우며, 이 시점은 매우 중요한 함의를 가지고 있다. 비록 대중이 항의를 통해 당장 중지시켜야 할, 더구나 한번 시행되면 대단히 비가역적인 정책들이지만 정부가 이런 정책들을 결코 간단히 포기하지 않을 것이 명백

202

하기 때문에 정부의 교체를 이뤄야만 말끔히 해결될 수 있는 의제들이 존재한다고 해도, 민주적 절차에 따라 선출된 정부를 출범 직후에 교체하는 것은 대중적 설득력이 없다. 더구나 대안이 이념적인 수준에서 그리고 정치적인 수준에서 조직되어 있지 않기 때문에 이행의 비용은 상상하기 힘들다.

이것이 촛불항쟁의 아포리아이며, 지금까지 해방 후 한국사회에서 존재했던 모든 대중적 항쟁과 결정적으로 다른 점이다. 4·19혁명에서 6월항쟁 그리고 가까이는 노무현 대통령 탄핵 반대시위에 이르기까지 많은 대중적 투쟁은 권력교체기 혹은 선거주기와 연계되어 있었다. 이로 인해 짧고 격렬한 투쟁에 이어서 정치사회의 민감한 반응에 매개된 성과를 이끌어낼 수 있었다. 하지만 촛불항쟁의 경우 두달 넘게 대규모 투쟁이 이루어졌으며, 의제가 확장되긴 했지만 여전히 중심에 미국산 쇠고기 전면개방이라는 단일의제가 자리잡고 있음에도 결정적 성과를 얻지 못한 것은 선거주기와 매우 멀리 떨어져 있기 때문이다. 하지만 오히려 이런 점 때문에 우리는 촛불항쟁 속에서 최장집이 반복해서 지적했던 민주화 과정에서 나타났던 열망과 실망의 악순환, 즉 열정적인 운동의 정치가 제도적 보상으로 이어지지 못하는 악순환을 재발견하는 것이 아니라 그와는 다른 순환이 형성될 가능성을 조심스럽게 점쳐볼 수 있다.

대중의 격렬한 저항이 잦아들자 이명박 정부는 경찰력과 행정적·법적 조치를 앞세워 여기저기서 참호를 파며 진지전의 태세를 취하고 있다. 그러나 대중에게 유신과 5공과 6공 공안정국의 기시감(déjà-vu)을 끊임없이 유발할 정도로 진행된 이명박 정부의 비민주성은 민주적으로 선출된 정부라는 정당성을 침식하는 수준에 이르렀다. 이명박 정부에

의한 이런 저강도 공안정국과의 길고 지루한 투쟁 속에서 대중이 단련되고 발전할 수 있을 것이다.[15]

그 연장선상에서 각종 선거를 투표에 한정되지 않는 직접민주주의적 참여의 계기로 삼음으로써 제도적 승리를 축적해갈 수 있을 것이다. 비근한 예로 촛불항쟁 와중에 있었던 재보궐선거에서의 여당 패배와 제주도 영리의료법인 설립이 주민 여론조사에 의해 무산된 것을 들 수 있다. 물론 이어진 서울시 교육감 선거에서는 근소한 차이로 '촛불후보'였던 주경복(朱璟福) 후보가 낙선하긴 했으나, 주경복 후보가 촛불항쟁의 힘을 충분히 결집할 만큼 잘 준비된 후보는 되지 못했다는 점이나 촛불항쟁 몇달 전에 치러진 대선과 총선 판도를 생각한다면 선거결과는 촛불항쟁에 힘입은 대단한 약진이었다고 할 수 있다.[16] 이런 힘은 이런

---

15 다른 한편 정부의 진지전에 대응하는 투쟁뿐 아니라 개헌이나 대통령 신임 국민투표 등으로 단번에 현재의 국면을 돌파하려는 보수진영의 기동전에 대해서도 대중의 경계와 준비가 요구된다는 점을 지적하고 싶다.

16 서울시 교육감 선거는 평준화를 해체하려는 이명박 정부의 교육정책에 제동을 거는 동시에, 급식문제를 매개로 미국산 쇠고기 수입에 저항하는 전선을 형성할 수 있게 해줄 중요한 기회였다는 점에서 주경복 후보의 낙선은 여러모로 아쉬운 점이 있다. 하지만 이 선거는 적어도 세가지 교훈을 준다. 우선 강남벨트의 투표결집뿐 아니라 강남이 가진 헤게모니적 힘을 간과해서는 안 된다는 점이다. 몇몇 신문이 강남벨트의 투표를 '계급투표'라 부른 사실에서 보듯이, 일부 잠식되긴 했지만 그들이 현 체제의 게임의 규칙에서 승리한 자들이라는 사실 자체에서 나오는 헤게모니적 힘은 여전히 만만치 않다. 그들의 노선은 다수에게 '세이렌의 노래'처럼 유혹적으로 스며들어 있기 때문에, 강한 문화적 혁신과 성찰을 통하지 않고는 쉽게 극복되지 않는 성질의 것이다. 다음으로 주경복의 패배가 보수언론에 의해 짜인 프레임이긴 하지만, 한편으로 전교조의 패배이며 다른 한편으로는 단순한 반이명박 전선의 패배라는 점이다. 전교조는 87년체제의 민주적 성과이자 그 보루의 하나임에도 그간 교원평가반대 같은 방어적 투쟁에 몰두함으로써 교육개혁의 적극적 비전을 제시하지 못해 대중적 지지를 크게 상실했다. 이런 중요한 지식인 노동자 조직이 새롭게 사회적 신뢰를 얻지 못하는 한, 교육개혁을 향한 투쟁이 큰 힘을 얻기는 힘들 것이다. 마지막으로 반이명박 전선은 호소력을 가지고 있지만 그것만으로는 여전히 모자란 바가 있다는 점이다. 이명박

저런 재보궐선거나 주민소환운동을 통해 더 잘 준비된 형태로 지속될 수 있다. 요컨대 작은 규모의 모든 선거에 초점이 부여되고 그 하나하나가 현정부의 실정과 무능에 도전하는 계기가 되는 동시에, 대안적인 조직과 인물을 형성할 기회가 될 수 있다.

다른 한편 총선과 대선 같은 주요 선거에 이르기까지 긴 시간이 남아 있기 때문에 촛불항쟁에 어른거리는 대안적 사회에 대한 비전이 가다듬어질 기회가 열려 있다. 이 기간에 촛불항쟁은 어떤 사회를 지향하는가에 대한 논쟁을 심화시켜나갈 수 있다. 6월항쟁이 그랬고 탄핵 반대시위가 그랬듯이 시민사회의 혁신의 힘이 선거를 계기로 정당체계에 투입되지만 그러고 나자마자 정당체계가 시민사회로부터 분리되어 재보수화되었던 패턴에서 벗어나 더 구체적인 수준에서 정치사회의 재구조화를 요구하는 이념과 정책을 구성해나가는 것이다. 촛불항쟁이 보인 급진적 탈중심성을 염두에 둔다면, 그것에 함축된 대안적 사회의 비전이 어떻게 가다듬어질지는 예단할 수 없다. 하지만 촛불항쟁이 생명의 의제로 출발하여 공생의 비전으로 나아갔다는 점은 분명하며, 이 공생의 비전이 제도적 모형과 그것을 향한 이행의 길을 구체화해나갈 수 있다면 한반도에 더 나은 사회를 만드는 일에 한걸음 더 다가갈 수 있을 것이다.

이와 관련해서 다시 한번 강조하고 싶은 것이 공적 대의와 사적 행복을 매개하는 제도적 비전이다. 앞에서 지적했듯이 87년체제는 사회 성

정부 아래서의 어떤 선거에서도 반이명박 정서는 작동하겠지만, 그 선거는 이명박에 대한 선거가 아니라 새로운 인물에 대한 선거이다. 보수파는 새로운 인물과 새로운 정책의 기대감으로 반이명박 정서를 희석할 여지를 가지고 있다. 따라서 관건은 예견되는 이명박 정부의 실정과 무능이 아니라 대안의 조직화이다.

원들의 개인적 합리성과 자기이익에 입각한 행동양식, 민주적 감수성 모두를 발전시켰다. 따라서 이 체제가 더 심화된 민주화로 가기 위해서는, 사회적 대안이 사회 성원들의 계몽된 자기이익 추구에 호소할 수 있는 동시에 그것이 현 체제의 게임규칙을 바꾸는 실천과 매개될 수 있어야 한다. 요컨대 개인적 적응과 체제의 모순 극복을 동시에 가능케 하는 비전이 필요하다. 하지만 87년체제를 통해서 개혁진영은 보수적 헤게모니에 굴복하여 '극복 없는 적응'에 경사될 때가 많았고, 진보진영은 '적응 없는 극복'을 외쳤을 뿐이다. 그 결과 대중을 극복 없는 적응의 길로 내몰았다. 이 궁지에서 벗어나 극복/적응의 이중과제를 구현하는 제도적 비전을 마련할 수 있다면,[17] 그리하여 대중이 모순적이고 갈등적인 이 체제와 그 체제의 환경에서 적응하면서 극복하는 길, 극복을 성취하는 적응의 길을 걸어갈 수 있다면, 촛불항쟁은 지금 그렇듯이 87년체제의 보수적 재편에 제동을 거는 것에서 더 나아가, 87년체제를 민주적으로 재편함으로써 긴 교착의 상태를 끝낼 것이다.

---

17 백낙청은 근대성 문제를 논하며 극복/적응의 이중과제론을 제기했는데, 이런 이중과제를 제도적 비전과 현실정책 내에서 실천하는 것이 매우 중요하다고 생각된다. 이런 극복/적응의 이중과제에 대한 좀더 상세한 논의로는, 백낙청 「한반도에서의 식민성 문제와 근대 한국의 이중과제」, 『창작과비평』 1999년 가을호 참조. 그리고 생태적인 쟁점과 관련된 이중과제론을 다룬 글로는, 「근대 한국의 이중과제와 녹색담론: '이중과제론'에 대한 김종철씨의 비판을 읽고」, 『창작과비평』 2008년 여름호 참조.

# 촛불항쟁과 정치문화

## 1

청소년들이 "미친 소, 미친 교육"을 반대하고 나서면서 시작된 촛불항쟁이 일어난 지 1주년이다. 참여 인원과 기간으로 볼 때 해방 후 한국 사회에서 벌어진 최대의 반정부 시위였다고 할 수 있는 촛불항쟁은 고도로 탈중심화된 동원, 대중의 만개한 상상력과 풍자정신, 온라인과 오프라인의 유기적 연계성 등 모든 면에서 혁신적인 면모를 보였다. 하지만 촛불항쟁은 하나둘 촛불이 모일 때처럼 그렇게 서서히 촛불이 잦아들며 조용히 마감되었다. 그래서 도심을 찬란한 촛불의 강으로 물들였던 촛불항쟁은 지금 생각하면 아름다운 봄밤의 꿈처럼 느껴지기조차 한다.

촛불항쟁은 그 축제성으로 인해 다른 어떤 정치적 항쟁과도 다르게 그 참여 주체들에게 일상과의 선명한 대조를 유발한다. 뒤르켐의 시각에서 본다면, 촛불항쟁으로부터 벗어나 일상으로 돌아간다는 것은 성(聖)과 속(俗)의 교체라고 할 만한 경험이다.[1] 촛불항쟁 속의 매 집회가 아침 햇살을 맞이할 때까지 지속된 때가 많았던 것은 성에서 속으로의 이행의 문턱을 넘는 것의 어려움 때문이었다.

촛불이 꺼짐에 따라 일상으로의 복귀가 완료되었다. 그리고 종종 그렇듯이 커다란 감흥으로 채워진 집합적 열광의 시간이 종결되고 나면 상실감이 밀려들기조차 한다. 열광의 종결과 더불어 넓게 열리게 되는 이해의 시간에 어떤 멜랑콜리가 서리는 것은 그런 때문이다. 실제로 촛불항쟁 이후에 이루어진 여러가지 분석에는 어떤 상실감, 어떤 아쉬움이 깊게 배어 있다. 그래서 최근에 발간된 촛불에 대한 연구서는 제목조차 『그대는 왜 촛불을 끄셨나요』(당대비평 기획위원회 편, 산책자 2009)이다. 책 제목이 조용필 노래가사를 약간 변형하고 있다는 것을 상기하게 되면 이런 위트에 우울을 넘어 냉소마저 어린 느낌이 든다. 보수파가 촛불항쟁을 "광기의 100일"이라고 외치고 있을 때, 비록 다른 맥락이지만 진보적인 학자들마저 촛불항쟁의 한계를 중심 테마로 삼는 상황이 그렇게 즐거운 것만은 아니다.

그래서 필자는 촛불항쟁의 한계에 대한 분석을 시도하는 이들의 충정어린 의도를 이해하며 그런 작업이 필요하다는 것에 동의함에도 불구하고 지금 우리가 먼저 주장해야 할 것은 촛불항쟁을 그 자체로 옹호하는 일이라고 생각한다. 이런 이유로 촛불항쟁이 정치문화에 어떤 변화를 불러일으켰는가 하는 논의에 앞서 촛불항쟁의 막바지에 나온 "촛불은 이미 승리했다"는, 이미 여러번 비판받은 주장을 다시 주장함으로써 논의를 시작하고자 한다.

---

1 뒤르켐의 성과 속 개념에 대해서는 Emile. Durkheim, *The Elementary Forms of Religious Life*, tr. by Karen E. Fields, New York: The Free Press 1995 참조.

2

촛불항쟁의 한계는 다각도로 지적되고 있다. 우선 촛불항쟁이라는 투쟁 양식의 한계에 대한 논의가 있는데, 정확히 어떤 점이 한계인가에 대해서는 시각 차이가 있다. 어떤 이는 촛불항쟁의 평화주의 때문에 자신이 제기한 이슈들을 해결할 수 없다고 하고, 또 어떤 이는 촛불항쟁 같은 거리의 정치가 제도화된 정치의 벽을 넘을 수 없다고 말한다. 촛불의 계급적 한계에 대한 지적도 있다. 촛불은 기본적으로 중산층 주도의 운동이며, 그렇기 때문에 비정규직 문제와 접속될 수 없었으며 한미FTA에 대해서도 모호한 입장을 취했다는 것이다. 그리고 촛불의 이데올로기적 한계에 대한 논의가 있다. 촛불은 순수성의 이데올로기, 법실증주의의 이데올로기, 비폭력의 이데올로기에 포획되었으며, 국가주의의 틀을 벗어날 수 없었다는 것이다.

촛불에 이런 한계들이 전혀 없었던 것은 아니다. 하지만 이런 한계가 부각되는 이유는 촛불항쟁에 대한 높은 기대 때문이며, 그 높은 기대는 촛불항쟁 자체가 매우 위력적인 것이었기 때문에 생겨난 것이다. 요컨대 촛불항쟁의 힘이 촛불항쟁에 대한 기대 수위를 높였고 그로 인해 촛불항쟁의 성과보다 그 한계에 대한 인식이 예민해진 것이라고 생각된다.

촛불항쟁이 얼마나 커다란 힘을 발휘했는가를 이해하기 위해서는 무엇보다 촛불항쟁이 얼마나 강력한 정부와 대결했는가를 상기해야 한다. 이명박 정부는 한국사회에서 절차적 민주주의의 모든 하자를 완전히 떨쳐낸 최초의 보수정권이다. 그뿐만 아니라 이명박 대통령은 투표율이 낮았다고 해도 민주화 이후 2위와 가장 많은 표차로 당선되었으며, 한나라당은 합당 등의 의회전술 없이 의회의 과반수를 차지했다. 게 다가 이명박 정부는 보수언론과 재벌, 고위관료와 법조계 등 우리 사회의 상층 엘리트 전반의 연합에 기초한 정권이다. 이에 비해 이명박 정부를 견제해야 할 야당은 지리멸렬 상태였고, 사회운동 또한 심각한 역량 약화 상태에 있었다. 이명박 정부의 행보에 장애가 되는 것은 이명박 정부 자신의 오만과 무능력 이외에는 없는 상황이었다고 할 수 있다.

촛불항쟁은 그런 이명박 정부의 행로를 취임 몇달 만에 세가지 방식으로 비틀거리게 만들었다. 우선 대통령이 취임 몇개월 만에 두 번의 대국민사과를 하도록 만들고, 촛불항쟁의 의제로 정립된 '1+5' 가운데 적어도 대운하사업, 수돗물 민영화, 의료민영화 사업을 정지시킴으로써 이명박 정부의 핵심 정책을 제어했다. 다음으로 촛불항쟁은 이명박 정부의 정책의 무게중심을 지지층 결집에 두게 만들었는데, 이로 인해 이명박 정부는 전체 사회를 보수적으로 재편하는 헤게모니적 기획을 실행하기 어려웠다. 끝으로 촛불항쟁의 재연에 대한 두려움 때문에 계속해서 무리수를 두게 만들었다. 이명박 정부는 언론 장악에 박차를 가했고, 사이버모욕죄를 비롯한 각종 악법을 제정하려고 시도했으며, 촛불항쟁 참여자들에 대해 집요한 탄압을 계속했으며, 이 때문에 신영철(申暎澈) 대법관의 촛불항쟁 관련 사건 배당과 재판 개입에서 보듯이 각종 후안무치한 행동을 하게 되었다. 이렇게 윤리적 양심은 물론이고 '논리적 양심'마저 내던지고 단순한 강권으로 퇴행함으로써 헤게모니적 능력을 결정적으로 잃어버린 것이다.

이명박 정부의 무능력을 생각하면 그것이 사회를 보수적으로 재편할 헤게모니적 능력을 충분히 가지고 있다고 판단하기는 어렵다. 하지만 충분치 않다고 해도 그럴 수 있는 잠재력을 전혀 가지고 있지 않았다고 보기도 어렵다. 상황에 따라서 이명박 정부가 높은 수준은 몰라도 중간 수준의 헤게모니를 이룩하는 것은 가능했다고 본다. 그렇게 볼 때 이명박 정부의 헤게모니적 능력을 박탈하다시피 한 촛불항쟁의 성과는 매우 큰 것이라고 할 수 있다.

3

촛불항쟁의 정치적 성과는 분명하지만 그 성과의 장기적 보존 그리고 그 확산과 발전 여부는 열린 문제이다. 이에 비해 촛불항쟁이 우리 사회의 정치문화에서 중요한 변화를 가져왔다는 점은 분명하며, 적어도 항쟁 레퍼토리(contentious repertoire)와 항쟁 퍼포먼스(contentious performance)의 수준에서 그 성과는 지속될 것으로 보인다.

정치적 쟁의 또는 항쟁은 일군의 개인들이 정부에 대해서 특정한 주장이나 요구를 제기하는 것을 말한다. 그런데 이런 특정한 주장과 요구의 수준에서는 다양성이 존재해도 그것을 제기하는 양식, 즉 항쟁 레퍼토리와 퍼포먼스의 수준에서는 의외로 일정한 양식적 안정성이 존재한다. 정치적 항쟁이 발생하는 체제의 성격이 레퍼토리와 퍼포먼스 형태를 규정하기 때문이다.[2]

해방 후 한국사회만 놓고 보더라도 항쟁의 레퍼토리는 폭동(해방공간)이나 무장투쟁(해방공간, 광주항쟁)에서 1인 시위에 이르기까지 매

---

2 항쟁 레퍼토리와 항쟁 퍼포먼스 개념에 대해서는 Charles Tilly, *Contentious Performances*, Cambridge University Press 2008 참조.

우 다양하다. 여기서 한국사회의 체제 변동과 항쟁 레퍼토리 간의 역사적 상관관계를 상세히 논의할 수는 없다. 다만 항쟁 레퍼토리의 의미를 구체화하기 위해서 민주화 이전과 이후를 간단히 대비해보자.

1987년 이전의 항쟁 레퍼토리는 '가투' 아니면 대학캠퍼스 '데모'가 가장 기본적인 형태였다. 어느 형태이든 독재정권에 도전하는 집단이 사전에 계획된 장소에 군집해서 정치적 의사를 표명하고 경찰이 물리적 폭력을 동원해서 그들을 검거하고 해산하는 것이 기본적인 패턴이었다. 1987년 6월항쟁은 이런 반복되는 패턴의 점진적 진화(확산, 대규모화, 폭력성 상승)의 산물이라고 할 수 있다.

1987년 민주화 이후에는 항쟁 레퍼토리와 퍼포먼스에 변화가 나타났다. 우선 집회와 시위가 합법화하면서 항쟁의 폭력성이 현저하게 줄어들었다.[3] 그러나 집시법의 제약 때문에 한편으로는 불법을 마다하지 않는 점거농성 같은 민주화 이전의 레퍼토리들이 지속되었고, 다른 한편으로는 집시법을 우회하는 항쟁 레퍼토리가 개발되었다. 그렇게 개발된 항쟁 레퍼토리 가운데 하나는 집회 신고의 까다로움을 피하기 위한 1인 시위이고, 다른 하나는 야간집회 금지를 우회하기 위한 '문화제'이다. 촛불항쟁의 레퍼토리는 문화제의 진화된 형태라고 할 수 있다.

이런 진화에는 몇가지 계기가 있었다. 우선 2002 한일 월드컵 응원을 통해서 대중은 도시 광장의 자유로운 점거를 해방적인 체험으로 가지

---

3 하지만 일반적인 시민사회 영역과 달리 노동현장에서는 정부가 폭력적으로 개입하는 경우가 많았고, 이로 인해 노동현장에서는 항쟁 퍼포먼스에서 폭력성의 수준이 상대적으로 높게 유지되었다. 골리앗 투쟁과 같은 항쟁 레퍼토리가 개발된 것은 공권력의 과격한 개입 때문에 노동자들의 작업장 교섭력에 입각한 파업 이상의 항쟁 레퍼토리가 필요했기 때문이다.

212

게 되었다. 다음으로 효순이·미선이 추모집회를 통해서 집회도구로서 촛불이 안정적인 위상을 획득했다. 2004년 노무현 대통령 탄핵반대 집회는 광장의 점거와 촛불을 결합하는 계기가 되었다. 2008년 촛불항쟁은 그 연장선상에서 두가지 추가적인 요소를 끌어들였다. 하나는 정보통신기술(인터넷, 휴대전화, 노트북, 디지털카메라 등)을 동원과 확산의 매체로 적극적으로 활용하는 것이고, 다른 하나는 항쟁 에토스를 표출하는 축제적 형태로 전환하는 것이다. 촛불항쟁은 그런 의미에서 민주화 이래 집회와 시위 양식의 진화적 정점이라고 할 수 있다.

정보통신기술은 고도로 탈중심화된 방식이지만 매우 효율적인 동원을 가능하게 하는 동시에 기존의 미디어에 의한 뉴스편집의 왜곡을 간단히 우회하여 항쟁의 메시지를 폭발적으로 확산시킴으로써 사회의 자기계몽을 가속화할 수 있었다. 그리고 촛불 켜기는 탈중심화된 형태로 동원된 다수의 사람을 양식적 통일성으로 인도함으로써 연대감을 제고하는 동시에 참여자들 자신들에게도 놀라운 스펙터클을 창조할 수 있게 해주었다.[4] 또한 에토스가 축제적인 것이 됨으로써 사회적 해방을 지향하는 항쟁과정 자체를 해방적인 것으로 만들었다. 게다가 이런 혁신적 변화는 정부의 집회 통제 전략을 상당 정도 무력화하는 힘으로 작용했다.[5]

---

4 이런 스펙터클을 창조하는 힘은 항쟁 대상인 이명박 대통령조차 사로잡는 힘을 가졌다. "청와대 뒷산에 올라가 끝없이 이어진 촛불을 바라보았습니다. 시위대의 함성과 함께, 제가 오래전부터 즐겨 부르던 「아침 이슬」 노랫소리도 들었습니다."(『한겨레』 2008.6.20) 이명박 대통령의 진술은 설령 비서진이 대필한 것일 수 있지만, 그 경우 적어도 비서진에게 그런 감회를 일시적으로라도 불러일으킨 촛불의 힘을 보여준다.

5 정부의 통제 전략 가운데 공포에 의한 통제는 무력화되었으며, 유일하게 효율적인 것은 항쟁의 장소적 응집을 사전에 차단하는 것과 참여자들 일부에 대한 '사후복수'뿐이었다.

이 과정에서 분명해진 것은 촛불항쟁이 혁신한 항쟁 레퍼토리에 대한 보수적 전유가 차단되었다는 점이다. 촛불항쟁의 레퍼토리의 중핵인 종이컵으로 받친 양촛불은 노무현 탄핵 반대집회뿐 아니라 사립학교법 개정을 반대하고 나선 한나라당의 집회에서도 활용된 바 있다. 하지만 2008년 촛불항쟁을 경유함으로써 그런 식의 보수적 전유는 불가능해졌으며, 만일 보수진영이 그렇게 한다면 그것은 자기 풍자적인 소극(笑劇)이 되고 말 것이다.

또 한가지 분명한 것은 촛불항쟁의 레퍼토리가 양식적 안정성을 획득했다는 점이다. 앞으로 어떤 계기로 어떤 항쟁이 출현할지 예단할 수 없지만, 그것은 촛불항쟁의 항쟁 레퍼토리와 퍼포먼스를 수용한 형태가 될 것이다. 촛불항쟁 기간을 통해서 기존의 사회운동 진영은 이 새로운 항쟁 레퍼토리를 매우 낯선 것으로 체험했으며, 기존 사회운동권이 느낀 혼돈감은 항쟁 레퍼토리의 변동으로 인한 면이 컸다. 아무튼 촛불항쟁은 기존의 항쟁 레퍼토리에 비해 촛불항쟁의 레퍼토리가 더 우월하다는 것을 대중적으로 각인시켰다. 따라서 사회운동의 동원방식, 집회양식, 표현양식 전반이 촛불항쟁의 양식을 차용하고 변형할 것임을 예상할 수 있다.

물론 촛불항쟁의 레퍼토리와 퍼포먼스가 가진 제약이 없는 것은 아니다. 미시적이고 탈중심화된 동원, 장소적 응집성, 표현적 축제성과 양식적 통일성, 온라인과 오프라인의 유기적 관련을 통해서 자기강화적인 형태로 발전하는 촛불항쟁은 초기 점화과정에서 경찰력에 의한 통제라는 문턱을 뛰어넘는 장소적 응집력의 확보가 관건이다. 따라서 정부가 이 문턱을 높이고 자기강화의 고리들 각각에 개입함으로써 그것의 발전을 제약할 여지가 많이 존재한다.

하지만 항쟁의 기회구조상의 제약을 초극하는 창의력이 지속적으로 생성되어온 점을 생각하면 정부의 통제능력은 명백한 한계를 가지고 있으며, 그만큼 촛불항쟁의 반복과 진화의 길은 열려 있다고 할 수 있다.


4


자본주의 세계체제 내에서 발생하는 사회적 항쟁의 양식을 비벌리 실버(Beverly J. Silver)는 노동자들의 작업장 교섭력에 입각한 맑스적 투쟁과 상품화에 저항하는 사회의 자기보호 운동이라고 할 수 있는 폴라니적 투쟁으로 구분한 바 있다.[6] 그런 관점에서 볼 때, 촛불항쟁은 용산 철거민 투쟁이나 비정규직화와 정리해고에 저항하는 투쟁들(기륭전자 노동자 투쟁, KTX여승무원의 투쟁, 홈에버 노동자의 투쟁 등)과 마찬가지로 폴라니적 투쟁이라고 할 수 있다.[7]

하지만 이런 폴라니적 투쟁 속에서도 촛불항쟁은 특별한 항쟁 담론을 전개했다. 항쟁 기간 동안 줄곧 불렸던 「헌법 제1조」라는 노래가 보여주듯이 촛불항쟁은 여느 항쟁과 달리 사회의 자기보호 운동을 주권의 문제로 제기했던 것이다. 그렇게 된 이유는 촛불항쟁의 중심 이슈가 검역주권 문제였기 때문에 자연스러운 면도 있지만 우리 사회 성원들의 국가체험의 역사를 생각하면 정치적 항쟁이 주권 선포 형태를 띠었

---

6 자세한 것은 비벌리 J. 실버 『노동의 힘: 1870년대 이후의 노동자운동과 세계화』, 백승욱 외 옮김, 그린비 2005 참조.

7 이런 항쟁의 존재들은 우리 사회에서 항쟁의 중심이 맑스적 투쟁에서 폴라니적 투쟁으로 이동하고 있음을 보여준다.

던 것은 주목할 만한 정치문화의 변동을 표시하고 있다고 할 수 있다.

주지하다시피 식민지로부터의 해방을 통해 우리 사회 성원들은 식민지 민중으로부터 국가시민으로의 전환을 기획했지만, 냉전의 형성, 해방공간에서의 좌우대립, 한국전쟁 그리고 분단체제의 수립으로 인해 온전한 의미에서 국가시민으로의 길이 차단되었다. 오히려 국가는 사회 상층부의 경우에는 공직 사냥터이거나 특권적 분배에 접근하는 요로로 여겨졌고, 하층 민중에게는 '사람 잡는 것'으로 체험되었다고 할 수 있다. 그런 원초적 체험형식이 민주화를 통해서 근본적으로 변한 것이다.

물론 민주화가 그렇게 충분한 것은 아니었다. 현대 국민국가에서 국가와 시민 간에는 선거를 매개로 한 민주적 연관, 조세와 사회보험과 공공재 공급을 통한 재분배 연관, 사회 성원에 영향을 주는 정책을 고리로 한 정책 연관이 형성될 수 있다. 민주화 이전까지 민주주의 연관이나 재분배 연관은 제대로 작동했다고 할 수 없으며, 민주적 연관이 깨져 있었기 때문에 국가와 사회의 대립이 기본적인 관계방식이었다고 할 수 있다. 민주화를 통해 민주적 연관이 수립되기는 했지만, 그런 민주적 연관이 재분배 연관과 정책 연관을 관류하는 힘으로 잘 작동했다고 보기는 어렵다. 그럼에도 불구하고 민주적 연관의 수립으로 인해 우리 사회 성원들은 자신들을 주권적 주체로 인식할 수 있게 되었으며, 그런 문화적 변화가 촛불항쟁을 통해 공적으로 표명되었다고 할 수 있다.

이렇게 헌법 제1조가 거리에서 육화된 음성을 획득한 것에 대해 국가주의의 혐의를 두고 비판하는 시각이 있다. 하지만 필자는 이런 시각이 두가지 점에서 잘못된 것이라고 생각한다. 우선 국가가 사회적 해방의 근본적 한계라는 아나키즘과 맑스주의의 존중할 만한 통찰에도 불구하고 국가는 적어도 중기적으로 사회적 해방을 위한 가장 큰 지렛대이기 때문이다. 이는 지구화라는 조건을 염두에 둘 때에도 그렇다. 왜냐하면 신자유주의적 지구화에 따른 국가의 후퇴는 자본과의 관계에서 국가가 근본적 열세에 놓였기 때문이라기보다는 국가가 가진 자본에 대한 통제력을 발휘하지 않으려는 것에서 비롯되는 것이기 때문이다. 미국산 쇠고기 수입개방도 바로 그런 일에 속한다. 국가가 자신이 가지고 있고 국제관계에서도 인정받는 검역주권이라는 힘을 사용하지 않기로 결정한 것이기 때문이다. 그러므로 국가에 대해 국민적이어야 함을 요구하고 자신이 그렇게 할 자격, 즉 주권적 지위를 가지고 있음을 선포하는 항쟁이야말로 문제의 중심으로 파고드는 것이었다고 말할 수 있다.

다음으로 그 주권적 주장이 현존하는 국가와의 동일시에 머무르고 있는 것은 아니기 때문이다. 확실히 대중의 주권적 주장은 1987년 민주화 이후 국가와 시민 사이에 제도적 연관의 수립이라는 경험적 토대를 가지고 있다. 하지만 이 경험적 토대는 제도적 연관을 초과하는 규범적 연관을 함축하고 있다. 촛불항쟁은 헌정을 구성하는 권력(the constituting power)으로서 시민과 헌정에 의해서 구성된 권력(the constituted power) 간의 정면충돌이라고 할 수 있는데, 이는 동일 평면 위의 주권자 간의 충돌이라고 할 수 없다. 촛불항쟁을 민주주의에 대한 링컨(A. Lincoln)의 고전적 정식을 따라 정리하면, 인민에 의한(by the people) 정부가 수립되었는데, 그 정부가 인민을 위한(for the people) 정부가 아니라는 사실이 드러났고 그런 정부에 대항해 인민의(of the people) 정치가 등장했다고 말할 수 있다. 이때 '인민의'의 인민은 '인민에 의한'과 '인민을 위한'의 인민과 다른 위상을 지닌다. 그것은 우리 헌법 제2조가 명시한 법률에 의해서 정해지는 대한민국 국민, 법률적 국민이 아니라 우리 헌법의 전문에 있는 "유구한 역사와 전통에 빛나는 우리 대한국민"이라고 할 수 있다.[8] 이 대한국민, 더 정확히 말하면 한국민은 이 땅에서 살아왔고 살고 있고 살아갈 사람들, 인민 자체이다. 이들은 국가적 질서 외부와 내부에 모두 존재하며 경험적으로는 대한민국 국민이지만 자신을 포함하는 대한민국을 정립하는 존재이다.

촛불항쟁 이전에도 이런 인민의 존재는 일시적으로 현존했다. 4·19혁명을 통해서 그랬으며, 광주항쟁을 통해서 그랬으며, 1987년 민주화항쟁을 통해서 그랬다. 하지만 촛불항쟁 속에서 이전의 경우와 달리 주권적 인민은 주권적임을 스스로 선포함으로써 '대자적'으로 현존했다고 할 수 있다. 그런 선포가 필요했던 것은 이전의 경우처럼 국가와 정부가 인민을 기만하고 총을 겨누는 대신 이번에는 검역주권을 포기함으로써 인민 전체를 내던지고 포기해버리고자 했기 때문이다. 촛불항쟁은 민주공화국을 내부로부터 형해화하려는 시도에 대해 주권자로 개입해서 국가와 사회(국가 안의 사회가 아니라 국가를 수립하는 사회)의 일치를 재확립하고자 한 시도, 루소적인 의미에서 기원의 약정을 되풀이하고자 했던 시도라고 할 수 있다. 2008년 촛불항쟁이 여느 항쟁과 달리 어떤 아름다움, 어떤 유토피아적 계기를 내포하고 있는 것은 이런 이유 때문인 것이다.

---

8 이 문제를 지적한 글로는 한보희 「합법, 불법, 무법, 그리고 법 없이도 살 사람들이 사는 법」, 『그대는 왜 촛불을 끄셨나요』, 산책자 2009 참조.

## 제7장
# 이명박 시대, 민주적 법치와 도덕성의 위기

1

  김대중 전 대통령은 서거 전 2008년 11월 27일 강기갑(姜基甲) 민주노동당 대표를 면담하는 자리에서 이명박 정부하에서 민주·민생·남북관계가 모두 위기에 처했음을 지적하며 '3대위기론'을 처음 설파했다. 이후 그는 기회 닿는 대로 3대 위기의 심각성과 그것에 도전해야 함을 주장했다. 사람들이 일상적으로 경험하는 사태에 직관적으로 호소하는, 누구보다 비중있는 정치인의 3대위기론은 이명박 정부를 파악하는 핵심적 프레임으로 받아들여졌다. 하지만 3대위기론은 위기의 양상을 포착하긴 해도 그 구조를 해명하고 있지는 않으며, 2008년 겨울과 2009년 초의 정세에 깊이 연계되어 있는 면도 있다.

  예컨대 남북관계를 보자. 2008년과 2009년 초 이명박 정부는 촛불항쟁으로 인한 통치의 위기를 극복하기 위해 우리 사회 내부의 냉전세력을 결집하고자 노력했다. 관광객 피격사건을 계기로 금강산관광을 중단한 데 이어 개성공단의 확장을 막고 북미 대화를 견제하는 등 다양한 냉전적 정책을 시도했다. 그리고 그런 시도들은 2009년 봄 제3차 북핵위기의 한 원인이 되었다. 김대중 전 대통령의 남북관계 위기론은 이런 정세를 반영하고 있다. 하지만 2009년 하반기부터 이명박 정부는 남북 간 대화를 조금씩 복원하고 정상회담을 위한 비밀접촉을 시도했으며, 2010년 들어서는 연내에 남북정상회담이 가능함을 대통령이 직접 언급하는 단계에 이르렀다. 부시(G. W. Bush) 정부 말기부터 북미관계가 대결국면에서 벗어날 기미가 보였고 오바마(B. Obama) 정부의 출범으로 상황이 더욱 좋아졌음을 고려하면, 이명박 정부가 조장한 남북관계 경색으로 한반도 주민의 더 나은 삶을 향해 성큼 나아갈 수 있는 기회와 시간이 마모된 점은 안타까운 일이다. 하지만 최근 사태의 진행은 2000년 6·15정상회담을 계기로 해체기에 들어선 분단체제를 재안정화하려는 시도가 성공할 수 없음을 보여준다. 이명박 정부조차 '민주정부' 시기에 부설된 철로를 장기간 이탈할 수 없는 것이다.

다른 면에서도 3대위기론은 정세적인 부분이 있다. 촛불항쟁에 의해 중단된 대운하사업이 4대강사업으로 다시 본격화된 것은 2009년 6월 8일 22조의 예산을 내걸고 사업계획이 공식 발표되면서부터다. 아마도 김대중 전 대통령이 2009년 하반기 상황을 목도했다면, 그는 국토·환경의 위기를 추가해 4대 위기를 말했을지도 모른다.

민생위기의 경우에도 이명박 정부의 성격을 서술하기 위한 틀로서 적합한지 따져볼 점이 있다. 이명박 정부 아래서 중간층과 하층의 생활이 더욱 어려워진 것은 분명하다. 경제성장만 하더라도 공언했던 7%는 고사하고 노무현 정부 시절에 한참 못 미친다. 하지만 그런 경제적 어려움의 원인 중 일부는 미국발 금융위기라는 외생적 요인에 있고, 일부는 외환위기 이후 '민주정부 10년'간 지속된 신자유주의적 구조조정의 산물이기도 하다. 비정규직화, 고용 없는 성장 그리고 경제적 양극화의 책임을 이명박 정부에만 묻기는 어렵다. 용산참사를 비롯해 지금도 진행되는 서울 곳곳의 뉴타운사업으로 인한 철거민 문제만 하더라도 이명박 대통령이 서울시장 시절에 벌인 일이지만 당시 중앙정부였던 노무현 정부 또한 책임을 벗을 수 없는 면이 있다. 물론 이명박 정부의 경제정책에는 중대한 문제가 있다. 고용효과도 크지 않으며 대규모의 환경파괴를 유발하는 4대강사업은 현재의 경제문제 해결과 아주 거리가 멀다. 그런 의미에서 이명박 정부의 무능과 근시안 그리고 아집을 비판할 수 있지만, 민생위기가 이명박 정부 '아래서' 일어나고 있고 한층 심각해졌다는 상황 진단에서 나아가 이것이 이명박 정부가 '야기한' 중심위기라고 단언하기는 어렵다.

하지만 위기의 내용에 대한 구체적 분석과 관련해서는 3대위기론에 대해 이의를 제기할 수 있다 하더라도, '위기'라는 규정 자체가 잘못된 것은 아니다. 이명박 정부의 첫해는 촛불항쟁에서 보듯이 국가와 시민 사이에 비상한 대결국면이 형성되었으며, 두번째 해는 용산참사로 시작해 노무현 전 대통령의 비극적인 서거 등으로 인해 집합적 애도와 우울의 분위기가 이어졌다. 2009년 봄 이후는 미디어법, 4대강사업 그리고 세종시를 둘러싼 논란이 모든 사회적 의제를 흡수했는데, 이런 정치적 소용돌이 속에서 고통스러운 경제 상황에 처한 대부분의 가계가 희망을 발견하기란 무망한 일이었다. 이명박 정부는 친서민 행보라는 미디어 이벤트를 벌였지만, 그 서민들은 용산에서 죽임을 당했고 수많은 뉴타운에서 철거민으로 내쫓기고 있다. 이런 상황에 저항하거나 저항의 잠재력을 지닌 사람들은 구습으로 재빨리 복귀한 공안기관들에 의해 괴롭힘을 당하고 있다. 이 과정에서 그리 민주적이지 못한 실정법조차 불공평하게 적용하며 고전적 자유권마저 위협받는 상황이 광범위하게 벌어지고 있다. 남북관계가 삐걱대고 경제적 고통이 가중되고 있지만 3대 위기 가운데 민주주의의 위기가 유난히 도드라지는 셈이다.

이하에서는 이런 위기 상황을 좀더 분석적으로 해명하기 위한 열쇠로 민주적 법치국가 개념을 도입할 것이다. 먼저 민주적 법치국가의 계보를 논리적으로 재구성하고(2절), 현재의 위기를 우리 사회의 중대한 성취인 민주적 법치국가가 퇴락하는 상황과 관련해 서술해볼 것이다(3절). 그리고 그런 정치적 퇴행 밑에 도덕적 위기가 자리잡고 있음을 규명하고자 한다(4절). 이어서 이런 위기를 극복할 도덕적 자원을 탐색해볼 것이다(5절).


## 2

현재 우리 사회의 민주주의가 위기에 처해 있다는 점에 대해 적어도 민주파 내에서는 폭넓은 합의가 존재한다. 그럼에도 그런 위기가 구체적으로 어떤 층위에서 어떻게 진행되고 있는지는 경험적인 예증들이 제시될 뿐인 경우가 많다. 위기의 소재에 대한 이론적 작업이 충분치 않기 때문에 몇가지 사례를 근거로 현 정부를 파시즘의 초기형태로 봐야 한다는 논의가 돌출하기도 했다. 다른 한편 이명박 정부에 대한 투쟁이 민주대연합을 따라야 하는지 반신자유주의 전선을 따라야 하는지에 대한 논쟁도 등장했다. 그런 중에 떠오른 또 하나의 의미심장한 쟁점은 '이명박식 법치'가 민주주의 위기와 어떤 내적 관련을 갖는가이다. 중요성에 비하면 그다지 명료하게 논의되지 않는 이 문제를 해명하기 위해서는 법과 정치권력의 발달 및 상호침투를 논리적으로 재구성할 필요가 있다.

이런 발달사의 재구성에는 방대한 논의가 필요하지만 현재 논의에 필요한 수준에서 발달사를 간결하게 제시한다면 (1) 법을 통한 지배(법적 지배)로부터 (2) 법의 지배(법치국가)로, 그리고 (3) 민주적 법치국가로의 이행으로 규정할 수 있다. 홉스(T. Hobbes)를 통해 이론적 표현을 획득하는 (절대주의) 국가는 주권자의 손에 폭력을 집중함으로써 사회적 평화를 달성한다. 예외적 권력을 가진 주권자도 법적 통치를 시행하게 되는데, 그것은 법을 통한 지배가 지배를 더 안정화하기 때문이다. 법적 지배는 예측가능성과 평등한 대우를 가져오며, 그로 인해 신민의 협력을 얻을 가능성을 증대시킨다. 법 없는 자연상태에서 최고의 권력을 가진 통치자는 법적 상황에서도 최상의 권력을 누리게 되지만, 피치자(被治者) 또한 예측가능성의 면에서나 동등한 대우라는 면에서 법적 지배를 자연상태보다 더 나은 상태로 경험하게 되기 때문이다. 하지만 홉스적 계약 상황에서 구성되는 법적 통치 속에서 주권자는 여전히 예외적인 힘을 갖는다. 그는 법을 수립하고 폐지할 수 있는 권한뿐 아니라 일시적으로 법을 계류할 권능 또한 가진다. 하지만 신중한 통치자라면 이런 예외상태를 주권자의 자비라는 형태 또는 사면권의 형태로 최소화함으로써 폭군이라는 칭호에서 벗어나고자 할 것이다.[1]

---

1 칼 슈미트(Carl Schmitt)나 조르조 아감벤(Giorgio Agamben)은 이런 주권자에 의한 예외 상태 수립이 민주적 법치국가 단계에서도 발생함을 지적한다. 하지만 예외상태의 개념사는 이런 법의 계류가 사회상태가 아닌 자연상태에서 연원하는 것임을 보여준다. 예외상태는 사회상태의 외부인 국제관계나 전쟁, 혹은 사회상태가 해체된 내전과 연계된 것이거나 적어도 허구적으로라도 그런 상태를 가정함으로써 형성된다. 상세한 논의는 조르조 아감벤 『예외상태』, 김항 옮김, 새물결 2009 참조.

법을 통한 지배가 지속되는 상황에서 통치자가 조직된 사회 성원의 도전을 받게 되고 그 결과 양자가 일정한 타협에 도달하고 그 성과가 법제화될 경우, 우리는 법이 통치자와 시민 모두를 통제하는 법치국가, 즉 법이 지배하는 상황에 이르게 된다. 이러한 법치 아래서 정부는 시민들의 사적 주도권이 작동하는 삶의 일정 영역에 대해 '법에 반해서도, 법을 벗어나서도, 법을 넘어서도' 개입할 수 없다.

하지만 이 경우 법의 발생과 적용의 맥락은 여전히 시민들의 의지와 연계되지 않는다. 법 형성과 적용이 시민들의 민주적 의지를 참조해 이루어지고 그 의지로부터 정당성을 길어올리게 될 때에야 비로소 루소에 의해 이론적으로 표현되고 프랑스대혁명을 통해 모습을 드러낸 민주적 법치국가에 이르게 된다. 이 단계에서 시민들은 법의 수신자일 뿐 아니라 저자가 된다. 즉 입법과정에 참여할 제도적 절차가 형성되고, 법의 적용과정에 대해 민주적으로 형성된 여론을 경유해 영향력을 행사할 수 있게 된다. 정당성의 근원이 시민의 공론과 민주적 의지에 귀속됨에 따라 민주적 의지를 확인하는 절차 또한 법제화된다. 보편적이고 평등한 선거권이나 정당결성 자유의 법적 보증은 그 대표적 예라고 할 수 있다.

이런 민주적 법치국가는 민주적 복지국가를 예비한다. 민주적 복지국가로의 발전은 계급구조에 뿌리를 둔 사회 내의 권력관계를 법적으로 규제하게 됨을 의미한다. 노동 3권의 법제화, 부당해고 금지와 사회적 안전망의 형성은 그런 과정의 기본적 예이다. 이렇게 됨으로써 민주적 법치국가가 통치자나 국가 관료의 권력행사를 통제하듯이, 민주적 복지국가는 자본축적의 연자방아 속에서 으깨질 위험에 놓인 평범한 시민들의 삶을 보호하고 자본과 노동하는 시민 간의 권력 불균형을 교

224

정하는 균형추 역할을 하게 된다.

법은 정치권력에 의해 뒷받침되는 강제력의 체계일 뿐 아니라 권리의 체계라는 이중성을 띠고 있다. 따라서 이런 발달과정은 권리체계의 발달로 재서술될 수도 있다. 법치국가, 민주적 법치국가, 민주적 복지국가는 토머스 마셜(Thomas H. Marshall)이 제시한 자유권, 참정권, 사회권의 제도화와 각각 대응된다고 할 수 있다. 여기서 지적할 점은 마셜이 단순한 진화적 과정으로 제시하며 동일 평면 위에 배치한 권리 가운데 참정권이 예외적인 중요성을 갖는다는 점이다. 법제화 이전에도 자유를 제도화하는 힘은, 정치적 참여를 권리로 자임하는 태도로부터 나온다는 점에서 그것은 모든 권리의 근본 토대이다.[2] 따라서 참정권과 연계되는 민주적 법치국가의 이념 없이는 어떤 권리의 제도화도 규범적 토대를 상실한다. 그런 의미에서 민주적 법치국가는 사회발전의 '결정적' 지표라 할 수 있으며, 그것으로부터의 후퇴는 진정한 사회적 위기를 뜻한다고 할 수 있다. 그런 후퇴는 축적된 사회발전 성과의 해체이며, 민주적 복지국가라는 미래의 상실이기도 하기 때문이다.[3]

---

2 참정권은 그것에 선행해 제도화된 고전적 자유권조차 근거짓는 원리이다. 자유권은 그 정당화 원리를 자연권 이론에서 찾았다. 하지만 참정권의 등장과 함께 자유권은 자연권에 의존할 필요 없이 사회 내부로부터 구성된다. 결정에 영향을 받은 자와 결정에 참여하는 자의 합치를 요구하는 참정권에서 볼 때, 사적 자주권을 확보하는 자유권은 사회 성원의 결정능력을 형성하는 토대로서 보호되어야 한다.

3 여기서 논의되는 민주적 법치국가나 민주적 복지국가 개념에 대해 두가지 비판이 제기될 수 있을 것 같다. 우선 이런 개념들이 특정한 국가를 경험적 준거로 삼는다고 비판할 수 있다. 그러나 민주적 법치국가나 민주적 복지국가는 현실의 사회들을 참조하지만 기본적으로 법과 정치권력의 작동논리를 지칭한다. 예컨대 민주적 복지국가는 현실적으로 존재하는 북유럽 복지국가 등과 동일시되는 것이 아니라 민주적 법치국가에 매개된 '인민을 위한'(for the people) 정치의 전개를 의미한다. 다음으로 일국적인 모델이라는 비판이 있을 수 있다. 확실히 국가라는 명칭을 달고 있기는 하지만 이런 개념들은 국가 범주 이상의 정

3

　재구성된 발달사가 경험적 역사와 일대일로 대응되는 것은 아니지만, 그것을 우리의 근현대사, 특히 민주화 이후의 역사를 특정한 각도에서 조명하는 탐조등으로 삼을 수 있다. 민주적 법치국가 이념에서 본다면, 식민지시대는 민주주의의 주체인 인민 자체를 형성하고 주권을 회복하려 한 '인민의'(of the people) 투쟁사였다고 할 수 있다. 하지만 식민지 해방 이후에도 분단체제의 수립이 이어지면서 통일적 인민은 형성되지 못했다. 세계사적 냉전을 내전으로 내재화한 분단체제는 일종의 예외상태의 일반화 또는 장기적 예외상태라고 할 수 있다. 한국에서 반공주의는 이 예외상태의 이념이었다고 볼 수 있으며, 여러차례 개헌을 거친 헌정사에 비해 1948년 제정되어 그 기본형을 거의 그대로 유지하고 있는 국가보안법은 '이면 헌법'으로서 예외상태를 떠받쳐왔다. 이로 인해 대한민국은 세계사적 성과를 기반으로 이념적으로는 민주적 법치국가를 표방하며 출발했지만 그것을 실현하는 데 지속적인 장애에 직면했다. 실제 통치의 경험적인 수준에서 보면 한국사회는 앞서 발달사적으로 재구성한 모든 단계가 혼용된 모습을 보였으며 때로는 사회상태 이전의 자연상태에서 나타나는 원시적 지배로 퇴행하기도 했다.

　그럼에도 불구하고 적어도 1987년 민주화 이행 이후 '인민에 의한' (by the people) 정치, 즉 민주적 법치국가를 향한 길은 비교적 일관성

치공동체에 적용 가능하다. 예컨대 유럽연합은 국민국가 범주를 초월하지만 그것의 구성 논리는 민주적 법치국가나 민주적 복지국가 개념에 비추어 분석하고 비판할 수 있다.

있게 발전했다. 민주화 이행은 분단체제 자체를 흔들었고 이런 흔들림은 세계사적 냉전의 해체로 인해 더욱 가속화되었는데, 이 과정은 한국의 경우 분단체제가 강요해온 억압적 사회통합력의 약화로, 북조선의 경우에는 체제통합의 급속한 약화로 나타났다.[4] 이렇게 분단체제가 흔들림에 따라 한국사회는 민주적 법치국가 그리고 더 나아가 민주적 복지국가로 발전할 더 많은 기회를 얻게 되지만 그러면서도 분단체제는 엄연한 제약요인으로 남아 있었다.[5] 따라서 새롭게 열린 기회를 포착하고 활용하기 위한 실천적 부담은 결코 가볍지 않았다.

이명박 정부 아래서 일어난 현상은 분단체제의 제약이 현저히 약화된 상황에서도 그것이 일정한 영향력을 가지고 작동하는 방식을 잘 보여준다. 실제로 우리 사회 보수파의 중핵은 여전히 분단체제의 기득권

---

4 이하 논의에서도 사회학 이론에서 일반적으로 수용되는 사회통합(social integration)과 체계통합(system integration)의 구분을 활용할 것이다. 전자는 사회가 해체되지 않고 하나의 전체로서 유지되는 통합성이 사회문화적 가치나 규범에 의지하는 경우이다. 후자는 개인들의 구체적 상호작용 맥락을 넘어 자립화된 시스템에 의해서 사회의 통합성을 유지하는 경우를 뜻한다. 예컨대 시장경제나 국가 행정체계 또는 군사적 조직 등은 구체적 행위자들의 가치와 규범에 입각한 동의가 아니라 그것이 이룩하는 투입–산출의 조절능력에 의존한다. 분단체제의 동요와 관련해 부연할 경우, 그것의 동요가 한국에서는 체계통합 수준보다는 사회통합 수준에서 균열을 가져왔다면, 북조선에서는 사회통합 수준보다는 생필품 공급이나 연료 공급 등 체계통합 수준에서 균열을 일으켰다고 할 수 있다. 어느 수준이 더 큰 균열 요인이든 한쪽에서 발생한 균열은 장기적으로는 다른 통합 수준에도 균열을 불러온다.

5 여기서 상세히 다루기는 어려우나 우리 사회의 경험을 설명하기 위해서는 민주적 법치국가 및 민주적 복지국가와 분단체제의 연관을 살피는 것이 필요하다. 이 둘 사이의 관련을 다룰 때, 분단체제를 한국사회의 민주적 법치국가와 민주적 복지국가의 발전을 한정하는 경험적 요인으로만 보는 것은 폭이 좁은 접근이다. 민주적 법치국가와 민주적 복지국가는 앞서 지적했듯이 국가 이상의 정치공동체에도 적용되며 그런 의미에서 분단체제가 지향하는 새로운 정치공동체의 내적 구성방식과도 관련을 맺는다. 예컨대 분단체제론이 분단극복의 핵심단계로 설정하는 국가연합이나 그 이상의 발전형태에서도 정치권력과 법의 작동 논리는 민주적 법치국가와 민주적 복지국가의 이념에 입각해 구성되어야 할 것이다.

을 고수하려는 냉전형 보수이며, 집권을 위해 제시한 경제적 약속을 지킬 능력이 없는 이명박 정부는 통치의 안정화를 위해 이들을 중심 파트너로 복귀시켰다.[6] 그럼에도 통치가 유지되는 것은 그것이 사회 성원 다수의 동의와 협력을 필요조건으로 삼지는 않기 때문이다. 설령 다수가 정부의 통치에 반대한다고 하더라도 그들이 유효하게 결집할 수 없고 선거와 선거 사이에 민주적 의지가 투입될 제도적 장치가 마땅치 않으면, 정부는 사회 내의 소수집단을 파트너로 삼기만 해도 통치를 지속할 수 있다. 잘 발달된 관료기구를 제어하고 활용할 수 있다면 더욱 그렇다. 이명박 정부는 재벌이나 보수언론 등을 중심 파트너로 선별하고 노골적이고 편파적인 물질적 수혜를 제공했으며, 감세 등을 통해 상류층 자산계급 전반으로 외연을 확장했다. 더불어 비판적 언론을 무력화하거나 고립시키고 선택적인 법적용으로 정권에 저항적인 집단을 적극 통제했다. 이에 따라 민주화 이후 발전된 민주적 법치국가는 거꾸로 법치국가를 거쳐 법을 통한 지배로까지 빠르게 퇴행했다.[7]

---

6 우리 사회 보수층 안에는 '합리적 보수'라고 할 만한 집단이 있다. 하지만 뉴라이트 세력이나 보수언론에서 보듯이 능동화된 보수파는 냉전형이라고 할 수 있다. 이들이 전체 사회에서 갖는 헤게모니적 능력은 분단체제가 흔들림에 따라 결정적으로 약화되었으나 분단체제가 존속하는 한 그렇게 만만히 쇠퇴하지 않을 것이다.

7 이러한 퇴행을 좀더 명료하게 하기 위해 약간의 분석틀을 도입해보자. 단순화를 위해서 전체 사회 성원을 중하층집단 x와 상층집단 y로 분류해보자. 그리고 두 집단 간의 경제적 분배 상황을 D(x, y)로, 정치적 자유와 권리의 제도화 수준과 배분 상황을 L(x, y)로 표시해보자. 예를 들어 D(4, 6)가 D(5, 5)로 변할 경우 민주적 복지국가로의 전진으로, D(3, 7)로 변할 경우 그것으로부터의 후퇴로 정의할 수 있을 것이다. 정치적 자유의 경우 L(4, 4)이 L(5, 5)로 변한다면 그것은 자유의 확대와 제도화를 뜻할 것이며, L(3, 3)로 변할 경우 민주적 법치국가의 법치국가로의 퇴행이라고 말할 수 있다. 왜냐하면 일반적으로 민주적 법치국가가 법치국가보다는 더 높은 수준의 자유의 제도화로 나타나기 때문이다. 하지만 만일 L(4, 4)이 L(3, 5) 혹은 L(2, 6)로 변한다면 그것은 법을 통한 지배로의 퇴행이라고 할 수 있다. 법치국가는 통치자와 시민집단 일반이 동등하게 법의 적용을 받는 반면 법을 통한 지배에

이같은 법을 통한 지배로의 퇴행을 검경(檢警)의 법적용과 집행에서의 선택성·자의성만큼 잘 보여주는 것은 없다. 검경은 이명박 정부에 부담이 되는 사건들은 대선 전 BBK사건부터 시작해 효성 비자금사건이나 한상률(韓相律) 게이트 등에 이르기까지 부실한 수사와 무혐의 처리 등으로 일관했다. 이에 비해 노무현 전 대통령을 비롯해, 정부에 항의하는 시민들을 상대로는 가혹한 수사를 계속했다. 1600여명의 촛불시민에 대한 기소 및 약식기소, 미네르바 구속, 정연주(鄭淵珠) 전 KBS 사장 배임혐의 기소, 'PD수첩' 사건, 전교조 시국선언 사건 등 일일이 거명하기 힘들 만큼 많다.[8]

특히 고약한 것은 검찰이 단지 법적용에서 편파성을 보일 뿐 아니라 정부에 대립하는 시민들을 수사와 재판 과정에 밀어넣고 피의사실을 공표하고 오명을 씌우며 1심에서 무죄판결이 나더라도 항소와 상고를

서는 이런 동등성이 깨지기 때문이다.

8 이런 사건들에 대해 계속해서 무죄판결이 내려진 것은 검찰이 얼마나 무리한 기소를 남발해왔는가를 보여준다. 법원의 판결과 관련해 보수언론은 집요하게 판사들에게 압력을 가하고 판결을 이데올로기적 갈등의 축에 배열하려는 발언을 쏟아내고 있다. 신영철 대법관의 재판개입 사건에 대해 입을 다물었던 것을 생각하면 보수언론의 행태는 후안무치할 뿐 아니라, 언급된 사안과 관련해서도 가당치 않은 일이다. 민주적인 사회에서는 누구든 법원을 비판할 수 있다. 사회적 여론의 파도가 법원 울타리를 두들기는 것은 민주적인 사회에서 당연한 일이다. 법의 적용이 기계적인 과정이 아닌 한에서 법관 또한 소극적 입법자의 역할을 떠맡으며, 그런 한에서 여론의 진공상태 속에 있을 수는 없기 때문이다. 하지만 사안이 헌법과 법률의 진보적 혹은 보수적 해석의 문제가 아니라 정연주 전 사장의 경우처럼 법원의 중재에 따라 내린 결정을 배임으로 봐야 하는가의 문제나, 피의사실 공표를 밥 먹듯이 하는 검찰이 사생활 보호라는 어처구니없는 이유로 은폐하는 수사기록 공개를 명하는 일, 또는 강기갑 의원 사례 같은 공무집행방해죄나 공용물건 손상죄 문제라면, 그것과 관련해서 판사가 사회적 여론을 비판적으로 독해하고 판결에 반영하는 소극적 입법자의 모습을 보이길 기대하는 것은 우스운 일이다. 그런 문제들은 법률과 축적된 판례에 의해 간단히 해결되는 것이지 이념적 스펙트럼이 개입할 사안이 아니다.

이어감으로써 그런 과정을 연장하고 있다는 것이다. 수사와 재판 과정 자체를 징벌수단으로 변조한 것이다.[9]

이런 퇴행은 앞절에서 지적했듯이 우리 사회가 심각한 위기에 처해 있음을 보여주며, 다른 무엇보다 민주적 법치국가를 복원하는 것이 핵심과제임을 말해준다. 87년체제를 통해 민주적 법치국가가 발전하는 과정에서도 민주적 복지국가의 발전은 답보에 빠질 때가 많았다. 바로 그 점만을 배타적으로 강조함으로써 이명박 정부와 '민주정부 10년'간의 차이를 부차적인 것으로 파악하는 입장들이 있다. 하지만 민주적 법치국가의 발전이 민주적 복지국가의 길을 보증하지는 않는다고 하더라도 전자가 유지되는 한 후자를 향한 공간은 열려 있다고 할 수 있다. 이에 비해 민주적 법치국가로부터의 퇴행은 민주적 복지국가로의 길을 차단한다. 그렇기 때문에 진보진영 일각에서 나타나는, 성취되지 못한 민주적 복지국가의 관점에서 민주적 법치국가의 허구성을 폭로하는 식의 사고에서 벗어나 민주적 법치국가의 복원이라는 과제를 향해 연대하려는 노력이 필요한 것이다.

9 이명박 정부에서도 민주적 정당성을 산출하는 선거를 비롯한 일련의 과정이 유지되고 있다는 점을 들어 이명박 정부를 여전히 민주적 정부라고 말하는 이들이 있다. 하지만 그런 주장을 펴는 사람들은 민주주의가 단지 '존속'(last)한다는 것과 '작동'(work)한다는 것은 같은 말이 아니라는 쉐보르스키(A. Przeworski)의 지적을 새겨둘 필요가 있다. 아담 쉐보르스키 『민주주의와 시장』, 임혁백·윤성학 옮김, 한울 1997, 288면 참조.

4

　민주적 법치국가의 복원이 중요한 것은 단지 그것이 정치적 위기에 한정되지 않고 도덕적 위기와 연계되기 때문이다. 필자는 법을 통한 통치로의 퇴행이 적어도 다음 두가지 수준의 도덕적 위기와 관련된다고 생각한다. 하나는 법을 통한 지배로의 퇴행을 유발하는 원인으로서 이명박 대통령과 집권세력의 도덕적 위기이고, 다른 하나는 그런 통치집단의 도덕적 위기가 불러오는 사회적인 수준에서의 도덕적 퇴행 위험이다.

　전자를 살피기 위해 우선 우리가 채택하고 있는 대통령제의 의미를 생각해보자. 순수 대통령제, 그러니까 유권자가 직접 대통령을 선출하는 제도 아래서 대통령의 권력은 매우 크기 때문에 '제왕적 대통령'이라는 표현이 곧잘 쓰인다. 하지만 대통령은 제왕적이라기보다 세속화되고 한시화된 군주에 다름 아니다. 전통사회에서 군주제는 항상 승계의 위기를 겪는다. 대통령제 민주주의란 이 승계의 위기를 오히려 제도의 긍정적 조건으로 전환한 형태라고 할 수 있다. 즉 혈통에 의한 승계를 시민에 의한 선출로 바꿈으로써 전자에서 비롯되는 불안정성을 절차화된 민주적 의지가 실현될 수 있는 '비어 있는 공간'으로 전환한다. 이런 변형에도 불구하고 대통령제는 제도적 실행을 결정권자의 인격적 통일성, 즉 1인통치와 연계하는 장치라는 점에서 군주제의 속성을 유지한다. 이런 대통령제에서 민주주의의 작동은 대통령의 지적·도덕적 지도력, 한걸음 더 나아가면 교양 수준과 깊이 연계된다. 따라서 언론이나 항간의 가십성 이야기들에서 드러난 이명박 대통령의 모습은 표준적인

사회과학에서 다뤄지는 것보다 훨씬 더 민주주의의 작동과 깊은 상관관계를 갖고 있는 것이다.[10]

선거유세 기간에 이미 드러난 전과(前科) 경력이나 숱한 의혹에 비추어 볼 때, 이명박 후보는 대통령이 되기에 중대한 흠을 가지고 있었다. 하지만 노무현 정부에 이미 크게 실망한데다 분배를 성장을 통해 우회적으로만 경험해온 사회 성원들에게, 이명박 후보가 지닌 경제성장의 후광은 그의 흠결을 덮을 정도로 호소력이 있었다. 획기적인 경제성장의 구체적 방법을 묻는 기자들에게 "사업을 해본 사람은 노하우가 있다"고 말한 그에게 그런 비책이 전혀 없었다는 것은 집권 후 곧장 드러났다. "문제가 있지만 성장을 이룩한다면"이라는 대중의 기대 가운데 한축이 무너지고, 남은 것은 그의 흠결을 자아냈던 도덕적 위기였다.

혹자는 공약에 대한 기대가 배반되는 것은 항용 있어온 일이라고 말할 것이다. 하지만 단지 공약의 불이행뿐 아니라 최근에도 흠결을 더하고 있는 점이 문제다. 그 가운데 주목할 만한 것은 자주 논란이 되는 그의 언어행태이며, 특히 '명백한 거짓말'이라는 논란을 빚은 권총협박 사건은 매우 징후적이다. 그는 2009년 12월 1일 국빈 방문 중인 헝가리 대통령 쇼욤 라슬로(Sólyom László)를 초청한 만찬 자리에서 자신이 겪은 권총협박 사건에 대해 술회했는데, 그것은 거짓말 논란을 불러일으켰다. 별로 설득력이 없어 보이는 청와대의 변명처럼 그것이 와전된 것

---

10 비근한 예로 민주화 이후 모든 대통령은 일종의 메가 프로젝트를 시도했다. 노태우 대통령은 북방정책을, 김영삼 대통령은 OECD 가입과 금융개방을, 김대중 대통령은 남북정상회담을, 노무현 대통령은 지역균형발전과 한미FTA를, 그리고 이명박 대통령은 4대강사업을 진행했다. 메가 프로젝트의 시도 자체도 그렇거니와 그것이 어떤 종류이며 어느 정도로 정책적 정교함이나 일관성을 지니느냐는 대통령의 지적 안목 그리고 교양 수준과 깊은 관련을 가진다.

이 아니라면, 그의 말을 어떻게 받아들여야 할까?

역대 대통령 가운데 거짓말 논란을 겪은 이가 이명박 대통령 한 사람만은 아니다. 하지만 지금까지 대통령의 발언에서 거짓말이 문제된 것은 대체로 의지의 비일관성이나 은폐 또는 왜곡해온 사실의 폭로와 관련된 것이었다. 그리고 후자의 경우라면 처음부터 은폐나 왜곡을 위해 가능한 모든 권력자원이 미리 동원되지, 이명박 대통령의 사례처럼 증언과 목격자로 둘러싸여 은폐나 왜곡이 거의 불가능한 사실과 관련된 것은 아니었다. 그가 거짓말한 것이 맞다면, 그것은 정치적 용도를 갖지 않았고, 은폐나 왜곡의 성공을 전제로 한 것이 아니며, 의지의 비일관성이 노출된 경우도 아니다. 이 특수한 말의 출현을 설명하는 것은 그가 공적 영역과 사적 비즈니스를 준별할 수 없다는 것, 더 나아가 오직 구체적으로 자신 앞에 현존하는 타자와의 대화를 그럴듯하게 꾸려나갈 따름이지 그 너머에 존재하는 일반적 타자 혹은 공적 시선을 전혀 의식하지 못한다는 것뿐이다. 통상 거짓말하는 주체는 진실을 숨기거나 왜곡하거나 자신의 의도에 대해 변명하려 하는데 바로 그런 사실 자체가 공적 시선의 존재를 전제하고 의식하고 있음을 말해준다. 하지만 이명박 대통령의 행태에는 그런 전제와 그것에 대한 의식이 작동하는 것으로 보이지 않는다.[11]

통치권자의 이런 행태는 관료집단 속으로 펼쳐져 흘러들어가며 공적

---

11 자신이 궁지에 몰리면 상대가 듣기 원하는 말을 그냥 하고 사후의 검증은 또 그것대로 모면하려는 식의 태도는 이밖에도 많다. 촛불항쟁에 직면해서는 쇠고기 수입개방에 대해 사과하고 촛불항쟁이 퇴조하자 촛불시민을 탄압한 것이나 대운하를 4대강사업으로 둔갑시킨 것이 대표적인 예이며, '대통령과의 대화'에 출연해 노무현 정부의 물관리 보고서를 꺼내들고 태연하게 그 내용을 왜곡해서 소개한 것도 마찬가지 예이다.

문화의 퇴락을 유도한다.[12] 이런 퇴락이 민주적 법치국가를 떠받치는 도덕의 위기와 무관하지 않은 이유는, 민주적 법치국가의 발전은 일반적 타자 혹은 공적 시선의 강화를 수반해야 하기 때문이다. 되짚어보면 민주화 이후 우리 사회는 중대한 개인적 손실조차 감수한 숱한 내부고발자, 부패를 감시하는 시민단체, 독립성을 지키려는 기자, 불편부당한 역사가와 판사, 그리고 양심적인 과학자와 공무원에 의해 도덕적 자기정화를 더해왔고 관련 제도를 개선해왔다. 더불어 전체 사회 성원이 공적 시선을 의식하고 행동하게 되었으며, 그렇게 행동하는 것 때문에 겪어야 할 개인적 손실은 점차 낮아지고 공적으로 환류되는 이익은 조금씩 증대하는 선순환으로 이행해왔다.

이렇게 민주적 법치국가가 진전함에 따라 함께 구축된 문화적 하부구조가 대통령과 관료기구의 도덕적 퇴락으로 단번에 해체되는 것은 아니다. 뒤에 다시 다루겠지만 촛불항쟁에서 「헌법 제1조」를 소리높여 부르고 전경차에 불법주차 딱지를 발부한 시민들의 행동은 민주적 법치국가를 떠받치는 공적 문화가 만만치 않게 성숙했음을 보여준다. 하지만 민주적 법치국가의 문화적 토대가 충분히 견고한 것은 아니다. 민주적 법치국가의 경험보다 훨씬 긴 세월 동안 우리 사회의 성원들은 민

---

12 그런 예로 2010년 1월 11일 정부가 발표한 '세종시 발전방안'(수정안)을 들 수 있다.『한겨레』에 따르면 수정안에는 상당한 왜곡과 거짓말이 들어 있다. 정부는 수정안을 발표하면서 세종시 목표인구를 '원안은 17만명, 수정안은 50만명'이라고 밝혔다. 하지만 세종시 원안의 목표인구는 '행정중심복합도시 개발계획'(행정도시건설청)에 나와 있는 대로 50만명이다. 개발계획에서 이를 고친 적이 없는데도 정부는 수정안에서 이를 임의로 33만명이나 줄여 발표했다. 이렇게 목표인구를 낮춰 잡음에 따라 고용인구도 원안은 8만 4,000여명으로 수정안의 고용인구 24만 6,000명의 3분의 1에 불과하게 됐다. 이런 식의 일이 쉽게 벌어지는 것은 통치자의 행태가 공직문화를 일그러뜨리고 있기 때문이다. 그밖에 각종 법률을 위반하며 진행되고 있는 4대강사업도 같은 예이다.

주적 법치국가에 미달하는 체제에서 살았으며, 그렇기 때문에 그런 체제에서 형성된 습속이 청산되진 못했다. 통치자와 국가관료기구의 퇴행, 보수파 내에서의 냉전적 집단의 강화와 보수언론의 공론장 지배, 경제적 생활기회의 악화가 오래된 습속을 되살리고 민주화 이후 어렵게 성장한 공적 문화의 퇴락을 유도할 위험은 항존한다.

위협이 권위주의 정부 아래서 형성된 구습으로부터만 오는 것은 아니다. 외환위기 이후 진행된 신자유주의화 또한 도덕적 위기를 유발하는 위협요인이다. 신자유주의는 경제구조를 재구성하는 이론적 담론일 뿐 아니라 일상적인 실천에 파고들어 그것을 해석하는 의미자원이 될 수 있는 힘이 있다. 신자유주의는 체계통합의 담론일 뿐 아니라 사회통합의 담론으로 가동됨으로써 행위자들의 동기와 태도에 닻을 내리고자 하는 것이다. 외환위기 이후 우리 사회에서 유행한 숱한 자기계발서들이 이 점을 잘 보여준다. 그런 책들은 개인들에게 스스로를 기업으로 간주하는 자기경영의 주체가 될 것을 권고하며, 자신의 속물성을 승인하는 자기배려의 주체가 될 것을 추천해왔다. 매우 낮은 수준의 연대의 문화마저 고갈시키는 이런 신자유주의적 자아테크닉은 외환위기 이후 계속된 정리해고, 비정규직화 그리고 자영업화 속에서 불안해진 개인들 속으로 깊게 스며들었다.[13] 실제로 자산과 부채 대부분이 부동산에 파

---

13 푸꼬의 자아테크닉 개념을 활용하여 신자유주의 문화의 침투양상을 상세히 살핀 저작으로는 서동진 『자유의 의지 자기계발의 의지』(돌베개 2009)를 참조할 수 있다. 한가지 지적할 점은 푸꼬의 자아테크닉이 단지 신자유주의적인 것에 한정되지 않는 다양한 양식을 가지고 있으며, 그렇기 때문에 진보적인 형태를 취할 수도 있다는 점이다. 그렇게 본다면 자유와 자아를 연계하는 자아테크닉에 대한 문제의식이 비어 있다는 것은 우리 사회 민주파의 중대한 약점이다. 일상적 국면에서 응용 가능해지는 이런 테크닉을 아마도 생태주의만이 일부 개발했다고 할 수 있을 것이다. '무엇을 할 것인가?'에 답하는 동시에 그것을 개인

묻혀 있는 숱한 가계들에 재테크는 절박한 과제다. 품위있는 일자리가 나날이 줄어드는 사회에서 스펙 쌓기에 여념 없는 대학생 그리고 그들을 자녀로 둔 가장에게 '부자 아빠, 가난한 아빠' 유의 이야기나, 부실한 연금제도로 인해 노후를 위협받는 사람들에게 '10억 만들기 프로젝트' 따위는 세이렌의 유혹이나 다름없다. 이처럼 극복의 전망 없는 적응, 적응을 넘어 적응강박으로 이끄는 신자유주의적 사회통합은 사람들의 문제를 해결해주기는커녕 집합적이고 정치적인 문제 해결로부터 등을 돌리게 함으로써 민주적 법치국가의 도덕적 자원을 침식하고 민주적 복지국가로 나아갈 힘을 약화시킬 뿐이다. 하지만 그런 체제의 위협을 자아테크닉을 통해 방어하도록 부추기는 문화가 현재 우리 사회에서 무시할 수 없는 영향력을 가지고 있음을 부인할 수 없다.

이렇게 집권세력의 도덕적 위기와 민주화 이전 체제로부터 연원하는 구습 그리고 신자유주의적 문화의 위협성을 염두에 둔다면, 우리 사회가 심층적인 도덕적 퇴행을 겪을 위험을 낮게 평가할 수는 없다. 어쩌면 현재 일어난 공적 문화의 퇴락은 부분일식에 그치지 않고 개기일식으로 전환될 수도 있다. 그렇다면 그것을 막기 위해서 무엇이 필요한 것일까?


5


무엇이 현재의 부분일식을 걷어낼 수 있는 힘일까? 그것을 위해 우리

---

의 자유의 행사와 연계할 수 있는 자아테크닉의 개발이 없다면 사회적 연대감과 공적 문화는 역동성과 추진력을 얻지 못할 것이다.

가 가진 자산은 무엇이고 거기에 무엇을 더해야 할까? 이 문제를 살피기 위해 한때 숱한 시민과 지식인의 마음을 사로잡았던 촛불항쟁으로 다시 돌아가볼 필요가 있다. 촛불항쟁이 우리 사회의 도덕적 배치 양상과 잠재력을 보여주기 때문이다.

배리 웨인개스트(Barry R. Weingast)가 지적했듯이, 민주주의 체제에서 선거와 선거 사이에 시민들이 통치자를 직접 통제하기 위해서는 시민 다수의 가치합의와 집합행동이 필요하다.[14] 이런 두가지 조건은 다원적이고 복잡한 사회에서는 쉽사리 충족되지 않지만, 촛불항쟁은 그것을 모두 충족했다. 첫번째 조건이 충족된 이유는, 한편으로는 이명박 정부의 초기 행태에서 드러난 편협성과 천박성에 대중이 실망하던 차에 미국산 쇠고기 개방의 강행이 마침내 어떤 도덕적 최저선을 건드렸기 때문이고, 다른 한편으로는 민주적 법치국가가 형성됨에 따라 방송 영역의 독립성이 확장되고 비판적 언론이 형성됨에 따라 공론장이 일정한 수준의 건강을 회복한 점, 그리고 정보화가 계몽을 조직할 역량을 보강함에 따라 보수언론의 헤게모니가 제약되었던 점 때문이었다.

두번째 조건은 훨씬 충족하기 어려운 고전적 딜레마를 해결해야 한다. 흔히 '무임승차'라고 불리는 문제가 개입하는 탓이다. 공적으로 가치있는 결과를 얻기 위해서 사회 성원 가운데 다수가 참여해야 할 경우, 개인적으로 가장 합리적인 것은 자신을 제외한 다수가 협동에 나서고 자신은 그런 협동에서 빠져나오는 것이다. 그럴 때 그는 비용을 전혀 치르지 않고 가치있는 결과를 향유할 수 있게 된다. 하지만 모두가 개인적

---

**14** Barry R. Weingast, "The Political Foundations of Democracy and the Rule of Law," *The American Political Science Review* Vol. 91(2), 1997, 245~63면 참조.

으로 합리적인 행동을 취하면 공적으로 가치있는 결과는 산출되지 않는다. 제재력을 갖춘 중심적 권위가 없는 탈중심화된 집합행동 상황에서 무임승차 문제를 해결하기는 매우 어려운 법이다.

하지만 촛불항쟁에서는 이런 집합적 협동에 내포된 딜레마가 빠른 속도로 해결되었는데, 그럴 수 있었던 것은 단기적인 개인의 이해관계를 일정 정도 초과하는 도덕적 태도가 작동했기 때문이다. 이런 태도를 필자는 전통적인 도덕철학의 범주를 원용해 세가지로 구별할 수 있다고 생각한다. 첫째는 일상적 칸트주의다. 이 범주에 속하는 이들은 다수가 협동해서 모두에게 좋은 일이라면 그것을 행하는 도덕적 태도를 지닌다. 그렇기 때문에 결과의 산출 여부와 타자의 참여를 행위선택의 주요 변수로 고려하지 않는다. 두번째는 공리주의다. 이들은 공공선의 증진을 지향한다. 하지만 결과지향적이기 때문에 적은 수가 참여해 결과를 산출하기 어렵다면 협동하지 않는다. 세번째는 공정성주의다. 이들은 공정하기(fairness)를 원하기 때문에 다른 사람의 협동에 무임승차하기를 원하지 않는다. 그들은 타자가 참여한다면 자신도 참여한다. 하지만 이 경우 타자의 참여는 자신이 참여하지 않는 것을 부끄럽게 느끼게 할 만큼 다수여야 한다.[15]

이런 도덕적 태도를 촛불항쟁에 대입해보면 이렇게 말할 수 있다. 미국산 쇠고기 수입개방에 항의하며 가장 먼저 집회를 조직한 청소년들은 칸트주의자라고 할 수 있다. 그들이 삶의 모든 측면에서 일관된 칸트주의자는 아니겠지만 특정한 쟁점에 대해 결과의 산출이나 타자의 참

---

[15] 이 경우 어느 정도의 다수가 참여할 때 자신도 참여해야 한다는 도덕적 압력을 느끼는지는 경험적인 문제다. 하지만 거의 모든 사람이 참여할 때에야 비로소 참여한다면 공정성주의자라기보다 기회주의자일 것이다.

238

여와 무관하게 옳은 일을 하고자 했다. 이들의 행동은 추가적으로 다른 칸트주의자들을 모아들였다. 그리고 그것이 일정한 사회적 반향을 일으키자 그런 결집이 정부 행동에 영향을 줄 수 있다고 믿는 공리주의자들이, 그다음엔 무임승차에 수치심을 느끼는 공정성주의자들이 참여했다고 할 수 있다.[16] 이런 관점에서 볼 때 촛불항쟁은 높은 수준의 지속적이고 창의적인 도덕적 동원의 산물인 동시에 그런 도덕적 성향이 우리 사회에 광범위한 대중적 기반을 두고 있다는 확증인 셈이다.

도덕적 태도는 상황에 따라 변동하는 이해관심보다 훨씬 장기적인 사회화의 결과이며 그런 만큼 상대적 안정성을 갖고 있다. 그런 의미에서 앞서 지적한 도덕적 태도들의 확산과 표출은 민주적 법치국가 아래서 형성된 민주주의적 선호와 도덕 발달의 성과라고 할 수 있다. 촛불항쟁에 참여한 사람들은 입시에 시달리고, 줄어든 일자리 때문에 스펙 쌓기에 여념이 없고, 경제적 고통 속에서 저임금과 집세와 교육비와 노후를 걱정하는 청소년, 대학생, 일반시민 바로 그들이다. 그들은 사적 삶의 고단함 때문에 더욱 개인적 합리성을 추구하며 상황에 적응해야 하지만 동시에 민주적 법치국가에서 성장하고 살아오면서 공적 삶에 자신을 일정 정도 투입할 의지를 가진 존재가 되었다고 할 수 있다. 촛불항쟁은 이런 공적 문화가 권위주의 정부 시기로부터 물려받은 습속과 신자유주의적 문화변동에 맞설 잠재력을 지니고 있으며, 제약된 기회구조가 변한다면 충분히 풀려나올 수 있음을 보여주었다.

그럼에도 불구하고 이런 도덕적 성향의 분포에는 약점이 존재한다. 정부의 정책을 통제하는 유효한 집합행동이 가능하기 위해서는, 일정

---

16 촛불항쟁의 후퇴 또한 같은 논리로 설명할 수 있다.

수 이상의 칸트주의자와, 그들의 바통을 공리주의자와 공정성주의자에게 전달할 수 있는 도덕적 릴레이 조건(예컨대 언론보도나 서울광장 같은 높은 가시성)이 확보되어야 한다. 이런 조건들은 경험적인 만큼 언제나 확보되는 것은 아니며 파괴될 수도 있다. 실제로 이명박 정부는 이런 경험적 조건을 파괴하는 데 주력했다. 집회를 적극 통제하고 보수적 시민단체를 동원하고 언론을 탄압함으로써 공리주의자들에게 정부로부터 바람직한 변화를 이끌어내는 데는 한계가 있다는 생각을 불어넣어 그들의 이탈을 유도했다. 이에 따라 참여자 수가 줄자 공정성주의자들이 무임승차의 부담을 덜고 빠져나갔으며, 그렇게 해서 고립된 칸트주의자들을 이명박 정부는 모든 수단을 동원해 탄압했다.

이같이 잠재상태로 후퇴한 시민들은 자신의 선호와 도덕적 태도를 현실화할 출구를 2008년과 2009년에는 재보선이라는 좁은 기회 안에서 찾았다. 하지만 2010년에는 훨씬 확장된 정치적 투입구인 지방선거를 맞이했다. 촛불항쟁에서 드러난 시민들의 욕구가 그것을 충족할 정치적 대안과 결합한다면 민주적 법치국가의 퇴락이라는 정치적 위기를 상당 수준 방어할 수 있을 것이며, 정치적 기회구조의 변화에 따라 도덕적 위기도 어느정도 막을 수 있을 것이다. 그런 의미에서 지방선거를 앞두고 논의된 정치연합은 큰 중요성을 갖는다.

하지만 도덕적 위기의 방어에서 나아가 그것을 극복할 방향을 찾는 일도 못지않게 중요하다. 왜냐하면 민주적 법치국가를 지키며 그것을 민주적 복지국가로 이끌기 위한 가장 견고한 진지는 시민적 도덕의 강화이기 때문이다. 생각해보면 촛불항쟁을 이끈 힘은 민주적 법치국가의 주권의식과 계몽된 자기이익이 연계된 것이었다. 계몽된 자기이익은 복잡한 사회적 과정을 경유해서 그 이익이 자신에게 되돌아오는 만큼 근시안에서 벗어날 수 있는 교양과 도덕적 안목을 요청한다. 확실히 촛불항쟁은 그런 안목이 발전했음을 보여준다. 그렇지만 그것 역시 자기이익과 연결된 것이며, 그렇기 때문에 자신의 존재 자체를 부양하고 있는 사회적 연대성에 충분히 민감하지 않다. 이런 연대성에 둔감한 이는 자신의 성공이 그가 의도했든 하지 않았든 더 많은 사회적 자원을 활용하고 그중 일부는 찬탈한 덕분임을 알지 못하며, 타인의 실패가 인간적 약점뿐 아니라 사회구조라는 수레바퀴에 치인 결과일 수 있음을 알아채지 못한다. 그러나 이런 사회적 연대로까지 도덕적 통찰이 확장된다면, 우리는 민주적 복지국가를 향해 뚜렷한 한걸음을 뗄 것이다. 민주적 법치국가가 민주적 복지국가를 예비하지만 민주적 복지국가의 발전은 민주적 법치국가를 더욱 강하게 만든다. 민주주의란 페달을 밟지 않으면 바로 서지 못하는 자전거와 같기 때문이다. 민주적 법치국가를 지키기 위해서 우리는 페달을 밟아야 하고 그렇게 앞으로 나아가야 한다.

## 1

많은 사람이 우리 사회의 가장 심각한 사회문제의 하나로 교육문제를 꼽는다. 그래서 역대 정부들은 교육체제에 대한 깊은 불만의 해결을 자임하며 정책적 개입을 계속해왔다. 하지만 뚜렷한 성과를 내지는 못했다. 그 이유는 한편으로는 정책 자체가 합리성과 효율성 그리고 사회적 합의에 근거하지 못한 때문이며, 다른 한편으로는 사회 성원들의 강력한 교육경쟁과 그것에서 비롯된 높은 적응능력 때문에 정책이 의도한 효과를 발휘하지 못하고 무화되는 경우가 많았기 때문이다.

그런 의미에서 교육문제 해결을 위한 연구가 착목해야 할 점은 한편으로는 우리 사회 성원들이 교육에 대해서 가진 욕망과 요구의 역동적 힘이며, 다른 한편으로는 그런 요구에 대한 반응형태로 형성된 교육정책과 제도의 효과라고 할 수 있다. 하지만 굳이 따지자면 후자의 문제가 더 중요하다고 판단된다. 교육정책이 사회적 합의나 합리성과 거리가 멀고 정책의 의도된 효과가 약하다고 해도 그렇다. 후기구조주의의 어법을 빌려 말한다면, 사회적 요구는 기의(signified), 그리고 그것에 대한 정책적 반응을 통해서 형성되는 제도는 기표(signifier)라고 할 수 있을 텐데, 둘의 관계에서 우위를 점하는 것은 기표이기 때문이다. 마치 대의민주주의에서 유권자는 후보자(기표)가 자신의 선호(기의)를 제대로 재현하지 않더라도 그들 가운데 누군가를 선택할 수밖에 없으며(기권은 정치적 투입이 될 가능성이 거의 없다), 그렇게 선출된 사람들의 상호작용이 정치의 장을 규정하는 것처럼 말이다. 따라서 정책이나 제도가 사회적 요구를 충족하기는커녕 배반할 수도 있지만, 정책에 의해서 형성된 체제는 사람들의 행위의 틀을 형성하고 행위 방향을 재조정하는 힘을 가지고 있으며, 그 안에서 살아가는 사람들의 선호 자체를 재구조화하기까지 한다.[1] 그렇기 때문에 교육체제의 변동에 대한 연구가 중요한 것이다. 이런 문제의식 아래 이 글은 1987년 민주화 이행 이후 교육정책과 제도 변동의 기본 특성을 규명하고자 한다.

교육영역과 관련해서도 1987년 민주화 이행을 강조하는 것은, 권위주의체제에서 이데올로기적으로는 국가 통제 아래 있었고 내부적인 통치방식에서는 교육관료와 교육전문가 집단 또는 사학법인에 맡겨져 있던 교육적 구체제가 민주화를 기점으로 크게 변화했기 때문이다. 따라서 1987년 민주화 이행 그리고 그와 더불어 형성된 87년체제의 특성이 교육체제의 변화에 어떻게 작용했는지 분석할 필요가 있다. 이런 분석은 교육체제를 해명하는 것뿐 아니라 87년체제론의 발전에도 도움이 될 것이다. 예컨대 87년체제론과 97년체제론 간의 논쟁은 별로 생산적

---

1 Jon Elster, *Sour Grape: Studies in the Subversion of Rationality*, Cambridge University Press 1983, 제3장 참조.

이지 못했는데, 그 이유는 각각의 논의가 사회 여러 부문에 대한 구체적 분석과 연계되지 않은 때문이다. 따라서 전체 사회의 성격에 대한 분석을 사회 여러 영역에 대한 논의로 확산하는 것은 경험적 연구의 위치를 설정하는 데 도움이 될 뿐 아니라 일반적 논의 자체의 발전에도 도움이 된다 하겠다.

이하의 논의에서는 먼저 교육에서의 87년체제라 할 만한 특징을 규명해볼 것이다(2절). 이어서 교육영역에서 민주파가 추진한 교육개혁운동을 검토할 것이다(3절). 다음으로 김영삼 정부 때 대통령 자문기구인 교육개혁위원회가 구상한 '5·31교육개혁안'에 주목하고자 하는데, 그 이유는 1995년 '5·31교육개혁안'이 입안된 이래 계속해서 헤게모니를 행사했다고 판단하기 때문이다(4절). 마지막으로 교육에서의 87년체제에 대한 분석이 87년체제 단계론이나 87년체제의 97년체제로의 전환론 등에 대해서 어떤 정정의 의미가 있는지 간략히 살필 것이다(5절).

2

1987년 민주화 이행은 교육체제에도 심대한 영향을 미쳤다. 민주화 이행은 교육영역에서도 구체제의 해체 효과를 가졌으며, 앞으로 살펴보겠듯이 87년교육체제라고 할 만한 것이 수립하는 계기가 되었다. 그 양상을 알아보기 위해서는 우선 교육에서의 구체제의 성격을 규정하고 민주화의 경로에 대해 살펴보자.

권위주의적 발전국가체제 안에서 교육체제는 철저하게 국가에 종속되고 동원되는 동시에 대중의 지위상승 욕구에 출구를 제공하는 기능을 수행했다. 박정희 정권은 통치를 위해서 계속해서 교육을 통제하고 정치적으로 억압하는 동시에 이데올로기적·경제적으로 동원하고자 했다. 그리고 후자와 관련해서는 대중의 욕구에 수동적으로 부응하는 정책을 취했다.

교육에 대한 국가 통제는 5·16군사쿠데타 직후부터 나타난다. 교육 영역에 국가가 개입하는 최선의 길은 국가가 자신의 관할권 아래 있는 국공립학교의 공급을 늘리며, 그런 학교에 대해서만 공식적 학력을 인정하는 것이라고 할 수 있다. 하지만 해방 후 한국의 국가는 그런 능력을 가지고 있지 않았다. 한편에서는 대중의 거센 교육열에 부응하여 학교를 공급해야 하지만,[2] 그것을 감당할 능력이 없었던 국가는 사립학교 증설을 권장하지 않을 수 없었다.[3] 이로 인해 우리 교육체제의 지속적이고 구조적 특징인 높은 비율의 사학(중고교 약 45%, 고등교육 약 80%)을 포함하는 국공립/사립 학교체제가 형성되었다. 국가의 입장에서는 큰 비중을 차지하는 사립학교를 규율하는 것이 매우 중요한 문제가 되었다.

박정희체제는 교육열을 배경으로 하여 폭발적으로 증가했던 사립학교들이 저지른 비리를 매개로 교육체제 전반에 대한 국가 통제를 시도했다. 쿠데타 직후의 일련의 조치와 '교육에관한임시특례법'(1961.9.1), 그리고 집권 뒤에 제정된 '사립학교법'(1963.6.26)이 그런 시도인데, 특히 사립학교법은 그뒤 여러번 개정되었지만 여전히 기본 골간을 유지하고 있으며, 사학에 대한 광범위한 국가 통제의 법적 근거가 되었다.[4]

---

2 교육열의 기원과 심화에 대한 연구로는 오욱환 『한국사회의 교육열: 기원과 심화』, 교육과학사 2000 참조.

3 송기창 「한국에서 사교육의 성장과 공교육의 위기」, 『한국 공교육체제의 평가와 전망』, 한국교육연구소 1999, 103~54면 참조.

그러나 1963년 제정 사립학교법이 단순히 사학에 대한 국가 통제만을 함축하고 있는 것은 아니다. 이 점을 이사회 관련 규정은 잘 보여준다. 1963년 제정 사립학교법은 이사 상호 간 민법상의 친족과 처의 3촌 이내의 혈족이 3분의 1을 넘지 않게 규정하는 것 이외에는 이사 선임에 대한 특별한 규정이 없으므로 친족집단에 더해 친분 있는 인사 몇몇만 이사로 선임하면 특정 친족집단이 한 학교의 이사진을 장악할 수 있도록 해주었다. 또한 1963년 제정 사립학교법은 법인 이사 가운데서도 이사장에게 매우 강력한 권한을 부여하고 있다. 이사회 소집에서 있어서 이사장은 단독 소집의 권한을 가지고 있지만, 이사들은 재적 이사 과반수가 요구해야 이사회를 소집할 수 있다. 사립학교법은 사학이 국가의 정치적·이데올로기적 지배에 순응하는 한, 법인의 학교 내부 지배를 보장하는, 국가와 학교법인의 타협을 제도화한 법안이라고 할 수 있다. 그렇게 해서 국공립에 대한 정부의 직접적 통제와 사학법인을 매개로 한 사립학교 통제가 권위주의체제 아래서 교육체제의 근간을 이루었다.

1987년 민주화 이행은 이런 교육적 구체제에 대해 변화의 압력을 가했다. 하지만 민주화가 곧장 교육체제의 영역으로 관류해 들어갈 수는 없었다. 그 이유는 세가지이다. 우선 민주화 이행이 타협에 의한 것이었기 때문에 다른 사회영역에서도 그랬듯이 교육영역에서도 구체제의 지배층이 거의 그대로 온존했다. 다음으로 구체적인 교육 프로그램과 정책을 경유하지 않고 하위체제인 교육체제에 정치적 민주화의 효과가

---

4 사립학교법은 감독청이 사립학교를 지휘, 감독하며 사립학교의 장의 임명 또한 감독청의 승인을 받아야 한다고 규정하고 있다. 또한 법인 임원의 정원과 구성 그리고 임기, 학교법인의 예산편성과 회계규칙에 대해 세밀한 제한 규정을 두고 있다. 상세한 것은 이 책의 제3장 「분단체제와 사립대학」의 부록을 참조할 것.

직접 관류해 들어갈 수 없기 때문이다. 마지막으로 공교육 전반을 국가가 책임지고 있는 경우와 달리 우리 사회는 사학의 비중이 매우 높은 탓에 정치가 교육체제를 직접 그리고 강하게 변화시키기 어려운 면이 있기 때문이다.

특히 마지막 요인으로 인해 교육영역의 민주화는 시민사회 내의 진지전의 성격을 띨 수밖에 없었다. 민주화가 가져다준 억압적 국가로부터의 사회의 해방이라는 성과는 민주파뿐 아니라 보수파에게도 새로운 자유를 제공했는데, 그런 해방된 시민사회 내 보수세력의 핵심이랄 수 있는 것이 보수언론, 보수적 종교집단, 그리고 사학법인이다. 이 가운데 사학법인은 국가로부터의 지원과 후견을 많이 받는 집단이다. 따라서 국가로부터의 해방은 사학법인에 새로운 자유와 더불어 후견의 상실이라는 댓가를 요구한다. 국가로부터의 해방이 곧장 언론의 자유를 의미하며 곧장 사회적 권력의 제고로 경험된 보수언론과 달리 사학법인은 늘어난 자율성의 댓가로 학교 내부로부터 제기되는 도전에 직면하게된다. 이전의 교육체제에서 아무 목소리를 낼 수 없었거나 목소리를 내기 위해서는 심각한 탄압을 감수해야 했던 교원/교수, 학부모, 그리고 학생 집단이 교육민주화와 교육체제 내에서의 권력 분점을 요구하게되기 때문이다. 이로 인해 87년체제에서 새롭게 형성된 교육체제는 보수파와 민주파 간에 대립과 갈등을 구조적으로 내장하게 된다.

이런 교육체제 내부의 갈등 구도에 전체 사회체제의 구조가 덧씌워지게 된다. 앞서 지적했듯이 87년체제의 한 특징은 체제 변동의 행로를 규율할 기획이 민주화와 신자유주의화로 이중화되었다는 것, 그리고 두가지 프로젝트를 모두 수용한 자유파가 약한 헤게모니를 행사했다는 것이다. 이와 매우 유사한 구도가 교육체제 안에서 반복된다. 과도한 이

248

데올로기적 동원을 일삼은 국가주의적 교육, 시민사회의 자율성을 인정하지 않으며 부패 커넥션으로 얼룩진 교육으로부터 벗어나기 위한 개혁이 민주화 이행과 더불어 의제로 떠오르자 곧장 개혁 프로젝트는 민주화와 신자유주의화로 이중화되었으며, 두 프로젝트는 각각 교육체제 내의 민주파와 보수파에 연계되었다. 그리고 이 두 세력의 틈새에서 교육관료들이 두 프로젝트를 모두 자신의 것으로 수용하면서 개혁의 헤게모니를 잡고자 했다. 그런 의미에서 우리는 87년체제와 상당한 동형성을 가진 '87년교육체제'가 수립되었다고 말할 수 있다.

3

1987년 민주화 이행 이후 교육운동과 교육개혁의 행로는 보수파와 민주파 그리고 양자 사이에서 동요하는 교육관료라는 세 세력의 상호작용과 갈등에 의해서 규정되었다고 볼 수 있다. 각 집단은 자신의 힘을 확장하기 위해서 개혁 담론과 의제를 선점하고자 했으며, 각자의 담론 속에서 타 집단을 개혁 대상으로 구성하고자 했다. 회고적으로 본다면 이런 과정에서 가장 능란하게 자신의 의지를 관철한 것은 교육관료 집단이었다. 그들은 민주화와 자유화라는 두 프로젝트를 정책적으로 배합함으로써 민주파와 보수파 모두를 개혁 대상으로 만들 수 있었기 때문이다. 담론 투쟁을 통해 일단 개혁 대상이 되고 그것이 공론을 통해서 승인되면 개혁 대상이 된 집단은 방어투쟁에 몰두하게 되어 자신이 의제화하고자 한 개혁작업을 공세적으로 추진하기 어렵게 된다. 개혁 대상이 된다고 해서 그 때문에 각 집단이 가진 사회적 권력이 허물어지는 것은 아니지만, 자신이 추구하는 프로젝트를 진전시키는 것은 상당히 힘들어지게 마련이다.

먼저 87년체제 속에서 교육운동의 궤적을 살펴보자. 교육운동은 민주파에 의해서 주도되었는데, 가장 두드러진 예는 전교조운동이며, 거기에 민교협운동(그리고 2000년대 들어서의 교수노조운동) 같은 교수의 사회운동, 참교육학부모회를 비롯한 학부모운동을 들 수 있다.[5] 1989년 5월부터 본격화된 전교조운동은 87년체제에서 일어난 교육민주화운동의 '첫번째 물결'이라고 할 수 있다. 1987년 노동자대투쟁 이후 노조 조직률의 증가 그리고 언론노련 등의 설립을 생각하면 교사운동이 노조라는 좀더 강력한 조직형태를 구축하려고 시도한 것은 납득할 만한 일이다. 하지만 과연 전국교사협의회를 교사노조로 전환하는 것이 당시에 적합한 교육운동 전략이었는지는 확언하기 어렵다. 노조 설립 시도 10여년 뒤 합법화된 전교조 관점에서 회고적으로 보면, 그런 시도가 결국은 성공한 것으로 자축될 수 있다. 하지만 노조 설립의 측면, 즉 노동정치의 면뿐 아니라 교육개혁을 위한 운동이라는 교육정치의 면까지 고려한다면, 주체의 역량을 과신하고 시도된 노조 설립운동 때문에 전교조 합법화 전까지 민주파가 교육개혁에 개입할 수 있는 역량이 크게 약화되었음을 부인하기 어렵다.[6]

---

5 학생운동의 경우, 90년대 들어서 학원민주화운동 등을 벌였지만 그것이 학생운동에서 차지한 역할은 부차적이라고 할 수 있다. 쇠퇴기 이전의 학생운동의 기본 성격은 정치운동이어서 교육운동으로 분류하기는 어려우며, 학원민주화운동의 경우 성과도 그리 두드러진 것이 없다.

6 전교조 창립과 합법화에 이르는 과정에 대한 연구로는 장성순 「전교조 합법화를 둘러싼 정치적 과정 분석: 1989년부터 1998년까지 노동정치, 교육정치의 변화와 행위자들 간의 전략적 선택을 중심으로」, 『동향과전망』 제42호, 1999, 214~34면 참조.

아무튼 전교조는 외환위기를 계기로 합법화되었으며, 이후 빠른 속도로 세력을 확장했고 조직이 정비되자 즉시 사립학교법 개정운동을 주도하기 시작했다.[7] 사립학교법 개정은 교육체제의 지배구조의 근간에 도전하는 것이라는 점에서 교육민주화운동이 정확하게 예리한 개입지점을 선택한 것이라고 할 수 있으며, 그런 의미에서 사립학교법 개정운동은 전교조 설립 운동에 이어지는 교육민주화운동의 '두번째 물결'이라고 할 수 있다. 전교조를 중심으로 대학노조, 참교육학부모회, 민교협이 연대했고, 거기에 수많은 시민단체가 지지하고 참여하는 '사립학교법개정과부패사학척결을위한국민운동본부'(이하 사학국본)가 결성되었다. 사학국본은 2000년에서 2001년에 이르는 기간 동안 20여 회의 대규모 집회와 단식농성 등을 시도하며, 교육영역에서의 민주파 역량을 총집결하는 운동을 전개했으며, 시민사회와 여론의 전폭적인 지지를 받았다. 그럼에도 불구하고 당시 원내 다수당인 한나라당의 벽을 넘지 못함으로써 법 개정에는 실패했다.

하지만 이때의 투쟁 그리고 그것에 이어진 끈기있는 문제제기로 대학평의회의 설치와 대학평의회 및 학교운영위원회에 의한 개방형 이사 추천(제14조 3~6)을 골간으로 하는 사립학교법 개정안이 민주당과 열린

---

7 합법화된 전교조의 첫번째 교육민주화운동이 사립학교법 개정운동이 된 것은 워낙 사립학교의 부패와 비리가 만연해 있었기 때문이기도 하지만, 제정 이래 변화가 없었던 사립학교법 제21조 ②, 즉 사립학교 법인 이사의 구성에서 민법 제777조에 규정된 친족관계나 처의 3촌 이내의 혈족관계가 있는 자가 그 정수의 3분의 1을 초과해서는 안 된다는 규정이 사학법인들의 로비에 의해 1990년 4월 7일 수정된 사립학교법에서 "민법 제777조에 규정된 친족관계나 처의 3촌 이내의 혈족관계가 있는 자가 그 정수의 5분의 2를 초과하여서는 아니된다"로 개악되었고, 그로 인해 1990년대를 통해 사학분규가 그 전보다 더 빈발하고 더 격렬해졌기 때문이다.

우리당에 의해 당론으로 채택되었다. 그리고 2005년에는 노무현 정부 4대 개혁입법의 하나에 포함되어 입법투쟁의 대상이 되었으며 4대 개혁입법 가운데 유일하게 입법의도에 맞게 개정되었다.[8] 2005년 사립학교법의 개정은 민주화 이후 교육영역에서 민주파가 거둔 최대의 승리라고 할 수 있다.[9]

그러나 교육운동의 중심에 있던 전교조는 이후 정부의 몇가지 교육개혁(특히 교육행정정보시스템NEIS과 교원평가제)과 대립하면서 교육정치로부터 노동정치로 방향을 전환했다. 전교조는 NEIS 반대투쟁이나 교원평가제 반대투쟁을 노동정치를 넘어선 교육정치적 의제로 끌어올리고자 했고, 반신자유주의 운동으로 자리매김하고자 했지만 대중의 설득력을 얻지 못했다. 특히 교원평가제의 경우 진보적인 학부모 단체와 전교조 사이의 연대를 결정적으로 약화시키는 계기가 되었다. 그리고 기본적으로 방어적일 수밖에 없는 투쟁에 역량이 집중됨으로써 교육민주화를 향도할 힘을 잃었다. 아이러니하게도 교수운동 또한

8 제14의 임원 규정의 신설 조항뿐 아니라 중대한 개혁이 이루어진 영역을 언급하면 다음과 같다. 우선 사학법인 이사의 승인취소 사유가 확대되어, 교육관계법령 위반 및 명령 불이행, 학교장의 위법 방조, 취임 승인 취소자의 학교운영 간여 방조 등이 추가되었다. 또한 임시이사 선임 요건을 완화하고 정이사 전환을 용이하게 함으로써 비리 사학에 대한 사회적 개입이 더욱 신속하게 이루어질 수 있게 되었다. 하지만 이런 규정들은 한나라당의 투쟁과 공세로 이루어진 2007년 개정에서 상당히 후퇴했다. 제25조 임시이사 관련 규정의 법률 연혁에 대해서는 이 책의 제3장 「분단체제와 사립대학」의 '부록 3'을 참조하라.

9 2005년 당시 개정의 동력은 4대 개혁입법에서 일부라도 성과를 내는 데 주력한 열린우리당이었다. 2000년 사학국본의 사립학교법개정운동에서는 교수단체와 대학노조 사이에 사학법인 이사회 관련 규정의 개정 방향과 관련해 이견이 발생했으며, 전교조 또한 2003년부터 NEIS 반대투쟁에 집중하느라 사립학교법 개정운동에 투쟁역량을 집중하지 못했다. 2005년 개정 사립학교법은 강력한 대중투쟁에 입각한 것이 아니었기 때문에 보수파(한나라당, 사학법인 연합, 보수언론)의 반격에 의해 2007년 다시 일부 개악될 수밖에 없었다.

2000~2001년 사립학교법 개정투쟁 이후 교수노조를 수립하는 데 주력함으로써 교육정치보다는 노동정치로 중심축을 이동시켰다. 교수노조 운동이 사립학교의 비리나 사학재단의 전횡과 대립하는 한, 노동정치와 교육정치는 엄밀히 구분되지 않는다. 그럼에도 불구하고 현행법상 합법화되지 않은 교수노조 설립과 합법화 운동은 그 이전에 비해 교육정치보다 노동정치에 더 주력하는 쪽으로 나아갔다.[10]

전체적으로 민주파는 교육영역에서 사립학교법 개정이라는 큰 성과를 거두었다. 하지만 그것은 교육적 구체제를 해체하는 데 그치고 있다는 점에서 한계를 가진 것이었다. 미래지향적인 교육민주화의 비전은 실제로 매우 빈곤했다. 그리고 바로 그렇기 때문에 외형적인 조직의 확장에 반비례해서 대중적 지지는 약화되었다. 그런 가운데 5·31교육개혁안에 기초한 관료적 교육개혁이 계속해서 추진되었으며, 어떤 의미에서 87년교육체제의 특징을 잘 보여주는 것은 관료적 교육개혁이었다고 할 수 있다.


4


전두환 정권 이래 역대 대통령들은 교육관련 위원회를 대통령 자문 기구의 하나로 설치했으며, 그것을 통해서 전체 사회 성원의 욕구를 해석하고 각계각층의 요구를 수렴함으로써 교육개혁의 방향을 설정하고

---

10 교수운동이 매우 제약된 자원만을 가진 것을 염두에 두면, 교수운동 내부로부터 노조 설립 같은 중장기적인 조직역량의 강화사업 욕구가 생겨나는 것은 이해할 만한 현상이다. 하지만 그렇게 자원이 제약되어 있기 때문에 위상과 영향력을 강화하고 조직을 발전시키기 위해서는 교육정치에 더 주력하는 것이 필요했다고 할 수 있다.

자 했다. 5공화국에서는 교육개혁심의회(1985.3~1987.12), 노태우 정부에서는 교육정책자문회의(1989.2~1993.2), 김영삼 정부에서는 교육개혁위원회(1994.2~1998.2), 김대중 정부에서는 새교육공동체위원회(1998.7~2000.7)와 교육인적자원정책위원회(2000.10~2003.2), 그리고 노무현 정부에서는 교육혁신위원회(2003.7.31~2008.2)가 각각 활동했다. 이 가운데 가장 중요한 것은 5·31교육개혁안을 마련한 교육개혁위원회이다. 이 위원회가 민주화 이후 가장 야심적이고 포괄적인 개혁안을 마련했으며, 이후 김대중 정부와 노무현 정부가 그것이 제기한 개혁안을 근본적으로 재검토하기보다는 수용했기 때문이다.[11] 그렇게 된 이유는 두가지이다. 하나는 5·31교육개혁안이 이데올로기적으로 충분히 모호한 동시에 김대중 정부와 노무현 정부를 주도한 자유파의 이데올로기적 성향과 일치하는 면이 많았기 때문이다. 다른 하나는 교육개혁의 구상작업에 시간을 소모하기보다는 개혁을 실천하는 것이 필요하다고 생각했기 때문이다. 이렇게 5·31교육개혁안이 후속 정부에 의해 승인되는 그만큼 관료적 추진력이 개혁의 중심에 놓이게 되었다.

교육개혁위원회와 5·31교육개혁안의 성격을 좀더 자세히 살펴보자. 교육개혁위원회는 김영삼 정부와 인적·이데올로기적으로 친화력을 가

---

11 김대중 정부의 첫번째 교육관련 대통령 자문회의 명칭이 새교육공동체위원회였던 것은 시사하는 바가 크다. 새교육공동체위원회는 교육개혁위원회가 마련한 개혁안을 대신하는 새로운 개혁안을 만들 필요가 없으며, 오히려 그것을 실천하기 위해 교육관련 전문가 및 이해관계 집단이 협력하는 개혁 추진체(즉 '새교육공동체')를 만드는 것이 필요할 뿐이라는 인식에 기초하고 있다. 노무현 정부는 김대중 정부보다는 5·31교육개혁안에 대해 거리감을 가지고 있었으며, 양극화를 극복하는 교육복지에 대한 문제의식을 가지고 있었지만(교육인적자원부 『교육을 바꾸면 국가의 미래가 달라진다』, 참여정부 백서 2007), 전체 교육제도를 새롭게 재구조화하는 개혁안을 구상하지는 않았다.

진 대학교수, 교육학자, 교육행정가, 기업인으로 구성되었다. 5·31교육개혁안이 어떤 내부토론에 입각해서 구성되었는지 알기 어렵지만, 개혁안과 교육개혁위원들의 저술들[12]에 기초해 판단해보건대, 가장 영향력 있는 인물은 박세일(朴世逸)과 이명현(李明賢) 그리고 실무진에서는 몇몇 교육학자와 이주호(李周浩) 당시 전문위원 정도라고 할 수 있다. 이들은 자신들이 보기에 문명사적 전환으로 파악된 지구화와 정보화에 대응할 수 있는 교육제도의 재편을 개혁 의제로 제기했다. 그런 개혁을 위해 창의력, 수요자 중심 교육, 평생교육, 교육 정보화 등을 열쇳말로 삼았는데, 그중에서도 '수요자 중심'교육이 핵심이 되었다. 왜냐하면 '수요자'라는 말은 1990년대 초반 강력하게 지구문화로 부상한 신자유주의와 잘 공명하고 있었기 때문이다.

하지만 대통령 국정 자문회의는 그 특성상 더 평등하고 질 좋은 교육 그리고 확장된 교육복지에 대한 대중의 욕구와 수요를 반영하지 않을 수 없다. 참여한 위원들은 이런 욕구와 수요를 도외시할 수는 없다. 대신 그것을 해석하고 그것에 입각해 정책을 선별하는 과정에는 폭넓게 개입할 수 있는데, 그때 작동하는 것이 위원들의 이데올로기적 성향이다. 그렇기 때문에 5·31교육개혁안은 신자유주의적 교육프로그램과 개혁적 자유주의 교육프로그램의 (프로이트적 의미에서) 타협형성(compromise formation)으로 귀결되었다.

---

12 박세일 「세계화 시대의 교육을 위한 발상의 전환: 규제에서 탈규제로」, 나라정책연구회 편 『소비자주권의 교육대개혁론』, 길벗 1995; 「대학개혁의 기본방향: 철학과 원칙」, 『자율과 책무의 대학개혁: 2단계의 개혁』, 한국개발연구원·한국능력개발원, 3~19면; 이주호 「인력 수급 전망과 고등교육 개혁과제」, 『한국개발연구』 16(4), 1994, 3~25면; 『평준화를 넘어 다양화로』, 학지사 2006 참조.

<표 1> 5·31 교육개혁안의 이데올로기적 스펙트럼[13]

| 정책분야 | 이데올로기적 스펙트럼 | 민주화 | 합리화/제도정비 | 자유화 |
|---|---|---|---|---|
| 초·중등교육 | 유아교육의 공교육 | ---------- | | |
| | 사교육비 경감 | ------ | ------ | |
| | 대입제도 개선 | ------ | ---------- | ------ |
| | 교육과정 개선 | ---------- | ---------- | ------ |
| | 학교 운영의 자율성과 책무성 강화 | ---------- | ---------- | ------ |
| | 고교유형의 다양화와 특성화 | ---------- | ---------- | ------ |
| 고등교육 | (단설)전문대학원 제도 도입 | | ---------- | ------ |
| | 대학 평가와 연계한 품질제고 정책 | | | ------ |
| | 대학의 다양화, 특성화, 자율화 정책 | | ------ | ------ |
| | 대학설립준칙주의 도입 | | | ------ |
| | 대학정원 자율화정책 | | | ------ |
| 평생학습 및 직업교육 | 평생교육체제의 구축 | ------ | ------ | |
| | 신직업교육체제의 구축 | ------ | ------ | |
| | 학점은행제 도입 | ------ | ------ | |
| 교육지원체제 | 교육재정 확충 | ---------- | | |
| | 교육지방자치제도 개혁 | ------ | ------ | |
| | 교육여건 개선 | ------ | ------ | |
| | 교육 정보화 | ------ | ------ | |
| | 교육 공급자에 대한 평가와 정보 | ------ | ---------- | ------ |
| | 교원정책 | | ------ | ------ |

---

13 교육개혁위원회 『세계화 정보화 시대를 주도하는 신교육체제 수립을 위한 교육개혁 방안』, 1994; 『한국교육개혁백서』, 1998; 한만길 외 『5·31교육개혁의 성과와 과제』, 교육혁신위원회 2007로부터 재구성했음.

〈표 1〉은 5·31교육개혁안의 주요 정책들을 민주화와 신자유주의라는 두 축 위에 재배열해본 것이다. 그리고 민주화나 신자유주의 양쪽 어디에 배타적으로 속하지 않고 체제의 합리성이나 효율성 그리고 제도 정비를 중심 과제로 하는 것은 중간에 배열했다. 각 정책 명칭에 대응해 그어진 선은 해당 정책이 '민주화-합리화/제도정비-신자유주의' 상에서 이데올로기적으로 어디에 어떤 범위로 펼쳐져 있는가를 표시한다. 정책이 어떤 이데올로기적 스펙트럼을 가지는가에 대한 판단은 논쟁적인 문제이며,[14] 이 표의 작성방식에 대해 여러가지 이의제기가 있을 수 있지만, 이 표는 5·31교육개혁안이 가진 이데올로기적 성격을 직관적으로 파악할 수 있게 해주는 이점이 있다.

〈표 1〉로부터 알 수 있는 것은 5·31교육개혁안이 고등교육의 영역에서는 신자유주의적 성향이 강하다는 점이다.[15] 확실히 대학설립준칙주의나 대학정원 자율화 등은 신자유주의적일 뿐 아니라 체제의 합리적 정비라는 관점에서 보더라도 파괴적 결과를 야기했다.[16] 하지만 평생교

---

14 예컨대 (단설)전문대학원의 경우 국제대학원, 의학전문대학원, 법학전문대학원, 정책대학원의 설립을 가능하게 하는데, 학교 유형의 다양화에 의한 수요자 중심주의, 체제 정비, 전문가집단의 폐쇄적인 이익추구 약화 등 다양한 효과를 지닌다. 그런 정책을 이데올로기적 스펙트럼에 위치시키는 작업은 매우 정치적인 판단이 개입하며 논쟁적인 문제이다.

15 이 점이 대학의 많은 연구자에 의해 5·31교육개혁안이 신자유주의적인 것으로 비판받은 이유라고 할 수 있다. 박거용 「김영삼 정권 교육개혁의 문제점: 5·31교육개혁안의 대학교육정책을 중심으로」, 『경제와사회』 제28호, 1995, 168~90면; 「이명박 정부 고등교육정책에 대한 비판적 검토」, 2009, 미간초고; 장수명 「5·31대학정책 분석: 규제완화를 중심으로」, 『동향과전망』 2009년 가을·겨울호 9~49면 참조.

16 이런 규제 완화 정책들로 인해 대학정원이 크게 증가했고, 더불어 대학설립 운영규칙을 완화하여 대학교육의 질 또한 크게 떨어졌다. 이로 인해 교육부는 2005년 다시 대학설립 운영규칙을 강화하지 않을 수 없었으며, 대학교육의 질 제고를 중심으로 정책을 전환해야 했다. 대학설립준칙주의로 인한 대학 남설과 정원 증가의 폐해에 대해서는 최재성 『대학설립준칙주의 10년, 오늘과 내일』, 국회 교육위원회 2005 참조.

육의 경우 신자유주의적이기보다는 민주주의적인 교육 확대를 시도했으며, 교육지원체계나 초·중등교육 분야에서는 신자유주의와 민주화 프로젝트 사이에 정책 아말감이 형성되었다.

초·중등교육 영역에서는 사회적 불만과 정책에 대한 기대가 매우 크게 작용하기 때문에 민주적 요구에 부응하지 않는 것이 불가능하다. 그래서 5·31교육개혁안 또한 사교육과 입시제도 개선을 추구했으며, 종합생활기록부, 모집 다원화, 3불제, 수능시험 같은 정책의 의도는 대중의 민주적 요구에 부응하기 위한 것이었다. 이외에도 5·31교육개혁안은 유아교육의 공교육화 같은 교육복지 정책을 추구했으며,[17] 특히 교육과정 개선, 학교 운영의 자율성과 책무성 강화, 고교 유형의 다양화와 특성화 문제와 관련해서는 민주화 프로젝트와 신자유주의 프로젝트를 교직해 넣었다. 이 세가지 영역의 주요한 정책을 정리해보면 〈표 2〉와 같다.

〈표 2〉에서 보듯이 교육과정 개선에서도 영재교육 같은 신자유주의적 효과를 가진 정책이 열린 교육이나 방과 후 교육활동의 활성화처럼 공교육의 개선과 강화를 지향하는 정책과 함께 시행되었다. 학교 운영의 자율성과 책무성 강화 정책 영역에서도 신자유주의적인 학교 선택권의 확대가 학교운영위원회와 교장 및 교원 초빙제같이 학교 민주화를 크게 강화하는 정책과 동시에 실행되었다. 고교 유형의 다양화와 특

---

17 물론 유아교육의 공교육화는 이루어지지 않았다. 하지만 이것은 5·31교육개혁안이 교육복지를 치장 삼아 내걸었기 때문은 아니다. 유아교육의 공교육화가 잘 이루어지지 않은 것은 유치원과 보육시설 간의 사회적 대립, 그에 따른 교육부와 보건복지부의 대립, 각각의 이익단체에 영향을 받는 국회의원들의 상이한 입법 전략 등 사회적 갈등이 조정되지 않았기 때문이다. 한만길 외, 앞의 책 25~32면 참조.

〈표 2〉 초·중등교육 분야 정책영역과 하위정책

| 정책 영역 | 하위 정책 |
| --- | --- |
| 교육과정 개선 | • 제7차 교육과정<br>• 실천위주의 인성교육<br>• 열린교육<br>• 영재교육<br>• 방과 후 교육활동의 활성화 |
| 학교 운영의 자율성과 책무성 강화 | • 고교 진학 시 학교 선택권의 확대<br>• 학교운영위원회의 설치 및 운영<br>• 교장 및 교원 초빙제 |
| 고교 유형의 다양화와 특성화 | • 자율학교 설치 및 운영<br>• 특성화 고등학교의 설립 및 운영<br>• 자립형 사립 중·고등학교의 설립 및 운영 |

성화 정책 영역에서도 자립형 사립 중·고등학교의 설립에서 보듯이 신자유주의적 성향이 매우 강한 정책이 추진되는 것과 동시에 특성화고등학교 설립을 쉽게 해줌으로써 대안학교가 빠른 속도로 증설되고 제도적으로 안정화될 수 있는 틀을 제공하기도 했다.[18]

부문 영역별로 차이가 있지만 전체적으로 보아 5·31교육개혁안은 민주화 프로젝트와 신자유주의 프로젝트 사이의 타협형성의 양상을 띤다. 이런 이데올로기적 비일관성은 집권세력으로 부상해온 자유파의 특징이기도 했거니와, 이들의 성향과 부합하는 동시에 그런 이데올로기적 비일관성을 오히려 유연한 정책 배합으로 전환했던 교육관료들이 교육개혁의 고삐를 쥐게 된 것이다. 그들은 민주화와 신자유주의 프로젝트 모두를 가동해 교육적 구체제를 개혁 대상으로 구성하고, 교육민

---

18 이런 정책들의 실제 효과에 대한 분석은 한만길 외, 앞의 책을 참조하라.

주화 세력의 요구를 신자유주의적 프로젝트로 제어하고 마찬가지로 보수파의 신자유주의적 요구 수용을 민주화 요구에 입각해 조절할 수 있었다.

하지만 5·31교육개혁안의 추진체가 교육관료들이었기 때문에, 집권 세력의 성향에 따라 5·31교육개혁안의 정책 레퍼토리는 그때그때 선택될 수밖에 없었다. 그런 의미에서 5·31교육개혁안이 구상의 지향점과 레퍼토리 전체의 수준에서 교육개혁의 범위를 한정하는 헤게모니를 가졌다 하더라도 어떤 정책이 더 부상되고 더 제도화되는가 하는 정치적 선택의 수준에서는 87년체제 전반의 세력 배치에 크게 의존했다고 할 수 있다.


## 5

지금까지 논의를 통해서 우리는 87년체제의 기본 특성이 교육체제에 투영되어 있는 방식을 살펴보았다. 필자는 1987년 민주화 이행에 의해 권위주의적 발전국가체제가 해체된 후 권위주의 이후의 체제에 대한 구상을 둘러싼 민주파와 보수파 간의 길고 지루한 진지전과 교착의 시기로 87년체제를 특징지었다. 그런 교착의 시기에 보수파의 신자유주의 프로젝트와 민주파의 민주화의 심화와 확장 프로젝트 모두를 수용한 자유파가 약한 헤게모니를 행사했다고 할 수 있다. 교육영역에서도 이런 세력 배치는 유사한 구도로 나타난다. 민주화 이행 이후 민주파는 교육민주화운동과 전교조운동을 전개했으며, 보수파는 국가교육정책 속에 신자유주의적 프로그램을 아로새겨 넣었다. 개혁적 자유주의

260

와 공명하는 교육관료들은 민주화 프로젝트와 신자유주의 프로젝트를 모두 수용한 개혁 프로그램을 작동시켰으며, 이런 두가지 프로젝트의 동시 수용이 그들에게 개혁의 헤게모니를 가져다주었다.

이런 과정의 전개를 살펴보면, 87년체제가 민주화가 상대적으로 우세했던 국면에서 외환위기를 통해 신자유주의가 우세했던 국면으로 교체되었다는 주장이나, 그것보다 더 강하게 87년체제가 외환위기를 계기로 종결되고 그 이후 신자유주의체제(97년체제)가 형성되었다는 주장과 잘 부합하지 않는다. 확실히 이런 상황 판단에 어떤 경험적이고 직관적인 근거가 없는 것은 아니다. 1996년 노동법/안기부법 파동을 성공적으로 막아냄으로써 도약기에 있었던 노동운동이 외환위기를 경유하며 정리해고와 비정규직화로 인해 급전직하 쇠퇴했던 점에서 보면, 이런 판단이 설득력 있게 다가온다.[19]

하지만 외환위기가 수평적 정권교체와 '민주정부 10년'을 가져다준 점을 염두에 둔다면 노동운동 중심적인 생각은 상당히 편향적인 면이 있다. 더 나아가 교육영역에서의 민주화와 신자유주의의 전개과정도 그런 노동 중심적 사고의 편향성을 지적해준다. 전교조운동에서 보듯이 교육운동은 민주화 이행 후 적극적이고 공세적인 운동을 펼쳤지만 패배한 후 외환위기를 매개로 오히려 합법화되었다. 87년체제 아래서 노동운동의 가장 빛나는 성과가 1995년 노동법 파동에서의 승리였던 데 비해 교육운동의 최량의 성과는 2005년에 이루어진 사립학교법 개정이었다.

---

19 노중기 「한국의 노동정치체제 변동, 1987~1997년」, 『경제와사회』 제36권, 1997년 겨울호 128~56면; 「노동운동의 정치적 과제와 발전 전망」, 『문화과학』 제44호, 2005년 겨울호 81~104면 참조.

또한 교육에서의 신자유주의 프로젝트는 외환위기 이전에 구상되고 실천되기 시작했으며, 외환위기 이후에는 '민주정부'의 정책 지향으로 인해 일정 정도 제어되었다고 말할 수 있다. 다시 말해 87년체제에 대한 단순한 단계론이나 87년체제 종결론(그리고 97년체제로의 전환론)은 사태의 실제 전개과정을 묘사하기에 그렇게 적합하지 않다. 87년체제를 통해서 민주파와 보수파는 국가, 정치사회, 시민사회의 여러 영역에서 갈등과 대립을 계속해왔으며, 그것의 전개양상은 높은 수준의 불균등성을 보이고 있다. 적합한 인지적 지도 그리기를 모색한다면, 87년체제를 하나로 총괄해서 파악하는 것이 더 낫다고 할 수 있다.

현재의 관점에서 교육영역에서의 민주화와 신자유주의화의 전개 및 양자 간의 대립의 결과를 총평한다면, 신자유주의화 경향이 좀더 우세해 보인다. 교육적 구체제는 충분히 해체되지 않았고, 이명박 정부 출현 이후 더욱 악화되었지만 이미 그 이전에 평준화가 사실상 해체되고 교육적 위계가 강화되는 양상을 보였다. 그렇게 된 이유는 한편에서 교육체제를 어떤 방향으로 구성할 것인가 하는 투쟁의 결과에 대중의 개별적인 적응 전략이 깊이 매개되어 들어가기 때문이라고 할 수 있다. 다시 말해 우리 사회 성원의 교육적 실천과 전략이 신자유주의적 정책들의 효과를 증폭했기 때문이다.

이와 관련하여 우리 사회 성원의 교육적 실천과 전략이 이미 신자유주의적이라고 보는 입장도 있다. 그렇지만 그것은 필자가 보기에 신자유주의보다 더 오래된 기원을 가진 것이다. 식민지 경험과 분단체제의 형성과정을 통해서 사회적 위계가 해체된 평등주의가 형성되었지만, 그 과정은 사회적 연대의 자원 또한 파괴하는 과정이었다. 그 결과 우리 사회는 연대 없는 평등주의 사회가 되었다. 연대 없는 평등주의는 한편

262

으로는 개인적인 적응과 지위상승이라는 성향, 그리고 위계를 혐오하고 민주주의를 지향하는 성향을 동시에 야기했다. 교육영역은 이 가운데 유난히 개인적 적응과 지위상승 전략이 강하게 관철된 부문이었고, 그런 만큼 다양한 교육개혁 정책이 어떤 실질적 효과를 낳는지는 이런 대중의 개별적 전략에 항상 매개되게 된다. 그럼에도 불구하고 연대 없는 평등주의라는 에토스가 민주화와 신자유주의화라는 프로젝트 모두와 공명하며 두가지 프로젝트에 대해 복잡한 선호 조합을 가지고 있는 것이 우리 사회 성원의 모습이라고 할 수 있으며, 그런 만큼 제도적 틀이 짜인 방식에 따라 교육체제의 더 민주적인 재편의 길이 막혀 있다고 할 수는 없다.[20]

이런 점은 교육영역을 넘어 87년체제 전반에 대해서도 적용되며, 연대 없는 평등주의 에토스가 민주화와 신자유주의화라는 프로젝트와 결합해 생긴 선호 조합은 정치적 변화 속에서 진자운동을 보이고 있다. 한편으로는 이명박 정부를 출범시켰지만 출범 직후에 촛불항쟁 같은 대규모의 투쟁이 조직되고 또 경제위기가 진정되고 몇가지 우익 포퓰리즘적인 제스처와 조치에 의해 이명박 정부에 대한 지지도가 상승하는 것도 그런 선호 교체에 따른 진자운동의 표현이라고 할 수 있다. 우리 사회의 교육체제, 대중의 교육적 실천, 그리고 87년체제 전체는 모두 민주화와 신자유주의화 사이의 미결정 상태에 머무르고 있다.

---

20 이 문제는 고교 평준화 해체와 관련해서 다룬 이 글의 보론을 참조하라.

# 우리에게 해체할 평준화가 남아 있는가

## 1

교육적 성취에 대해 이야기할 때면 언제나 부딪히는 논쟁적 문제가 선천적 재능(nature)과 후천적 양육(nurture) 가운데 어느 것이 더 결정적인가 하는 것이다. 사회학자의 관점에서 보면 이 문제가 계속해서 논쟁거리가 되는 것이 이상하지만 의외로 많은 사람이 성취를 재능에 의해 설명하는 쪽에 이끌리며, 사회학자들조차도 더러는 그런 모습을 보인다. 그렇게 되는 까닭은 여러가지이겠지만, 높은 성취를 한 사회적 엘리트들이 그런 성취를 신비화하기 위해서 타고난 재능(카리스마)을 강조하고 싶어 하는 것도 중요한 이유일 것이다. 엘리트들이 그렇게 주장하는 것은 자신의 성취가 타자와 전체 사회에 지고 있는 빚을 부인하는 데도 도움이 된다. 그리고 이런 멘탈리티는 그것이 사회적으로 영향력 있는 엘리트들의 멘탈리티이기 때문에 힘을 갖게 된다.

이런 태도를 보여주는 대표적인 예가 천재 수학자 가우스(C. F. Gauss)가 했다는 말이다. 그에 의하면 "이 세상에는 두 종류의 학생이 있다. 하나는 가르칠 필요가 없는 학생이고, 다른 하나는 가르칠 필요가 없는 학생이다. 어떤 학생은 가르치지 않아도 알고, 어떤 학생은 가르쳐도 모른다." 교육의 효용성을 부인하는 가우스의 이런 말에는 천재의 오만함이 배어 있다. 하지만 나는 그의 말이 의미하는 바를 우리가 처한 어떤 무지를 표상하는 말로 해석하고 싶다. 어떤 교사나 어떤 양육자도 모름에서 앎으로의 이행이라는 비약이 어떻게 일어나는지, 그 이행의 찰나를 어떻게 하면 유도할 수 있는지 정확히 아는 사람은 없다. 우리의 기르고 가르치는 행위가 주체 안에서 세계를 향한 열쇠를 주는 행위인지 아니면 또 하나의 자물쇠를 주는 행위인지 우리는 잘 모른다. 요컨대 우리의 가르침이 일관되고 정확하게 영향력을 미치게 하는 법이 어떤 것인지 우리는 무지하다. 교육이 무용하기보다는 이런 무지가 교육의 효용성을 의심하게 하는 경험적 토대가 된다.

그렇지만 다른 막강한 예가 교육의 엄청난 위력을 드러내준다. 아마도 라마교 신자들에게는 신성모독적인 발언이겠지만, 달라이라마(Dalai Lama)의 예는 유전에 대한 교육의 승리, 기르고 가르치는 일의 막대하고 도저한 영향력을 증거하는 듯하다. 전대 달라이라마의 희미한 신탁에 의거한 라마교 고승들의 후대 달라이라마 점지는 세속적인 시각에서 보면 완전히 우연적인 선택이다. 하지만 우연히 선택된 어린 아이에게 라마교 고승들이 제공하는 철저하게 정돈된 교육적 우주는 그를 한 공동체의 흠결 없는 정신적·정치적 지도자로 길러낸다.

물론 달라이라마의 사례는 확장되기 어려운 난점이 있다. 그런 솔기 없는 교육적 우주의 제공, 그리고 그것에 대한 교육자와 그들을 둘러싼 전체 공동체의 전적인 믿음은 매우 드물게만 가능한 일이기 때문이다. 그렇다 해도 달라이라마는 교육에서 핵심은 투입의 문제라는 근본적 통찰을 제공한다는 점에서 가치있는 사례이다. 그의 사례에 힘입어 우리는 더 나은 인간이 더 나은 교육적 성취를 하는 것이 아니라 더 나은 교육이 더 나은 인간을 길러낸다고 말할 수 있으며, 설령 달라이라마에게 주어지는 것과 같은 교육적 우주가 없을 때조차도 그럴 개연성이 상당하다고 주장할 수 있다.

사회의 차이를 고려할 때도 달라이라마의 사례는 교훈적이다. 거의 완벽하게 종교적으로 통합된 가치에 입각해서 한 사람에게 엄청난 교육적 열정을 쏟는 것이 라마교 사회의 중요한 과제라면, 우리 사회 같은 경우 핵심적인 과제는 질적으로 불균등하고 차별적으로 분포하는 교육적 재화를 가능한 한 공정하게 분배하는 것이다. 이렇게 분배적 정의가 요구되는 이유를 기회의 평등이 가진 내재적 가치나 민주적인 사회의 특질로부터 찾는다. 맞는 말이다. 하지만 달라이라마의 사례는 그 이상을 말해준다. 그의 사례는 모든 사람(이 말이 과하다면 대부분의 사람)이 달라이라마일 수 있는 가능성이 있다고 말해준다. 모든 사람은 형식적인 이유에서뿐 아니라 실질적인 이유에서 교육 기회를 분배받을 권리를 가진다.

글의 주제가 고교 평준화인데, 운을 떼는 이야기로는 너무 에두른 것 같다. 하지만 교육문제처럼 판단이 흔들리기 쉬운 영역에서는 어떤 후퇴하지 않는 통찰로부터 출발하는 것이 중요하다. 비단 보수언론이 심심찮게 떠들어대는 이데올로기적 주장에서만이 아니라 일상적인 수준에서 우리는 더 나은 인간에게 더 나은 교육 혹은 기회 혹은 보상을 제공하는 것이 당연하지 않느냐는 이야기를 너무나 많이 듣지 않는가? 그럴 때도 우리는 그 더 나은 인간의 형성 경로에서 눈을 떼어서는 안 되며, 달라이라마의 사례는 상황을 그런 견지에서 파악하게 해주는 준거가 돼준다.


2

우리 사회에서 교육재화를 분배하는 기본 원칙은 평준화된 중등교육 체제와 차등화된 고등교육체제로 요약된다. 해방 후 우리 사회는 지위 상승을 위해 교육경쟁이 격화되고 그 압력에 의해서 교육 팽창을 야기 하는 동시에 그 팽창의 효과로 중등교육을 평준화하는 과정을 밟아왔 다. 이에 비해 고등교육은 팽창은 이루어졌지만 흔히 서열체제라고 불 리는 차등적인 성격을 유지하고 있다.

교육체제의 진화 방향은 아마도 두가지 균형점을 가질 것이다. 하나 는 평준화의 힘이 고등교육체제로까지 상승하는 것이고, 다른 하나는 서열적인 고등교육체제라는 문턱을 넘지 못하고 역방향으로 평준화체 제가 해체되는 방향이다. 전자가 전반적인 평등화라면 후자는 전반적 인 서열화가 될 것이다. 지금 평준화에 우리가 관심을 기울여야 하는 이 유는 교육 팽창과 더불어 평준화가 확대되어오던 체제가 이미 상당한 정도 반대 방향으로의 진화를 개시했기 때문이다.

체제 진화의 경로를 서술하기 전에 평준화가 가진 의미가 무엇인지 생각해보자. 사회는 언제나 분배의 문제에 직면하는데, 분배는 항상 분 배원리의 문제를 야기한다. 예를 들어 우리는 어떤 재화나 부담(의 면 제)을 업적에 따라 분배할 수 있다. 재화의 분배가 보상의 원리를 따르 는 것이다. 이와 달리 "능력에 따라 일하고 필요에 따라 분배한다"는 맑 스의 말처럼 필요가 분배의 원리일 수도 있다. 필요에 따른 배분이라고 하면 당장 알레르기 반응을 보이는 사람이 있을 것이다. 하지만 그런 사람조차 자신이 신장이식을 받아야 한다면, 기증된 신장이 가장 긴급한 필요를 가진 사람에게 배분된다는 원칙을 쉽게 거부하기 힘들 것이다. 무엇이 분배의 원리가 되어야 하는가는 일괄된 방식으로 규정되기 어렵다.

다른 한편 분배되어야 할 재화, 혹은 면제되어야 할 부담이 분할 가능한 것이냐 하는 것도 중요한 문제가 된다. 예를 들어 분배 대상이 화폐라면, 분배의 원칙이 무엇이든 요구되는 만큼 정밀하게 분할하는 것이 가능할 것이다. 하지만 어떤 재화는 분할이 불가능해서 원리에 따라 정확히 배분할 수 없는 경우가 있다. 공동주택의 주차장 배분은 권리를 가진 사람 모두에게 분배되어야 하겠지만 분배 단위를 규정하는 것은 사람 수가 아니라 차량 크기가 될 수밖에 없다. 또 어떤 경우에는 분할 자체가 재화의 특성을 아예 파괴할 수도 있다. 앞서 말한 신장은 그런 대표적 예일 것이다. 신장을 나누어 배분할 수는 없다.

이런 재화의 경우 분배의 원리가 무엇이든 분배가 완벽하게 공정하기 어렵다. 만일 현재 기증된 신장이 하나인데, 일주일 안에 신장을 이식받지 못하면 생명이 위독한 사람과 열흘 안에 신장을 이식받지 못하면 위독한 사람 사이에서 어떤 선택을 해야 할까? 만일 다른 신장 기증이 있을 가능성이 매우 불확실하다면, 전자의 사람이 신장을 기증받는 것이 공정하다고 할 수 있을까? 전자가 60대 노인이고, 후자가 10대 소년이라면 누가 신장을 기증받는 것이 옳을까? 더 긴 기대수명을 기준으로 해야 할까? 만일 60대 노인이 노벨상 수상자라면, 그리고 그가 현재 진행하고 있는 연구가 인류의 복지에 커다란 기여를 할 수 있는 것이라면 어쩔 것인가? 분배의 문제는 진정으로 까다로운 문제이다. 정리해고

시기에 해고자를 선택하는 문제에서부터 병역 배분과 입학 허가에 이르기까지 다양한 분배의 문제에서 말끔한 해결방안이 존재하는 경우는 그리 많지 않다. 그것이 사람들의 생애에 미치는 영향이 매우 크다고 하더라도 말이다.

평준화를 이와 관련해서 생각해보자. 1974년부터 박정희 정권에 의해서 개시되어 전국적으로 확장되어온 고교 평준화가 의미하는 것은 일류 고등학교라는 특권적 교육재화의 분배에 대한 우리 사회의 응답이라고 할 수 있는데, 그것은 재화 자체를 파괴하는 방식으로 분배 문제를 해결한 특이한 사례이다. 재화의 파괴라는 표현 때문에 그것을 해결책이라고 부르는 것에 대해 거부감을 가질 수도 있다. 하지만 특권적 재화를 모든 사회 성원이 강력히 원하지만 재화가 분할 불가능하다면, 재화 파괴는 분배 문제 해결의 가능한 방법 가운데 하나이며, 때로는 유일한 해결책이기도 하다.

명판결로 널리 회자되는 솔로몬의 재판을 상기해보라. 분할할 수 없는 재화(분할 즉시 재화의 가치를 잃어버리는 재화)인 아기를 원하는 두 여자에 대해 솔로몬이 내린 판결은 그 재화를 파괴하겠다는 것이었다. 물론 솔로몬의 재판은 솔로몬의 1차 판결이 야기한 반응을 통해서 판결을 변경하는 것까지 포함한다. 하지만 판결 자체를 새로운 정보 수집의 수단으로 삼는 것이 언제나 가능하지 않다는 점을 염두에 둔다면, 솔로몬의 재판의 본질은 오히려 재화 파괴가 분배 문제의 해결방안이라는 것을 보여주는 것이라고 볼 수 있다.

일류 고등학교라는 특권적 교육재화를 파괴하는 것에 대한 우리 사회의 반응은 대체로 보아 환영하는 쪽이었다. 솔로몬의 재판과 달리 이 경우에는 파괴된 특권적 교육재화 대신 특권적이지 않은 재화를 평등하게 향유하는 길이 열려 있었기 때문이다. 그리고 이런 평준화에 대한 동의의 분위기는 지금도 우리 사회에서 유지되고 있다. 그럼에도 불구하고 교육체제 변동의 길은 다른 방향으로 흐르고 있다. 왜 그리고 어떤 경로를 통해서 그렇게 되었는가?

3

평준화의 후퇴, 혹은 평준화의 역전을 말하는 것이 혹자에게는 의아스러울 것이다. 왜냐하면 평준화 정책은 독재정권에 의해서 시작되었지만, 독재정권을 지나 최근까지 꾸준히 확대되어왔고 지금도 그 외형을 유지하고 있기 때문이다. 1974년 서울, 부산을 시발로 해서 75년에 대구, 인천, 광주에서 시행되었고, 1980년도에는 원주, 천안, 군산, 이리, 목포, 안동, 진주 등으로 확대되었으며, 1981년도에는 창원에서도 채택되었다.

물론 평준화에 대한 저항이 계속해서 있었다. 그리고 이런 저항 때문에 정부는 1980년대 말부터 평준화 실시와 해제를 각 지역의 선택에 맡겼다. 그러자 1990년에 안동, 군산, 목포가 평준화를 해제했고, 1991년에는 춘천, 원주, 이리 지역이 평준화를 해제했으며, 1995년에는 천안이 평준화를 해제했다. 하지만 2002학년도 대학입학제도 개선안에 따라 또다시 2000학년도부터 울산, 군산, 익산 지역이 평준화 적용지역으로 확대되었고, 2002학년도부터 수원, 성남, 고양, 안양, 부천 등 수도권 5개 도시에 고교 평준화가 확대 실시되었다. 진자운동이 있었지만 평준화는 확대되어왔다.

하지만 평준화가 특권적 교육재화의 해체를 의미하는 한, 특권적 교육재화들이 재출현한다면 평준화는 위협받는다고 할 수 있으며, 평준화의 제도적 확산의 역사는 계속해서 이런 특권적 교육재화의 재출현을 위한 저항의 역사이기도 했다. 저항의 형태는 두가지 방향을 취했다. 하나는 사교육이고 다른 하나는 계속되는 부유층의 학교 선택이다.

전자의 경우는 딱히 평준화의 등장으로 인해 생긴 것은 아니다. 그것은 특권적 교육재화를 향한 병목지점에서는 언제나 발생하는 것이었으며, 서열이 대학단계에서 엄존하는 한 사교육은 일종의 상수라고 할 수 있다. 특권적 교육재화에 접근하기 위해서는 다른 사람보다 한 단위 더 많은 교육적 투입을 추구하는 것이 필수적이기 때문이다. 사교육은 그 자체가 특권적 교육재화가 아니고, 특권적 교육재화에 접근하기 위한 수단이지만, 그 자체가 가격 장벽을 가지고 있다는 점에서 또 하나의 특권적 교육재화인 면도 있다.

후자는 평준화된 체제에서 고교 배정이 학군제를 통해서 이루어지기 때문에 생길 수 있었던 것이지만, 아마도 그런 제도가 아닌 다른 형태의 배정 제도가 있었다고 하더라도 그것에 맞추어 생겼을 현상이다. 아무튼 학군제라는 제도에서 더 많은 교육투자를 할 수 있는 부유층이 도시공간에 차별적으로 존재하게 되면, 그것이 다시 주거 선택의 기준으로 전환된다. 그리고 이런 선택과정을 10여년 겪게 되자 금세 명문학군인 8학군이 탄생했고, 이 반복적 선택이 해당 지역의 주택가격을 올림으로써 진입장벽을 강화했다.

하지만 그럼에도 불구하고 이런 차별화 과정은 열등하거나 제한적이었다. 사교육은 공교육체제에서도 보조적인 역할 이상으로 학생들을 흡수했지만 정규수업 자체가 효율적인 것에 비하면 열등성을 벗어날 수 없다. 또한 지리적 선택을 반복한다고 해도 거주자 일반에게 주어지는 기회를 통해서 형성된 고교가 가진 우수성은 제한적이다. 그렇기 때문에 더 확실한 특권적 교육재화를 향한 욕구는 달래질 수 없었다.

이런 욕구에 부응하는 것이 특수목적고등학교였다. 특목고 형성의 법적 토대는 평준화 직후인 1977년에 마련된 '교육법및교육법시행령'(대통령령 제8813호)에 있었다. 이 시행령은 처음에는 실업계고등학교를 위해 만들어진 것이었지만, 뒤에 외국어고와 과학고를 위한 법적 근거로 변하게 된다. 현행 특목고의 법적 근거인 초·중등교육법 시행령 제90조(2001년 개정)는 실업계고교와 외국어고 그리고 과학고를 모두 관할하는데, 외국어고와 과학고만이 과학영재와 외국어영재를 위한 학교라는 규정을 가지고 있다. 이런 규정은 '영재'라는 말이 새로운 특권적 교육재화를 창출하는 근거임을 알 수 있게 해준다. 요컨대 현재 입시명문인 외국어고와 과학고를 떠받치고 있는 이데올로기는 더 나은 자(이 경우 남다른 재능을 가진 자로 포장되었다), 즉 영재에게 더 나은 교육(이 경우 역시 남다른 교육으로 위장되었다)을 제공해야 한다는 것이었다. 영재교육을 전공하고 자신이 연구한 것의 입지를 강화하려는 한 줌도 안 되는 학자들에 의해서 이른바 영재들은 우선 평준화된 교육의 피해자로 서술되고 피해자 구제라는 빌미로 특수한 교육재화를 할당받게 된 것이다.[1]

하지만 영재라는 범주는 매우 의심스러운 것이다. 백보 양보하여 수

---

1 영재교육이 충분히 확장되자 그것도 성에 차지 않는지 과기부를 중심으로 일군의 학자들이 천재교육을 도입하기 위한 프로젝트를 진행한 일도 있었다. 영재를 넘어서 천재 운운하는 것은 그 자신이 천재는커녕 영재로도 보이지 않는 한 재벌 총수의 천재경영 주창에서도 나타난 바 있다.

학이나 물리학에 특별한 재능을 가진 사람은 있다고 해도, 외국어에 특별한 재능을 가졌다는 것은 무엇을 말하는 것일까? 몇 개의 외국어를 동시에 빠른 속도로 학습할 수 있는 능력을 가진 사람일까? 외국어에 대한 능력은 외국 문화와 역사에 대한 지적 이해 없이 독자적으로 성장할 수 있는 능력일까? 어떻게 정의되든 영재학교인 외국어고를 다니는 학생의 다수는 외국어의 입시요강이 말해주듯이 단지 조기 영어교육으로 공인영어 점수 같은 것이 높은 학생, 또는 (주로 영미권이겠지만) 외국에 거주한 경험 때문에 해당 지역 외국어 능력을 갖출 수 있는 특권을 가진 학생일 뿐이다. 다시 말해 더 나은 자에게 더 나은 교육을 제공하겠다는 시도가 가져온 결과는 더 나은 교육을 받은 자에게 또다시 더 나은 교육을 제공하는 것이 되었다.

4

1984년에 처음 과학고가, 1992년에 처음 외국어고가 생겼을 때, 특권적 교육재화를 열망하는 우리 사회의 부유층은 그런 학교들이 원하는 학교가 될 수 있을지 확신을 갖지 못했다. 내신 성적의 불리함을 비롯하여 제도적 제한도 만만치 않다고 생각했다. 그러나 90년대 중반을 넘기면서 이런 학교들이 특권적 교육재화라는 것이 분명해졌다. 학비가 연평균 500만원이고, 개중에는 1,000만원이 넘는 학교도 있지만, 양질의 교육과 성적 좋은 학생들이 모임으로써 생기는 긍정적 효과를 생각하면 이런 것은 별로 문제가 되지 않았다. 당연히 이런 학교를 향해 돌진하는 상황이 벌어졌으며 그 덕에 특목고는 더욱 성적 높은 학생을 모집할 수 있었고 그것을 통해 위상을 강화했다. 이런 반복된 선순환의 결과는 특목고의 명문대 진학 실적을 통해서 분명하게 입증된다. 외국어고 가운데 가장 좋다는 대원외국어고의 경우, 한해 입학 정원은 420명인데, 2006년 대학입학 실적은 서울대 77명, 연세대 123명, 이화여대 29명, 유학 69명, 기타 22명이다. 이런 수치는 재수생이 섞여서 총수가 정원을 넘는 443명이긴 하지만 대원외국어고를 입학하기만 하면 한국과 외국의 명문대에 진학하게 된다는 것을 여실히 보여준다.

이런 상황은 한편으로 특목고를 향한 입시경쟁을 더욱 격화했으며, 다른 한편으로 특목고의 전국적 증설을 야기했는데, 그것의 사회적 결과는 만만치 않다. 우선 전자부터 살펴보자. 특목고 입시를 위해서 달려가는 사람이 늘어날수록 입시경쟁을 개시하는 시점도 점점 당겨져 초등학교 4, 5학년부터 입시공부에 뛰어들게 되었으며, 어린 학생들에게 입시학원 공부는 상당히 심한 육체적·정신적 고통이 되고 있으며, 정확히 평준화를 도입하는 계기가 되었던 그런 현실로 회귀한 것이다. 더구나 이런 입시 공부 대부분이 선행학습의 형태를 띠는데, 그것은 하이데거(M. Heidegger)가 근대 기술의 특질로 서술했던 자연에 대한 '닦달'과 정확히 같은 양상의 띤다. 아이들은 이제 잘 익은 과일이 되기를 요구받는 것을 지나 계절을 한참 앞서 출하된 토마토가 되기를 요구받고 있다.

외국어고 입시를 위한 조기유학도 빠른 속도로 늘어났다.[2] 언론이 호

---

2 조기유학의 경우 전적으로 외국어고 입시를 위한 것만은 아니다. 어떤 이는 처음부터 외국 유학을 위해서 조기유학을 시도하고, 어떤 이는 외국 유학과 국내 외국어고 진학을 선택적으로 고려하면서 조기유학을 시키기도 한다. 하지만 상당수는 외국어고 입시를 위해서 초등학교 고학년 시기에 1~2년에 걸친 조기유학을 시도한다.

들갑스럽게 다루는 기러기 아빠 같은 사회문제의 뿌리에 있는 것은 특목고라는 특권적 교육재화의 존재이다. 과학고를 중심으로 한 입시경쟁 또한 심각하기는 마찬가지이다. 전국의 국립대학이라는 대학은 모두 영재교육원을 설치하고 있으며, 이 영재교육원은 물론 거기에 들어가기 위한 과외 또한 문전성시를 이루고 있는데, 그것은 자녀에게 투사된 부모의 자기애적 과대망상 때문이라기보다는 영재교육원에 들어가는 것이 과학고 진학을 위한 티켓으로 사용될 수 있기 때문이다.

특목고가 우수한 교육재화로 인지되고 그것을 향해 돌진하는 상황이 발생하자 특목고는 빠른 속도로 증설되었다. 특히 자기 지역에 외국어고나 과학고를 설립하지 않으면 해당 지역의 우수한 학생이 모두 서울·경기 지역으로 유출될 것을 우려한 지방 교육청과 자치단체, 그리고 자기 지역에 특권적 교육재화가 공급되기를 원하는 학부모의 소망에 힘입어 특목고는 전국적으로 확산되었다. 1984년 4개교로 출발한 과학고는 2006년 현재 19개교이며, 1994년 1개교 출발한 외국어고는 현재 29개교이다. 그렇게 해서 형성된 외국어고와 과학고의 전국 총 정원은 7,229명이 넘는다.[3] 부지불식간에 특목고의 규모가 엄청나게 커졌으며, 이런 정도의 규모라면 평준화된 고교체제의 외곽에 존재하는 소규모의 특수한 학교라고 할 수 없다. 지금까지 특권적 교육재화의 주요 부문이 특목고이기 때문에 특목고에 논의를 집중했지만, 특권적 재화의 관점에서 접근하면 자립형 사립고와 국제고도 그런 범주에 드는데, 그런 학교들의 정원까지 합하면 이들 학교의 한해 모집인원은 9,229명이다.[4]

---

3 최근 개교하여 3개 학년을 모두 채우지 않은 특목고들을 고려하면 실제 특목고의 정원은 이보다 많다.

4 이하 평준화 체제에서의 일류고 학생과 현재 특목고를 비롯한 일류고 학생 수에 대한 조사

이런 수치는 평준화 이전 세칭 일류고의 정원에 육박한다. 평준화 이전 서울의 6개 명문고와 시도별 대표 공립학교를 일류고로 간주한다면, 1972년 기준으로 이들 고등학교 학생 수는 한 학년 기준으로 10,800명이다. 이 숫자는 지금 특목고, 자사고, 국제고 학생 수를 고작 1,571명 초과할 뿐이다. 물론 이런 단순한 숫자 비교로는 지금의 일류고의 비중과 평준화 이전의 일류고의 비중을 정확히 평가할 수 없다. 이들이 전체 고등학교 학생에서 차지하는 비중과 해당 학령인구에서 차지하는 비중을 살펴보아야 한다. 평준화 이전 일류고 학생이 전체 고등학생 가운데 차지하는 비중은 1973년 기준으로 전체 고등학생의 4%이다. 이에 비해 특목고를 비롯한 현재의 일류고의 비중은 1.6%에 불과하다. 하지만 1973년의 고등학교 학령인구 가운데 취학률은 34.0%에 불과했다. 따라서 현재의 일류고가 차지하는 비중은 해당 고등학교 학령인구를 기준으로 살필 필요가 있다. 학령인구를 기준으로 하면 평준화 이전 일류고 비중은 1.3%이지만 현재 일류고 비중은 1.5%에 이른다.

두가지 기준 가운데 사회적으로 더 중요성을 갖는 것은 당연히 학령인구라는 기준이다. 왜냐하면 어떤 사회에서 학업을 통해 형성된 엘리트가 누리는 사회적 특권의 크기는 고교 진학자 가운데 자신의 비중이 아니라 전체 인구 가운데 자신의 비중에 의해서 정의되기 때문이다. 다시 말해 특권을 떠받치는 실체는 전체 인구이지 고교 진학자가 아니다. 하지만 고등학생 수라는 기준이 나름대로 밝혀주는 것이 있다. 그것은 특목고를 비롯한 일류고를 늘려야 한다는 주장이 우리 사회에서 계속

---

는 이종태 외 『특수목적고등학교의 중장기 운영방향 및 발전방안 연구』, 교육인적자원부 2007에 의존하고 있다.

해서 제기되는 이유이다. 지난 30여년 동안 우리 사회에서 입시경쟁에 뛰어든 인구의 비중은 꾸준히 증가했고 더불어 진학률도 상승했다. 그렇기 때문에 일류고 학생 수는 인구 대비로는 이미 평준화 이전 수준을 회복했음에도 불구하고 여전히 고교 단계의 고급 교육재화는 모자라는 것으로 인식되며, 그것이 일류고를 늘려달라는 요구로 나타나는 것이다. 하지만 이런 요구는 자기패배적(self-defeating)이다. 일류고를 늘려달라는 요구가 실현되었을 때 그것을 요구한 사람이 만나게 될 현실은 늘어난 일류가 아니라 일류와 이류로 구성된 체제에서 일류·이류·삼류로 이뤄진 체제로의 재편일 뿐이다.

다른 한편 통계적 사실은 평준화의 역사라는 것이 실은 긴 우회로를 거친 평준화 해체의 역사, 교육에서의 구체제로의 복귀과정이라는 것 또한 말해준다. 평준화는 이미 해체되었으며, 다만 사회 성원들이 그것을 모르거나 받아들이지 않으려 할 뿐이다. 이 점은 평준화를 지지하는 사람이나 그것을 증오하는 사람이나 마찬가지이다. 전자는 이미 해체된 것 앞에서 여전히 지킬 것이 있다고 생각하고 있고, 후자는 아직도 해체해야 할 것이 많이 남아 있다고 생각할 뿐이다.


5


앞서 교육체제의 균형점은 전역적 평등화 아니면 전역적 서열화라고 지적했다. 현재 우리 교육체제는 어떤 균형점을 향할지 오랜 서성거림을 끝내고 전역적 서열화를 향해 성큼 발걸음을 내디딘 것 같다. 확고부동한 대학서열체제가 평준화된 고등학교를 상당 정도 재서열화했고,

이제 2007년 입시에 52대 1의 경쟁률을 보이며 돌풍을 일으킨 청심국제 중학교에서 보듯이 서열화는 중학교로 진격하고 있다. 현재의 추세에서 명문대학들은 높은 수능 성적과 더불어 부유한 학생, 부유한 학부모라는 계층적 속성까지 함축하고 있는 특목고, 자사고, 국제고 학생을 유치하기 위해서 입학전형의 틀을 재설계해왔다. 이런 시도는 의외로 일관되고 완강한데, 그 밑에는 이들 대학의 교수들 그리고 그들의 사회적 네트워크와 이런 고교생들의 가정 간의 계층적 등질성이 자리잡고 있다. 또한 현재 일류고의 학부모는 예전 명문고의 학부모보다 훨씬 더 강한 의미에서 사회적 엘리트 집단이다.

이런 상황을 보면 사태가 이미 전역적 서열화로 기운 것처럼 느껴진다. 더구나 사회적 엘리트의 재생산이 미국을 끼고 이루어지고 있어서 미국적 기준과 사례를 통해서 평등주의적 교육제도를 공격하는 논변이 공론장을 누비고 있다. 교육제도가 어느 정도까지 국민적 특수성을 가진 제도이고, 어느 정도까지 글로벌한 제도여야 하는지는 논쟁적 문제이지만 이 논쟁을 제대로 수행하기보다는 '대세' 혹은 '세계화' 같은 표어를 내걸고 교육정책이 밀어붙여지고 있다. 언론매체 종사자들과 지식인들이 논증을 우회한 표어를 이미 합의된 것으로 전제하고 그것에 이의를 제기하는 것을 몽매의 지표로 간주하는 가운데, 평등주의를 지향하는 교육은 이데올로기적으로 패퇴하고 있다. 요컨대 평준화를 해체하려는 세력은 이미 사회적 네트워크와 문화적인 수준에서 실질적 권력(real power)을 가지고 있다.

그럼에도 불구하고 현재의 경향에 대해 이의를 제기할 경험적·규범적 근거가 존재한다. 경험적 토대로서는, 비록 소진되고 마모되어왔다고 하더라도 우리 사회의 평등주의 에너지가 여전히 내연하고 있다는

278

사실을 들 수 있다. 그것은 불평등을 감내하는 하한선을 여전히 높은 수준으로 유지하는 동력이 되고 있다. 이런 에토스는 특권적 교육재화들을 일관된 경로로 연결함으로써 교육제도를 계급재생산의 확정된 수단으로 전환하는 것에 저항적이다. 약화되고 있지만 결집되기에 따라 이런 에토스는 여전히 정치적 힘을 행사할 가능성을 가지고 있다.

그럴 수 있다면 특권적 교육재화를 해체하는 솔로몬의 재판이 다시 한번 가능할 수도 있다. 우회로를 경유해서 평준화를 해체하는 주축이 된 현재의 일류고들에는 그 과정의 흔적이 외국어, 과학, 국제, 혹은 자립형 같은 수식어의 형태로 남아 있다. 이런 수식어는 그 자체로 법적 설립 근거이며, 그렇기 때문에 사회의 의지에 따라서는 재규정될 수 있는 것들이다. 그런 재규정은 언제라도 일류고 자체의 해체를 요구할 수 있는 고리로서 존재하고 있다. 왜냐하면 외국어고가 외국어 교육이 아니라 대학입시에 충실하고 국제고가 국제성을 지향하는 교육보다 역시 대학입시에 충실하다는 많은 증거가 있기 때문이다. 그래서 복귀한 교육적 구체제가 일말의 불안감마저 떨쳐낸 것은 아니다.

하지만 그런 정치적 결집이 가능할지는 확실치 않다. 현재 상태라면 비관적인 쪽일 것이다. 그렇지만 그것이 결정적인 요인은 아니다. 오히려 더 중요한 것은 정치적 결집의 토대를 이루는 가치의 영역이며, 이 영역에서 교육 평등주의는 일관된 가치체계를 이루거나 구축하고 있지 못하다는 점이다. 그렇게 된 이유는 우리 사회의 평등주의가 가진 내적 결함 때문이다. 우리의 평등주의는 사회의 여러 조건을 파괴적으로 평등화했던 식민지 경험과 전쟁에 기초해 생긴 것이었는데, 그런 경험은 동시에 사회가 가진 연대의 자원을 파괴하는 과정이었다. 그 결과 우리가 얻은 것은 연대 없는 평등주의였다. 우리에게 평등은 "나 또한 저 위로 기어올라갈 수 있다"는 지위상승의 평등주의였으며, 그렇기 때문에 이 평등주의의 전개가 사회적 연대감을 제고하고 그것이 더 깊이있는 평등을 형성하는 순환이 아니라 스스로를 전도하는 위계적 체제를 불러들이는 쪽으로 나아갔다. 그리고 교육체제는 이런 전도를 야기하는 축으로서 작용했다. 교육체제가 전체 평등주의의 압력 아래서 일정 정도 평등화되기도 했지만, 교육체제는 교육적 성취와 업적을 매개로 사람들을 위계적 체제에 배분하는 탁월하고 정당성 높은 기제이다. 그렇기 때문에 평등주의가 고등교육체제에 이르기까지 전체 교육체제를 평등주의로 물들여나가기보다는 서열화된 고등교육체제로 진입하기 위한 기회의 평등화라는 지점에서 정지했던 것이다. 그리고 바로 거기에서 멈추었기 때문에 역진의 길이 크게 열려 있었던 셈이다.

우리가 지금 고민해야 할 것은 경쟁에 매개된 평등주의 에너지가 기껏 시기심으로 퇴행하는 것을 막고 연대를 중심으로 하는 가치체계에 접속되도록 하는 것이다. 그렇게 해야 하는 이유는 지금 우리가 목도하는 우리 사회의 위계화가 장기적으로 지속가능(sustainable)하지 않기 때문이다. 불평등을 참을 수 있는 가두리 안에 가둘 수 없는 사회는 더 이상 사회라고 불릴 수 없다. 그 참을 수 없는 경계의 최저선이 어디인지 우리는 잘 모른다. 분명한 것은 평등주의는 참을 수 없는 경계의 최저선을 높게 유지하지만, 평등주의의 약화는 그것을 낮춘다는 것이다. 그러므로 평등주의의 약화를 막지 못하면, 위계화가 기대수준을 낮추고, 낮춰진 기대수준이 위계화를 방임하는 악순환에 빠질 것이다. 하지만 그렇게 해서 도달하게 되는 것은 인간으로서의 품위를 잃게 하는 추악한 사회일 것이다.

"인간은 평등하게 태어났지만 도처에서 사슬에 묶여 있다"는 루소의 말을 액면 그대로 받아들일 수는 없을 것이다. 인간은 상당 정도 불평등하게 태어난다. 그런데 어떤 사회는 이 자연적 불평등을 몇십배 몇백배 상회하는 불평등을 창조하고, 어떤 사회는 자연적 불평등을 극복한 평등을 창출한다. 무엇이 그런 평등을 만들어내는가? 사실적 평등이 아니라 자연적 불평등을 단호하게 무시하겠다는 결단, 평등에의 결단이 그렇게 한다. 이 결단만이 사회를 사회답게 만드는 토대이며, 그런 사회에 속한 자만이 사회 본유의 이익을 향유한다. 그리고 이런 결단을 경유함으로써 우리는 불평등한 사람 가운데 그 누구라도 사회의 힘을 통해 달라이라마로 길러낼 수 있는 것이다. 어떤 사회를 향할 것인가? 이 질문이 평준화의 운명과 연결되어 있다. 그리고 우리는 지금 솔로몬의 자리에 있다.

## 제9장
# 지구적 자본주의에 도전하는 교육개혁의 길

1

우리는 매순간 현재를 살아가지만, 과거는 경험을 통해, 미래는 기대를 매개해서 현재로 스며든다. 현재는 경험과 기대가 교차하는 순간인 것이다. 경험과 기대는 서로를 조건 짓는다. "경험 없는 기대는 없고, 기대 없는 경험도 없다."[1] 하지만 둘 사이에는 항상 간극이 존재한다. 만일 경험이 기대를 완전히 결정한다면, 미래는 닫힌 것이 되며, 그 경우 삶은 권태의 지속 또는 탈출구 없는 지옥이 될 것이다. 반대로 미래가 너무 개방적이어서 경험으로부터 어떤 기대도 끌어낼 수 없다면, 우리는 불안에 빠질 것이다. 그러므로 경험과 기대가 빈틈없이 결속된 상태나 아무 연계 없이 분리된 상태는 좋은 삶의 조건이라 할 수 없다.

경험과 기대라는 켤레 개념으로 우리 사회를 조망하면, 한때는 경험과 기대가 발전주의 프로젝트를 통해 적절히 연계되었지만, 이제는 더

---

1 라인하르트 코젤렉『지나간 미래』, 한철 옮김, 문학동네 1998, 391면.

이상 그렇지 않다고 할 수 있겠다. 발전주의 프로젝트는 더이상 작동하지 않지만, 경험과 기대를 연계할 새로운 집합적 프로젝트를 형성하진 못한 것이다. 그 결과 지금 우리는 경험/기대 연관의 붕괴 상황에 있다는 느낌과, 경험과 기대가 간극 없이 봉합된 상황을 동시에 체험하고 있다.[2] 예를 들어 전문직과 직접 연계된 몇몇 학과를 제외하면, 대학은 취업에 대해 아무것도 보장하지 않는다. 세칭 '명문'대 학생은 기대수준도 높고 그래서 좌절 가능성도 높긴 하지만, 지금 이들조차 느끼는 심각한 불안은 높은 기대수준 때문만은 아니다.[3] 널리 회자된 '3포세대'(결혼·연애·출산을 포기한 세대) 혹은 '5포세대'(3포+인간관계·내집마련)는 경험과 기대의 연계가 약해진 시대에 기대 축소로 반응하는 모습을 보여준다. 이런 경험/기대 연관의 붕괴는 그 반대 형태, 즉 경험과 기대의 빈틈없는 결합으로 체험되기도 한다. 3포세대론 또는 5포세대론 다음에 등장한 '수저계급론'은 그런 전도를 잘 보여준다. 수저계급론은 가계의 역능이 개인의 미래를 결정하고 있다는 통찰에 기대고 있다. 다시 말해 경험이 기대를 완전히 결정할 정도로 미래가 폐쇄되었고 불쾌한 미래를 완벽하게 예측할 수 있게 되었다는 것이다. 이렇게 조망방식이 전환되면 정서적인 변화도 함께 바뀐다. 경험과 기대가 분리되면 불안이 피어나지만 기대가 개방성을 잃게 되면 분노가 치밀게 된다. 수저계급론과 함께 등장한 '헬조선'이란 말은 이런 상황에 대한 분노의 정서를 응축

---

2 이 책의 제11장 「분단체제와 87년체제의 교차로에서」 참조.
3 「서울대 경제학부 졸업해도… 현실은 '3년째 취업준비생'」, 『한국경제신문』 2016년 1월 14일자 참조. 그리고 2015년 연세대 졸업식장에 내걸려서 화제가 되었던 현수막 문구 "연대 나오면 모하냐.. 백순데..."도 시사적이다(http://www.hani.co.kr/arti/society/schooling/679316.html).

하고 있다.

사태가 왜 이렇게 진행되었는지에 대해 여러 논의가 있다. 혹자는 '알파고' 같은 혁신적 기술에 의한 인간 노동의 추방을 말하고,[4] 혹자는 출산력 저하와 기대수명 증가로 인한 인구의 노령화를 거론한다. 그리고 혹자는 지난 30여년간 전지구적으로 진행된 신자유주의적 반동을 말한다. 이런 분석들에는 일정한 타당성이 있지만, 우리 사회의 지금 상황과 정확히 조응하진 않는 듯하다. 기계에 의한 인간 노동의 대치라는 자본주의체제의 항상적 경향이 새로운 수준으로 고도화될 국면에 다가가고 있지만, 바로 지금 상황을 충분히 설명하고 있진 않다. 선진국 전반의 인구구조가 노령화되고 있고, 우리의 경우 그 과정을 다른 어떤 나라보다 압축적으로 겪고 있는 것이 사실이지만, 그로 인한 심각한 문제 역시 임박한 것이긴 해도 현재 상황을 해명하기엔 충분치 않다. 세번째 논의가 비교적 현재를 잘 설명하지만, 우리 상황에 대입하면 더 많은 요인을 함께 검토하지 않으면 충분한 설득력을 가지기 어렵다.[5]

이 글에서는 현재 우리 사회가 처한 문제를 세계체제론의 일환으로 발전된 '세계도시' 이론에 입각해 분석해보고자 한다(2절). 이런 접근법 또한 앞서 지적한 입장과 마찬가지로 이런저런 한계가 있다. 하지만 문제를 다른 각도에서 조망할 수 있게 해주며, 그렇기 때문에 새로운 각

---

4 랜들 콜린스 「중간계급 노동의 종말: 더이상 탈출구는 없다」, 이매뉴얼 월러스틴 외 『자본주의는 미래가 있는가』 제2장, 성백용 옮김, 창비 2014 참조.

5 예컨대 볼프강 슈트렉(Wolfgang Streeck)이 그렇다. 그는 신자유주의적 반동의 중요한 결과가 '부채국가'라고 주장한다. 이 주장은 매우 설득력 있지만, 막상 우리 상황에 적용해보려 하면 그렇게 쉽지 않다. 예컨대 우리의 재정적자는 OECD 여러 나라에 비해 아직은 낮은 수준이고, 우리의 경우 재정적자보다 외환보유고가 더 중요한 문제로 나타난다. 볼프강 슈트렉 『시간 벌기: 민주적 자본주의의 유예된 위기』, 김희상 옮김, 돌베개 2015 참조.

도에서 해결방안을 구상해볼 여지를 준다. 그런 구상에서 매우 중요한 거멀못이 교육이라는 것이 이 글의 판단이다. 따라서 그런 판단에 입각해 공간적인 재편을 염두에 둔 교육개혁론을 제기해볼 것이다(3절). 이어서 결론을 대신해, 논의된 교육개혁이 작동하기 위한 조건 그리고 그것이 가진 더 폭넓은 함의들을 살필 것이다(4절). 그리고 보론에서는 이 글에서 제기한 교육개혁이 어떤 가능성을 갖고 있는지를 데이비드 하비의 논의, 특히 그의 '공간적 해결'(spacial fix) 개념에 덧대어 논의할 것이다.

2

안정적인 자본축적을 위해서는 군사적·정치적 보호가 필요하다. 그러므로 근대 자본주의 역사를 자본이 지출한 보호비용과 결합된 영토국가의 전개과정과 자본 자체의 축적과정이 복잡하게 교직되어온 과정으로 조망해볼 수 있다.[6] 하지만 자본주의에 대한 역사적 이해는 물론이고 최근 자본주의의 작동방식을 제대로 살펴보기 위해서도 조반니 아리기(Giovanni Arrighi)의 "자본주의적 권력 논리와 영토주의적 권력 논리"라는 이분법적 구별을 유의해서 받아들여야 할 것이다. 이 이분법은 자칫 공간 범주가 영토국가와만 관련된 것이란 인상을 줄 수 있기 때문이다. 생각해보면 자본축적 또한 공간과 깊은 관련을 갖는다. 공장이라는 물리적 건조환경을 필요로 하는 제조업은 물론이고, 컴퓨터 네트

---

6 그런 예로는 조반니 아리기 『장기 20세기: 화폐, 권력, 그리고 우리 시대의 기원』, 백승욱 옮김, 그린비 2008 참조.

워크를 통해 시공간적 제약 없이 하루에 수조 달러 이상을 거래하는 금융산업 또한 공간적·물리적 인프라가 필요없는 것은 아니다. 이런 인프라는 영토국가보다 훨씬 작고 응집력 있는 도시를 통해 더 효율적으로 충족된다. 그러므로 아리기가 지적한 자본주의와 영토주의의 관계는 공간적 수준에서는 '세계도시'(더 정확히는 세계도시 네트워크)와 국민국가 간의 관계로 조명될 수 있다.

만일 어떤 도시가 세계적 규모의 자본축적 중심지, 즉 세계도시의 역할을 한다면, 어떤 기업들이 집결할지 추론하는 것은 그리 어렵지 않다. 다국적 생산자본의 헤드쿼터가 자리잡을 것이고, 생산자본을 지원할 뿐 아니라 다양한 축적 메커니즘을 가동하는 대형 금융회사가 모일 것이다. 그리고 이들 모두를 지원하는 생산자서비스 회사(대규모 회계법인, 부동산회사, 국제적 로펌, 디자인과 광고 전문 회사, 시스템 솔루션을 제공하는 전산서비스 회사 등)가 응집할 것이다. 그리고 거기에 고용된 인구를 지원하는 소비자서비스 제공업체(거주용 아파트와 사무빌딩 관리회사, 그리고 세탁소, 주차관리원, 식당, 택배회사, 버스회사, 자영업 택시 등에 이르기까지)가 모여들 것이다. 만일 대형 금융과 산업적 헤드쿼터가 높은 이윤율을 낸다면, 그것을 운영하거나 소유한 전지구적 부르주아와 그들을 지원하는 테크노크라트를 위해 도시는 높은 수준의 의료 및 교육 시설을 구비할 것이며, 그 옆에 대학과 연구소는 물론이고 극장과 박물관도 들어설 것이다. 그런 시설에 연구자와 학생, 악단과 무용단이 모이고, 거리의 악사와 초상화가도 따라붙을 것이다. 보헤미안적 생활양식을 가진 예술가 거주지역도 생겨날 것이다. 그리고 모든 집단 틈새엔 단순 노무인력이 끼어 활동할 것이다. 이런 과정은 페르낭 브로델( Fernand Braudel)이 말한 "전망의 상호성", 그러니까 상대편이 자신을 필요로 할 것이라는 기대의 상호성에 힘입어 자기조직적으로 진행된다. 그렇게 해서 역시 브로델이 말했듯이 도시는 일종의 "변압기"처럼 작동한다.[7] 주변으로부터 필요한 자원을 빨아들이며 내부를 엄청난 에너지로 충전하는 것이다.

이런 세계도시와 국가 간의 권력관계는 계속해서 변동해왔다. 유럽 중세의 자유도시는 봉건영주와 봉건국가로부터 자유를 쟁취했지만, 근대에 이르러 도시는 국민국가에 복속됐다.[8] 하지만 지금처럼 자본의 다국적화와 금융화가 심도있게 진행된 지구화(globalization) 상황에서는 세계도시의 권력이 국민국가를 압도해간다고 할 수 있다.

그렇다면 서울은 이런 세계도시 가운데 어느 정도 위상을 가진 것일까? 물론 서울은 뉴욕이나 런던 같은 최상위 세계도시가 못될뿐더러 동아시아에서도 상하이, 토오꾜오, 싱가포르, 홍콩 같은 세계도시에 미치지 못한다. 회계법인과 은행업의 분포를 중심으로 세계도시를 분석해온 피터 테일러(Peter J. Taylor)는 우리의 경험에 부합하게도 서울을 '베타-세계도시'(β-World City), 즉 중위 세계도시로 분류한다.[9] 중위 세계도시가 소재한 국가의 경우, 산업적·금융적 능력의 한계 때문에 한 개 정도의 세계도시만이 형성 가능한 경우가 많다. 그럴 때도 그 국가의 정치적 수도와 결합함으로써만 세계도시의 수준에 이르는 경우가 대부분이다. 아마 멕시코시티, 부에노스아이레스, 방콕 또는 이스탄불이 서

---

7 페르낭 브로델『물질문명과 자본주의 I-2』, 주경철 옮김, 까치 2001, 제8장「도시」참조.

8 같은 책 제8장, 그리고 Peter J. Taylor, "World Cities and Territorial States: The Rise and Fall of Their Mutuality," *World Cities in World-System*, ed. by Paul L. Knox & Peter J. Taylor, Cambridge University Press 1995, 48~62면 참조.

9 Peter J. Taylor, "World Cities and Territorial States Under Conditions of Contemporary Globalization," *Political Geography* vol. 19, 2000, 5~32면.

울과 유사한 경우일 것이다.

그런데 이런 중위 세계도시는 '수위(首位) 세계도시'(α-World City) 와 다른 특징을 지닌다. 중심부 국가에서는 대도시 순위와 인구규모 사이에 역비례관계가 관철된다. 이들 국가에서는 두번째로 큰 대도시의 인구가 가장 큰 대도시 인구의 절반이 되고 세번째 큰 도시 인구는 3분의 1이 된다.[10] 하지만 중위 세계도시는 수위 세계도시와 달리 그곳이 속한 국가의 다른 도시들을 완전히 압도한다. 일반적으로 세계도시로의 성장은 국가의 재정능력을 초과하는 사회적 비용을 발생시키는 편이지만,[11] 중위 세계도시는 거기서 더 나아가 해당 국가 내부 주변부의 자원을 대량으로 흡수하고 착취하며, 그런 한에서 세계도시 지위를 유지하는 경우가 많다. 세계도시 연구의 초점은 역시 수위 세계도시이기 때문에 중위 세계도시가 자신이 속한 국민국가에 대해 어느 정도 착취적인지 또는 어떤 계기로 그런 경향이 심화되는지를 다룬 국제적 비교 연구는 별로 없다. 하지만 적어도 한국에 대한 조사는 서울과 수도권이 나머지 지역으로부터 한해 정부 총예산의 두배가 훌쩍 넘는 액수인 약 854조원을 빨아들이고 있음을 보여준다.

외환위기 이후 한국경제의 신자유주의화로 인한 사회경제적 양극화를 말하는 이들이 많다. 장하성(張夏成)이 인용한 세계 상위소득 데이터베이스(WTID)에 따르면 한국의 개인상위 10%의 소득집중도는 1995년 29.2%에서 2012년 44.9%로 상승했다.[12] 국세청 상속세 자료를 통해 부의 축적에서 상속분이 기여한 정도를 측정한 김낙년(金洛年)에

---

10 폴 크루그먼『자기 조직의 경제』, 박정태 옮김, 부키 2002, 제3장 참조.
11 John Friedman, "The World City Hypothesis," *World Cities in World-System*, 326면.
12 장하성『왜 분노해야 하는가』, 헤이북스 2015, 59면.

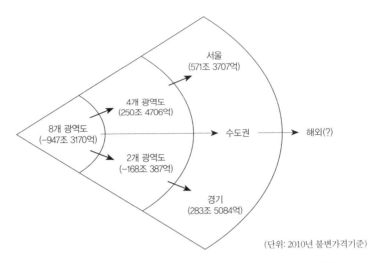

(단위: 2010년 불변가격기준)

〈그림〉 역외소득 유출입의 누적 규모와 공간적 흐름(2000~2014년)[13]


의하면, 그 비중은 1980~90년대에는 27~29%였지만, 2000년대가 되면 42%로 상승한다.[14]

　이런 경제적 양극화는 공간적으로는 서울을 핵으로 하는 중심/주변 분화가 강력하게 진행되는 것으로 나타나며,[15] 사회적으로는 상층 파워 엘리트 집단의 네트워크가 점점 더 촘촘해지고 폐쇄성을 띠는 것으로

---

**13** 전병유 외 『한국의 불평등 2016』, 페이퍼로드 2016, 114면. 〈그림〉의 출처는 통계청 통계 포털(kosis.kr)이며, 8개 광역도는 충남·북, 전남·북, 경남·북, 강원·제주, 4개 광역시는 부산, 대구, 광주, 대전, 그리고 2개 광역시는 울산과 인천을 일컫고, 2014년 수치는 잠정치이며, 세종시는 충남에 포함됨.

**14** 김낙년 「한국에서의 부와 상속, 1970~2013」, 『낙성대경제연구소 워킹페이퍼(2015-07)』, 2015. 11 참조.

**15** 2014년 상속세와 증여세 신고 현황을 보면 서울·수도권이 차지하는 액수는 각각 전체의 74%와 80%에 이른다.

나타난다. 흔히 '강남'이라는 지역으로 간결하게 표상되는 상층 파워엘리트 집단의 구성요소를 사람과 조직을 뒤섞어 두서없이 꼽아본다면, 특목고(자사고), 서울 소재 '명문'대학과 사학재단, 재벌 대기업, 공공부문의 고위 종사자, 금융엘리트, 고위 공무원, 판검사와 로펌 변호사, 대형 회계법인 관계자, 대형병원, 빌딩 소유자, 보수언론, 대형교회 등일 것이다. 얽히고설킨 네트워크의 효과로 이들은 국민적 이해관심으로부터 멀어져 점점 아주 협소한 계급이익을 탐닉하는 방향으로 나아가고 있다.

사실 그런 행태는 세계도시로서의 서울을 주도하는 상층계급의 집단역학과 하비투스(habitus)에 결부된 것이긴 하지만, 세계도시와 국민국가 사이의 이해충돌이라는 구조적인 문제에서 비롯되는 면도 많다. 예컨대 재벌 대기업이 한국의 고등교육에 대해 어떤 이해관심을 가질지 생각해보라. 2015년 500대 대기업의 공채인원은 약 2만 2천명이었다. 이 정도 인원은 서울 소재 상위 10개 대학의 정원에도 미치지 못한다. 그것이 함의하는 바는 재벌 대기업이 관심을 가진 것은 몇몇 명문대학에서 교육받은 이들의 직업적 능력과 이데올로기적 복종태세일 뿐, 한국 고등교육 전반의 발전은 아니라는 것이다. 한국사회의 대자본은 다른 영역에서도 그렇지만 이렇게 교육에 대해서도 국민적 이익과 괴리된 집단이다.

그렇다 하더라도 자본은 민주적으로 선출된 정부가 국민적 이해관심에 입각해 시행하는 정책적 제재를 쉽게 뿌리칠 수 없다. 그러나 국제적이든 국내적이든 자본이 국민국가를 압도하는 권력을 획득해감에 따라 그런 제재는 힘을 잃어왔다. 그렇게 된 이유의 일부는 지난 몇십년 동안 진행된 신자유주의적 지구화가 강제한 탈규제 경향에 있다. 하지만 이렇듯 비교적 전지구적으로 탈규제가 이루어졌다는 사실보다 그런 탈규제가 관철되는 내부 맥락과 패턴에 주목할 필요가 있다. 그 가운데 매우 중요한 것이 중앙정부의 고위 공무원이 퇴직 후 재벌 대기업이나 로펌의 자문 내지 고문 같은 직책으로 취업하고, 그들이 나중에 정부의 선출직 공무원이 되기도 하는 일종의 회전문 구조가 형성된 것이다.[16] 이런 과정을 거치며 중앙정부의 관료들이 국민국가적 충성심을 가지지 않고 관료적 자기이익 추구라는 경로를 따라 상층 지배 블록과 융합하게 되면, 국민국가는 '국민적 국가'이기를 그치게 되는 것이다.[17] 1980년대 종속이론이 수입되었을 때, 안드레 군더 프랑크(Andre Gunder Frank)가 『저발전의 발전』에서 제시한 "국제화된 부르주아와 룸펜프롤레타리아"의 대립구도는 우리 현실과 전혀 맞지 않았다. 하지만 지금 중위 세계도시 서울에서 보게 되는 사회적 풍경은 그것에 매우 근접해가고 있다.[18]

---

16 그런 모델을 우리 사회에서 창안하고 선도했다는 의미에서 로펌 김앤장은 특별한 중요성을 가진다. 김앤장이 가진 문제, 그리고 김앤장이 만들어낸 회전문 인사 문제에 대해서는 임종인·장화식 『법률사무소 김앤장』, 후마니타스 2008 참조. 이외에도 공무원의 민간근무휴직제도 정부 관료와 로펌이나 대자본과의 유착 기제로 작동해왔다. 2002년부터 시행된 공무원의 민간근무휴직제도는 민관 유착에 대한 우려 때문에 잠시 중단되었다가 2012년부터 재시행되었다. 그리고 자본과의 유착 때문에 최근까지 대기업에서의 근무를 허용하지 않았다. 하지만 지금까지도 로펌은 대기업으로 분류되지 않아서 근무하는 데 별다른 제약이 없었을뿐더러 2015년부터는 대기업 근무도 가능해졌고 휴직기간도 18개월에서 24개월로 연장되었다. 「공무원 휴직하고, 삼성·LG에서 근무할 수 있다」, 『연합뉴스』 2015년 9월 22일자 참조.

17 2016년 여름 넥슨과의 부적절한 주식거래로 구속된 진경준 전 검사장의 행태나 엇비슷한 시기에 전 교육부 정책기획관 나향욱씨가 "민중은 개돼지" 운운했던 것은 일탈적 사례가 아니라 구조적 배경을 가진 것이라 할 수 있다.

18 글로벌 부르주아와 그들을 지원하는 금융서비스의 풍경을 김종영은 다음과 같이 보여준다. "박 차장은 한국 부자들의 자산을 관리하고 운용하는 업무를 담당하고 있는데, 고객들이 미국의 주식과 부동산에 관심이 많아 매입을 컨설팅하는 경우가 적지 않다. 그는 그런 고객을 위해 미국 자료에 직접 접근하여 포트폴리오를 만들어준다. 박 차장: '미국에서 상

이런 과정은 우리 사회에서 나타나는 여러가지 병리현상 또한 조명해준다. 예컨대 대학생들의 차별의식을 보자. 오찬호는 『우리는 차별에 찬성합니다: 괴물이 된 이십대의 자화상』(개마고원 2013)에서 대학생들의 차별의식을 맹렬히 비판했다. 하지만 그의 저서가 무색하게 차별의식은 더 심해졌다. 비근한 예로 요즘 대학생 가운데 일부는 자신의 학교나 학과 이름을 커다랗게 새긴 점퍼를 입는 데서 더 나아가 출신 고등학교 이름마저 점퍼에 새기고 있다. 이런 차별의식은 중심/주변 분화가 강력해진 때문에 생긴 현상이다. 중심/주변 분화가 심화되면 중심 내에서도 다시 중심/주변의 분화가 거듭된다. 그렇게 되면 중심에 있을 때도 그곳이 중심의 주변이 될지 모른다는 불안감이 생긴다. 이런 불안은 자신이 중심에 머무르고 있음을 끊임없이 확인하려는 강박을 낳으며, 주변으로 밀려나지 않고 더 깊은 중심으로 들어가려는 동인을 강화한다. 이렇게 중심/주변의 재분화가 반복되면, 중심/주변이 더 깊은 중심으로부터 주변의 주변으로 동심원적으로 펼쳐지게 되고, 그런 만큼 위계적 구조와 유사해져간다.

강력한 중심/주변 분화는 부동산 투기와 지대 추구 또한 심각한 문제

장되는 애플의 주식을 매입할 수 있느냐, 아니면 워렌 버핏이 운영하는 버크셔 헤서웨이의 주식을 살 수 있느냐고 물어보는 고객이 있어요. 이런 것들은 일반(은행) 지점에 가거나 증권사 지점에서는 상담해주기 어려운 주제거든요 (…) 제가 미국 회사 정보를 직접 구해서 간단하게 정리해서 드렸더니 고객분이 깜짝 놀라시더군요.' 박 차장은 미국에서 MBA를 다니지 않았고 영어에 익숙하지 않았다면 미국 회사 정보를 구해볼 생각조차 못했을 것이라고 말한다. (…) 이 팀장이 다른 직원들보다 특화된 분야 중 하나는 해외 조세피난처에 대한 지식이다. 그는 미국 학위 과정에서 세법에 대한 강의를 들었으며 이 수업 중 세금을 피하기 위해 돈을 역외에 두는 조세피난처에 대해 심도있게 배웠다. (…) 그는 한국 대학에서 개설되는 과목에는 '조세피난처에 대한 개념이 없다'고 말한다." 김종영 『지배받는 지배자: 미국 유학과 한국 엘리트의 탄생』, 돌베개 2015, 223~24면.

로 만든다. 저금리에 맞물린 때문이기도 하고 가계부채 1,100조원의 상당 부분은 중심/주변 분화가 너무 강력해서 생긴 부동산 거품과 관련된 것이다. 지나치게 앙등한 서울과 수도권의 부동산 가격 때문에 "임대사업자가 꿈인 나라"라는 말은 이제 냉소를 넘어 실제 꿈을 표현하는 말이 되고 있다. 아마 그것을 잘 보여주는 것이 삼성동 한전 부지를 놓고 삼성전자와 현대차그룹이 경쟁하다 결국 현대차그룹이 감정가의 세배가 넘는 액수인 10조 5,500억원으로 그것을 낙찰받은 일이다. 각각 전자산업과 자동차산업을 주력으로 하는 재벌 대기업들조차 임대사업에 대한 욕망에 들떠 있는데, 이런 욕망의 토대는 중위 세계도시로서의 서울이며, 그런 욕망을 실현하기 위한 토대는 서울이 그 지위를 유지하는 것이다.

이런 상황에서 우리에게 필요한 것은 국민국가가 '국민적'이기를 요구하는 일, 모든 주민을 동등하게 대우하고 그들의 복지를 균등하게 향상시키려는 가치지향성을 정부 안에 깊이 새겨넣는 일이다. 국민국가의 억압성을 해체하기 위해 노력해왔던 이들에게는 국민국가가 국민적일 것을 요구하자는 주장이 당혹스럽게 느껴질 수도 있다. 이런 기획보다는 글로벌 거버넌스를 더 선호하는 것이 좌파문화다. 특히 유럽 좌파는 글로벌 거버넌스를 추구해왔는데(이것이 제러미 코빈Jeremy Corbyn 같은 이가 브렉시트에 당면해 어정쩡한 입장을 취한 이유일 것이다), 아무튼 그들에게는 더 민주적인 EU(유럽연합), '사회적 EU'라는 목표가 남아 있다. 하지만 우리가 속한 동아시아라면 어떤가? 여기선 지리적 배치와 정치군사적 구도 자체가 그런 식의 모델을 상정할 수 없게 한다. 연동하는 동아시아의 역내 평화를 위해서 밑으로부터의 교류와 시민적 거버넌스 추구가 필요하긴 하지만 여전히 핵심은 국민국가들 사이의 평화적 관계다. 그러므로 국민국가를 국민화하려는 시도가 필요하다고 주장하는 것은 국민국가에 어떤 선험적으로 좋은 점이 있기 때문이거나 한때 존재했던 좋았던 과거에 대한 회고적 지향 때문이 아니다. 그것이 현실적으로 가능한 경로이기 때문에 국민국가를 개혁하고 개조해야 하는 것이다.[19] 더구나 남북한이 분단되어 국민국가 자체에 미달한 한반도 상황에서 남북한이 함께하는 '국민적' 국가 또는 정치공동체를 형성하려는 노력 자체가 한반도 주민의 삶을 개선하고 동아시아 역내 평화에 기여한다고 할 수 있다.

더 나아가 국민국가 모델 자체에 함축된 일정한 긍정성도 주목할 필요가 있다. 베스트팔렌조약(1648)을 계기로 서구가 창안한 주권국가체제는 국가 간의 동등성과 동등 대우라는 규범을 수립했는데, 근대 국민국가체제는 그 규범을 계승하고 있다. 사실 현존하는 국민국가들은 결코 대등한 존재가 아니다. 국민국가들 간의 동등성이란 코끼리와 황소와 생쥐가 포유류라는 점에서 동등하다는 이야기와 다를 바가 없다. 하지만 국민국가체제에서 국가들은 서로가 마치 동등한 '것처럼' 행동한다. 이때 '마치 그런 것처럼'이라는 가상적 태도는 의외로 중요하다. 일

---

**19** 관련해서 대니 로드릭(Dani Rodrik)이 제시한 세계경제의 정치적 트릴레마를 연급하고 싶다. 그는 세계경제는 하이퍼글로벌리제이션(깊은 지구화), 민주주의, 국민국가라는 세 마리 토끼를 동시에 잡을 수 없고, 잘해야 두마리를 잡을 수 있을 뿐이라고 말한다. 하이퍼글로벌리제이션이 민주주의를 잡으려면 국민국가를 포기해야 하고(EU를 통한 글로벌 거버넌스를 추구하는 유럽 좌파의 입장일 것이다), 하이퍼글로벌리제이션과 국민국가를 잡으려면 지구화에 수반된 국제적 규칙이라는 구속복을 입고 민주주의를 포기해야 하며(우리 사회가 지난 몇십년간 겪은 일과 근접할 것이다), 국민국가와 민주주의를 잡고 싶으면 하이퍼글로벌리제이션을 포기하고 '얕은 지구화'를 추구해야 한다는 것이다. 대니 로드릭 『자본주의 새판짜기: 세계화의 역설과 민주적 대안』, 고빛샘·구세희 옮김, 21세기북스 2011, 제9장 참조.

상적으로 우리는 인간이 평등하다고 말한다. 그때 평등은 사실적 판단이 아니다. 평등은 이런저런 차이와 우열을 무시하고 모두를 '마치 평등한 존재인 것처럼' 대우하기로 한 결정이자 결단의 산물이다. 이것은 본질적으로 정치적 결정·결단이며, 주권적인 국민국가들의 체제에도 동일한 유형의 결정·결단에서 흘러나오는 규범적 힘이 작동하고 있다.

국민국가는 대내적으로도 시민권자를 평등하게 대우하라는 규범적 요구를 향해 열려 있다. 경험 수준에서 국민국가 안에는 다양한 차별이 현존한다. 하지만 차별받은 소수자 집단이 사회적으로 평등을 주장할 뿐 아니라 국가에 대해 평등한 조치를 '요구'할 수 있는 것은 그들이 민주적 헌정에 입각한 국민국가의 시민이기 때문이다. 국민국가는 심각한 정당성 약화를 감수할 것이 아니라면, 그런 요구에 반응하지 않을 수 없다. 물론 국민만큼이나 난민이 일반적 경험이 되는 세계에서 우리는 국민국가의 한계를 넘어서기 위해 그리고 보편적 인권을 보장하는 방향으로 국민국가를 이끌기 위해서 노력해야 한다. 하지만 세계도시의 국제화된 부르주아에 하이재킹된 도시국가와, 시민 모두를 동등하게 대우하고 그들의 민주주의로부터 정당성을 끌어내는 국민적 국가 사이에서 어느 쪽을 선택할지는 자명하다고 할 수 있다.[20] 이제 절을 달리하여 그런 선택에 입각한 핵심적 개혁 전략으로서 교육을 다루고자 한다. 이 경우에도 이미 지적했듯이 공간적 배치가 중요한 고려 사항일 것이다.

---

20 국민국가에 국민적일 것을 요구하는 전략은 월러스틴식으로 표현한다면, "자유주의자들이 자유주의자들이 되도록 강제하는 것"이라 할 수 있다. 이매뉴얼 월러스틴 『미국 패권의 몰락』, 한기욱·정범진 옮김, 창비 2004, 325면.

3

초기 상태의 사소한 차이가 강화(reinforcement)과정을 거쳐 형성되는 중심/주변 분화는 쉽게 제거하기 어려운 현상이다. 그것은 도처에서 계속해서 새롭게 발생하는 과정이다. 하지만 과도한 중심/주변 분화로 인해 병리현상들이 발생하고 있다면, 그것을 어느 정도라도 약화시키는 정책적 개입이 필요하다. 하지만 이런 문제를 해결하려는 실천적 개입이 그때까지 진행된 사회적 조직화 방향과 정면에서 맞서는 식으로 이루어지긴 쉽지 않다. 사회적 병리는 어떤 교착 또는 나쁜 균형으로 인해 발생하는 경우가 많은데, 균형상태는 여러 사회 행위자가 개별적으로는 달리 행동하기 어려운 상태를 의미하기 때문에 나쁜 것이라 하더라도 쉽게 벗어날 수 있는 것은 아니다.

그러므로 나쁜 균형에 머무르고 있는 현재의 사회상태를 다른 방향으로 이끌 수 있는 어떤 실마리를 잡아, 사회 성원들이 자기조직적 활동을 그것과 연결하는 전략이 필요하다. 그렇게 하기 위해서는 우리 사회에 존재하는 여러가지 요소 또는 기획을 새로운 방식으로 조합하는 편이 좋다. 그리고 그런 새로운 조합은 가능한 한 지금까지 장애로 생각되어 온 요인을 기회로 전환하는 것이 되어야 할 것이다. 사회는 경로의존적으로 발전하기 때문에 개혁 전략도 경로의존 선상에서 새로운 분기를 형성하는 것이 성공 확률을 높일 것이다.

따라서 지금 우리가 목표로 삼은바 중위 세계도시 서울의 지배력이 야기한 병리현상의 치유를 위해서도 서울과 수도권의 중심성을 약화시키려 했던 그간의 시도와 그 성과를 검토할 필요가 있다. 우선 검토되어야 할 것은 노무현 정부가 추진한 지역균형발전 전략, 특히 그 기획의 중심에 있던 수도이전 계획이라고 할 수 있다. 이 프로젝트는 우여곡절이 많았지만 공공기관의 지방이전 그리고 '행정수도' 세종시를 결과로 남겼다. 수도권 중심성 해체를 목표로 내세우지는 않지만 적어도 그것의 상당한 약화를 함축한 기존의 시도로서 '국립대학통합네트워크안'(이하 국립대학통합안)이 있다. 이 논의는 노무현 정부와 연계된 것은 아니었지만 노무현 정부 시기에 제기되었다. 강준만(康俊晩)의 『서울대의 나라』(개마고원 1996)가 출간된 이후 학벌주의와 대학서열체제에 대한 비판이 활성화되었고, 진보적인 학자들은 서울대 해체와 대학 평준화를 주장했으며, 장회익(張會翼) 교수를 비롯한 서울대 교수 20인은 '서울대 학부과정 개방안'을 내놓기도 했는데, 국립대학통합안은 이런 분위기에서 가다듬어진 것이었다. 이 안은 비록 제도적 결실을 맺진 못했지만 진보정당들은 물론 18대 대통령선거를 앞두고 통합민주당이 교육개혁방안으로 진지하게 검토하기도 했으며, 여전히 우리 사회 민주파가 대학서열주의에 도전하며 내놓은 안 가운데 가장 구체성이 높은 것으로 남아 있다.[21]

---

21 발표되고 집중적으로 논의된 지 오래되어 국립대학통합안의 개요를 제시하는 것이 필요한 듯하다. 이 안을 주도한 정진상에 따르면 국립대학통합안의 제도적 골격은 다음과 같다. (1) 서울대학교를 포함한 기존의 국립대학들을 하나의 통합네트워크로 구상한다. (2) 대학의 공교육체제로의 전환이라는 원칙에 따라 일정한 수준이 되는 사립대학들을 국립대 통합네트워크에 편입한다. (3) 서울대학교는 따로 학부생을 모집하지 않는 대신 학부 강의를 국립대 통합네트워크 학생들에게 개방한다. (4) 학부과정은 4년으로 하되 1기 과정(2년)은 인문사회계열과 자연계열 두 계열만 두고, 2기 과정(2년)은 학부제로 운영한다. (5) 법대, 사범대, 경영대, 의대(치대, 한의대, 수의대), 약대 등 전문직을 위한 학부과정을 폐지하고 이 과정들을 전문대학원에 설치한다. (6) 지역의 국립대학들을 현재의 거점 대학을 중심으로 학구별로 통합하고 몇개의 캠퍼스로 조직한다. (7) 대학원은 일반대학원과 전문대학원으로 구분한다. 학문을 위한 일반대학원은 학구별로 특성화를 유도한다. (8) 전문직업

이 글에서 논의하고 싶은 것은 서로 다른 맥락에서 제기되고 별도로 추진되었던 노무현 정부의 수도이전 프로젝트와 국립대학통합안의 결합이다. 필자가 보기에 두 프로젝트가 결합된다면 그것은 중위 세계도시 서울이 야기한 병리현상을 극복할 실마리가 될 수 있다. 서울과 수도권의 권력을 약화시키기 위해서는 단지 그것이 가진 정치경제적 권력을 약화시키는 것 이상의 기획, 이데올로기적이고 문화적인 기획이 필요하다. 서울과 수도권의 힘 자체가 정치경제적 중심성뿐 아니라 대중도 암암리에 동의하는 어떤 이데올로기에 뒷받침되고 있기 때문이다. 우리 사회에서 대중의 복종태세를 쉽게 이끌어내는 가장 강력한 이데올로기 가운데 하나가 업적주의(meritocracy)이며, 그것의 중심에는 대학서열체제가 있다. 매년 겨울 수십만의 수험생이 한날한시에 몇년간의 노력을 모두 털어넣으며 대학수학능력시험을 치르는데, 바로 그 형식 자체가 업적주의 이데올로기를 강화하는 거대한 '세리머니'라 해도 과언이 아니다.

지난 수십년간 국민적 정체성 안에 아로새겨진 업적주의의 위력은 조금도 약해지지 않고 오히려 더 강해졌다. 업적주의를 뒷받침하는 서울 중심의 대학서열체제가 더 완고하고 강팍해져서, 'SKY서성한중경외시건동홍국숭세단……' 같은 지독한 서열 매기기가 거리낌없이 공론장을 누비는 상황이다. 그렇게 된 이유는 대학입시 경쟁이 과도해지면서 한국의 젊은이들 대부분이 희생을 치렀다고 느끼고 있고, 더 나아가 그 희생을 정밀하게 차등적으로 보상받아야 한다는 심리에 빠져 있으

---

을 위한 전문대학원은 학구별로 인구 비율에 따라 입학 정원을 조정한다. 자세한 것은 정진상 『국립대 통합네트워크』, 책세상 2004 참조.

며, 그런 보상체계를 교란하는 모든 것에 대해 원한(resentment) 감정을 느끼기 때문이다. 그런데 바로 이런 심리가 세칭 명문대학 출신으로 구성되는 중심부의 엘리트 집단에 대한 사회적 정당성을 높여주는 것이다. 따라서 중심/주변 분화를 약화시키려는 전략은 중심의 정당성의 중요한 토대가 되는 대학서열체제에 도전하는 기획을 포함해야 한다.

노무현 정부의 수도이전 기획과 국립대학통합안을 결합해야 한다고 보는 또다른 이유는 두 기획이 현재 애초의 의도를 실현할 길을 잃고 표류하고 있기 때문이다. 노무현 정부가 시도한 새로운 수도 건설은 당시 야당인 새누리당의 반대 그리고 헌법재판소의 기이한 판결로 인해 행정수도로 격하되었고, 이명박 정부는 그마저 '특별경제도시'로 전환하려 했다. 하지만 당시 박근혜 의원의 대선 전략 때문에 행정도시안이 유지되어 9부2처2청이 내려가 현재 상태에 이르렀다. 이런 세종시가 어떤 위상과 발전 방향을 가지고 있는지, 그것이 한국사회 전체에서 어떤 사회경제적 그리고 공간적 위상을 갖는지 매우 불투명한 상태에 있다.

세종시가 어떤 발전경로를 취할 수 있는지 짐작하기 위해 최근 논란이 된 두 부류의 사실을 살펴보자. 하나는 서울—세종 고속도로 건설계획 발표와 2016년 11월 조기 개통한 수서발 KTX이다. 서울과 세종시 간의 교통연계를 강화하려는 이런 시도 밑에는 수도의 부분 이전으로 인해 업무·거주·가족생활이 불편하게 조합된 상황에 처해서 불만이 많은 공무원들이 있다. 하지만 만일 이런 방향으로 발전이 강화된다면, 세종시는 서울·수도권 도시회랑에 흡수되어 수도권 확장에만 기여하게 될 것이다.

다른 하나는 개헌을 통해 수도를 세종시로 완전 이전하자는 경기도지사 남경필(南景弼)의 발언[22]과 세종시에 국회 분원을 설치하자는 이

300

해찬(李海瓚)의 국회법 개정안 발의[23]다. 이들의 발언은 세종시가 정치적인 동기 때문에 계속해서 더 많은 정부기관과 공공기관을 유치하며 성장할 수 있다는 것을 말해준다.[24]

이 두가지 사실을 조합해보면 세종시는 서울의 하위 파트너가 될 수도 있고 정치적·행정적 수준에서 서울에 비견할 권력을 가진 중심지로 성장할 잠재력을 가지고 있기도 하지만, 어느 쪽이든 공간적으로는 수도권 회랑에 편입된 형태가 될 공산이 커 보인다. 서울의 중심성을 약화시키기 위해서 시작된 프로젝트가 이런저런 경로를 거쳐 서울과 수도권의 확장으로 귀결될 처지에 놓인 것이다.

국립대학통합안의 경우도 제안될 때와는 상황이 많이 달라져서 그것이 가진 의미가 많이 옅어진 상태이다. 법학이나 약학 전문대학원 설치를 비롯해 여러가지 변화가 있었지만 그중에서도 가장 핵심적인 것은 서울대 법인화다. 국립대학통합안은 서울대폐지론과 대학평준화론으로부터 영감을 길어올렸으며, 그렇기 때문에 서울대를 국립대학네트워크 안으로 몰아넣고 서울대 학부생 모집을 폐지할 것을 주장했다. 그런데 그 서울대가 2011년 법인화되어 국립대 범주에서 빠져나가버린 것이다. 서울대를 여전히 국립대학통합네트워크 안에 집어넣을 수 있다고 주장하는 이들도 있지만, 서울대가 국립대학일 때도 하지 못한 일을 법인화된 다음에 하기란 난망한 일이다. 국립대학통합안도 자신의 구

---

22 「남경필 "청와대·국회도 세종시로 옮기자"」, 『한겨레』 2016년 6월 15일.
23 「이해찬 "세종시에 국회분원" 국회법 개정안 발의」, 『한겨레』 2016년 6월 21일.
24 세종시의 유지·발전은 한국정치에서 가장 중요한 분파의 하나인 이른바 '친노'의 정파적 지향과 접맥되어 있으며, 대선에 출마하려는 정치인은 누구나 충청권에서의 득표를 염두에 두고 세종시 발전을 공약할 수 있는 상황이다.

상을 재점검해야 하는 상황에 처한 것이다.

이렇게 애초의 의도에서 벗어나 표류하거나 달라진 상황에서 길을 찾지 못하고 있는 두 프로젝트를 조합하면 그것이 처한 제약을 벗어날 뿐더러 어떤 면에서는 긍정적 계기로 전환할 수 있다. 이 점을 밝히기 위해 국립대학통합안이 처한 제약을 다시 검토해보자. 국립대학통합안이 처음 발표되었을 때 그것이 폭넓은 반향을 불러일으켰던 이유는 대학서열체제의 정점에 서 있는 서울대의 권력을 약화시킬 수 있는 합리적 방안을 제시했기 때문이다. 하지만 바로 그렇기 때문에 국립대학통합안은 서울대 폐지안으로 인식되었고 그만큼 강한 사회적 저항에 부딪혔다.[25] 이제 서울대 법인화는 그런 저항의 토대를 더 강화했을 뿐 아니라 지금은 도리어 다른 국립대들이 법인화 압박을 받는 형국이다.

하지만 발상을 전환하면, 이런 상황은 제약이 아니라 기회가 될 수도 있다. 즉 서울대가 국립대학통합네트워크로부터 멀찌감치 달아난 상황을 '기껍게' 받아들이며, 서울대를 '뺀' 국립대학통합네트워크를 구상하는 것이다. 즉 서울대 법인화를 "국립대학체제의 사멸을 고지하는 조종(弔鐘)이라기보다 새로운 국공립 네트워크 체제로 이끄는 카펫"[26]으로 삼는 것이다. 사실 서울대를 빼버리면 국립대학통합네트워크는 큰 제도적 장애나 정치적 장애 없이 순탄하게 구성될 수 있다.

하지만 현재 상황에서는 그렇게 해서 형성된 통합네트워크가 어느 정도나 대학서열체제를 완화하고 서울과 수도권의 중심성을 약화시킬

---

**25** 이외에 국립대학통합안이 가진 이런저런 약점과 실행가능성(feasibility)에 대한 좀더 상세한 논의는 졸고 「학벌사회와 대학서열을 극복하는 제도의 구상: 정진상 『국립대 통합네트워크』」, 『경제와사회』 2005년 여름호 347~57면 참조.

**26** 졸고 「'국립대 통합네트워크'에서 서울대를 빼버리자」, 『창비주간논평』 2012년 7월 4일.

302

수 있을지 의문이다. 국립대학통합안이 제출된 이후 수도권 대학에 비해 지방대학의 지위는 더 낮아졌고, 세칭 서울 소재 명문대학에 비해 거점 국립대의 지위는 더 떨어졌다. 국립대학통합네트워크가 실현된다 해도 그것이 가진 사회적 매력은 약해진 것이다. 그러므로 국립대학통합네트워크를 지금껏 구상된 것보다 훨씬 높은 수준의 통합성을 가진 것으로 만들고 그럼으로써 더 질적으로 우수한 교육기관이 될 길을 찾을 필요가 있다. 세종시는 그것을 위한 좋은 토대가 될 수 있다.

국립대학통합네트워크의 통합도가 진짜 높아져서 교수와 학생이 서로 자유롭게 교직되고 그럼으로써 훨씬 더 수준 높은 교육과 연구가 이루어지는 방향으로 나아가기 위해서는 공간적 응집력이 필요하다. 세종시는 그것을 위한 좋은 입지조건을 가지고 있다. 이 점은 국립대학들의 전국적 배치를 살펴보면 분명해진다. 중앙정부는 1996년 대학설립준칙주의로 대학 설립을 방치할 때도 수도권 인구집중을 막기 위해서 수도권에서의 대학 설립이나 정원 증가는 억제했으며, 같은 선상에서 수도권에서의 국립대학 증설도 극히 제한했다. 그 결과 세종시보다 북쪽, 특히 수도권에 있는 국립대학은 그 수가 얼마 되지 않는다. 법인화된 서울대와 인천대를 제외하면 서울과학기술대와 한경대, 한국예술종합학교와 한국체육대 그리고 교육대학 2개교 정도다. 그러므로 세종시를 중심으로 수도권 바깥의 약 40개 국립대학 간의 통합네트워크를 만들 경우,[27] 세종시는 서울 및 수도권 바깥의 국민과 긴밀하게 연결된 교육적 중심을 형성할 수 있다.

---

27 과학기술원 5개교는 법적으로는 '특별법인'이 운영하는 대학이다. 하지만 이들이 국립대학통합네트워크 안에 들어오는 데 큰 무리가 있을 것이라고 생각되진 않는다.

세종시는 인근에 큰 규모 대학(그리고 연구단지)을 품은 세개의 도시에 둘러싸여 있다. 동쪽으로는 충북대가 소재한 청주시가 있고, 서쪽으로는 공주대의 공주시, 남쪽으로는 충남대와 카이스트(그리고 대덕연구단지)가 있는 대전광역시가 있다. 세종시는 이 세 도시를 연결하는 허브가 될 만한 위치에 있다. 그리고 청주시는 춘천, 원주, 강릉 소재 대학을 연결하고, 공주시는 전주와 광주 그리고 목포 소재 대학을 조직하고, 대전광역시는 충남지역과 경상남북도의 대학을 연계하는 2차 허브들이 될 수 있다. 강원도 방면의 네트워크를 위해서는 동서 철도망을 보충해야겠지만, 세종시가 중심이 되는 네트워크의 공간적 마찰계수는 그리 높지 않으며 그렇기 때문에 실제적인 인적 교류가 활성화될 수 있는 것이다.

세종시에 국립대학통합네트워크 본부를 설치하고 이곳을 중심으로 네트워크를 구성해나가는 것은 세종시 자체의 발전 방향과 관련해서도 중요한 의미를 갖는다. 이로 인해 세종시가 서울과 수도권이 아니라 비수도권과 연계성을 높이는 방향으로 발전할 수 있기 때문이다. 예컨대 새로운 철도와 고속도로의 건설도 지금과는 다른 공간적 편익을 중심에 놓고 구상하게 될 것이다. 이런 발전 방향이야말로 세종시가 애초의 설립의도에 가까운 기능을 하며, 한국사회에서 의미있는 공간적 지위를 가지는 길이라 할 수 있다.

이런 프로젝트가 의도하는 바는 서울을 핵으로 하는 중심/주변 분화가 야기하는 많은 병리현상을 비수도권을 대변하는 또다른 중심을 형성함으로써 완화하는 것이다. 이런 의도에 대해 또다른 중심의 형성에 지나지 않는다고 비판할 수 있다. 하지만 하나의 중심이 모든 사회적 자원을 빨아들이는 동심원적 사회보다 이심(二心)에 의해 그려지는 타원의 사회가 훨씬 더 역동적일 것이다. 실제로 고등교육의 발전 측면에서 볼 때, 이런 정도의 공간적 응집력 그리고 행정수도에 의해 뒷받침되는 사회적 권력을 가진 국립대학통합네트워크여야 서울 소재 '명문'대학이 긴장할 만한 교육과 연구 역량을 형성할 수 있다. 그럴 경우 우리는 서울대를 폐지하거나 서울 소재 명문대학을 약화시키는 것이 아니라 그들이 서열체제에 안주할 수 없게 할 수 있을 텐데, 그것은 결코 서울과 수도권의 약화가 아니라 여러 수준에서 사회적 건강성을 회복하는 과정이 될 것이다.[28] 그리고 그렇게 된 상태는 고등교육의 질적 향상뿐 아니라 대학입시를 향한 경쟁 또한 크게 완화하는 효과를 가질 것이다.

4

정진상(鄭瞋相)이 국립대학통합네트워크를 제안하면서 매우 세세한 제도적 모형을 제시했던 데 비해 이 글은 그렇지 못하다. 하지만 사회개혁 프로그램의 경우, 있을 수 있는 모든 가능성에 대응하는 준비가 성공을 보증하는 것은 아니다. 오히려 프로그램의 의도치 않은 결과를 염두

---

28 대학가에 도는 우스갯소리에 이런 것이 있다. "포항공대 교수는 저녁에 연구실에 있으려다 술을 마시러 간다. 늦게까지 연구해봐야 1등이 안되니까. 서울대 교수도 저녁에 연구실에 있으려다 술 마시러 간다. 술 마셔도 1등이니까." 우리 사회에는 걸핏하면 세계 수준의 대학을 키워야 한다는 이야기가 횡행한다. 그러면서 장남만 대학 보내고 동생은 공장에 보내던 60년대풍의 투자패턴 또는 올림픽 선수촌 모델을 따르는 교육투자를 반복하고 있다. 하지만 세계 수준의 대학은 평판과 역량에서 자신을 위협하는 이웃 대학의 열정적 연구 및 교육과 경쟁하다가 도달하게 되는 것이지, 그저 하버드대를 경쟁 상대로 마음에 품고 있다고 이루어지는 것이 아니다.

에 두는 개방성 그리고 개별 행위자들의 자기조직적 활동을 고무하는 방안이 더 중요하다. 국립대학통합네트워크가 발전되면, 그것이 네트워크를 넘어서는 통합성을 가질 수도 있을 것이다. 예컨대 여러 국립대학에 설치된 동일 학과나 대학원이 통합되거나 상이한 학과가 융합될 수도 있을 것이다. 하나의 분과학문이 학생들에게 충분한 교육프로그램을 제공하고 대학원생과의 연구를 진행하려면 일정한 규모가 필요하기 때문에 그런 작업이 필요할 수 있다. 그럴 경우 어떤 식의 통합이나 융합이 바람직할지는 학문별 상황, 네트워크에 속한 국립대학 각각의 사정, 물리적 자산의 분포와 학생들의 선호 분포, 그리고 교수들의 의욕과 시너지 효과 등 매우 복잡하고 까다로운 요소들을 고려해야 결정할 수 있을 것이다. 이런 것들을 미리 제도적으로 구상하는 일은 거의 불가능하고, 오히려 긴 진화의 과정을 설정하는 것이 필요하다. 그리고 이런 국립대네트워크에 사립대학을 어떻게 접맥하고 연계할지, 그럴 경우 사립대학의 지배 구조를 좀더 공영적인 형태로 이끌 방안이 무엇인지 구상하는 일도 대학들의 자기조직 역량에 좀더 맡길 필요가 있다.

물론 그럴 때도 정책 수준에서는 큰 방향을 설정하고 그것을 위한 보상체계를 만들어나가는 일은 필요하다. 그리고 필요하다면 자원을 배분하고 관리하며 조정하고 지원하는 조직이 세워져야 한다. 이를 위해서는 (가칭) '국가고등연구·교육위원회' 같은 것을 생각해볼 수 있다.[29]

---

29 이미 '국가교육위원회'(민교협)나 '국가고등교육위원회'(사교육없는세상) 구성을 주장하는 이들이 있다. 이런 주장 밑에는 현재의 교육부가 관료적 자기이익을 탐닉하고 있다는 판단이 깔려 있다. 필자도 그 점에 동의하며, 그래서 교육부로부터 고등교육정책의 구상 기능을 박탈해 대통령 직속의 위원회로 넘기고 실행 기능만 남기는 것이 바람직해 보인다. 하지만 이미 초·중등교육이 교육청의 관할로 이행되었고 교육자치제가 자리를 잡아가는 상황에서 '국가교육위원회'까지 필요할지는 의문이다. 그런 점에서 '국가고등교육위원회'가

그러나 여기서 논의된 것들의 실현 가능성은 그것이 공론장에서 얼마나 설득력 있게 받아들여지는지, 주요 정당과 그 정당 대통령후보의 공약과 접맥될 수 있는지, 그리고 대중이 어떤 정치적 선택을 하는지에 달린 문제이다. 국립대학통합네트워크, 그것도 세종시를 핵으로 하는 네트워크의 형성은 대학들의 자발적 조직화에 맡겨서는 이루어질 수 없기 때문이다. 대학들의 자기조직화 역량은 일단 그것을 향한 정치적·법적 경로가 열린 다음에나 발휘될 수 있는 성질의 것이다.[30]

아마도 일각에서는 지금까지의 논의 전반에 대해 더 중요한 '당면' 문제, 그러니까 출산력 저하로 인한 학령인구 급감이라는 위기 상황에 대처하기 위한 대학구조조정 문제를 비껴가고 있다고 비판할 수 있다. 그러나 남아도는 대학정원이 16만명이니 정원 1천명짜리 대학 100개가 문을 닫을 일이라는 식으로 조장된 위기는 전형적인 '가짜 사건'(pseudo event)이다. 학령인구의 감소가 그렇게 심각한 문제였다면 그들이 대학 입학연령에 이르기 전에 이미 유치원과 초·중등학교가 초토화되었어야 마땅하다. 하지만 그런 일은 일어나지 않았다. 그 대신 일어난 일은 정부가 막대한 재정을 투입해서 교사를 더 채용하지 않았는데도 초·중등학교에서 교사 대 학생 비율이 빠르게 개선되었다는 것뿐이

---

더 나아 보이지만, 고등교육기관에서는 교육 못지않게 연구가 중요하다. 이런 점을 고려하여 '국가고등연구·교육위원회'를 설치하는 것을 생각해볼 수 있다.

30 이것을 잘 보여주는 예가 노무현 정부 시기에 있었던 충남대와 충북대의 통합 논의였다. 세종시에 마련된 대학부지를 함께 활용할 길을 찾는 동시에 훨씬 우수한 대학으로 올라서기 위해 이루어졌던 이 통합논의는 문턱을 넘지 못했다. 복잡한 법적·제도적 문제를 책임 있게 해결하기 위해서는 범정부 차원의 의지가 필요했지만, 교육부가 수동적으로 관여하는 정도에 그쳤고, 이로 인해 통합논의를 주도하던 교수들이 소극적인 내부 성원을 설득하기도 어려웠다.

다. 예컨대 2000년대 초 우리나라 초등학교의 교사 대 학생 비율은 약 1대 28이었는데, 2015년에는 1대 15가 됨으로써 OECD 평균 수준이 되었다. 이런 일이 대학에서도 가능하며 그럴 때만 교수당 학생 수가 28명이 넘는 한국 대학의 교육도 개선될 것이다.[31] 그런 방향으로 나아가는 데 필요한 것은 정부의 재정투입 의지이며 그것을 결정하는 것은 사회 성원의 정치적 선택이다.[32]

제약을 새로운 경로의 디딤돌로 삼으려는 태도를 견지한다면, 여기서 논의된 공간 전략은 더 확장된 의미를 획득할 수도 있다. 지금까지 논의는 중위 세계도시 서울을 핵으로 하는 중심/주변 분화가 국민국가의 퇴락을 가져오는 것을 막고, 그럼으로써 지구자본주의가 야기하는 엄청난 불평등이 우리 사회에 깊이 관철되는 것을 저지하기 위함이기도 하다. 같은 선상에서 우리가 해결해야 할 중심 문제는 자본주의 세계체제의 지정학적 분열구도와 접맥된 분단문제이다. 국민국가가 국민적일 것을 요구하는 투쟁은 우리의 경우 분단극복의 노력으로 이어질 수밖에 없다. 그것의 제도적 구현 형태는 우선은 국가연합의 수립 같은 것이라고 할 수 있을 것이다.[33]

그럴 때 우리는 어떤 한반도 공간 전략을 가질 수 있을까? 아마도 평양시와 세종시가 남북연합의 이원적인 정치적 중심지가 되는 대신 서울은 정치적 부담을 덜고 경제적·문화적 세계도시 역할을 하는 모델에

---

31 졸고 「폐기돼야 마땅한 대학구조개혁법」, 『한겨레』 2016년 7월 20일.

32 정치적 선택이 관건임을 보여주는 사례로, 박근혜 정부의 반값등록금 요구에 대한 대응과 조선산업 위기에 대한 대응을 들 수 있다. 박근혜 정부는 반값등록금에 필요한 6조원 대신 소득연동형 장학금으로 3조 5천억원을 지출하는 결정을 내린 데 비해, 조선산업 구조조정에는 12조원을 투하하는 결정을 내렸다.

33 백낙청 「'포용정책 2.0'을 향하여」, 『창작과비평』 2010년 봄호 참조.

서부터, 서울이 수도가 되고 평양시와 세종시는 각각 의회가 자리잡고 총리가 통치하는 남북한 각각의 행정수도가 되는 것에 이르기까지 다양한 구상이 가능할 것이다. 어느 쪽에 가까운 경로에 접근해갈지는 남북연합의 행로가 어떨지에 달려 있을 것이다. 어느 방향으로의 진화가 일어나든 그것을 위해서는 이미 한국사회가 이심성을 통해 이룩된 타원형의 역동성을 갖추고 있어야 한다. 그렇지 못할 경우 설령 남북한이 평화로운 통합을 향해 나아갈 때조차 더 큰 규모의 중심/주변 분화가 서울을 중심으로 일어나는 것으로 귀결되고 그로 인해 공간적·사회경제적 불균형이 한반도 전체로 확산되고 말 수도 있다. 그러므로 세종시를 중심으로 한 국립대학통합네트워크를 만들어나가는 작업은 단순한 교육개혁을 넘어서는 사회적 비전을 품고 있다고 할 수 있다.

# 공간적 해결에서 교육적 해결로

1

비판적 지리학자인 데이비드 하비(David Harvey)는 잉여가치를 추구하는 자본가가 쉬지 않고 생산한 잉여생산물을 흡수하기 위해 자본주의사회에서 '공간적 해결'(spatial fix)이 추구되어왔다고 말한다. 그는 이런 공간적 해결의 대표적인 사례로 19세기 중반 오스만 남작(Baron Georges-Eugène Haussmann)이 시도한 빠리 대개조와 20세기 중반 로버트 모지스(Robert Moses)가 주도한 교외화를 통한 뉴욕 대도시권의 재개발을 제시한다. 하비는 20세기말부터 시작된 중국의 대규모 도시 개발 또한 같은 선상에 있는 공간적 해결이라고 본다. 그런데 매번 자본이 새롭게 시도하는 공간적 해결은 이전을 단순하게 반복하는 것이 아니다. 자본축적이 계속 고도화되기 때문에 공간적 해결은 그 규모가 복률(compound rate)로 커진다. 이런 복률 성장은 심각한 생태학적 메시지를 함축하고 있다. 하비에 따르면, 2011~13년 중국의 시멘트 소비량은 65억톤이었는데, 이렇게 3년 동안 사용된 것이 "미국이 20세기

내내 소비한 것보다 40%나 더 많은 양"이라는 것이다.[1]

그런데 공간적 해결에 내포된 생태적 메시지를 진지하게 다루고자 할 때, 그리고 그것의 대안을 모색할 때 살펴야 할 것은 공간적 해결 이외에 과잉자본과 노동력을 흡수할 방식이 없는가 하는 것이다. 이 문제를 다루기 위해서는 우선 공간적 해결이 그렇게 '공간적'이기만 한지 살펴볼 필요가 있다. 대개 사회적인 현상을 다룰 때는 사태(공간), 시간, 그리고 사회라는 세 수준을 항상 동시에 고려할 필요가 있다. 물리적 건조 환경 건설에 의해 만들어지는 도시는 기본적으로 사태 차원의 변화라고 할 수 있으며, 그것은 당연히 물리적 실체의 현존을 위한 공간을 전제한다. 하지만 대개 물리적 건조 환경 건설은 시간을 요하는 작업이며, 건설 노동자들의 협동적 활동을 비롯하여 건조된 건물의 분양이나 판매 같은 사회적 과정을 경유한다. 그러므로 공간적 해결은 '시간적 해결'(temporal fix) 그리고 '사회적 해결'(social fix)과 짝 맞추어질 때 작동할 수 있다고 말할 수 있다.

시간적 해결의 핵심은 금융에 있다고 할 수 있다. 금융의 본질은 신용과 그것에 기초한 부채이고 신용과 부채의 본질은 지불을 유예하는 능력이라는 점에서 그렇다. 지불유예란 시간적 한계를 극복하고 그럼으로써 가능성의 한계를 멀찌감치 밀어내는 것, 다시 말해 가능하지 않았던 거래를 가능하게 하는 것이기 때문이다. 만일 이런 신용을 매개로 금융이 시간적 해결의 길을 열지 않는다면, 판매하거나 임대하는 수익을 예상하고 몇개월 또는 수년이 걸리는 건조물을 건설하는 일은 결코 쉽지 않다. 그리고 몇년 또는 몇십년의 소득을 모아야 살 수 있는 주택을

---

1 데이비드 하비 「실현의 위기와 일상생활의 변모」, 『창작과비평』 2016년 가을호 67면 참조.

구매하는 일도 엄청나게 어려운 일이 될 것이다. 그래서 하비도 "우리가 마르크스의 이론적 장치를 갖고 현실의 사건을 분석하려 할 때 신용시스템은 물론 이자율과 이윤율 사이의 관계를 자본의 생산·유통·실현의 일반법칙 안에 집어넣는 것 역시 반드시 필요하다. (…) 신용에 기반을 둔 많은 활동은 투기적 거품일지 모른다. 황금과 화폐권력에 대한 추잡한 갈망의 산물일 수도 있다. 그러나 그 대부분은 자본이 기능하는 데 근본적이고 절대적으로 필요한 것이다"[2]라고 말한다.

시간적 해결 못지않게 사회적 해결도 중요하다. 하비의 연구 주제인 주택만 놓고 보더라도, 그것이 상품 연쇄 안에 들어가 잉여가치를 실현하기 위해서는 구매 욕망을 자극할 수 있어야 하는데, 그러기 위해서는 주택이 구조와 인테리어, 근린 환경, 주택 사용자가 절취할 수 있는 경관에 대한 사회적 취향과 평가 그리고 사회적 소통 주제의 면에서 소구력을 가지고 있어야 한다. 주택과는 조금 다른 맥락에서지만, 하비가 『반란의 도시』에서 와인과 와인 생산지의 독점지대 문제에 대해 논하는 부분은 사회적 해결의 작동에 대한 훌륭한 분석이다. 와인 생산지가 전지구적으로 확산됨에 따라 프랑스가 주도하는 유럽 와인산업은 독점지대를 유지하기 위해 원산지증명제(Appellation d'Origine Contrôlée)를 도입하고, 프랑스 이외의 지역에서 생산된 와인에는 '샴페인'이란 말을 사용하는 것을 금지하고 대신 '발포성 와인'으로 명명하도록 강제하는 식의 국제규약을 도입했다. 그뿐만 아니라 그들의 와인은 토지와

---

2 데이비드 하비 『반란의 도시』, 한상연 옮김, 에이도스 2014, 80~81면. 이런 사회적 상징투쟁과 그것을 통해 축적되는 상징자본에 대한 가장 탁월한 분석은 하비도 지적하듯이 삐에르 부르디외(Pierre Bourdieu)의 분석이다. 하비는 부르디외의 상징자본 개념에 "집합적"이라는 표현을 부가함으로써 그것을 공공재로 규정하는 방향으로 나아간다.

기후, 전통 측면에서 고유성을 가지고 있다고 주장하는데, 그것을 총괄하는 '신비한' 표현이 '테루아'(terroir)라는 말이다. 와인품평 또한 날이 갈수록 시적인 감수성으로 충전된다. 그리하여 "복숭아 맛과 자두향"은 물론이고 "젖은 개 냄새" 같은 기이한 표현마저 사용된다. 이런 독점적 권리에 대한 주장은 "생산물의 품질을 반영하는 것일 뿐 아니라 '말의 효과'(effect of discourse)이면서 투쟁의 산물이라고 할 수 있다."[3] 하비는 이런 문제를 공간과 장소(place)를 대비하는 방식으로 설명하지만, 장소 또는 장소성은 "집합적 상징자본"에 의해서 형성되는 것이며 본질적으로 사회적 해결의 산물이라고 할 수 있다.

2

물론 시간적 해결 또는 사회적 해결의 지원을 어떻게 받았든 최종적으로 공간에 구현된 건조 환경의 경우 공간적 해결이라고 부르는 것은 정당할 것이다. 하지만 같은 선상에서 공간적 해결이나 시간적 해결과 짝 맞춰져 있지만, 최종적으로는 사회적인 수준에서 구현되는 무엇을 우리는 사회적 해결이라고 부를 수도 있을 것이다. 필자가 보기에 교육은 그런 사회적 해결의 한 형태이고 그런 한에서 교육적 해결(educational fix)이라 부를 수 있을 것이다. 교육적 해결도 교사(校舍)를 비롯하여 실험실, 도서관, 식당, 체육관 같은 물리적 건조 환경을 필요로 한다. 또한 장학금이나 학자금 대출 또는 국가의 재정 투입과 같은 금융

---

3 같은 책 176면.

적/시간적 해결을 필요로 한다. 하지만 그런 조건에 기초해서 구성되거나 향상되는 것은 결국 교육의 본질을 구성하는 교사와 학생의 상호작용, 즉 사회적 해결이라고 할 수 있다.

얼핏 봐서는 교육적 해결이 잉여자본이나 노동력을 흡수하는 정도는 공간적 해결에 비해 적어 보일 수 있지만, 결코 그렇지 않다. 유치원에서부터 대학에 이르기까지 거의 전 인구를 포괄하며 진행되는 것이 교육이다. 교육은 생애주기적인 것이 되어서 OECD 국가들의 평균 교육 연한은 15년에 이른다. 그들을 가르치는 수많은 교원을 생각해보면 교육적 해결이 사회적 자본과 노동력을 끌어들이는 힘은 엄청난 수준이라는 것을 알 수 있다. 더구나 우리 사회의 경우에는 교육적 해결이 공간적 해결을 압도하고 또 견인한다고까지 말할 수 있다. 예컨대 강남은 그것이 '8학군'이었기 때문에 '강남'이 될 수 있었다고 해도 과언이 아니다. 또는 이렇게도 말할 수 있다. 우리에겐 부르즈 할리파는 없지만 그 대신 세계 최고 수준의 대학진학률이 있다고.

하지만 잉여자본과 노동력을 흡수한다는 측면만 놓고 본다면 교육적 해결과 공간적 해결은 기능적 등가물처럼 보이며, 그런 한에서 어느 것이 더 낫다고 말하기 어려운 듯하다. 그러나 좀더 꼼꼼히 들여다보면 둘 사이에는 여러가지 차이가 있다. 우선 생태적인 면에서 다르다. 이미 지적했듯이 교육 또한 물리적 건조 환경을 필요로 한다. 하지만 그것이 요청하는 수준은 도시 공간의 건조와는 비교도 되지 않는다. 교육의 핵심은 교사와 학생의 상호작용이기 때문에, 더 나은 시설이 도움이 되겠지만, 그렇다고 좋은 시설이 좋은 교육을 보증하는 것은 아니다. 교육에서 가장 큰 지출 요인은 따라서 시설이 아니고 교사의 임금이고, 또 그래야 한다. 이런 점은 생태적인 면에서 교육적 해결이 훨씬 바람직하다는 것

314

을 뜻한다.

다음으로 자본축적과 관련해서도 양자는 다르다. 자본주의적인 공간 개발의 최종적인 목적은 이윤과 자본축적이다. 하지만 교육은 영리적으로 운영되는 경우가 없는 것은 아니지만, 기본적으로 비영리적인 운영 원칙을 따른다. 공식 학교는 대부분 국공립이거나 사립이라 하더라도 공익법인에 의해서 운영된다. 그것은 기본적으로 영리적인 자본 계정의 관점에서 운영되는 것이 아니라 수지 균형과 재산관리를 중시하는 막스 베버적인 의미에서 가계(household)의 관점에서 운영된다고 할 수 있다.[4] 즉 학교는 사립일 때도 이윤을 추구하지 않으며, 발생한 잉여금을 적립하거나 구성원의 복지를 위해 배분할 뿐이다.[5]

어떤 의미에서 학교는 공익법인에 의해 운영되는 병원과 함께 자본주의사회에 존재하는 가장 방대한 규모의 비자본주의적인 조직이라고 할 수 있다. 이런 비자본주의적 조직은 평가와 보상에 있어서 이윤 원리를 따르지 않는 경우가 많다. 사실 자본주의체제에서도 좀더 많은 임금보다는 명예나 노동시간에 대한 자기통제의 증대 같은 것을 보상으로 원하는 이의 수는 결코 적지 않다. 이런 것들은 사소해 보이지만, 자본주의체제를 극복하는 비전을 마련하는 데서 중요한 의의를 갖는다. 더 나아가 이런 조직이 생산성이 떨어지고 비효율적인 것도 아니다. 월러스틴은 『유토피스틱스』에서 자본주의를 넘어선 더 평등한 체제를 구상

---

4 막스 베버의 가계 개념에 대해서는 『경제와 사회』, 박성환 옮김, 문학과지성사 1997, 230~48면 참조.

5 하지만 한국의 사립학교에서는 학교법인의 비민주적인 운영 때문에 많은 비리가 저질러져왔으며, 그 수법 또한 진화해왔다. 졸고 「진화하는 사학비리」, 『한겨레』 2015년 4월 22일자 참조.

하는 데 있어 병원 같은 비영리법인의 효율성에 주목해야 한다며 이렇게 말한다. "모든 경제구조들이 비영리적인 것이고 비국가적 통제가 가능할 뿐만 아니라 널리 사용되기도 한다고 가정해보자. 우리는 이러한 체제를 이미 수세기 동안 이른바 비영리 병원을 통해 목격해왔다. 과연 이들이 사립이나 국영 병원에 비해 비능률적이며 의학적으로도 능력이 떨어지는 것으로 악명이 높은가? 내가 아는 한 전혀 그렇지 않다. 실제로는 그 반대이기 십상이다. 왜 이러한 상황이 병원에만 국한되어야 하는가?"[6] 당연히 학교에도 그것이 적용될 수 있다.

하지만 의료가 질병을 치료하고 건강을 유지하게 해주는 것처럼 교육이 어떤 가치있는 것을 생산하는가 하는 의문이 제기될 수 있다. 이것은 여러 겹의 질문을 내포한다. 인구의 대다수가 교육을 받는 이유는 그것을 통해 자신의 노동력의 질을 개선하여 더 많은 임금을 얻기 위한 투

---

6 이매뉴얼 월러스틴 『유토피스틱스: 또는 21세기의 역사적 선택들』, 백영경 옮김, 창작과비평사 1999, 108~09면. 그가 이강국과 나눈 대화에서의 다음과 같은 발언도 참조하라. "이강국: 당신의 논지는 이해합니다. 그러나 자본주의에 대항하는 어떠한 대안적 원칙도 없다면, 자본주의를 반대하는 운동을 결집해내기 힘들지도 모릅니다. 이렇게 볼 때 진보적 사회과학과 진보적 정치운동 사이에 긍정적인 피드백과 선순환이 있어야 할 것 같습니다. 이것이 우리가 경제학자의 입장에서 가능한 대안적 시스템의 구체적인 형태나 사례에 관해 궁금해하는 이유입니다. 월러스틴: 우리는 물질적인 보상이 아니라 평판과 성과에 대한 자기만족이라는 형태의 보상을 실험해보아야 합니다. 지난 50년 동안 상품화되었기는 하지만 교육과 의료 부문에서 그런 형태의 보상이 오랫동안 존재했습니다. 이러한 형태의 보상은 수천년은 아닐지라도 수백년간 잘 작동했습니다. 많은 이들은 계속 사람들이 자본주의에 대항하여 싸우도록 결집시켜야 한다고 이야기합니다. 하지만 중요한 것은 그것이 아니라, 우리 모두가 라틴아메리카에서 '좋은 삶'(buen vivir, 공동체적인 우애와 사회적 연대에 기초한 자연친화적인 생활방식)이라고 불리는 삶을 중요시하는 문명의 변화를 위해 사람들을 집결시키는 것입니다. 이것은 쉬운 일이 아니겠지요. 그러나 우리 모두, 특히 경제학자들은 새로운 형태의 보상을 적극적으로 시도하는 것을 생각해보아야 합니다." 이매뉴얼 월러스틴·이강국 「위기, 이행, 대안: 이매뉴얼 월러스틴과의 대담」, 『창작과비평』 2015년 봄호, 61면.

316

자에 있다. 그런 경우 교육에서도 영리적인 관점이 관철될 것이다. 하지만 앞서 인용한 월러스틴이 지적했듯이 교육에 대한 보상이 어떤 것이 되어야 할지에 대한 관점을 전환할 수 있다. 보상이 경제적 수익과 절연되면, 가르치고 배우는 활동은 수많은 지적 발견을 낳았던 자연에 대한 지적 호기심 충족을 위한 것이 될 수 있고, 교양있고 품위있는 인간이 되기 위한 것이 될 수 있고, 사교적 대화에서도 예컨대 당시(唐詩)를 인용할 줄 아는 풍요로운 삶을 위한 것이 될 수 있으며, 자신이 살아가는 현대사회의 복잡한 조건에 대해 더 통찰력 있는 지식을 획득하는 과정이 될 수 있다. 그것은 그 자체로 가치있고, 그런 활동을 통해 획득된 지적·정서적 도야 자체가 삶을 더 잘 운영할 수 있게 해준다는 점에서 좋고, 혁신적이고 문제해결적인 아이디어를 고무할 수 있다는 점에서 즐거우며, 더 합리적인 정치적 선택을 할 수 있는 시민적 능력을 육성한다는 점에서 가치있다. 그리고 그런 모든 활동과 성과에 대해 우리는 서로를 존중하고 존경하는 식으로 반응하며 기뻐할 수 있다.


3


다시 데이비드 하비의 논의로 돌아가보자. 하비는 헤겔의 용어를 빌려 공간적 해결에 입각한 자본축적이 일종의 악무한(bad infinity)의 성격을 띤다고 말한다. 자본의 확대재생산과 복률 성장은 인간의 삶 전체를 통제불능 상태로 몰아가고 생태학적으로 재앙을 야기한다는 것이다. 그러면서 선무한(good infinity)에 입각한 단순재생산을 추구해야 한다고 말한다.[7] 그런데 이런 단순재생산을 위해서는 삶의 어떤 과잉을 덜어내는 장치가 있어야 한다. 이 과잉을 제거할, 아마도 바따유(G. Bataille)라면 순수한 증여 그리고 탕진이라고 부를 장치의 하나로서 교육적 해결은 가장 채택할 만한 것이라 할 수 있다.

혹자는, 아마도 현 체제의 습관에 익숙한 이라면 이런 논의에 대해 교육은 천국에 가까울 수도 있지만 선발과 평가는 그 이면의 지옥이라고 비판할 것이다. 그리고 복잡한 현대의 산업적 상황에서 '낡은' 인문주의적 발상으로 교육문제를 해결하려는 것은 너무 소박하다고 말할 것이다. 그런 이들에게는 교육과 산업을 짝 맞추려는 시도를 피할 필요는 없지만, 조금의 손실도 없이 양자를 타이트하게 짝 맞추려는 모든 시도는 오히려 더 큰 손실을 야기한다는 것을 상기시키고 싶다.

결국 산업이 교육에 대해 요구하는 것이 매번 새롭게 발생하는 문제들에 대해 창의력 있는 해결을 제시할 수 있는 능력이라면, 그런 종류의 능력은 그 본질상 의도적으로 다른 인간에게서 생성해내거나 주입해 넣을 수 없는 성질의 것임을 이해하는 것이 필요하다. 만일 어떤 장치의 투입과 산출 관계가 매번 동일하다면, 그 장치는 창의력 있는 것이 아니다. 체계이론이라면 그런 장치를 '뻔한 기계'(trivial machine)라고 부를 것이다. 이에 비해 창의력 있는 장치는 투입과 산출 사이에 아무런 일관성도 없는 것은 아니지만 항상 의외성을 산출할 수 있는 장치이며, 그런 의미에서 '뻔하지 않은 기계'(non-trivial machine)라 할 수 있을 것이다. 산업과 교육을 타이트하게 결합하려는 모든 시도는 뻔하지 않은 기계인 인간을 뻔하게 만들려는 것일 뿐이다. 그럴 때 뻔하지 않은 기계는 뻔해지는 것이 아니라 뻔한 존재가 된 척하는 것을 학습한다(그나마 다

---

7 하비, 앞의 글 94면.

행스럽게도 말이다). 이것을 깨닫는 건 그리 어렵지 않다. 공부하라는 잔소리의 결과는 기껏해야 공부하는 척할 줄 아는 자녀일 뿐이다. 같은 일이 산업과 교육을 타이트하게 연계하려는 자본의 잔소리를 통해 일어난다. 만일 산업과 교육의 연계를 헐겁게 유지하는 편이 산업에도 더 낫다는 것을 더 많은 사람이 깨닫는다면, 평가와 선발의 지옥은 한결 연옥에 가까운 것으로 바뀔 수 있을 것이다.

# 제10장

# 더 나은 체제를 향해

## 1

지난 몇년 사이에 우리에게 익숙해진 말로 '스펙'(spec)이 있다. 본래 공업제품의 사양(仕樣)을 뜻하는 영어 'specification'의 줄임말인데, 언제부터인가 취업을 준비하는 청년세대가 갖추어야 할 인증된 능력을 가리키는 말이 되었다. 그리고 더 나아가 대학 수시입학 전형에 지원하는 고등학생을 비롯해 자기 능력을 입증해야 하는 모든 사람에게 요구되는 바를 지칭하는 단어가 되었다. 이렇게 스펙이라는 말이 두루 쓰임에 따라 이제는 그 말을 처음 들었을 때 내비치던 당혹감과 개탄의 분위기마저 사라진 듯이 보인다.

공업제품의 사양과 인간의 개성을 동일시하는 풍조 앞에서 우리는 거의 한 세기 전 루카치(G. Lukács)가 제기한 '물화'(物化, Verdinglichung) 개념을 떠올리게 된다. 그는 "상품형식이 모든 생의 표현에 영향력을 발휘하는 형식, 즉 지배적 형식으로 화한 사회"[1]를 비판하기 위해서 이 개념을 제기했다. 우리 사회 성원들이 자신을 서술하는 데 거리낌

없이 스펙이라는 말을 사용하는 사태는 루카치가 제기한 자아의 물화에 상응한다고 할 수 있다.

루카치는 자본주의경제 속에서 살아가는 것이 그 자체로 물화를 유발한다고 보지만, 물화가 실제로 어느 정도 일어날지는 경험적인 조건에 달려 있다. 여기서 그런 경험적 조건을 상세히 가다듬을 수는 없지만, 우리 사회에서 스펙이라는 말이 일반화된 경위 정도는 지적할 수 있을 것이다.

한국이 저성장 사회로 진입하고 양질의 일자리 수가 정체함에 따라 대학생들에게 괜찮은 직장 얻기란 너무 힘겨운 일이 되었다. 그들은 취업을 위해 여러 자격증을 획득하고, 포트폴리오를 작성하며, 지원한 직장에 맞춘 자기소개서를 제출하고, 면접장에 나가야 한다. 이런 일련의 과정은 결국 타자가 원하리라 예상되는 형태로 경력을 쌓고 서술하는 일을 반복하는 것인데, 이는 그렇게 해야 하는 사람의 자기관계에도 심대한 영향을 준다. 주어진 상황에 성공적으로 적응하기 위해서는 자아를 과도하게 유연한 존재로 파악하고 뜻대로 조형할 수 있어야 하기 때문이다. 이런 식의 자기관계 방식은 자기경영의 기법으로 체계화되어 실용적 처세서로 유포되고 있으며, 그만큼 사람들은 그런 식의 자기경영에 나서도록 부추겨지고 있다.

하지만 진지하게 자신의 내면을 관찰하고 주재해보려 한 사람은 누구나 깨닫게 되듯이, 자아가 그렇게 쉽게 자기통제에 굴복하는 것만은 아니다. 우리는 자신의 주관적 세계를 건축하고 인성을 도야할 수 있지만, 그것은 마찰 없는 과정이 아니다. 우리의 내면은 어떤 어두운 부분,

---

1 게오르크 루카치 『역사와 계급의식』, 박정호·조만영 옮김, 거름 1992, 155면.

자신에게 맞서기조차 하는 충동과 성향을 가지고 있다. 그런 충동과 성향은 때로는 우리 의지에 큰 장애가 되지만 때로는 우리를 살게 하는 힘의 원천이 되기도 한다. 그런 의미에서 자아에 대한 배려란 충동 통제와 해방이라는 쉽사리 균형을 잡기 어려운 이중적 기획선상에 있다.

그러나 청년세대의 구직 노력에서 전형적으로 드러나듯이, 능력 표준, 외모 표준, 심지어 감정적 태도 표준마저 포함하는 여러 스펙을 충족하기 위해 계속 자신을 재구성하고 제시해야 하는 개인은 자아를 사물인 양 조작하고 통제하려 들게 된다. 그는 자신과 스펙 사이의 거리를 불안하게 응시하게 되며, 그에 따라 자기관계도 내적 궁핍을 초래하는 과정으로 변해버린다. 요컨대 스펙이라는 말이 자기서술의 핵심어가 되었다는 것은 우리 사회가 개인에게 부과하는 압력이 주체의 위기에 이를 정도로 심화되었음을 의미한다.

이하에서는 이렇게 심화된 위기를 극복할 희망의 자원과 전망을 탐색해보고자 한다. 이를 위해서는 주체의 내면까지 파고든 위기의 과정을 되짚어볼 필요가 있다. 필자는 이런 위기의 원인을 재생산 위기로 소급해보려고 한다(2절). 그리고 그런 재생산 위기를 일으킴으로써 지속 불가능해진 현 체제의 특징을 분단체제론과 87년체제론의 관점에서 검토해볼 것이다(3절). 더불어 이런 체제를 극복하기 위한 대안을 백낙청의 '2013년체제'론과 관련해 검토하고(4절), 그것을 현실화할 방안을 모색할 때 염두에 두어야 할 점과 관련해 연합정치와 '희망버스'에 대해 살필 것이다(5절).

2

주체의 위기를 일으키는 사회적 압력은 청년세대의 구직난을 넘어서 매우 광범위하게 나타나고 있다. '복지국가소사이어티'가 제기해 널리 공감을 얻은 일자리, 보육과 교육, 주거, 노후, 건강 불안이라는 '5대 민생불안'은 그런 사회적 강압의 출처가 어딘지 잘 요약하고 있다.[2] 5대 불안의 현황은 사실 많이 알려져 있다. 심각한 것은 이런 문제들이 상호작용하며 서로를 악화시키고 있다는 점이다. 그렇기에 어디서 끈을 잡아당기든 모든 문제가 넝쿨처럼 이끌려나오는 실정이다.

일자리 문제에서 시작해보자. 잘 알려져 있듯이 품위있는 일자리 수가 줄고 있다. 청년세대 다수가 꿈꾸는 대기업 정규직이나 공무원 혹은 각종 공사(公社)의 정규직은 생산가능인구 가운데 고작 5%에게만 허용되는 상황이다.[3] 그런데도 이런 직장을 향한 경쟁이 나날이 격화되는 이유는 여기와 나머지 사이에 임금, 고용안전성, 사회보험, 연금 등 모든 수준에서 심각한 격차가 존재하며, 입직(入職)시기에 좋은 직장을 갖지 못하면 이후 좋은 직장으로 이동할 가능성이 희박하기 때문이다.

이런 일자리 불안은 교육에 대한 과잉투자와 연계된다. 세계 최고 수준의 대학 진학률이나 막대한 사교육비 지출 등은 이미 오래 묵은 문제

2 이상이 엮음 『역동적 복지국가의 논리와 전략』, 밈 2010 참조. 이 책의 한가지 유감스러운 점은 논의를 5대 불안으로부터 시작하지만, 주거문제에 대해서는 정책적 해결책을 찾는 접근이 전혀 없다는 점이다.
3 우리나라 노동시장의 상황에 대해서는 김대호 「2013년체제는 새로운 코리아 만들기: 배를 만들기 전에 거칠고 광대한 바다를 먼저 보자」, 『창작과비평』 2011년 가을호 92~115면 참조.

다. 이런 교육투자 증대는 그 수익률을 지속적으로 감소시켜왔는데, 사람들은 그에 대해 자녀 수를 줄여 투자를 집중하는 동시에 투자의 절대량을 늘리는 방식으로 대응해왔다. 하지만 전자는 출산력의 급격한 저하와 인구의 고령화를 불러왔고, 후자는 그 자체로 경제적 한계에 도달했다.[4]

이런 문제들은 주거문제와도 연계되어 있다. 건설 중심의 경제체제와 부동산 투기의 결과 주택 가격이 너무 높아졌고, 젊은 세대는 주택마련이 어려워 혼인을 미루고 있다. 더불어 OECD 국가 가운데 자살률 1위인데다 그중에서도 노인의 자살률이 높다는 사실은 우리 사회 성원들이 얼마나 대책없이 노후와 질병을 맞이하는지 말해준다.[5]

5대 불안 가운데 일자리 문제가 사회적 생산과 발전방식이 개인의 삶과 접맥되는 지점이라면, 그 나머지는 사회적 재생산과 연관된다. 이때 사회적 재생산은 의식주와 생로병사 그리고 기초적 사회화와 관련된 과정 전반을 의미한다. 이런 재생산이 원활하게 이루어질 때, 우리는 안전하고 건강하게 일상을 운영할 수 있고, 사회적 노동세계에 참여할 수 있으며, 그런 삶을 다음 세대에게 전수할 수 있다. 따라서 5대 불안이란 사회적 재생산 그리고 그런 재생산영역과 사회적 생산체제의 연결고리

---

4 등록금 마련을 위해 5만여명의 대학생이 고금리 대부업체에서 빌린 부채의 총잔액이 800억원이라거나 아르바이트를 하던 대학생이 산재로 사망했다는 보도는 이 점을 잘 보여준다. 이런 문제에 대한 좀더 상세한 논의는 김현미 「중산층의 욕망과 커지는 불안들」, 『창작과비평』 2011년 가을호 38~54면 참조.

5 70대 이상 노인의 경우, 우리 사회에서는 OECD 대다수 국가보다 적게는 10배, 많게는 15배가 넘는 자살률을 보이고 있으며, 노후와 건강에 대한 불안은 노년층에서 집중적으로 표출된다. 우리에 이어 자살률 2위를 기록한 헝가리의 70대 이상 노인 자살률에 비해서도 2배 이상이다. 김대호는 이런 현황에 대해 '노인자살대란'이라고 해도 과언이 아니라고 말한다. 김대호, 앞의 글 참조.

가 모두 심각한 위기에 처해 있음을 의미한다.

이런 재생산이 위기에 처한 경위를 해명하기 위해서는 국가, 시민사회, 가족(개인)의 관계를 우리 사회의 발전패턴과 관련해 살필 필요가 있다. 우리 사회는 잘 알다시피 전쟁과 분단을 통해서 기본형태가 갖추어졌다. 전쟁과 분단이 그후 우리 사회에 미친 많은 영향 가운데 지금 논의와 관련해서 중요한 것은 전쟁이 초래한 국가기구의 과잉성장과 사회적 연대의 심각한 약화다.

전쟁국가는 이후 '준전시 상태'의 권위주의적 발전국가로 전환되면서 사회 성원을 통제하는 동시에 경제성장을 매개로 그들을 동원해나갔다. 다른 한편 사회적 연대가 크게 약화되었기 때문에 개인들은 민주적 법치국가의 시민으로서의 안정성, 시민사회 성원으로서의 사회적 유대감, 직장 성원 및 가족 성원이라는 중층적 보호 네트워크를 갖지 못한 채 오직 가족이라는 고치 속에 웅크린 존재가 되었다.

이 때문에 개인이 가족 속에 깊이 감싸인 상태가 지속되며, 가족이 사회적 행위의 중심단위이자 가장 핵심적인 복지 공급기관이 되었다. 또한 이런 가족은 사회적 유대와 절연되어 일종의 무도덕적 가족주의(amoral familism)라고 부를 만한 성향을 발전시켜나갔다. 가족은 개인이 원자단위로 해체되지 않게 하는 마지막 분자단위가 됨에 따라, 사회적 원자화의 부정적 속성을 짊어졌다. 가족은 부도덕하다고 할 수는 없지만 사회적 연대에 무관심하거나 둔감하고, 경우에 따라서는 이기적인 것을 넘어 부도덕해질 수도 있는 무도덕성을 특징으로 지니게 된 것이다. 무도덕적 가족이 실제로 어느 정도 개인을 보호할 수 있는지는 전체 사회의 발전패턴 및 가족의 계급적 지위와 함수관계에 있다. 고도성장기에 가족은 자신에게 맡겨진 기능을 상당 정도 수행할 수 있었지만

326

그 능력은 계층적 지위와 연동되어 있었다. 그래서 고도성장기에도 빈곤층 가족은 개인을 보호할 능력을 갖지 못했다.[6]

재생산의 기본토대인 주택, 의료, 교육 등이 사적 소유의 원리에 지배되고, 공적 복지가 극히 취약한 우리 사회가 저성장 국면으로 이행하자, 그 속에서 가족은 곧장 과부하 상태로 들어갔다. 그리고 가족이 보호기능을 상실하고 무방비 상태의 개인을 사회로 방출하는 일이 빈곤층에서 하층을 거쳐 중간계급에까지 밀려들어가게 되었다.

그런 상황에서 가족의 계급적 실추를 방어하려는 노력은 '상속의 열정'이라고 할 만한 현상을 불러일으키고 있다. 확실히 전통적 가족의 핵심가치인 봉양(奉養)은 이제 방향을 바꾸어 자녀에게 향하고 있다. 거의 전도된 효(孝)라고 부를 수 있는 상속의 노력은 재벌가, 중산층, 심지어 중하층에 이르기까지 두루 나타나며, 진보와 보수 또한 가로지른다. 우리 사회 성원들이 재벌가의 후안무치한 불법상속이나 다수 고위공직자는 물론 이명박 대통령마저 자녀교육을 위해 저지른 주민등록법 위반에 대해 놀라울 정도로 둔감한 태도를 보이는 것은, 그런 모습에서 정도의 차이가 있을 뿐 자신과 다르지 않은 상속의 열정을 발견하기 때문이기도 하다.

하지만 이런 과정의 반복과 증폭 속에서 어떤 변화가 일어나고 있다. 우리가 일자리, 교육과 보육, 주거, 건강, 노후에 대한 불안이라는, 어느

---

6 우리 사회 가족의 모습을 이해하기 위해서는 이외에도 근대화의 문화적 귀결을 고려해야 한다. 근대화는 개인화를 강화하는 동시에 가족 형성원리로 사랑에 핵심적 중요성을 부여하게 된다. 따라서 가족은 복지 공급체로서의 사회경제적 기능, 애정에 근거한 감정 공동체, 개인화라는 세가지 측면이 갈등하는 장이 된다. 우리 사회의 가족문제에 대한 포괄적이고 상세한 논의는 장경섭 『가족·생애·정치경제: 압축적 근대성의 미시적 기초』, 창비 2009 참조.

면에서는 매우 오래된 문제들을 재생산 위기로 다시 파악하려고 하는 이유는 재생산 문제를 처리해온 가족에 가해진 압력이 임계점을 넘어선 면이 있기 때문이다. 예컨대 2011년 우리 사회의 중심의제 가운데 하나였던 '반값 등록금'을 생각해보자. 이 문제의 핵심에는 비싸지만 수익률은 엄청나게 떨어진 대학에 대한 불만과 더불어, 그런 대학 등록금이 중간계급마저 더이상 쉽게 감당할 수 없는 부담이 된 상황이 놓여 있다.

재생산의 부하는 이제 중하층을 넘어 사회 중심부까지 깊게 침투했으며, 가족의 상속 전략은 교육과 주거 그리고 노후와 질병 문제 전반에서 실효성을 잃고 있다. 이 때문에 가족이 짊어졌던 부담을 그 바깥의 시민사회와 국가의 영역으로 사회화하려는 담론이 생성되고 있는 것이다. 최근 복지 담론이 그토록 빠르게 사회 전반으로 퍼져나가며 중심의제로 부상한 것은, 재생산 위기에 대처하려면 성장과 가족을 연계하는 기존 모델과는 다른 방향이 모색되어야 한다는 점이 널리 자각되었기 때문이다. 그것은 역으로 복지 담론 또한 일차적으로 해결책이라기보다 재생산 위기로부터 발원하는 징후로 파악해야 함을 말해준다. 이제 이런 재생산 위기를 일으키고 있는 체제의 논리를 검토해보자.


3


자아가 물화되는 현상의 뿌리가 재생산 위기에 있다면, 재생산 위기는 현 체제의 위기에서 비롯된다고 할 수 있다. 따라서 위기를 극복하기 위해서는 현 체제의 특성과 현황을 파악할 필요가 있다. 이를 위해서는 다시 한번 분단체제와 87년체제 그리고 87년체제가 해체/재구성하고자 했던 권위주의적 발전국가체제(박정희체제)를 열쇳말로 소환할 필요가 있다.

이런 개념들을 통해 조명해본다면, 우리 사회의 기본틀은 1953년 휴전으로 확립된 분단체제의 영향 아래 형성된 권위주의적 발전국가체제 속에서 조형되었고, 그것을 해체/재구성하려는 87년체제의 성과가 복잡하게 조합된 형태라고 할 수 있다. 87년체제는 구 권위주의체제와의 타협으로 형성됐기에 그것에 의한 구체제 해체작업은 충분치 못했으며, 새로운 체제를 만드는 작업도 사회집단 사이의 갈등 속에서 조정되지 않은 형태로 전개되었다. 그렇지만 이 과정은 구체제를 해체하는 그만큼 구 권위주의체제와 상호안정화 관계에 있던 분단체제를 흔들고 침식하는 과정이기도 했다.[7]

이런 체제의 구성이 앞서 논의한 재생산 위기와 어떻게 연결되는지 살펴보자. 지금 우리 사회가 직면한 문제들은 분단체제에 안착했던 구 권위주의체제 아래서 만들어진 제도와 행위패턴에서 비롯된 것이 많다. 지금도 우리 사회에서는 교육, 의료, 주거 영역이 다분히 사적 소유 원리를 따라 제도화되어 있으며, 소유권 지상주의가 상식인 양 통용되고 있다.[8] 교육을 통한 지위상승 경쟁이 급격한 교육 팽창을 일으켜 교육과 노동시장 간의 괴리가 커진 것도 구체제적 제도에 적응하는 행위가 증폭되어온 데서 비롯된 것이며, 주거형태가 '아파트 공화국'이라 불릴 만큼 획일화되고 아파트 재테크가 중산층 형성의 중심 메커니즘

---

7 87년체제에 대해서는 졸편 『87년체제론: 민주화 이후 한국사회의 인식과 전망』, 창비 2009 참조.
8 이런 점은 공익법인인 학교법인의 재산조차 사적 소유인 것처럼 다루거나 심지어 교회를 사고팔기도 하는 천민적 행태에서 선명하게 드러난다.

인 것도 그렇다.

그럼에도 구체제의 핵심인 민중부문의 권위주의적 배제와 국가–은행–재벌의 삼자동맹에 근거한 발전체제는 붕괴했고, 국가의 권위주의적 통제에서 벗어난 자본과 민중부문은 각각의 체제개혁 프로그램인 신자유주의화와 민주화를 작동시켰다. 지난 20여년의 과정을 요약하자면, 보수파와 재벌은 발전국가체제의 유산과 신자유주의화 모두를 자신의 계급적 이익의 관점에서 조합해나갔고, 그 결과 경제적 영역에서 강한 헤게모니를 구축했다. 하지만 민주파는 시민사회를 발전시키고 사회운동을 확장하고 문화적 가치관을 심층적으로 바꾸기는 했지만, 그런 성과를 법적으로 제도화하고 안정화하는 데까지 이끌지 못한 것이 많다. 그 결과 재생산 문제가 가족을 중심으로 충족되던 구체제의 행위패턴은 유지되지만, 그것과 기능적으로 연결되었던 이전의 발전체제는 형해화되었다. 그리고 이 부정합 상태가 계속해서 재생산 영역에 대한 압력을 강화해온 것이다.[9]

따라서 발전체제와 사회적 재생산체제 모두의 혁신이 요구되었지만, 그 방향을 규정할 핵심집단인 재벌과 노동운동은 갈수록 퇴영적으로 변해갔다. 재벌의 경우, 경제독점이 지나쳐 이제 문어발 경영이 아니라 지네발 경영이라는 말을 들을 정도다.[10] 하지만 재벌 중심 성장의 낙

---

9 외환위기 이후 김대중 정부가 마련하고 노무현 정부가 확대해온 사회적 안전망은 기여에 기초한 보장시스템이어서 보험료를 낼 수 없는 방대한 인구를 흡수하지 못했으며, 주거문제나 교육문제 등에서는 이전 체제를 혁신하지 못했기 때문에 재생산 위기를 해결하기에는 역부족이었다.

10 공정거래위원회에 의하면 '오너'가 있는 10대 재벌의 계열사는 2008년 395개에서 2011년 581개로 증가했다. 같은 기간 자산총액은 GDP 대비 2008년 50.3%에서 2010년 59.1%로 상승했다.

수효과(trickle-down effect)는 현저히 사라졌다. 재벌은 글로벌한 기업이 되었지만, 다수의 삶을 향상시키는 데 기여하는 바는 거의 없어진 셈이다. 더구나 재벌이 비상장 계열사에 일감을 몰아주어 10조원 가까운 수익을 올렸다는 보도는 재벌이 국민경제의 약탈자가 되었음을 보여준다.[11] 실제로 그런 사업들은 단지 재벌가 자녀를 위한 상속 전략에 그치는 것이 아니라, 공정거래를 해치며 수많은 중소기업과 자영업자에게 직접적인 타격을 주기 때문이다.[12]

하지만 이런 식의 경제체제를 견제하고 대안적 발전방안을 모색해야 할 노동운동 또한 외환위기를 거치면서 사회적 신뢰를 잃고 퇴행하기 시작했다. 외환위기 전부터 정체했던 노동조합 조직률은 최근 들어 감소하는 중이며, 산별노조체제도 닥쳐오는 문제에 대응할 수 있는 수준으로는 발전하지 못했다. 또한, 비정규직과의 연대운동은 정규직에 의해서 거부될 때도 많았으며, 날이 갈수록 연대투쟁이나 총파업 같은 구호는 공허해졌다. 대기업 노조와 그런 노조에 기반을 둔 민주노총은 사회의 일반적 이해를 대변하는 집단에서 특수이익 추구자로 변질되었다고 해도 과언이 아니다.[13]

---

11 김재섭 「재벌 '일감 몰아주기'로 10조 챙겼다」, 『한겨레』 2011년 6월 29일.

12 MBC PD수첩 「밀어주고 몰아주고: 재벌의 일가친척 챙기기」(2011.7.19)는 재벌이 SSM을 통해 동네상점을 침탈하는 수준을 넘어서, 사무용품 같은 소모성 자재(MRO), 광고, 트럭 유통, 김밥, 팝콘, 커피 등 중소상공업자나 자영업자의 사업영역에까지 파고들었음을 보여주었다. 이렇게 상속의 전략이 사회의 전 영역에 대한 침탈과 착취 형태를 취하는 양상으로 발전한 것은 자본이 사회적 생산력을 흡수하여 글로벌한 행위자가 되는 과정의 이면에 극히 후진적인 생산관계가 있다는 것을 보여준다. 맑스가 말했던 생산력과 생산관계의 모순만큼 우리 사회의 재벌을 서술하는 데 적합한 경우가 별로 없을 것이다.

13 이런 노동운동의 퇴영은 그 주체들에게도 심각한 심리적 댓가를 요구하고 있다. 몇해 전이기는 하지만 『레디앙』에 실린 기사(「노동운동 활동가들은 우울하다」, 2006.10.11, http://www.redian.org/news/articleView.html?idxno=3206)에 의하면 금속연맹 상근자들의 약

강한 노조를 피해 사내하청과 불법파견 그리고 비정규직 채용을 늘리거나 공장을 해외로 이전하는 자본. 그리고 고용 불안정 속에서 임금을 챙길 수 있을 때 최대한 많이 챙기기 위해 주야 2교대를 마다하지 않고, 비정규직을 자신의 임금과 고용안정을 위한 완충장치 정도로 생각하는 대기업 노조. 이 양자가 시장에서의 약자를 착취하는 방식으로 서로에 대한 불신과 대립을 해결하는 것이 현재 상황이다.

이렇게 퇴영적 행태를 보이는 두 집단이 문제를 해결하기를 기대하기는 어렵기 때문에, 문제를 사회화하고 공적 시스템을 통해 해결하는 길을 찾아야 한다. 실효성 있는 사회적 안전망과 재교육 기회를 보장함으로써 노조가 정리해고에 대해 더 유연하고 합리적으로 대처할 수 있게 하고, 자본도 정리해고가 불러올 갈등 부담에서 벗어나 고용에 적극적이도록 유도해야 한다. 더불어 자본이 해고 회피를 위해 진지한 노력을 기울일 수 있도록 하는 법적·제도적 유인도 강화되어야 할 것이다. 재생산에서도 그렇지만 발전체제 측면에서도 기업과 가족(개인) 사이의 문제를 공적 영역을 매개로 해결하는 것이 요청된다.

분명한 것은 가족을 중심으로 하는 재생산 영역에서는 구체제에서 형성된 제도와 행위패턴이 어느정도 유지되고 있지만, 구 발전국가체제는 이미 상당부분 해체되었다는 점이다. 그리고 그것을 대체할 발전체제 그리고 그것에 조응하는 재생산 영역 전반의 재구성은 아직도 사회적 갈등과 투쟁의 대상일 뿐 그 윤곽이 명확해지지 않았다. 하지만 이

50%가 우울증 진단을 받았다고 한다. 우울증 진단을 받은 한 상근자는 "흥에 겨워 신이 나서 운동을 하는 게 아니라 관성적으로 하는 것 같"고, "노동조합도 사회적으로 고립되고 있는 현실에 무력감을 느낀다"고 말했다. 오늘날 노동운동의 병리성의 핵심은 운동주체가 자신의 활동에 자존감을 느낄 수 없다는 사실에 있는 것이다.

부정합과 잠정성과 교착의 지속이 체제를 점차 지속 불가능하게 만들고 있다. 그것은 구체제를 불완전하게 해체했고 재구성의 방향을 향한 투쟁이 이어져온 87년체제의 지속 불가능성인 동시에, 87년체제가 끊임없이 동요시켜온 분단체제의 지속 불가능성이다.

이런 상태에서 어떤 복고적 환상이 생겨날 수 있다. 17대 대통령선거에서 대중은 이전의 발전국가체제를 되살려 문제를 해결하는 쪽에 이끌렸다. 그렇게 해서 출범한 이명박 정부는 신자유주의적 정책과 발전주의의 아말감 형태로 존재하는 현재의 경제체제에서 이전의 발전주의적 측면을 더 강화하고자 했다. 하지만 그런 시도가 이미 낡은 모델에 새로운 불을 지필 수는 없었고, 오히려 박정희식 발전주의체제와 짝을 이루던 부패와 권위주의적 통치 그리고 분단체제의 정치적 악용을 되살릴 뿐이었다. 이명박 정부는 87년체제를 극복하는 '선진화'를 내세웠지만, 그것은 87년체제 이전으로의 퇴행으로 판명되었다. 대중은 곧장 촛불항쟁, 지방선거, 각종 사회적 연대투쟁과 퍼포먼스, 온라인상의 저항을 통해 그런 시도에 맞섰다. 그리고 대중 사이에서 희망은 뒷걸음질이 아니라 오직 앞으로 나아감으로써만 가능하다는 것, 87년체제가 이룩한 압제로부터의 정치적 해방이라는 성과를 궁핍과 착취로부터의 사회적 해방으로 확산하는 데 희망이 있다는 인식이 발전했다고 할 수 있다.

4

어떤 체제가 지속 불가능하다는 것은 그 체제가 경험적으로 어떤 시점에 종료된다는 것을 의미하지는 않는다. 사람들은 참을 수 없는 고통에 대해 정당한 분노를 터뜨리기보다 자신의 감내능력을 키우며 낡은 관행에 매달릴 수 있다. 또한 체제의 지속 불가능성이 곧장 더 나은 체제를 마련해주는 것도 아니다. 종종 어떤 체제는 더 나쁜 체제로 이행할 수도 있다. 그 경우 더 나쁜 체제는 사람들을 고통스럽게 하지만 그 고통을 정당화하는 능력을 더 높인 체제일 것이다. 따라서 체제의 지속 불가능성은 우리에게 그런 체제의 연명, 더 나쁜 체제로의 재편 혹은 더 나은 체제의 수립이라는 세가지 가능성을 열어놓는다.

더 나은 체제를 수립하기 위해서는 그것을 추진할 세력의 형성 또는 결집이 필요한데, 이와 관련해서 주목해야 할 대상이 현재의 야당들과 그 지지세력 그리고 진보적인 사회운동으로 구성된 세칭 진보진영과 개혁진영의 연합정치다. 연합정치는 이명박 정부 아래 치러진 여러 선거에서의 승리를 위해서 잠정적 형태로 출발했지만, 그 이상의 중장기적인 의미를 지니고 있다. 민주파의 연합정치는 수평적 정권교체를 위해 DJP연합이 필요했던 시기를 생각하면 87년체제를 극복하고 재편할 수 있는 새로운 정치적 중심이 형성되고 있음을 시사한다. 그런데 이 연합정치를 한단계 높은 수준으로 이끌기 위해서는 대중에게 더 나은 체제의 방향을 제시하는 구상과 담론을 내보이고 그것에 대한 논증 및 논쟁을 발전시킬 필요가 있는데, 이런 점에서 최근 백낙청이 제기한 '2013년체제'론은 검토할 가치가 있다.[14]

---

14 '2013년체제'론에 대해서는 왜 하필 2013년이냐 하는 질문이 따라붙게 마련이다. 백낙청은 그 경위를 이렇게 말한다. "1987년 6월항쟁으로 한국사회가 일대 전환을 이룬 것을 '87년체제'라는 개념으로 표현하기도 하듯이, 2013년 이후의 세상 또한 별개의 '체제'라 일컬을 정도로 또 한번 크게 바꿔보자는 것이다. (⋯) '2013년체제'라는 호칭 자체는 다른 것으로 대체될지 모른다. 예컨대 그러한 전환을 가능케 한 2012년의 양대 선거를 중시하여 '2012년체제'라 부를 수도 있고, 2013년 이후의 변화가 단시일 내에 더욱 획기적인 사건을

그가 2013년체제론을 제기하는 이유는 2012년의 총선과 대선을 새로운 체제 건설을 위한 계기로 삼지만, 2012년 선거 승리를 위한 논의에 매몰되지 말고 선거정치를 견인하는 체제 구상을 가다듬을 필요가 있으며, 이런 구상을 형성하는 과정이 오히려 2012년 선거를 승리로 이끄는 힘이 될 수 있다고 보기 때문이다. 다시 말해 논의의 지평을 연합정치를 주장하는 것을 넘어 '무엇을 위한 연합정치인가'에 답할 수 있는 지점까지 밀고나가는 것이며, 그렇게 함으로써 연합정치를 미래지향적이고 규범적 토대가 명료한 것으로 만들자는 것이다.

백낙청은 2013년체제가 두가지 핵심적인 전환을 이룩해야 한다고 보는데, 하나는 그것이 남북이 함께하는 체제여야 한다는 것이고 다른 하나는 그 체제 구성의 핵심원리가 평화, 복지, 공정이어야 한다는 것이다. 첫째 문제가 중요한 이유는 현 체제의 지속 불가능성의 한 축이 분단체제의 지속 불가능성에서 비롯하기 때문이다. 이명박 정부가 보여준 것은, 분단체제의 해체는 우리 사회의 민주역량을 모아 힘겹게 이루어지는 과정인 데 비해, 정치적 이익을 위해 분단상황을 동원함으로써 사회를 퇴행적 국면으로 몰아가는 일은 손쉽게 일어날 수 있다는 점이다. 따라서 한국사회에서 더 나은 체제를 구축하기 위해서는 6·15공동선언이 지향한 바를 남북한 공히 통용되는 법적·제도적 형태로 발전시키고 안정화할 필요가 있다. 즉 한국사회가 남북연합을 위한 철로 부설자 역할을 자임하며 그것에 이르기 위해 노력을 경주해야 하는 것이다. 그럴 때 북한사회도 체제가 위협받지 않는다는 안정감을 획득할 수 있고, 그만

---

만들어낼 경우 그 사건을 위주로 이름이 만들어질지도 모른다. 제목의 '2013년체제'에 따옴표를 붙인 것은 그런 가변성을 염두에 둔 탓이다." 백낙청 「'2013년체제'를 준비하자」, 『실천문학』 2011년 여름호 363면.

큼 더 민주적이고 경제적으로 발전된 체제로 나아갈 수 있을 것이다.

두번째 주장은 대체로 동의할 만하지만, 논의를 좀더 심화할 필요가 있어 보인다. 평화, 복지, 공정이 새로운 체제운영의 원리여야 한다는 주장, 그리고 평화가 복지 및 공정과 내적 연관을 가지고 있다는 주장은 쉽게 공감을 얻을 수 있다. 하지만 복지와 공정의 관계에 대해서는 현재 우리 사회의 논쟁구도에 비추어 세가지 정도 더 논의될 필요가 있다고 판단된다. 첫째는 현재 대립적인 것인 듯 논의되는 복지와 공정이 정말 대립적인가 하는 것이다. 둘째는 복지론자와 공정론자(편의상 그렇게 명명한다면) 사이의 논쟁뿐 아니라 복지를 둘러싼 논의 전반이 정책에 지나치게 경사된 것은 아닌가 하는 문제이다. 마지막은 복지와 공정의 논쟁이 좀더 규범적인 문제를 깊이 천착해야 하지 않는가 하는 것이다.

현재 우리 사회의 논의구도에서 복지와 공정은 대립적인 것으로 부상해 있다. 한쪽에 정승일(鄭勝日)과 홍헌호(洪憲晧)가 있다면 다른 쪽에는 김대호(金大鎬)가 있다.[15] 이 논쟁은 우리 사회의 개혁과제의 중심에 있는 것이, 김대호식으로 표현하면 1차 분배구조(시장)와 2차 분배구조(복지와 소득 이전) 가운데 어느 것인가 그리고 분배구조 왜곡의 원인은 무엇인가를 두고 이루어지고 있다. 김대호는 1차 분배구조의 개혁이 더 중요하다고 보고, 정승일은 2차 분배구조의 개혁이 더 중요하다고 본다. 홍헌호는 1차 분배구조 왜곡의 주범이 신자유주의라는 점에

---

15 정승일 「집권하고 싶다면, '노무현 시대정신'을 버려라!」, 『프레시안』 2010년 11월 12일; 김대호 「노무현은 알았다… 장하준·정승일의 착각 또는 헛발질」, 『프레시안』 2010년 11월 19일; 홍헌호 「김대호식 얼렁뚱땅 공정사회론, 노무현에게 독이었다: 노무현 정부 실패에서 뭘 배웠나」, 『프레시안』 2011년 4월 11일자 참조.

서 공정사회론이 사태를 잘못 파악하고 있다고 비판한다.

이런 쟁점을 앞서 논의한 체제 및 재생산 위기와 관련짓는다면 이렇게 말할 수 있다. 재생산 위기 문제를 다루기 위해서는 복지 확충이 요구되지만, 그럴 수 있으려면 새로운 발전체제가 그것과 연계되어 구상되어야 하며, 그런 체제 구성에서 공정은 매우 중요한 재구성 원리일 것이다. 또한 복지를 위한 부담은 사회적으로 공정하게 배분될 때 저항없이 수용될 수 있다. 다시 말해 복지와 공정은 서로를 부양하고 지원하는 관계에 있다고 할 수 있다. 하지만 복지론자와 공정론자의 논쟁에는 김대중·노무현 정부에 대한 평가, 신자유주의에 대한 판단, 그리고 진보진영(평등파)과 개혁진영(자유파) 사이의 묵은 불신이 흐르고 있으며, 그렇기 때문에 타자의 텍스트가 합리적이라고 가정하고 최적의 해석을 시도하려는 '자비의 원칙'이 관철되지 않는다.

다음으로 복지정책과 복지정치의 연관에 대해 살펴보자. 최근 복지담론의 급속한 확산의 뿌리는 대중이 처한 재생산 위기다. 앞서 지적했듯이 복지국가소사이어티가 제기한 5대 불안은 이런 위기를 잘 지적하고 있으며, 각 세대는 아마도 그와 관련해 자기 위치를 쉽게 찾을 수 있다. 예컨대 20대는 일자리와 등록금에서, 30대는 보육과 교육에서, 40대는 교육과 건강에서, 50대 이상은 노후 소득과 건강에서 자신의 문제를 발견하고, 그 해법으로 복지를 확대하겠다는 제안에 동의할 것이다. 하지만 그것을 위해서 증세가 필요하다면, 왜 그래야 하는지 그리고 증세가 공정한지 물을 것이며, 기여와 수혜 사이의 관계를 냉정하게 따질 것이다.

당연히 복지를 절실히 필요로 하는 계급과 그렇지 않은 계급 또는 세금을 주로 낼 계급의 차이가 드러날 것이며, 여러 계급에 두루 이익이

된다 하더라도 그것은 길고 복잡한 우회로와 시간적 지연을 경유할 성
질의 것이다. 따라서 그들을 계몽된 자기 이익 속에서 하나로 묶어내는
것은 쉬운 일이 아니다. 그런 의미에서 복지정책보다 그것을 가능하게
할 수 있는 세대동맹과 계급동맹의 정치가 복지정책보다 훨씬 중요하
다고 할 수 있다. 이 점을 2011년 서울시의 무상급식 관련 주민투표 발
의가 잘 보여준다. 그리 큰 예산이 필요하지 않은 무상급식조차 격렬한
논쟁의 대상이 되는 현상은 복지정책의 실현이 간단치 않은 정치적 투
쟁을 경유해야 한다는 것을 의미한다.

　정책적 합리성 추구가 정치적 차원에 대한 일정한 둔감함을 낳는 현
상은 공정론자들에게서도 나타난다. 최근 희망버스에 대한 김대호와
김기원(金基元)의 논의는 매우 충정어린 것임에도 불구하고 '정리해고
없는 세상' '비정규직 없는 세상'이라는 희망버스의 슬로건을 너무 정
책의 관점에서 해석했다고 할 수 있다.[16] 희망버스에 참여하는 사람들
이 내건 슬로건은 정책적 요구가 아니라 "불안이 영혼을 잠식하는" 세
계에 대한 불만, 그런 세계를 더이상 용인할 수 없다는 의지, 도래하기
를 열망하는 유토피아적 상에 대한 표현으로 읽어야 하기 때문이다.

　왜 그렇게 표현되어야 하는지, 정확한 정책적 요구가 슬로건이 되어

---

16 김대호 「희망버스 안에서 한번 생각해보면 좋을 것들: 나는 '희망버스'에서 희망을 찾을
　수가 없다」, 사회디자인연구소 블로그(http://kimdaeho.egloos.com/5009978) 2011.7.30;
　김기원 「한진중공업 사태의 올바른 해법은」,『창비주간논평』 2011년 8월 3일 참조. 이들의
　논의는 매우 신중한 것이었지만 필자가 보기에『중앙일보』는 전자를,『조선일보』는 후자를
　희망버스에 대한 반대를 선동하는 데 이용했다. 김대호와 김기원 모두 보수언론의 보도를
　비롯한 글의 파장에 대한 소회를 겸한 후속 글을 발표했는데 일독을 권한다. 김대호 「진보
　의 희망버스는 그 버스가 아니다」,『폴리뉴스』 2011년 8월 4일; 김기원, http://blog.daum.
　net/kkkwkim.

야 하지 않느냐고 묻는다면, 정치에는 언제나 정책을 넘어서는 과잉의 측면이 있다고 답할 수밖에 없다. 비제도적인 거리의 정치는 산재한 불만을 특정한 구호와 상징으로 응집하기 때문에 정책적 합리성을 도외시할 때가 많다. 하지만 정치는 언제나 정책의 지평을 변경하고 제약하거나 확장하는 힘이 된다. 따라서 정치와 정책의 간극을 좁히기 위해서는 정치가 정책의 합리성에 귀 기울이는 것도 필요하지만, 그 못지않게 중요한, 아니 그보다 더 중요한 것은 대중의 정치가 발신하는 메시지를 정책이 신중하게 청취하는 것이라 생각된다.[17]

마지막으로 정책보다 정치가 관건이라면 그 정치를 향도할 규범적 차원에 깊은 관심을 보여야 한다. 우리에게 요청되는 것이 지속 불가능한 현 체제를 극복하는 것이라면 공정이든 복지든 그것은 체제 이행이라는 과제를 짊어진 말이라고 할 수 있다. 그런데 한 체제에서 다른 체제로의 재편은 이른바 이행의 골짜기를 통과해야 한다. 현재의 교착을 넘어 더 나은 체제로 이동하는 과정에서 이보전진을 위해 일보후퇴를 감내해야 할 개연성은 상당하다. 일보후퇴는 개인적 수준에서도 견디기 쉽지 않으며, 복합적 사회에서 일보후퇴는 수용되기 어렵다. 따라서 이행을 규율할 수 있는 규범적 신념이 없다면 사람들은 쉽게 뒷걸음치

---

17 여기서는 다룰 수 없지만, 정책적인 수준에서도 우리 사회 복지 논의의 문제점 가운데 하나는 그것이 지나치게 국가 중심적이고 사회보험 중심적이라는 점이다. 복지정책의 가장 중요한 부분은 국가를 경유하는 재분배나 사회보험이지만, 그 못지않게 중요한 것이 협동조합이나 지역적 상호부조조직 또는 최근 활발히 논의된 사회적 기업 같은 것이다. 이런 시민사회적 복지기구가 활발하게 발전하는 것이 중요하며 그런 의미에서 우리가 추구하는 것은 복지 '국가'일 뿐 아니라 복지 '사회'여야 한다. 이런 관점에서 접근할 때 남북연합 문제를 복지와 연계할 수 있는 방안이 모색될 수 있을 것이다. 이런 문제와 관련해서는 유시주 「'삽질' 없는 지역 살리기」, 『창작과비평』 2011년 가을호 72~91면 또한 참조할 만하다.

거니와, 이미 우리는 그런 뒷걸음질로 이명박 후보를 대통령으로 선출한 적이 있다. 백낙청은 '2013년체제'를 제안하며 원(願)을 크게 세우자고 했는데, 그 홍원(弘願)이란 다름 아니라 더 나은 체제를 향한 이행의 길을 일희일비하지 않고 견실하게 걸을 수 있는 규범적 확신이라고 할 수 있다.

규범과 관련해서 보면, 복지는 그 자체로 규범적인 것이 아니다. 복지가 규범적 의미를 갖는 것은 보편주의적 복지에 이르러서다. 종종 혼동되듯이 보편적 복지는 선별적 복지와 대립되는 것이 아니다. 복지는 수혜자의 특성에 따라 선별적인 것이 되어야 할 경우가 많으며, 그것이 더 효율적이고 규범적으로도 정당하다. 복지의 전면적 시행이나 단계적 시행도 전혀 쟁점사항이 아니다. 그것은 단지 예산 제약 여부의 문제일 뿐이다. 보편주의적 복지는 정책 형태일 수도 있지만, 그 핵심은 복지가 취약자 보호를 위한 잔여적인 것이 아니라 사회 성원의 일반적 권리임을 주장하는 데 있다. 즉 보편적 복지하에서 시민은 복지 수혜자일 권리를 가지며, 그런 사실을 도덕적 수치가 아니라 성원이라는 사실에 대한 법적·제도적 인정의 한 형태로 받아들이게 된다. 그런 의미에서 보편주의적 복지는 구체적 정책이라기보다 복지정책을 향도하는 도덕적 원칙이라 할 수 있다. 따라서 보편적 복지의 성패는 실제로 어떤 정책이 보편적인 형태로 실행되느냐보다는 구체적 정책이 아직 보편적으로 시행되지 않을 때도 그것을 사회 성원들이 보편주의적 원칙을 충족해가는 과정으로 인식하고 끈기있게 그 길을 걸어갈 수 있느냐에 달려 있다.

이에 비해 공정은 확실히 이행을 규율할 수 있는 규범의 측면을 지닌다. 정의 규범(justice norm)은 보편성을 주장할 수 있기 때문이다. 하지만 규범 자체가 계산대상이 되기도 하는 세속화된 세계에서 공정은 왜 공정해야 하는가에 답하기 어렵다. 동생이나 친구가 나에게 공정을 요구한다면, 나는 공정하기 위해서 노력할 것이다. 하지만 낯선 사람이 나에게 공정을 요구하면 나는 잠시 머뭇거린 후 그 요구를 무시할 수도 있다. 공정하기 위해서는 타자가 '그/그녀'가 아니라 '너'로 체험되어야 하는 것이다. 공정은 존재하는 사회적 연대감을 강화하는 데 기여하지만 사회적 연대감이 없는 곳에서 자라나기는 어렵다.

되짚어보면 평화, 복지, 공정이라는 세 열쇳말은 모두 사회적 연대와 연계된다. 평화가 단지 전쟁의 공포로부터의 해방이 아니라 분단극복과 남북연합의 길을 함축한다면, 그것을 위해서는 북한주민에 대한 소원함을 극복하고 공감과 연대를 발전시키는 것이 필수적이다. 복지 또한 잔여주의가 아니라 보편주의를 지향하는 한, 성원권(membership)이 사회적 연대감으로 채워져 있어야 한다. 그리고 공정도 연대감 위에 있을 때 행위동기의 수준에서 규범적 강제력을 가질 수 있는 것이다. 따라서 우리는 새로운 체제를 구상하기 위해 연대 개념을 좀더 천착하는 동시에 연대 형성적 활동을 발전시킬 길을 모색해야 한다.


5


앞에서 우리는 더 나은 체제 구상과 관련해 제기된 '2013년체제'론 그리고 그런 논의를 심화하기 위해 현재 진행 중인 논쟁에서 우선 다뤄야 한다고 생각되는 점 몇가지를 살폈다. 논의를 더 진전시키기 위해서는 '2013체제'론과 같은 입장에 서든 그렇지 않든 더 많은 담론과 정책이 개발되어 논증의 무대에 올라설 필요가 있다. 그리고 그런 노력이 새로운 체제를 구성할 사회세력을 결집하고 확장하는 데 기여할 것이다.

　하지만 세력의 결집과 리더십의 창출 그리고 여러 정치세력 간의 연합은 좀더 복잡한 문제를 수반한다. 또한 단순히 정치집단이나 조직된 사회운동세력의 문제가 아니라 대중의 내부에서 형성되는 연대의 형성 또한 함께 생각해야 할 문제다. 이와 관련해 현재 우리가 주목해야 할 것이 연합정치와 '희망버스'라고 생각된다. 여기서 이 문제를 둘러싼 여러 논의를 모두 포괄할 수는 없고, 필자가 보기에 짚을 필요가 있다고 생각되는 점 몇가지를 제기하며 글을 마치고자 한다.

　현재 우리 사회에서 더 나은 체제를 향한 혁신의 출처는 민주파가 될 수밖에 없다.[18] 그리고 민주파가 실제로 그럴 역량을 발휘할지를 시험하는 무대는 연합정치를 통해 드러나는 민주파의 내부협상이라 생각된다. 대중은 이를 통해 민주파가 더 나은 체제를 만들어낼 실력을 가지고 있는지 가늠하고 있다. 이미 몇번의 지방선거를 통해 대중이 연합정치의 결과뿐 아니라 과정에서의 원만함과 합리성까지 신중하게 평가하고 있음이 드러났다. 따라서 새로운 체제 수립의 관건은 보수파의 혁신 여부가 아니라 연합정치 자체의 성과에 의존한다고 할 수 있다.

　그런데 이런 연합정치에서 제기된 여러가지 방안과 움직임, 예컨대 대통합 논의, 야당 간 연대 주장, 진보정당 사이의 통합 노력의 지지부진, 국민참여당의 모호한 행보 등이 대중의 눈에는 교착과 답보로 비치고 있다. 대체로 협상은 자신과 상대가 가진 모든 권력자원을 인정하고 이루어진다. 그래서 협상에서는 협박조차 중요한 전략의 일환이다. 하

---

18 분단체제에 의존해온 우리 사회 보수파의 혁신능력의 제약에 대해서는 졸고 「보수파의 오프사이드 전략과 분단체제」, 『창비주간논평』 2011년 5월 25일 참조.

지만 연합정치는 전적으로 협상의 정치만은 아니고, 더 나은 논거와 통찰만 다투는 논증의 정치이기도 하다.

연합정치가 발전하기 위해서는 각 국면과 상황이 협상과 논증 가운데 어디에 속하는지 분별하는 동시에 협상의 교착을 논증의 정치로 타개하고 협상을 통해 논증의 대립을 중재하는 지혜가 필요하다. 2011년 서울시장 보궐선거를 앞두고 진행된 연합정치에서 드러난바, 협상 중단 같은 비협동 전략을 공론영역에서 은연중에 내비치거나 '연애' '이혼' '재결합' 같은, 협상에 도움이 되지 않는 비유를 사용해서는 안될 것이다. 또한 가치와 정책을 중심으로 한 논증의 정치 또한 이전의 정책이나 입장에 대한 반성이 충분하지 않다는 식의 과거지향적인 태도에서 벗어나야 할 것이다. 다시 말해 연합정치가 협상 못지않게 더 나은 체제에 대한 논의와 깊게 접맥되어야 한다.

연합정치가 깊게 접맥되어야 할 또 하나의 대상은 희망버스다. 이때 접맥은 단지 연합정치의 주요 인물들이 희망버스에 몸을 싣는 것에 한정되지 않는다.[19] 그보다 더 중요한 것은 희망버스에 나타난 새로운 연대의 형식에 착목해 그 가능성을 일구는 것 그리고 희망버스가 전하는 메시지를 깊이 읽어내는 것이다.

희망버스는 연대의 형식 면에서 주목할 만하다. 스마트폰과 태양열 배터리 그리고 트위터에 의존한 소통으로부터 우리는 새로운 연대의 네트워크가 형성되는 것을 볼 수 있는데,[20] 그것은 형식 면에서 탈전통

---

19 2011년 7월 9일, '2차 희망버스'에 약 1만명의 시민과 함께 당시 정동영 민주당 최고위원, 유시민 국민참여당 대표, 민주노동당, 진보신당 등 야당 의원들도 함께 참여했다.

20 김진숙의 트위터 '@JINSUK_85'의 팔로워는 1만명 정도 된다. 그들이 주고받는 '재잘거림'은 일상적이고 따뜻하다. 유튜브를 통해서 그녀가 부르는 노래 「직녀에게」도 들을 수 있

적이고 탈인습적이며 비조직적·자발적 연대다. 그렇기 때문에 전통적 유대형식에 제약되지 않고 자유롭게 확산되고 뻗어나갈 수 있다. 이런 식의 새로운 연대방식의 존재는 우리 사회가 내부로부터 자발적으로 동원할 수 있는 사회운동적 역량이 생각보다 훨씬 크고 다양하다는 것을 말해준다.

다른 한편 희망버스의 메시지가 무엇인지는 다양하게 읽힐 수 있지만 적어도 주요 언론매체에서 많이 논의되듯이 한진중공업의 정리해고와 조남호 회장 문제로 한정되어서는 안 될 것이다. 필자에게 희망버스는 비록 희미할지라도 현재 우리 사회의 경제체제의 운용방식 전반이 재구성되어야 한다는 의지의 표현으로 보인다. 그렇게 판단하는 이유는 희망버스 참여자들이 85호 크레인 위에 올라선 김진숙 민주노총 지도위원의 모습에서 정리해고에 저항하는 대기업 정규직 노동자의 통상적인 외침과는 다른 메시지를 읽고 있기 때문이라 생각해서다. 예컨대 김진숙은 이렇게 말한다. "낮은 곳에서 피었다고 꽃이 아니기야 하겠습니까. 발길에 차인다고 꽃이 아닐 수야 있겠습니까. 소나무는 선 채로 늙어가지만 민들레는 봄마다 새롭게 피어납니다. 부드러운 땅에 자리 잡은 소나무는 길게 자랄 수 있지만 꽁꽁 언 땅을 저 혼자 힘으로 헤집고 나와야 하는 민들레는 그만큼만 자라는데도 힘에 겹습니다. (…) 민들레에게 올라오라고 할 게 아니라 기꺼이 몸을 낮추는 게 연대입니다.

---

다. 정권에 장악된 공영방송이나 보수언론의 침묵에도 불구하고 사람들은 소통의 길을 열어내고 있는 것이다. 2011년 6월 30일 국가인권위원회는 김진숙의 긴급구제 요청에 대해 음식과 의류, 의약품, 랜턴 건전지 등의 필수품을 공급하기로 회사와 합의했는데, 전기와 스마트폰 배터리는 회사의 반대로 제외했다. 그녀는 태양열전지로 트윗을 계속하고 있다. 그녀는 6월 29일자 트윗에서 이렇게 말했다. "근데 어쩌나 트윗을 막으려면 태양을 없애야 하는데 ㅋ."

낮아져야 평평해지고 넓어집니다. 겨울에도 푸르른 소나무만으로는 봄을 알 수 없습니다. 민들레가 피어야 봄이 봄일 수 있지 않겠습니까. 생애 처음 민들레를 기다리는 봄. 이 설렘을 동지들과 나누고 싶습니다."[21] 그녀가 표하는 비정규직에 대한 연대의식 그리고 정규직과 비정규직 모두를 아우르는 따뜻한 공감이 사람들을 그녀를 초점으로 한 연대행위로 묶어내고 있는 것이며, 그런 만큼 거기엔 폭넓은 사회개혁의 메시지가 어른거리고 있는 것이다.[22]

'2013년체제'론을 비롯한 여러가지 더 나은 사회체제에 대한 구상들 (지적 담론), 연합정치(리더십과 조직적 대안의 형성), 희망버스(새로운 연대와 대중운동)는 각각 떨어져 있어서는 그것이 지향하는 바에 도달하기 어려울 것이다. 우리 사회가 더 나은 체제에 도달하기 위해서는 이 세가지가 함축하는 긍정적 힘들이 서로 모이고 접맥되며 서로를 상승시키는 과정이 필요하다고 생각된다. 그리고 그렇게 될 때 우리는 더 나은 한반도 사회를 향해 성큼 다가갈 수 있으며, 사람들이 자신이나 서로를 묘사할 때 '스펙' 같은 말이 사용되는 것을 도덕적 모욕으로 여기는 사회에 도달할 수 있을 것이다.

---

21 김진숙 「비정규직은 정규직의 미래다」, 『소금꽃나무』, 후마니타스 2011, 162~63면.
22 여러 면에서 희망버스는 2008년 촛불항쟁과 비교해볼 점이 있다. 연대의 형식 면에서 희망버스는 촛불항쟁과 깊은 유사점이 있다. 하지만 정부의 특정 정책들과 정면으로 대립했던 촛불항쟁과 달리 희망버스의 중심에는 폭넓은 사회경제적 의제가 자리잡고 있다. 따라서 촛불항쟁이 이후 지방선거의 흐름에 큰 영향을 준 것처럼 희망버스도 연합정치의 흐름과 연결될 수 있는 가능성은 충분하지만, 촛불항쟁이 스스로 정치적 수로를 찾아나가며 연합정치의 흐름을 형성하는 동인이 되었던 데 비해, 희망버스의 경우에는 연합정치가 그 메시지를 실현하기 위한 정치적 기획을 제출하는 것이 더 필요해 보인다.

# 제11장

# 분단체제와 87년체제의 교차로에서

## 1

게슈탈트(Gestalt) 심리학에서 자주 예로 제시되는 '루빈의 꽃병'이라는 그림은 우리가 배경을 무엇으로 생각하느냐에 따라서 형태가 달리 지각됨을 보여준다. 흰색을 배경으로 여기면 화병을 보게 되고, 검은색을 배경으로 생각하면 마주한 두 얼굴을 보게 된다. 이명박 정부와 박근혜 정부를 어떻게 지각하는가 또는 김대중 정부와 노무현 정부를 어떻게 인지하는가도 이런 게슈탈트 심리학의 통찰에 비추어볼 필요가 있다.

우리 사회의 민주파는 87년체제를 배경으로 이명박 정부를 파악했다. 어떤 이들은 그의 집권을 민주주의가 잘 작동하고 있음을 보여주는 정상적인 과정으로, 어떤 이들은 우려가 없지 않지만 그리 심각하지 않은 일탈로 인지했다. 하지만 많은 이가 이명박 정부의 집권 후 행태 속에서 민주적 법치국가의 파괴를 지각했다. 그래서 총선과 대선에서 민주파가 승리함으로써 우리 사회를 서둘러 정상궤도로 돌려놓아야 한다고 생각하게 되었다. 그런 식으로 사태를 파악하게 된 경위는 납득할 만하다. 노태우 정부로부터 노무현 정부에 이르는 과정은 불만족스럽고 우여곡절이 많긴 해도 민주화가 꾸준히 진전된 과정으로 볼 수 있었다. 같은 견지에서 김대중 정부 이래의 경과도 간명하게 조명된다. 김대중·노무현 정부 시기에 사회경제적 민주화에 실패한 것이 보수의 집권을 불렀다. 이제 사회경제적 민주화를 제대로 실천할 수 있다면, 그리고 그것을 수행할 수 있는 정부를 수립할 수 있다면, 댓가는 작지 않았어도 이명박 정부를 이보전진을 위한 일보후퇴기로 정리하고 갈 수 있다. 2010년 지방선거부터 2012년 총선·대선에 이르는 과정에서 나타난 민주적 대중의 열띤 참여는 이런 인식과 연계된 것이었다.

그러나 총선 패배, 그리고 이어진 대선 패배는 많은 이들의 인지적 배경을 87년체제로부터 분단체제로 옮겨놓았다. 사람들은 해방 후 우리 사회에서 보수가 집권하지 않은 기간은 고작 '민주정부 10년'뿐이었다는 것, 우리 사회가 여전히 '기울어진 운동장'이라는 사실을 새삼 깨달았던 것이다. 이런 관점은 2012년 선거 패배의 '멘붕'에서 벗어나려는 방어기제의 측면도 있고, 선거 패배의 책임이 있는 민주당(또는 당시 민주당 지도부)의 변명으로도 보일 수 있겠지만, 심리적 동인이나 정치적 아전인수를 떠나 설득력이 있다. 분명 분단체제는 줄곧 민주주의 심화와 전개에 강력한 방해요소로 작동해왔다. 그리고 이제는 사회혁신의 방향 모색에도 커다란 장애요인으로 작동하고 있다.

그런데 '루빈의 꽃병' 체험과 유사한 정신적 당혹감은 민주파 이전에 김대중 정부와 노무현 정부를 거치며 보수파가 먼저 경험했던 것 같다. 분단체제의 수호자인 보수파의 관점에서 보면, 김대중 정부의 수립은 외환위기라는 자신들이 자초한 엄청난 위기 상황에서 한번쯤은 눈감아

줄 수 있는 것이었다. 김대중의 급진성은 오랜 탄압과정에서 어느정도 순치되었다고 여겨졌고, 그를 박해한 것에 대한 얕은 죄의식, 그리고 광주와 호남 전체에 대한 부채감도 있었을 것이다.

하지만 노무현은 용인할 수 없었다. 김대중의 당선 같은 일탈은 체제의 탄력성을 위해 한번쯤 수용할 수 있었으나 노무현의 당선은 일탈을 구조로 전환시킬 가능성을 가진 위협적인 사건이었다. 민주파에게 박근혜의 당선이 그렇듯 노무현의 당선은 보수파에게는 '멘붕'을 유발한 사건이었다. 노무현 전 대통령에 대한 보수파의 기이할 정도로 강렬한 적개심은 자신들이 겪었던 '멘붕', 즉 분단체제라는 안정적인 배경을 포기해야 할지도 모른다는 위기감과 무관하지 않다. 그들은 민주화를 원했다 하더라도 분단체제와 양립 가능한 민주화를 원했을 뿐, 그것을 해체하는 민주화를 원한 게 아니다. 그렇기 때문에 87년체제가 분단체제를 내파하는 수준에 이르도록 발전하는 것을 허용할 수 없었다.

이처럼 민주화 이행과 더불어 분단체제가 다시는 이전의 안정상태로 돌아갈 수 없다는 것을 받아들이지 못하고 그것을 재안정화하려고 하는 보수파, 그리고 분단체제와 87년체제를 함께 고려하지 않고 인지적·실천적 혼동을 겪는 민주파 모두 균형감을 잃은 것이다. 우리가 처한 상황, 좀더 구체적으로는 2012년 총선·대선이나 현재 우리가 직면하고 있는 박근혜 정부의 여러 양태를 제대로 파악하기 위해서는 분단체제와 87년체제라는 이중의 틀을 통해 사태를 파악할 필요가 있다. 즉 분단체제가 87년체제에서 관철되는 방식과 87년체제가 야기한 분단체제의 구조적 변화를 내적으로 연계해서 사고해야 한다. 이런 조망은 '흔들리는 분단체제'라는 평이한 표현에 이미 깃들어 있다. 요점은 그 통찰을 활성화하고 상황에 더 철저히 적용해보는 것이다.

2

해방 후 한국사회의 변동을 분단체제론의 관점에서 살핀다면, 네 단계로 나눌 수 있다. 첫번째는 8·15해방에서 한국전쟁을 거쳐 1953년 정전에 이르는 분단체제 형성기다. 두번째는 정전협정 이후부터 제2공화국이 5·16쿠데타에 의해 붕괴할 때까지로, 분단체제가 구체적으로 어떤 형태의 사회구조와 발전 패턴을 한국사회에 형성하고 관철할지 불확실했던 이행기라 할 수 있다. 자유당 독재 아래 4·19혁명과 5·16쿠데타라는 두가지 대안이 형성되고 경쟁했던 시기다. 세번째는 박정희의 집권에서부터 1987년 민주화 이행 이전까지의 기간으로, 전두환 집권기를 포함해 '긴 박정희체제'로 명명할 수 있는 권위주의적 발전국가체제 시기다. 분단체제론의 관점에서 본다면 이 시기는 분단체제와 '긴 박정희체제'가 상호안정화 관계에 있던 분단체제 안정기라 할 수 있다.[1] 이 시기에 분단체제는 박정희체제에 의해 지지되고, 박정희체제는 분단체제로부터 엄청난 지배의 정당성과 통치자원을 획득했다. 그리고 마지막으로 네번째는 민주화 이행부터 현재에 이르는 87년체제다. 87년체제는 박정희체제와 달리 분단체제를 침식하고 불안정화하는

---

1 1961년에서 1987년 민주화 이행 이전까지를 '긴 박정희체제'라고 부르는 것은 불편하다. '군사독재체제'나 '61년체제'라는 명칭을 쓰는 것이 더 나은 면이 있다. 하지만 군사독재체제는 문자적 의미로는 군부가 쿠데타를 통해서 권력을 장악한 후 군부라는 틀을 유지하며 독재를 한 남미(南美) 사례에 가장 잘 맞는다. 그래서 이 표현을 쓰려면 계속 따옴표를 써야 한다. 61년체제의 경우 지칭의 면에서는 깔끔하지만, 박정희의 부정적 유산과 대결이 필요한 우리 상황이 요청하는 역사의식을 형성하기 어렵다. 그래서 난점이 있지만, 박정희체제라는 표현을 택했다. 이하의 모든 박정희체제라는 표현은 '긴 박정희체제'를 지칭한다.

동시에 그것의 발전 방향 선택과 조정이 분단체제에 의해서 심각하게 제약되는 관계에 있다. 백낙청은 이런 상황을 '흔들리는 분단체제'라고 명명했는데,[2] 우리의 관심은 앞서 지적했듯이 그런 동요의 귀결들을 좀 더 깊이 살펴보는 것이다. 여기서는 그 작업을 (1) 분단체제를 특징짓는 적대적 상호의존성의 변형과 (2) 친북/반북 도식과 그것의 강화된 형태인 '종북'이란 표현의 형성맥락을 검토함으로써 수행해보고자 한다.

(1) 분단체제의 핵심적 특징 가운데 하나는 남북한 기득권집단 사이의 적대적 상호의존이다. 이런 적대적 상호의존성은 분단체제가 존속하는 한 유지되지만 그 분단체제가 흔들리고 있기에 점차 약화되는 중이다. 하지만 그것이 적대성의 약화로만 나타나진 않는다. 비적대적 또는 호혜적 상호의존과 상호의존 없는 적대라는 두 방향으로의 변화가 모두 가능하며, 1987년 민주화 이후의 경험은 두 가능성 모두가 실제로 구현될 수 있음을 보여준다.

적대를 약화시키고 평화로운 상호의존관계를 만들어가는 흐름은 1991년 남북기본합의서 채택 이후 남북한 교류협력의 증대, 김대중·노무현 대통령 시기의 햇볕정책과 두차례의 남북정상회담에서 찾을 수 있다. 이에 비해 반대 흐름은 이명박 정부 이후 뚜렷하게 감지된다. 분단체제가 안정적이던 시기에 남과 북은 상대방의 위협을 자기 체제 유지를 위한 자원으로 활용했고 그렇기 때문에 오히려 진짜 위기로 나아가지 않았다. 하지만 분단체제가 흔들리면서 오히려 높은 수준의 적대

---

2 '흔들리는 분단체제'에 대해서는 백낙청 『흔들리는 분단체제』, 창작과비평사 1998 참조. 그리고 분단체제의 관점에서 이루어진 시대구분에 대해서는 백낙청 『한반도식 통일, 현재 진행형』, 창비 2006, 46~48면 참조.

가 지속되는 것도 가능해진다. 이명박 정부 시기의 5·24조치와 연평도 포격 같은 사건들 그리고 2013년 2월 북한의 3차 핵실험과 일련의 군사적 긴장이 그런 예다. 주지하다시피 한국과 미국은 북한의 핵실험에 대응해서 '독수리연습'을 실행했고, 그 과정에서 B-52 전폭기에 이어 B-2 전략폭격기가 한국 상공을 비행했다. 당연히 북한은 그런 군사훈련에 강력하게 반발했고, 그로 인해 심각한 위기 상황이 조성되었다.[3] 그리고 그런 과정의 연장선상에서 개성공단이 폐쇄되었는데, 이 글을 쓰는 현재(2013년 여름)까지 개성공단 재가동을 둘러싼 협상에서 남북한 당국은 호혜적 상호의존의 가장 대표적인 사례인 개성공단마저 상호의존 없는 적대의 맷돌로 갈아버릴 듯한 태도를 보였다.[4]

전체적으로 보아 분단체제의 동요가 만들어낸 '진자운동'의 진폭은 커지고 있다. 그런 의미에서 분단체제를 재안정화하려는 보수파의 시도에도 불구하고 분단체제는 전보다 더 크게 흔들리고 있다. 이렇게 심화된 분단체제의 동요는 사회 성원들에게 단순화된 인지적 틀을 강요하던 분단체제 안정기와 달리 훨씬 어려운 인지적, 그리고 실천적 과제가 부과된다. 왜냐하면 분단체제 동요기에는 평화의 가능성 및 사례와 긴장

---

3 최근 북미 간 그리고 남북 간 긴장고조 과정에 대한 상세한 분석은 서재정 「북의 3차 핵시험과 한반도 비핵화평화체제의 전망」, 『창작과비평』 2013년 여름호 386~411면 참조.

4 이 글이 쓰인 뒤 2016년 2월에 박근혜 정부는 결국 개성공단을 폐쇄해버렸다. 필자는 2010년 발표한 「이명박 시대, 민주적 법치와 도덕성의 위기」(이 책의 제7장)에서 이명박 정부가 자신의 통치위기를 남북관계의 경색을 조장함으로써 돌파하려고 하지만 "2000년 6·15정상회담을 계기로 해체기에 들어선 분단체제를 재안정화하려는 시도가 성공할 수 없"으며 "이명박 정부조차도 민주정부 시기에 부설된 철로를 장기간 이탈할 수 없"다고 말한 바 있다. 하지만 현재 시점에서 보면 '민주정부 10년'의 성과는 쉽사리 이탈할 리 없는 철로 위에 우리 사회를 올려놓았다 말하기 어려워 보인다. '민주정부'가 마련한 것은 철로라기보다는 도로였고, 우리 사회는 운전사가 바뀌면 그 도로에서 이탈해 다른 길(설령 그것이 비포장도로라 해도)을 갈 수 있는 자동차 같다고 할 수 있다.

의 가능성 및 사례가 동시에 증대되고 양자가 복잡하게 얽혀들어가기 때문이다.

그런데 이런 인지적 과제를 제대로 감당하기 어렵게 하고 그럼으로써 실천적 난관을 낳는 요인들이 작동하는 듯하다. 우선 현 국면에서는 주요 언론이 보수파에게 확고하게 장악되어 있다는 것이 중요한 이유의 하나다. 대중매체의 편향은 위기의 사회적 체험을 상당 정도 그리고 일정 기간 차단하고 전치(轉置)할 수 있다. 이는 사소한 일이 아니다. 오늘날에는 대중매체를 통하지 않고서 세계를 관찰하거나 이해하기가 어려워졌다. 『햄릿』의 호레이쇼가 그렇듯이 사람들은 "그렇게 들었고, 그것을 어느정도 믿을 수밖에 없다(So have I heard and do in part believe it)."

다음으로 인지의 문턱이 높아지는 경향을 들 수 있다. 분단체제를 살아가는 과정은 장기 예외상태 또는 예외의 상례화 속에서 살아가는 것이었다. 분단체제에서 이루어진 사회적 근대화 과정 또한 매우 급속하고 돌진적인 것이어서 숱한 사고와 갈등으로 점철되었다. 그런 모든 사건에 대해 민감성을 유지하는 것은 일상생활의 영위를 방해할 정도로 피로한 일이다. 그래서 우리 사회 성원들은 자라에 물린 다음부터는 솥뚜껑에도 놀라기보다는 자라를 솥뚜껑 보듯이 하는 경우가 많다.

마지막으로 분단체제 형성과 더불어 형성된 세계사적 현상유지 상태가 여전히 한반도에서는 독특한 방식으로 관철되고 있다는 희미한 통찰이 대중의 수준에서 작동하고 있는 것 같다. 동서냉전은 해체되었지만 중국의 경제적 부상에 의해 형성된 'G2체제'는 오히려 분단체제를 낳은 한국전쟁에서의 미중 간 군사적 세력균형에 대한 기시감을 형성한다. 북한은 미국에 의한 세계 최장의 봉쇄를 견딜 수 없기 때문에 핵문제를 일으켜서라도 현상 타파를 꾀하고 있기는 하다. 하지만 대중은 분단체제의 동요가 미중관계라는 제약 안에 있고 그 선을 넘는 변동이 일어나기란 매우 어려우며 아직 그런 징후는 없다고 판단한 듯 보인다. 이런 판단이 위기에 대한 인지적 문턱을 높이는 심리 그리고 대중매체에 의한 정보 선별 및 통제와 결합해서 작동하고 있는 듯하다.

(2) 87년체제의 수립과 더불어 근대적 정치발전과 민주화에 따른 사회적·이데올로기적 분화가 정치체제 안에 수용되었다. 이로써 정치적 반대파 전체를 '빨갱이'로 명명하고 숙청하거나 '간첩'으로 몰아 사형에 처하는 것은 쉽게 활용할 수 없는 방법이 된다. 그렇게 하기엔 정치적 분화가 깊게 진행되어 보수파가 보기에도 '좌파'에 속한 사람이 너무 많아지는 것이다. 하지만 보수파의 입장에서는 그런 정치적 분화를 분단체제의 틀 안에 묶어둘 수 있는 새로운 의미론이 필요해진다. 그런 필요를 충족하는 것이 반북/친북의 구별 도식이다. 이 도식은 정치적 타자를 '빨갱이' 혹은 '간첩'으로 정의하고 숙청하는 것이 사회적 신빙성을 상실할 때, 북한에 대한 태도 표명을 강요하는 형태로 분단체제 고유의 적대의 정치를 이어갈 수 있게 해준다.

반복적으로 활용됨으로써 반북/친북 구별 도식이 매우 폭넓게 퍼져나갔다는 사실은 최근 '일베' 현상에서 보듯이 청소년층에게까지 이런 구별 도식이 파고들어 공격적 언어유희의 자원이 된 것에서 엿볼 수 있다. 이런 확산 못지않게, 아니 그보다 더 주목해서 보아야 할 것은 반북/친북의 구별 도식이 강화된 형태로 적용되고 그로 인해 남남갈등이 남북갈등 못지않게 혹은 그 이상으로 심화되는 현상인데, 이 점을 두가지 예를 통해서 살펴보고자 한다.

하나는 '종북'이라는 단어의 출현이다. 타자의 정신적 노예성을 직접 문제 삼고 있는 이 말은 '친일' 같은 말을 훨씬 상회하는 모욕적 함의를 지닌다.[5] 그렇기 때문인지 감히 보수파조차 사용하지 못한 이런 말이 민주노동당의 분열과정에서 진보진영 내부에서 출현했는데, 그것은 세 가지 정도의 의미를 갖는 것 같다. 첫째, 반북/친북이라는 적대적 구별이 보수파뿐 아니라 민주파 속으로도 관류하며, 더 격렬한 형태로 관철될 수 있다는 것이다. 둘째, 이런 단어가 진보정당 내부로부터 발원했기 때문에 보수진영이 그것을 '즐겁게' 전유했으며, 그로 인해 그것이 쉽게 헤게모니적 힘을 보유하게 되었다는 것이다. 마지막으로 종북이라는 표현이 가진 강한 모욕성 때문에 자주파가 북한과 관련해서 드러낸 심각한 과오를 정치적 성찰의 대상으로 삼는 것이 오히려 가로막힌 면이 있다는 것이다. 그로 인한 분열의 그림자는 2008년 민주노동당의 분열에 이어 2012년 통합진보당의 분열에도 드리워졌다.[6]

특히 마지막 측면은 적지 않은 정치적 후과를 낳았다. 통합진보당의 내분은 눈 위에 내린 서리처럼 민주당 중심의 '혁신 없는 통합'에 대한

---

5 주지하다시피 우리의 근현대사는 정치적 타자를 식별하는 동시에 경멸하기 위해서 '친일' '친미' '친북'(일부 집단에게는 '친노'라는 말도 여기 포함된다) 같은 단어를 써왔다. '종북'과 달리 이런 단어들은 모두 사회적 연결망을 참조함으로써 타자를 비판한다. 예컨대 '친미'의 문자적 의미는 미국인과의 인간적 관계, 미국에 대한 개인적 경험, 그리고 그것에서 발원하는 정서적 태도 등을 가리킨다. 비판은 그런 사회적 연결망 속에서 조직된 개인적 이익들이 민족적 이익을 거스르며 작동한다는 함축적 의미를 통해 이루어진다. 이렇게 직접 대상을 비판하지 않고 함축된 의미를 경유하는 비판은 상당히 절제된 것이다.

6 2012년 통합진보당의 분열에는 2008년 민주노동당 분열, 그것도 잘못된 방식으로 진행된 분열의 유산이 자리잡고 있다. 민주노동당의 당내 갈등에서 평등파는 자주파의 '종북주의'를 비판의 초점으로 삼았는데, 그로 인해 자주파의 패권주의 문제가 논쟁의 중심에 오르지 못하게 되었다. 통합진보당의 분열은 이때 논쟁의 대상이 되지 못한 패권주의 문제의 사후 폭발적 성격이 있다. 민주노동당 분열에 대한 상세한 연구로는 정영태『파벌: 민주노동당 정파갈등의 기원과 종말』, 이매진 2011을 참조하라.

대중의 실망을 야권 전반에 대한 환멸로 이끌었다. 그로 인해 야권의 총선 패배 수습과 노선 및 조직 정비를 더 힘겹게 만들었다. 그리고 이런 일련의 과정은 야권정치 전반이 안철수(安哲秀)라는 개인에게 과도하게 몰입하게 하는 계기도 됐다.

종북 문제가 진보진영 내부까지 반북/친북 도식이 깊게 가로지른 양상을 보여준다면, 보수파에 의한 이 도식의 적용은 마땅히 지켜져야 할 한계를 넘어 폭주하는 양상을 보이고 있다. 그것을 여실히 보여주는 것이 2013년 한동안 우리 사회를 혼란으로 몰아넣은 '노무현 전 대통령의 NLL 포기 발언 논란'이다.

국가정보원 선거개입 사건과 그것이 함축하는 박근혜 정부의 정당성 위기를 덮기 위해서 여권은 2013년 6월 20일 10·4남북정상회담 대화 발췌록을 공개했다. 이어 6월 24일 국정원장이 직접 국정원판 대화록 원본을 공개했다. 국정원장의 '쿠데타적' 행동이 불러온 심각한 정치적 갈등의 종식을 명분으로 7월 2일 국가기록원 원본 열람이 국회 본회의에서 표결에 부쳐졌다. 그리고 의원 수 3분의 2 이상의 찬성으로 통과되었다. 하지만 열람을 위해 여러차례 검색이 시도되었음에도 원본을 찾지 못했으며, 결국 여야 합의로 국가기록원에 10·4남북정상회담 대화록 원본이 없다는 결과가 7월 22일 발표됐다.

이렇게 전개된 사태에는 불법성과 경중을 논하기 이전에 발생 자체만으로 경악스러운 일이 너무나 많다. 국정원의 수장이 직접 비밀을 '까발리는' 작태는 해외 언론들마저 놀라움을 표한 대표적인 예이다. 하지만 필자에게는 두가지가 더 인상적이다. 하나는 국정원판 대화록 '원본'에서 노무현 전 대통령의 NLL 포기를 읽어낸 박근혜 정부와 새누리당의 이데올로기적 난독증인데, 이는 반북/친북 도식을 상대편에

356

게 적용하려는 강박이 스스로에게 야기한 맹목성이 어느 정도인가를 보여준다. 다른 하나는 자기 진정성 입증에 매몰된 탓인지 국가기록원 소장 원본 열람 및 공개를 주장하고 나선 민주당의 행동이다. 박근혜 정부와 새누리당의 선동 그리고 보수신문과 방송의 호도에도 불구하고 국민 다수가 국정원판 원본에서 노무현 전 대통령의 NLL 포기를 읽어낼 수 없다고 현명하게 판단한 상황에서 민주당이 그런 입장을 취한 것은 그들의 정치적 판단능력이 매우 우려스러운 수준임을 보여줬다.

하지만 무엇보다 놀라운 것은 이런 모든 과정을 떠받치고 있는 사실, 즉 반북/친북 도식을 합법적으로 선출된 대통령의 통치행위에도 직접 적용할 수 있으며 그렇게 했다는 사실이다. 분단체제에서 이제껏 갖은 정치공작, 그것도 유력한 정치인을 향한 공작들이 있어왔다. 민주화 이후에도 김대중 당시 야당 총재를 겨냥한 1989년 '서경원(徐敬元) 의원 밀입북 사건'이나 1992년 '이선실(李善實) 간첩단 사건' 등이 있었다. 하지만 그런 경우에도 그 정치인을 간첩사건 등에 엮어넣으려 했지 그들의 정치행위를 직접 친북행위 또는 이적행위로 몰지는 않았다. 그러나 이번에는 노무현 전 대통령이 재임시절 대통령으로서 한 행위, 그것도 대통령에게 맡겨진 평화통일 노력이라는 헌법적 소임에 기초한 최고 수준의 통치행위마저 반북/친북의 구별 도식에 종속시키고 있는 것이다.

이 과정을 통해 두가지가 전보다 더욱 선명해졌다. 하나는 보수파가 집요하게 반북/친북 도식 적용을 시도하는 근본 목적은 오로지 한국사회 내에서 보수파의 기득권 유지뿐이라는 점이다. 만일 그렇지 않다면, 설령 노무현 전 대통령이 NLL을 포기하는 발언을 했더라도 그것을 어떻게든 숨기려 하는 것이 정상이며, 그것이 비밀로 분류되어 있다면 꺼내어 흔들 이유는 더더욱 없다. 다른 하나는 분단체제의 동요가 보수파를 좀더 유연한 집단으로 만들 가능성이 별로 없다는 것이다. 그 이유는 보수파의 핵심 이익이 분단체제의 유지 없이 지켜지기 대단히 어렵기 때문이다.[7] 그들은 지금까지 성공했던 지배 및 정적숙청 방식에 집착하며, 그런 시도가 적합성을 잃어가는 상황에서도 그런 방식의 성공 가능성을 마지막 한방울까지 쥐어짜려 할 것이다. 그런 성향에 비춰볼 때만 앞서 지적한 이데올로기적 난독증도 이해 가능하다.


3


앞서 분단체제의 가장 편안한 안식처가 박정희체제였음을 지적했다. 87년체제는 분단체제를 흔들었지만 여전히 존속하는 분단체제에 의해서 제약된다고 할 때, 그 제약은 앞서 지적한 적대적 상호의존의 새로운 변형과 반북/친북 구별 도식의 강화 못지않게 87년체제가 탈피하지 못한 박정희체제로부터도 온다고 할 수 있다. 그러므로 87년체제와 분단체제라는 이중 틀을 통해 우리의 현실을 조명한다는 것은 87년체제 내부에 구조적으로 관철되는 박정희체제를 살피는 것과 접맥된다. 생각해보면 분단체제를 재안정화하고 87년체제의 행로를 분단체제의 가두리 안에 묶어두고자 하는 보수파의 시도는 박정희체제에 대한 향수를 경유함으로써 성공할 수 있었으며, 박정희의 경제적 아들 이명박과 그의 친딸 박근혜의 집권은 그것의 분명한 예증이다. 그러므로 87년체제

---

7 분단체제에서는 보수파가 민주파의 정책들을 민주파보다 더 과감하게 채택하는 오프사이드 플레이를 기대하기 어렵다. 이 점에 대해서는 졸고 「보수파의 오프사이드 전략과 분단체제」, 『창비주간논평』 2011년 5월 25일 참조.

를 더 나은 체제로 지양하려는 시도는 탈피하지 못한 박정희체제와의 대결을 요청한다.

박정희체제는 권위주의적 발전주의체제라고 할 수 있다. 민주화의 이행은 사회의 다양한 세력이 권위주의적 국가로부터 해방을 추구할 수 있게 해주었다. 국가—은행—대자본의 삼자동맹에서 권위주의적 국가의 하위파트너였던 대자본 분파는 자유화 프로젝트를 통해 탈권위주의를 추구했고, 삼자동맹에서 배제되었던 민중부문은 민주화 또는 민주주의의 심화라는 프로젝트로 그것을 추구했다. 이 두가지 프로젝트의 경합이 87년체제를 특징짓는다.

그런데 이런 박정희체제로부터 탈피하려는 두 프로젝트는 모두 그 체제의 한축인 권위주의에 대해서는 각각 다른 방식으로 도전하지만, 다른 한 축인 발전주의(또는 성장주의)에 도전하지는 않았다. 그 이유는 민주파도 보수파도 발전주의의 헤게모니 아래 있었기 때문이라고 할 수 있다. 따라서 발전주의가 그런 힘을 가질 수 있었던 이유에 대해서 생각해볼 필요가 있다.

(1) 근대사회는 일반적으로 체제 운영에 사회 성원 모두가 참여할 수 있고 그 성과를 배분받을 수 있다고 내세운다. 따라서 사람들은 모두 정치적 과정에 참여할 수 있다고 믿으며 그러기를 요구한다. 근로의욕을 표명하고 경제활동에 참여할 수 있으며 그렇게 참여하면 생계비가 보장되는 것이 정상적인 사회라고 믿는다. 학습능력이 있으면 의무교육을 이수할 수 있으며 최소한의 의료서비스가 가능해야 하고 종교적 신념을 택할 수 있거나 택하지 않을 수 있다. 그렇게 사회가 제공하는 기회를 개인이 활용하지 않을 수는 있지만, 그런 기회를 처음부터 개인으

로부터 박탈하고 그를 사회적으로 배제하는 것은 정당화될 수 없다.

하지만 실제 체제 운영은 사회적 정당화 원리를 충분히 실현하지 못할 때가 많다. 즉 영양상태가 나쁘거나 문맹이거나 직업이 없거나 수입이 없거나 신분증이 없거나 사법기관의 보호를 받을 수 없거나 주거불안에 시달리거나 하는 일이 때로는 소규모로 때로는 대규모로 발생한다. 그리고 그런 사태는 체제에 대한 불만을 축적하고 때로는 체제의 위기를 불러온다.

따라서 이런 불만을 진정시키기 위한 두가지 의미론이 발전한다. 하나는 체제 성과를 분배할 수 없는 특정 집단을 적시하고 그 이유를 규범적으로 혹은 이데올로기적으로 주조하는 것이다. '배제의 정당화'(the justification of exclusion)라 명명할 수 있는 이런 방식은 성차별주의나 인종차별주의를 생각하면 쉽게 이해할 수 있다. 다른 하나는 현재의 배제상태를 '아직 포함되지 않은 상태'로 규정하고 다가올 미래에 포함하기를 약속하는 것으로 '포함의 시간화'(the temporalization of inclusion)라고 명명할 수 있다. 이런 포함의 시간화가 사회적 설득력을 얻으면 현재 겪는 배제에서 생겨나는 불만이 체제에 도전하는 힘으로 발전하기 힘들어진다.

체제능력의 한계를 보완하는 이 두가지 방식은 2차대전 이후 수립된 미국 헤게모니하의 세계체제에서도 확인된다. 월러스틴에 따르면 미국은 전후 복구를 위해 세계적 규모의 복지국가 기획을 세웠다. 하지만 이런 계획은 체제능력의 한계로 인해 트루먼(H. S. Truman) 정부 시기부터 철회된다. 냉전은 세계적 규모의 복지국가 프로젝트의 일차적 배제대상을 이데올로기적으로 정당화하고 배제된 지역을 군사적으로 봉쇄하는 장치였다. 다른 한편 사회주의 진영이 아닌 미국 헤게모니 아래 놓인 지역에 대해서는 포함의 시간화가 제시되었다. 그것이 그 시대 지구문화의 형태로 제시되고 자리잡은 발전주의다. 그에 따르면 모든 국가는 미국이 형성한 정치·경제·문화적 표준을 향한 추격발전의 선상에 놓이는 것이다.[8] 박정희체제가 내건 "우리도 한번 잘 살아보세"라는 슬로건은 미국 헤게모니 아래서 제시된 지구 차원의 추격발전 모델의 국내판이었던 셈이다.

하지만 박정희체제의 시도는 분단체제하의 발전주의였기 때문에 두가지 특징이 부가된다. 하나는 미국이 한국전쟁을 통해 냉전의 첨단에서 있던 한국사회에서의 발전주의 성공에 대해 깊은 관심을 가졌다는 점이다. 미국의 한국에 대한 지원은 실제로 제3세계의 다른 여러 나라에 비하면 상당히 높은 수준이었다. 다른 하나는 분단체제하에서 남북한의 통치집단이 각기 자기 체제의 정당성을 높이기 위해서 발전주의에 깊이 헌신했다는 점이다. 세계적인 차원과 한반도 차원 모두에서 한국의 발전주의는 체제경쟁의 형태로 수행된 것이다. 이런 점에 힘입어 한국의 경제성장과 발전은 큰 성공을 거두었다.

발전주의가 높은 성과를 내면 그 체제 안의 개인들은 현재를 과거보다 나은 것으로 경험하게 된다. 그리고 그런 경험의 계속되는 축적은 미래의 개선에 대한 기대를 형성한다. 박정희체제의 경제발전 성과는 매우 높았기 때문에 발전주의에 기초한 기대도 안정화되었다. 이렇게 한편으로 기대가 뚜렷한 경험적 근거를 가지고 다른 한편으로 경험이 기대에 비추어 해석됨에 따라 발전주의는 체계통합을 넘어서 사회통합 수준으로 침투하게 된다.[9] 이런 사회통합은 두가지 특징을 띤다. 한편

8 좀더 상세한 것은 이매뉴얼 월러스틴『자유주의 이후』, 강문구 옮김, 당대 1996 참조.

으로 그것은 애초에 발전주의가 목표했던바, 현재의 배제나 불평등에서 벗어나 가까운 미래에 발전주의의 성과분배 대상에 포함될 것이라는 사회적 믿음을 강화한다. 다른 한편으로는 그것은 개인의 경험과 기대를 결속하는 통합, 즉 시간적인 동시에 개인화된 통합이기 때문에 발전주의의 진행과 더불어 심화되는 사회적 불평등을 은폐하거나 그것이 중심의제로 부상하는 것을 억제하는 역할을 한다. 그로 인해 낙수효과 같은 이데올로기적 개념이 쉽게 사회적 신빙성을 얻게 된다.

(2) 체제 운영의 성공에 의해서만 사회통합이 성취되는 사회는 전자가 충족될 경우 강한 통합력을 갖지만, 역으로 체제 운영의 실패는 고사하고 성과 하락만으로도 곧장 사회문화적 위기로 치닫는 취약성을 보인다. 그럴 경우 경험과 기대의 결속이 풀려버리고 그 벌어진 공간으로 불안이 밀물처럼 쏟아져 들어오게 된다.

성공할 경우에조차 바로 그 때문에 성장률 하락을 겪을 수밖에 없는 발전주의도 그럴 가능성을 구조적으로 내장한다. 일정 수준 이상의 성장률만이 개인과 가족에게 과거보다 나은 현재를 보증할 수 있기 때문이다. 60년대 중반 이래 고도성장을 거듭하던 우리 사회도 90년대 들어서면서부터 성장률이 둔화되기 시작했으며, 그로 인해 발전주의에 대한 회의가 커지게 되었다.

발전의 성과로 환영받던 것의 파괴적 귀결(예컨대 스모그와 지구온난화)이 가시화되는 것도 그런 회의를 부추긴다. 환경, 주택, 교육, 의

9 체계통합은 시장이나 국가처럼 행위자들의 개인적 선택이나 규범적 내면화에 의존하지 않고 이루어지는 통합이며, 사회통합은 가치와 규범을 경유해서 이루어지는 통합이라는 뜻으로 사회학에서 널리 쓰이는 용어인바 여기서도 그런 뜻으로 썼다.

료, 노년 등 고도성장에 의해서만 문제가 해결되던 사회적 재생산 영역의 여러 문제도 해결방법을 잃고 허우적거리기 시작한다. 그런 파괴적 결과의 축적으로 출산율 세계 최저, 자살률 세계 최고 등의 지표에 직면하게 되는데, 적어도 부정적인 결과의 면에서 우리 사회는 모두를 추월한 '선진국'임을 깨닫게 된다. 그렇기 때문에 국민소득 3만달러나 선진화 같은 추격발전의 새로운 상징들이 제시되었어도 예전 같은 사회적 열정을 끌어낼 수 없었다.

발전주의가 애초에 결합하고 있던 집합적 프로젝트와 개인적 프로젝트도 분열된다. 외환위기는 이 점에서 결정적인 영향을 미쳤다. 사회의 기간부문에서 유지되던 '평생직장'의 붕괴는 발전의 성과를 개인사로 실어 나르는 핵심 전도 벨트가 끊어지는 것을 의미했기 때문이다. 이렇게 개인·가족과 사회를 묶어주던 가느다란 끈이 끊어지게 되고 전체 사회가 저성장 사회로 진입함에 따라 발전주의에 의해서 은폐되거나 전치되었던 갈등이 표면화된다. 낙수효과의 허구성이 폭로되는 동시에 가계들 사이의 분배갈등도 격심해진다. 모든 가계가 지위 상승의 전망보다 지위 하락의 전망에 직면하기 때문이다. 우리 사회에서 각도를 달리하며 의제화된 여러 문제, 예컨대 극심한 교육경쟁, 상속에의 열정, 경제적 양극화와 갑·을 관계, 청년실업과 연애·출산·결혼을 포기했다는 '3포세대'의 출현 등은 격심해진 분배투쟁에 연원하는 현상이라고 할 수 있다.[10]

---

10 우리 시대의 특징은 장래 희망이 특정한 직업이 아니라 '정규직' 혹은 '갑'이 되어버린 대학생들에게서 엿볼 수 있다. 한 광고홍보학과 학생은 무엇이 하고 싶으냐는 필자의 질문에 광고 일을 하고 싶은데, 광고회사에 가고 싶지는 않고, 대기업 광고담당 부서에서 일하고 싶다고 했다. 그는 갑인 정규직이 되고 싶은 것이다.

그렇다고 해서 발전주의의 신빙성 상실과 그것에 근거한 신뢰의 철회가 즉각 이루어지는 것은 아니다. 발전주의가 성공적이던 좋았던 시절의 추억은 끊임없이 향수를 불러일으킨다. 이와 함께 발전주의의 환상을 유지하는 두가지 보완적 방법이 작동된다. 하나는 미래를 착취하는 것이다. 과거보다 나아지기 힘든 현재를 그렇지 않게 느끼기 위해서, 즉 (경제적으로 간결하게 표현하면) 소득과 지출의 간극을 메우기 위해서 신용카드 사용과 대출을 늘리는 것이다. 다른 하나는 사회적 기획이었던 발전주의를 개인의 수준에서 더 체계적으로 적용하고 관철하는 '발전주의의 개인화'이다. 나에게 투자하고 나를 관리하고 나를 혁신하는 것인데, 2000년대 우리 사회를 휩쓸었던 자기계발서 열풍은 바로 이런 경향을 대변한다.

발전주의에 대한 향수나 발전주의를 보완하는 기법에 힘입어 등장한 것이 이명박 정부였다. 하지만 이명박 정부 기간에 발전주의는 사회적 신빙성을 거의 모두 상실하게 된다. 발전주의에 깊이 연계되었던 토건(土建)은 과거의 기능적 맥락을 완전히 상실하고 4대강사업에서 보듯이 엄청난 예산의 매몰 그리고 거대한 자연파괴로 나타났다. 부채를 통한 미래 착취의 경우 우리 사회를 광범위한 대출사회로 진입시켰을 뿐이며[11] 각기 1,000조원 수준으로 상승한 가계대출과 정부 및 공기업 채무에서 보듯이 빠르게 지속 불가능성에 직면해가고 있다. 발전주의의 개인화도 마찬가지다. 자기계발 같은 금욕적 실천이 사회적 보상과 연결될 개연성은 매우 낮고 그저 강도 높은 자기착취에 머무를 가능성이 훨

---

11 대출사회의 발달과 그것이 일으킨 문제에 대한 상세한 분석은 제윤경·이헌욱 『약탈적 금융사회』, 부키 2012를 참조하라.

썬 크다는 것, 자기계발의 보상을 가장 확실하게 받은 이는 자기계발서를 팔아 부자가 된 저자뿐이라는 사실이 널리 인지되기 시작했다.[12] 더불어 미국발 금융위기는 미국의 헤게모니 위기를 더욱 분명하게 부각시킨 동시에 발전주의(그리고 신자유주의)에 대한 지구문화적 합의를 붕괴로 이끌었다.[13]

이런 과정에 대한 반응이 이명박 정부하에서 빠른 속도로 부상한 복지 담론이다. 복지도 근본이념은 발전주의와 마찬가지로 모두의 포함이다. 하지만 복지는 발전과 두가지 면에서 다르다. 우선 복지는 그 과제를 발전처럼 시간 속에 투영하기보다는 수평적인 사회적 연대로 이전한다. 그렇기 때문에 발전과 달리 개인화된 프로젝트가 될 수 없다. 다음으로 발전이 체계통합의 성과를 사회통합으로 확산하는 경향이 있다면, 복지는 사회통합의 성과를 체계의 재설계로 구성해간다고 할 수 있다.

물론 복지 프로젝트로의 전환에 요구되는 도덕적 통찰과 사회적 연대감 축적은 우리 사회에서 아주 미약하다. 하지만 우리 사회는 높은 수준의 역동성과 속도를 가지고 있으며, 그렇기 때문에 복지 담론 또한 매우 빠르고 폭넓게 확산되었다. 이 점은 노무현 정부 시기만 해도 진보 정당의 테두리에 갇혀 있던 복지 담론이 민주당을 넘어서 새누리당으로까지 파고들어 적어도 외관상으로는 모든 정당에 전면적으로 수용된

---

12 이런 자기계발의 구조적 한계에 대한 분석으로는 서동진 『자유의 의지 자기계발의 의지』, 돌베개 2009를 참조하라. 그리고 2010년경부터 우리 사회에 불기 시작한 '힐링' 열풍은 자기계발의 자기파괴적 경험과도 관련된다.

13 이매뉴얼 월러스틴 『미국 패권의 몰락』, 정범진·한기욱 옮김, 창비 2004 참조. 금융위기의 효과에 대해서는 로빈 블랙번 「세계 경제위기의 신호탄, 서브프라임 위기」, 『뉴레프트리뷰』, 서용순 외 옮김, 길 2009, 68~128면 참조.

점에서 잘 드러난다. 그런 의미에서 2012년은 발전주의가 붕괴하는 동시에 대안적 담론이 확장되는 국면이었으며, 그런 만큼 새로운 체제로의 전환을 모색해볼 만한 상황이었던 셈이다.[14]

하지만 야권은 그런 가능성을 실현할 기본적 토대인 정치적 다수 형성이라는 문턱을 넘지 못했다. 정당 운영능력과 리더십을 비롯한 여러 면에서 야권은 열세를 보였다. 특히 대통령 선거는 리더십 문제를 전면화했는데, 모두가 기억하다시피 민주당의 대선후보 경선은 물론이고 문재인(文在寅)–안철수 후보단일화 과정 그리고 공식 선거운동에 이르기까지 모두 대중의 눈높이와 기대에 부합하지 못했다.

이런 과정 전반에 스며 있는 더 기본적인 문제는 분단체제의 제약을 정확히 가늠하며 87년체제에서 열리는 가능성을 실현하여 분단체제의 내파로 이끌어가는 지적 일관성과 조직적 응집력의 부족이라고 할 수 있다. 분명 보수파가 동원하는 적대의 정치를 꿰뚫어보는 안목이나 중단기적 정책과 장기적 비전을 결합함으로써 대중의 신뢰를 얻는 능력은 분단체제의 동요가 부과하는 인지적·실천적 복잡성을 감당할 만한 통합적 사유와 노선을 필요로 한다. 이런 과제를 성취하기 위해서는 민주파 내에서 논의와 논쟁을 더욱 활성화할 필요가 있거니와, 그것을 위한 실마리 마련을 위해 마지막 절에서는 백낙청이 제기한 변혁적 중도주의를 다시 검토해보고자 한다.

---

14 이런 상황에 부응하려는 담론적 기획의 대표적인 예로는 백낙청 『2013년체제 만들기』, 창비 2012를 참조하라.

4

　보수파는 민주화 이행 이후 민주주의를 향한 사회적 압력에 발전주의와 신자유주의의 결합으로 대응했듯이, 지금 87년체제로부터 생성되는 사회적 재생산 위기에 대해서는 발전주의, 신자유주의, 그리고 잔여적 복지, 즉 보편적 권리로서의 복지가 아니라 취약계층에 대한 구호적(救護的) 복지의 결합으로 대응하고 있다. 그리고 그것의 목표는 민주화와 복지 프로젝트를 분단체제와 양립 가능한 범위에 묶어두는 것이다. 그것이 그들이 입에 달고 다니는 '민생'이라는 말의 내포이다. 하지만 민주 없는 민생 또는 잔여적 복지로 채워진 민생을 통해 체제를 제어해가기 위해서는 이명박 정부가 닦아놓은 방송장악 같은 반민주적인 관행을 버릴 수 없다. 아니, 방송장악 없는 보수파의 통치는 잠시도 존속하기 어려운 상황이다. 남북정상회담 대화록마저 정치공작의 대상으로 삼은바, 남북관계에 전향적인 자세를 취하기도 쉽지 않을 것이다. 인터넷 사이트를 돌아다니며 '대북심리전'을 수행하고 반북/친북 도식을 부단히 가동하는 일에서도 벗어날 수 없을 것이다. 이렇게 보수파는 모든 정책 레퍼토리와 통치수단을 동원해 분단체제 재안정화를 시도할 것이나, 그것을 성취할 수는 없을 것이다. 오히려 보수파가 가동하는 그 모든 수단들은 흔들리는 분단체제의 산물이며, 분단체제를 더욱 깊이 동요시키는 작용을 할 따름이다.

　하지만 이런 상황 자체로부터 그것을 타개할 힘이 저절로 응집되는 것은 아니다. 오히려 사회적 위기가 더 심해지고 일상적 삶이 더욱 짙은 불안으로 물들어감에 따라서 사람들은 움츠러들고 혁신과 모험을 기피하고 작은 안전을 위해 기꺼이 굴종을 댓가로 지불하려 할 수도 있기 때문이다. 이런 퇴영을 막기 위해서는 민주파의 혁신이 매우 중요하다. 백낙청은 이미 2012년 4·11총선에서의 야권 패배와 통합진보당의 분열이 발생한 직후 민주파의 혁신을 위해 변혁적 중도주의론을 재차 제기한 바 있다. 거기서 백낙청은 우리 사회의 여러 정치 및 사회운동 노선과 변혁적 중도주의의 차이 그리고 그것들이 안고 있는 약점에 대해 논했다.

(1) '변혁적' 중도주의기에 '변혁'이 빠진 개혁노선 내지 중도노선과 다르다. 다만 변혁이라도 그 대상은 분단체제이므로 국내정치에서의 개혁노선과 얼마든지 양립 가능하다. 다만 분단체제의 근본적 변화에 무관심한 개혁주의로는 변혁적 중도주의라는 '중도'에 이르지 못한다.

(2) 변혁이되 전쟁에 의존하는 변혁은 배제된다. '변혁'이라는 낱말 자체는 전쟁, 혁명 등 온갖 방식에 의한 근본적 변화를 포괄하지만, 오늘날 한반도의 현실에서 그런 극단적 방법은 불가능하다. 그래서 변혁적 '중도주의'인 것이다.

(3) 변혁을 목표로 하되 북한만의 변혁을 요구하는 것도 변혁적 중도주의가 아니다. 남한도 변하고 한반도 전체가 같이 변하지 않으면서 북측만 변하기를 기대하는 것은 비현실적일뿐더러, 남한사회 소수층의 기득권 수호에 치우친 노선이지 중도주의도 아닌 것이다.

(4) 북은 어차피 기대할 게 없으니 남한만의 독자적 혁명이나 변혁에 치중하자는 노선도 변혁적 중도주의가 아니다. 이는 분단체제의 존재를 무시한 비현실적 급진노선이며, 때로는 수구보수세력의 반북주의에 실질적으로 동조하는 결과가 되기도 한다.

(5) 그렇다고 변혁을 '민족해방'으로 단순화하는 노선도 분단체제 극복론과는 다르다. 이 또한 분단체제와 세계체제의 실상을 무시한 비현실적 급진노선으로서, 수구세력의 입지를 강화해주기 일쑤다.

(6) 세계평화, 생태친화적 사회로의 전환 등 전지구적 의제를 추구하며 일상적인 실행 또한 게을리하지 않더라도, 전지구적 기획과 국지적 실천을 매개하는 분단체제 극복운동에 대한 인식이 결여되었다면 변혁적 중도주의와는 거리가 있으며, 현실적으로도 소수파의 한계를 넘어서기 힘들다.[15]

이런 여섯가지 노선 가운데 (2)와 (3)의 입장은 민주파의 자기혁신과는 별 관련이 없다. 관심을 가질 부분은 (1), (4), (5), (6)인데, 각각 자유파, 평등파, 자주파, 생태주의자와 대략 일치하는 노선들이다. 이들에 대한 백낙청 교수의 비판을 지금까지 논의를 따라 다시 정리하면 세가지로 요약할 수 있다. 첫째, 이들 모두 흔들리는 분단체제가 부과하는 인지적 복잡성을 감당하지 못한다. 둘째, 그렇기 때문에 흔들리는 분단체제 상황에서 자신의 노선에 매몰되어서는 스스로 설정한 실천적 과제를 성취하기 어렵다는 것을 인식하지 못한다. 마지막으로 이 때문에 그들의 구체적 선택과 행동이 어떤 의도치 않은 결과를 낳을 수 있는지에 대한 분별력 또한 약하다.

이런 문제를 세세히 사례를 들어 적시하기보다 여기서 지적하고 싶은 것은 민주파의 혁신은 이런 약점들을 극복하며 서로 융합해가는 것에 있다는 점이다. 변혁적 중도주의가 어떤 용도를 갖는다면, 우선 앞의

---

15 백낙청 「2013년체제와 변혁적 중도주의」, 『창작과비평』 2012년 가을호 22~23면 참조.

네 노선 그리고 그것과 연계된 사회운동 및 정치집단이 각자의 맹점을 정정하고 서로의 과제를 연계하며 협동할 수 있는 인지적 틀 형성에 기여하는 데 있을 것이다. 변혁적 중도주의가 그렇게 작동한다면, 예컨대 자유파는 분단체제라는 조건에서는 민주적 법치의 제도화조차 위협받을 수밖에 없다는 것, 따라서 개혁과 변혁이 연계되어야 한다는 인식에 이를 수 있을 것이다. 평등파라면 현재 우리의 고통으로부터 직접 분단모순을 사유할 수 있는 길을 분단체제론을 통해 열어감으로써, 매일매일 닥쳐오는 북한문제들에 대해 소박한 보편주의의 깃발을 흔드는 무력함에서 벗어날 수 있을 것이다. 다른 한편 자주파는 분단체제 극복의 근본 동력이 이제는 더이상 상처받은 민족주의가 아니라 한국사회 내부 민주화의 진전이라는 인식을 더욱 예리하게 가다듬을 수 있을 것이다. 끝으로 생태주의는 생활양식의 문화적 레퍼토리로 그치지 않기 위해서 한편으로는 범속한 대중의 욕구와 연결되는 동시에 더 변혁적인 비전과 연결될 필요를 깨닫게 될 것이다.

끝으로 변혁적 중도주의를 매개로 한 민주파 내 여러 집단의 자기성찰의 제고에는 이 글에서 조명한 발전주의에 대한 비판적 문제의식도 깊이 고려되어야 할 사안임을 지적하고 싶다. 분단체제 극복을 향도할 가장 중요한 동력이 한국 민중과 민주파에게 주어져 있는 한, 저성장이 사회적 불안과 경쟁을 조장하는 부싯돌이 되지 않게 막는 것은 매우 중요한 일이기 때문이다.

하지만 경계할 점이 있다. 발전주의를 넘어서는 방식으로 저성장에 대항하는 일차적 기획은 복지 담론으로부터 주어졌지만 많은 이가 쉽게 기대하듯 북유럽 복지국가를 향한 추격발전의 궤도를 따라서 그것을 이룰 수 있다고 생각하는 것은 환상이다. 우리는 이미 무엇인가를 추격발전할 단계를 한참 지난 사회이며, 추격발전이라는 발상 자체를 떠받치던 미국 주도의 세계체제 자체가 심대하게 변형되었다.

복지 담론으로부터 우리가 얻을 것은, 배제 없는 포함의 근대적 기획을 사회적 연대를 통해서 실현하는 것이 복지이며 그것의 실현이 높은 수준의 도덕적 연대감을 필요로 한다는 기본적 통찰뿐이다. 그리고 이 통찰에 기초한 복지를 실현하는 것은 창의적 실험이지 모델 복사가 아니다. 그 창의적 실험이 반드시 뚫고 나가야 할 과제는 사회 전반에 하비투스처럼 침전된 성장 중독을 넘어서는 것이다. 즉 저성장이라는 현실을 탈발전주의적 태도로 담대하게 수용하고 전환하는 생태주의적 감수성이 필요한 것이다. 역으로 생태주의는 바로 이렇게 발전주의에 대항하는 복지 프로젝트 자체를 혁신하는 매개항이 될 때 사회적 신빙성을 획득할 수 있을 것이다.

제12장

# 바꾸거나, 천천히 죽거나
-87년체제의 정치적 전환을 위해

1

정보는 기대와 다른 점, 즉 놀라움의 요소를 가진 무엇이다. 이 점을 고려하면 지금 우리 사회가 위기에 처해 있다는 말은 전혀 정보가 되지 않는다. 모두가 알고 있는 일이기 때문이다. 위기의 지표는 지천이다. 비근한 예로 세계 최고의 자살률이나 세계 최저의 출산율이 있다. 너무 오래 그리고 자주 들어와서 지겨운 지표이지만, 삶의 시작과 종말에 자리잡은 이 지표만큼 우리 사회의 불행을 간명하게 드러내주는 것이 또 있을까? 무미건조한 숫자로 표시되어 있지만, 이 지표엔 낳기 두렵고 살아서 뭐하겠는가 하는 절망의 감정이 한가득 깃들어 있다. 이제 청년층은 스스로를 '3포세대'를 넘어 '5포세대'라 말하는 지경이며, 장년층 사이에서는 '견디면 암, 못 견디면 자살' 같은 말이 횡행하는 사회가 되었다.

더 나아가 우리 모두 이런 불행이 어떤 메커니즘들에서 유래하는지 알고 있다. 그런 메커니즘 가운데 하나를 예로 들자면 이렇다. 우리 사회는 분단체제 형성과정에서 연대의 자원이 심각하게 손상되었다. 그 결과 사회 성원 모두가 좁은 가족주의의 틀에 갇혀버렸다.[1] 그 가족들은 근대적 학력주의의 회로를 따라 지위상승을 향한 경쟁에 참여했다. 그 결과는 점점 더 강화되는 입시경쟁이었다. 이런 입시경쟁이 야기하는 자녀의 고통스러운 삶과 그것이 요구하는 경제적 비용 상승은 자녀 수를 줄이는 방향으로 부모들을 내몰았다. 하지만 자녀 수가 줄어들면 부모에게 개별 자녀의 가치는 더 커지게 마련이다. 그렇게 특별해진 자녀는 무한한 투자를 요구한다.[2] 그러나 이런 투자를 보상할 좋은 일자리는 줄어들고 있다. 그것의 결과가 '단군 이래 최고의 스펙'을 가졌다는 지금 대학생들이 직면한 '취업절벽'이다. 이와 유사한 메커니즘이 산업구조, 주택시장, 의료와 연금 문제에서 나타나는 양상을 짜맞춰보면 우리 사회가 처한 위기의 얼개가 대략은 드러날 것이다.

문제는 이런 메커니즘을 알고 있어도 거기서 벗어나기 어렵다는 것이다. 우리는 과도한 입시경쟁이 모두를 패자로 만든다는 것을 잘 안다. 하지만 대안과 그 대안을 향한 어떤 사회적 전환이 없는 한, 경쟁 상황에서 벗어날 수 없다. 개별적으로 경쟁을 혐오하고 거기서 이탈하는 것은 더 나쁜 결과를 가져올 가능성이 크다. 오히려 입시경쟁의 보상이 형편없어지고 있다는 바로 그 사실 때문에 남은 가능성을 차지하기 위해

---

1 상세한 논의는 이 책의 제2장 「사회적 자화상으로서의 분단체제론」 참조.
2 교육경쟁이 투자경쟁에 의존하게 되면 부(富)가 승리하게 된다. 부의 승리도 문제지만 그것은 다른 위험을 불러오기도 한다. 격심한 교육경쟁에서 승리한 명문대 학생들은 실은 한번도 우리를 벗어나본 적 없는 '뛰어난 양떼'(excellent sheep)에 불과하며, 그 가운데 더 뛰어난 학생들이 고시(高試)에 합격해 고위관료가 되거나 법학전문대학원을 나와서 판검사가 되며 나중엔 국회의원이 되기도 할 텐데, 그것은 고작해야 '아주 뛰어난 양떼'(brilliant sheep)가 다스리는, 어쩌면 끔찍할지 모를 세상을 만들 수 있기 때문이다.

서 자신과 자녀를 쥐어짜야 하는 것이다. 요컨대 전환이 없다면, 우리 사회에 남은 길은 천천히 죽어가는 것뿐이다.

그렇다면 전환의 실마리는 어디에 있을까? 체제가 스스로 생산한 위기에 직면할 때, 그것을 조정하고 때로는 체제 자체를 재편하는 동력은 아래로부터의 미시적인 동원에서 나올 수 있다. 생각해보면 앞서 지적한 입시경쟁만 해도 개별 가족들의 미시적인 행동 전략의 총합이 낳은 사회적 결과이다. 하지만 그런 행동 전략의 총합이 '죄수의 딜레마' 상황에 갇혀 있다면, 미시적 동원은 결코 쉽지 않게 된다. 그보다 가능성이 높은 것은 정치적 전환이다. 한 사회의 중앙적 권위와 권력을 구성하고 작동시키는 정치의 일차적 과제는 사회 하위부문들에서 일어난 문제를 해결하고 전체 사회의 방향을 조정하는 일이기 때문이다. 게다가 그런 정치부문은 상당한 역량이 축적되고 있다. 우리는 한해 수백조원에 달하는 세금으로 형성된 공동기금(정부 예산)과 법적 강제력을 행사할 수 있는 국가기구를 가지고 있으며, 그것을 운용할 잘 훈련된 인적자원(국가관료제)과 그들을 지휘할 정치인을 선발할 수 있는 체제를 갖추고 있다. 그러므로 이런 자원을 활용하는 것이 전환의 가장 빠른 길이며, 그런 의미에서 전환의 중심 열쇠는 정치에 있다.

하지만 위기가 매우 깊고 심각한 것이라면 그에 대응하기 위한 정치적 전환 또한 실패할 수 있다. 낡은 사유와 실천의 습속을 통해 초래된 위기임에도 그 속에서 낡은 습속에 따른 나쁜 선택이 거듭될 수 있기 때문이다. 2012년 우리 사회는 위기에 대처하기 위한 정치적 전환의 희망을 품었다. 하지만 나쁜 선택 탓에 전환은 실패했고, 그 실패의 댓가를 박근혜 정부를 통해 경험하고 있다. 다시 한번 전환을 시도하기 위해서는 우선 그 댓가를 헤아려보고 구조적으로 조망하는 작업이 필요할 것이다. 그럴 때 전환을 향한 동기가 강화되고 더불어 방향감각 또한 재조정될 수 있기 때문이다.


2

　박근혜 정부하에서 무슨 일이 있었는지 되짚어보면 강렬한 인상을 주는 두 계열의 사건들이 교차편집된 영화를 본 듯한 느낌에 빠진다. 하나는 국가정보원과 관련된 것들이다. 18대 대선 시기 국정원의 여론조작 및 대선개입(이른바 댓글조작 사건), 10·4정상회담 대화록 공개, 통합진보당 내란음모와 그에 따른 통합진보당 해산심판, 서울시공무원 간첩 증거조작, 최근 불거진 국정원의 불법적인 해킹툴(이른바 RCS와 TNI) 구매 및 운용, 그리고 그것을 통한 선거개입과 불법감청 의혹이 거기에 속한다. 이 모든 과정에서 검찰은 채동욱(蔡東旭) 검찰총장 시기에 엄정한 수사를 잠깐 시도했을 뿐, 그의 불명예스러운 퇴진 이후로는 국정원의 '시다' 역할을 수행하고 있다 해도 과언이 아니다.
　다른 한 계열은 세월호참사와 메르스 사태로 대변된다. 언론이나 대중의 주목을 그만큼 받지 못했으나 평택의 주한미군 오산기지에 탄저균이 산 채로 배달된 사건도 같은 범주에 속한다고 할 수 있겠지만, 이 사건의 진상이 군사적 기밀에 둘러싸여 있는 상태이니 여기서는 앞의 두 사건에 주목해보자. 세월호참사가 발생하자 '이것이 나라인가'라는 탄식이 터져나왔고, 메르스 사태 와중에는 삼성서울병원장이 '뚫린 것은 삼성이 아니라 국가다'라고 발언했다. 사건의 성격에 이런저런 차이가 있지만, 그럼에도 이런 발언들은 두 사건 모두 국가능력 약화와 관련된 것임을 적시하고 있다.

국정원이 정치의 전면에 부상한 현상, 그리고 세월호참사나 메르스 사태에서 드러난 국가능력의 후퇴는 사실 서로 연관된 현상이다. 하지만 두 계열의 사건들 사이의 관련성을 다루기 전에 국정원 문제부터 살펴보자. 국정원이 정치과정에 주도적 역할을 하고, 간첩사건 조작을 시도하고, 광범위한 불법감청과 선거에 개입했다는 의혹이 제기되고 있다는 것, 전직 국정원장이 항소심에서 공직선거법과 국정원법 위반 판결을 받았다는 것은 자유권과 참정권이 심각하게 침해되었다는 것을 말한다.[3] 이런 일들은 민주주의 자체가 후퇴했다는 명백한 증거라고 할 수 있다.

하지만 이런 일들에 대해 적절치 않은 두가지 해석이 제기되고 있다. 하나는 그것을 마치 민주주의 내부의 사건인 것처럼 다루는 것이고, 다른 하나는 그것을 민주 대 반민주의 구도 속에서 해석하는 것이다. 후자의 경우, 우리가 목도하고 있는 사건들이 민주주의의 후퇴임을 명백히 하는 장점은 있지만, 권위주의정권 시기의 투쟁전선을 회고적으로 소환하는 인상을 준다. 그런 도식을 동원하는 것은 지금 우리가 권위주의 정권 시기와 동일한 상황에 있지 않다는 직관과 충돌하며, 그만큼 설득력이 떨어지게 된다.

전자의 해석은 민주 대 반민주 구도를 기각하는 바로 그 직관에 의지하며 국정원 관련 사태를 민주주의의 후퇴가 아니라 민주주의 운영에

---

3 상고심에서 대법원은 원세훈 전 국정원장의 공직선거법 위반에 대해 유무죄 판단을 내놓지는 않았다. 하지만 매우 설득력 없는 논거를 내세우며 중요 증거들의 증거능력을 부정하고 원심을 파기환송했다. 현재로서는 파기환송심에서 공직선거법 위반죄가 인정되지 않을 가능성이 높다. 그렇다 하더라도 국정원법 위반은 유지될 것이다.

서 발생할 수도 있는 사건들로 파악한다. 이런 해석은 대체로 보수언론이 제공하는 것이지만, 뜻하지 않게 '진보적인' 정치학적 시각에 의해서도 뒷받침되는 것 같다. 예컨대 최장집이 말하는 '민주화 이후의 민주주의'의 견지에서 현재 상황을 파악하는 일이 그런 것이다. 민주화 이후의 민주주의 같은 표현은 민주화를 문턱을 넘는 것과 같은 일회적 사건으로 보게 하고, 그 이후 과정을 단지 민주주의의 공고화 과정으로 비치게 하는 면이 있다. 그럴 경우 표준적인 정치학 담론에 의해 규정된 공고화 기준에서 벗어나지 않는 한, 명백한 민주주의 후퇴조차 분명하게 조명되지 않게 된다. 그로 인해 보수언론의 해석과 진보적 정치학의 시각이 의도와 무관하게 조응하게 되는 것이다.

이런 점 때문에 백낙청과 정치평론가 박성민(朴聖珉)이 민주주의의 공고화를 위해서는 두번의 정권교체가 필요하다는 쌔뮤얼 헌팅턴(Samuel Huntington)의 명제를 비판하면서 최소한 "세번의 정권교체가 있어야 민주화가 정착된다"는 데 견해를 같이했다고 할 수 있다.[4] 하지만 좀더 분명하게 문제를 파악하기 위해서는 아예 민주주의의 공고화라는 발상법을 버리고 민주화를 지속적인 과정, 항상 '탈민주화'(de-democratization)가 일어날 수 있는 역동적 과정으로 이해하는 게 나을 것이다.[5] 그리고 쉽사리 역전되기 어려운 구조적 분기점을 표현하고자 한다면, 어떤 체제전환을 표시하고 그 이후의 민주화 과정을 기술하는 것이 정

---

4 백낙청 외 『백낙청이 대전환의 길을 묻다: 큰 적공을 위한 전문가 7인 인터뷰』, 창비 2015, 322~23면.
5 민주주의의 후퇴나 역진 대신 '탈민주화'라는 찰스 틸리의 용어를 채택하는 이유는 민주화에 반대되는 과정을 표현하는 간결한 단어의 필요성 때문이기도 하고, 민주주의의 후퇴나 역진이라는 표현보다 민주화의 성과와 축적물이 해체되는 과정을 묘사하는 데 더 적합하다고 생각해서이다.

당해 보인다. 예컨대 '민주화 이후의 민주주의'라는 표현보다는 '87년 체제에서의 민주화와 탈민주화'가 사태를 조명하기에 더 나은 표현일 것이다.

이렇게 볼 경우 민주주의의 수준과 민주화를 정의하는 기준이 필요한데, 찰스 틸리(Charles Tilly)가 제시한 기준이 명료하고 도움이 된다. 그는 민주화를 시민들의 표현된 요구(expressed demands)와 그것에 대응하는 국가행위 간의 관계로 파악해야 한다고 말하면서 다음 네가지 기준을 제시한다. 첫째, 공공정치(public politics)가 시민의 표현된 요구에 어느 정도 부응하는가(범위). 둘째, 다양한 집단의 시민들의 요구가 어느 정도 평등하게 국가행위로 전환된다고 느끼는가(평등성). 셋째, 시민의 요구 표현이 얼마나 국가의 보호를 받는가(보호). 마지막으로, 시민의 표현된 요구가 국가행위로 번역되는 과정에서 국가와 시민이 얼마나 협의적인가(상호 구속력 있는 협의).[6]

이런 관점에 서면 87년체제를 민주화와 탈민주화가 지속적으로 교차했던 과정으로 조명할 수 있으며, 그럼으로써 쉽사리 진영논리에 이끌리는 민주 대 반민주 대립구도에서도 벗어날 수 있다. 요컨대 김대중 정부와 노무현 정부를 '민주정부 10년'으로 뭉뚱그리지 않고 그 안에서 민주화와 탈민주화가 구체적으로 어떻게 일어났는지를 개별 정책 및 국가행위와 관련해서 평가할 수 있는 것이다.

그리고 같은 선상에서 최근의 국정원 사태를 평가할 수 있을 텐데, 그 경우 최근 사태에 더해 이명박 정부에서의 총리실 민간인 사찰과 국정원 및 군 사이버사령부의 '심리전' 등을 고려하면 우리 사회가 2008년

---

6 Charles Tilly, *Democracy*, Cambridge University Press 2007, 13~14면.

말 이래로 심각하고 대규모적인 탈민주화를 겪고 있다고 말할 수 있다. 이런 점은 우리 사회에서 일어난 일에 대한 직관적 판단만은 아니다. 1점을 최상, 7점을 최악으로 하는, 국제인권단체 프리덤하우스(Freedom House)의 민주화 지수에 따르면 한국은 2005년 이래로 정치적 권리와 시민의 자유 그리고 자유화 지수가 각각 1점, 2점 그리고 1.5점을 유지하고 있었다. 하지만 2014년에는 세 영역에서 모두 2점을 받았는데, 이는 2004년 이전 수준으로 퇴행한 것이다. 이처럼 한국의 탈민주화는 국제적 지수로도 확인되는 것이며, 프리덤하우스의 민주화 지수가 매우 신중한 평가를 거친다는 점을 고려하면 2008년말부터 진행된 탈민주화가 2014년 지수에서 표현되었다고 말할 수 있다.[7]

3

이제 세월호참사나 메르스 사태로 드러난 국가능력의 약화 문제를 살펴보자. 이와 관련해서도 틸리의 논의가 도움이 된다. 민주화와 국가능력 문제를 함께 고려할 수 있게 해주기 때문이다. 국가가 시민의 요구 표현을 보호하고 또 그렇게 표현된 요구에 부응하기 위해서는 군사적 보호능력에서부터 공공재를 공급하는 행정능력에 이르기까지 일정 수

---

7 프리덤하우스가 밝힌 2014년 강등의 주된 이유는 1200만건에 이르는 국정원의 트위터 조작사건 그리고 그 사건에 대한 검찰 수사가 흐지부지된 결과다. 이런 강등 요인이 발생한 시점은 주지하다시피 2012년이며, 국정원이 그런 식의 활동에 나설 수 있게 재편된 것은 더 이전이다. https://freedomhouse.org/report/freedom-world/2014/south-korea#.VcG-WefPtmko.

준 이상의 능력을 갖춰야 한다. 그런 점에서 민주화는 국가능력과 상관관계를 가진다. 국가가 시민의 요구에 부응하려는 민주적인 정부에 의해 운영된다고 하더라도 실제로 그것을 해낼 능력을 갖추지 못한 경우도 있는데, 그런 경우 민주화는 매우 약한 지반에 서게 된다. 또한 국가가 시민의 요구에 부응하지 않을지라도 매우 높은 수준의 국가능력을 갖추고 있다면 시민이 거기에 저항하기 쉽지 않을 것이다. 이런 점을 고려하면 네가지 유형의 체제를 분별할 수 있고, 그 유형 위에 우리 정치체제의 궤적을 그려볼 수 있다.

다음 그림은 4·19혁명, 5·16쿠데타, 5·18광주민주화운동, 6월항쟁 같

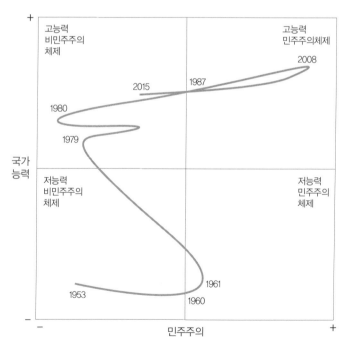

〈그림〉 국가능력과 민주주의의 관계에서 비춰본 한국사회의 궤적

은 커다란 정치적 변곡점을 중심으로 대략적인 궤적을 그린 것이다. 아마 상세하고 크게 그린다면 선은 매끄럽지 않고 울퉁불퉁하며 더 지그재그일 것이다. 또한 이런 식으로 그리는 것을 정당화할 경험적 자료가 축적되어 있지 않기 때문에 (1953년부터 현재까지를 일관된 점수체계로 구성하는 것이 불가능하기도 하다) 학문적으로는 가설적인 그림이다. 하지만 우리가 직면하는 상황을 조망하는 데 어느정도 도움이 될 것이다.

우리의 경우 국가능력은 독재정권하에서 크게 성장했다. 독재정권이 상당 기간 유지될 수 있는 토대이기도 했다. 하지만 그것이 지속될 수는 없었다. 국가능력의 성장이 중동 산유국이나 뿌찐(V. Putin)의 러시아처럼 자연자원에 근거한다면 민주화의 압력은 낮은 수준에 머무를 수 있다. 이와 달리 자본축적과 성장이 대중의 정신적 능력과 노동능력에 의존하는 경우 국가능력의 성장 자체는 사회의 능력 성장에 의존해서 일어나게 된다. 따라서 국가능력에 입각한 독재는 장기적으로는 지속 불가능하며, 1987년의 민주화운동은 그런 장기과정의 산물이라고 할 수 있다.

다른 세 영역에 머무를 때는 민주화와 국가능력 사이에 일관된 상관관계가 나타나지 않는다. 하지만 일단 고능력 민주주의체제에 진입하면, 일반적으로 탈민주화는 국가능력의 약화를 동반하게 된다. 개방적이고 복잡한 사회체제일수록 그 복잡성 때문에 국가의 공공재가 원활하게 공급되어야 작동할 수 있다. 예를 들어 그런 사회일수록 항공수요도 매우 높을 텐데, 항공기 운항과 관제 시스템 그리고 공항관리는 국가가 수행하는 상당히 높은 수준의 규율 없이 작동하기 어렵다. 그것은 단지 기술적인 문제에 한정되지 않고, 적정 수준의 노동강도와 운행규칙에 대한 규율, 항공노조와 항공사 간의 노사협상 등을 포괄하는 사회적 갈등 관리능력이 요구된다. 이런 것들 모두가 항공사의 이윤동기에만 맡길 수 없는 공공적 문제인 것이다.

이런 점에 주목한다면, 세월호참사가 어떤 국가 무능력에서 연원했는지 파악할 수 있다. 참사 직후에 나온 많은 분석이 이미 지적했듯이 대규모 연안여객선에 대한 국가의 관리는 처참한 수준이었다. 운항관리나 관제 그리고 재난 발생 후의 대처 시스템 등 모든 분야에서 관리부실과 부패의 썩은 냄새가 진동하고 있었다.

이런 사태는 탈민주화와 깊은 연관을 가지고 있다. 물론 세월호참사 발생 원인이 대통령의 리더십으로 모두 소급되는 것은 아니다. 하지만 참사 대처에서 드러난 박근혜 정부의 놀라운 무능은, 대통령이 거대한 권력을 가지는 사회에서 대통령 리더십이 수준 미달인데다가 권위주의적 성향마저 가지게 되면 얼마나 치명적인 일이 벌어질 수 있는지를 웅변적으로 보여준다. 그런 리더십 아래서는 정부와 공무원이 시민의 요구에 둔감해지고, 정부조직 운영이 개인적 충성도 중심으로 재편되며, 고(故) 성완종(成完鍾)씨 뇌물수수 사건이 보여주듯이 부패 네트워크가 광범하게 부활한다. 탈민주화가 국가능력을 빠른 속도로 침식하는 것이다. 그리고 그런 국가능력의 약화가 문제를 일으켜 시민이 국가행위에 저항하면 그들에 대해 다시 탈민주화된 방식으로 대처하게 된다. 세월호참사 이후 유족과 대중의 정당한 요구를 탄압한 대통령의 행태는 탈민주화─국가능력의 약화─추가적인 탈민주화의 악순환이 일어나고 있음을 말해준다.

메르스 사태 또한 다르지 않다. 사태가 진행되는 동안 이미 무엇이 우리 사회를 세계 2위의 메르스 환자 발생국으로 만들었는지에 대한 분석이 많이 제출되었다. 그런 분석들이 지적하듯이 메르스 사태에는 응급실 수가(酬價)나 이용관행, 대형병원 중심의 이윤추구적 병원체제, 환자들의 의료쇼핑 등 우리나라 의료체계의 모든 문제가 응축되어 있다. 하지만 무엇보다 중심적인 요인은 국가 방역능력의 문제이다. 예컨대 평택성모병원이 자체 격리 결정을 하기까지 질병관리본부의 직원들은 평택병원을 방문조차 하지 않았다거나, 삼성병원을 중심으로 메르스가 급격히 퍼져나가고 있을 때조차 병원 공개에 대한 책임을 지고 사태를 수습할 정부기능이 작동하지 않았다는 사실이 그것을 말해준다.[8]

지구화된 세계에서 국민국가의 방역과 검역 그리고 금융과 내외국인 출입국 관리는 전지구적인 금융, 노동력, 식량, 생물, 질병, 범죄 등의 이동을 조절하거나 방지하는 핵심 영역이다. 전세계와 국민국가의 성원 사이에 위치한 모래시계의 병목 같은 지점에 국가가 있는 셈이다. 국가가 이 병목지점에서 제대로 된 문지기(gatekeeper) 역할을 하지 않는다면, 메르스는 물론이고, 피라냐와 레드파쿠가 강원도 횡성의 저수지에서 발견되고, 탄저균이 산 채로 오산공군기지에 배달되는 일이 벌어지게 된다. 더구나 분단체제하에서 분단체제 극복까지는 아니어도 그것을 안전하게 관리하는 일은 정부의 기본 책무이다. 하지만 내치(內治)에서의 탈민주화가 불러오는 사회적 저항을 분쇄하기 위해서 종북 담론을 휘두르고 남북관계를 갈등과 긴장으로 몰아가는 것을 마다하지 않는 행태마저 보이고 있다. 정리하자면 2008년 촛불항쟁의 직접적 계기가 되었던 광우병 문제를 괴담으로 취급하고 남북관계를 위협한 보

---

8 정부가 메르스 발생 후 보름 넘게 지난 6월 7일에야 박원순 서울시장의 선제적 공개(6월 4일)에 밀려서 메르스 환자 발생 및 경유병원 명단을 공개한 것은 이런 점을 잘 보여준다.

수정권이 선거에 의해 교체되지 않은 것이 탈민주화에 의한 국가능력 후퇴를 가져왔고, 그로 인해 메르스 사태가 발생하게 된 것으로 볼 수 있다.[9]

이명박 정부에 이은 박근혜 정부의 집권이 탈민주화를 경유한 국가능력의 약화를 가속하리라는 예측이 불가능한 것은 아니었다. 2007년 대선에서 이명박 후보의 BBK 주가조작 의혹에 면죄부를 부여할 때부터 검찰은 충성의 댓가로 권력을 확장했다. 촛불항쟁을 계기로 2008년 후반부터 경찰의 억압적 능력 확장도 이루어졌거니와, 그것이 부른 첫 번째 비극이 2009년 1월에 발생한 용산참사였다. 또한 이명박 정부는 천안함사태를 계기로 남북관계를 단절하다시피 했는데, 이 과정은 또한 군부의 권력이 국방 영역 밖으로 범람해가는 과정이었다. 2012년 총선과 대선 시기에 국정원이 펼친 수상쩍은 심리전과 댓글공작 그리고 지금(2015년 여름) 밝혀지는 이딸리아 해킹팀으로부터 사들인 해킹툴 RCS의 운용은 정부 내에서 국정원의 권력이 강해지는 과정이기도 하다. 이렇게 억압적 국가기구의 권력이 확장된 상황에서 이명박 정부를 승계한 박근혜 정부가 그런 기구들을 규율하고 정상화하는 것은 (그러

---

9 광우병을 괴담 취급했던 이들답게 이번에도 대통령과 여당의원이 메르스 사태도 그저 '중동식 독감'이 퍼진 것뿐이라고 말하기도 했다. 이들은 아마 시간이 지나면 메르스 사태로 인한 사망자도 기저질환으로 죽었을 뿐이라는 식의 말을 유포할 가능성이 높다. 그래서 이런 주장의 오류를 지적해두고 싶다. 아리스토텔레스는 원인을 목적인, 형상인, 질료인, 효과인으로 구분했다. 하지만 근대과학에서 형상인과 질료인은 더이상 원인으로 받아들여지지 않는다. 예컨대 어떤 지역에 콜레라가 퍼지면 아마도 유전적으로 취약하거나 건강상태가 좋지 않은 이들이 일정 비율로 죽을 것이다. 하지만 그들이 자신의 신체상태라는 질료인으로 인해 죽었다고 말하지 않고 콜레라 때문에 죽었다고 말하는 것이 근대 자연과학이다. 더 나아가 기저질환이 있는 상태에서 메르스에 걸려 죽은 이들은 메르스가 아니었다면 가족의 임종도 없이 격리병실에서 고독하고 비참하게 죽을 이유가 없었던 것이다.

한 의도를 가졌을 때조차) 어려운 일이었다. 더구나 출범부터 국정원 선거개입으로 정당성을 의심받은 박근혜 정부하에서 이런 억압기구의 권력에 더 의존하고 그것의 힘을 확장할 개연성이 컸으며, 대통령의 통치 스타일을 생각하면 그 과정은 가속적일 공산이 컸다. 충성에만 보상하고, 충성한다면 과오나 비리도 용납하지만, 충성하지 않는다면 능력 있고 합리적이어도 내치는 식의 인사정책과 정부운영은 불가피하게 국가능력 약화로 이어진다. 이로 인해 입만 떼면 민생을 입에 올리는 정부 아래서 실제 그 민생은 기초적 안전 수준에도 미달하게 된 것이다.[10]

하지만 이런 사태를 방지하고 넘어서려던 민주파의 노력은 지난 선거들에서 실패했고, 이후의 정치적 활동 또한 여전히 신뢰받고 있지 못하다. 왜 그런 것이며 전환을 위해서는 무엇이 필요한 것인가?

4

전환을 위해서 적공(積功)[11]을 수행하는 학습(學習)이 필요하다. 학습은 배움과 익힘인데, 학습이 빈 서판을 채워나가는 과정이 아닌 한, 그것

---

10 이 과정에서 억압적 국가기구의 권력이 커지는 것은 맞지만, 그 사실이 그들이 유능해지는 것으로, 즉 국가능력 향상으로 오해되어서는 안 된다. 경찰의 시민통제 능력 향상은 범죄통제 능력을 댓가로 지불할 수 있으며, 국정원과 군 사이버사령부의 대남 '심리전' 수행 능력의 향상은 해외정보나 대북정보 수집능력 그리고 국방능력의 약화를 불러올 수도 있는바 실제로 이명박 정부 시기에 국정원의 해외정보 수집능력에 심각한 손상이 일어났다는 보도는 여러번 있었다.

11 백낙청 「큰 적공, 큰 전환을 위하여: 2013년체제론 이후」, 『창작과비평』 2014년 겨울호 및 『백낙청이 대전환의 길을 묻다』.

은 익힌 습속을 깨뜨리는 새로운 배움을 받아들이고 새로운 습속을 형성하는 과정일 것이다. 사유도 구근처럼 자라나고 뻗어가며 그물 형태로 짜여간다. 그런 사유와 내적으로 연계된 실천 또한 자기관계 그리고 친밀한 타자와의 관계 속으로 그물처럼 짜여 들어간다. 그래서 생각과 습속을 바꾸는 일은 돈오(頓悟)만으로는 이루어지지 않는다. 뻗어나간 바를 거둬들여 새 길을 찾고 그것과 연결을 모색하는 내면의 과정이 요구되며, 친밀한 이들의 기대에 부응하기를 그치고 그렇게 함으로써 야기되는 긴장을 견뎌내는 사회적 과정을 거쳐야 한다. 이렇게 태도와 습속을 바꾸고 인간관계마저 새롭게 만드는 데까지 나아가야 생각의 전환을 말할 수 있는 법이다. 처음 배우고 익히기도 어렵지만 다시 배우고 고쳐 익히긴 더욱 어렵다. 하지만 바로 그렇기 때문에 정치적 전환은 습속의 전환과 연계돼야 한다. 습속에 대한 성찰이 없다면, 우리의 습속에서 비롯한 잘못된 선택이 거듭되어 정치적 전환이 좌절될 것이기 때문이다.

정치적 전환을 위해 지금 필요한 것은 민주파의 혁신인데, 그것을 위해서는 민주파 내부의 습속을 성찰해야 할 것이다. 이런 작업은 사실 민주파 내부의 폭넓은 자기성찰과 토의를 필요로 하는 일이거니와, 여기서는 그것을 촉진하기 위한 몇가지 문제제기를 시도할 것이다.

흔히 87년체제의 수립을 '운동에 의한 민주화'라고 말한다. 그러면서 운동에 의한 민주화에서 유래한 민주파의 정치문화가 이후 민주주의 발전에 걸림돌이 되었으며, 지금 필요한 것은 제도적 실천으로서의 민주주의이고 강한 정당에 기초한 민주주의라는 주장이 있다.[12] 하지만 이런 논증의 출발점에 있는 '운동에 의한 민주화'는 지나친 단순화다.

---

12 최장집 「제도적 실천으로서의 민주주의」, 『기억과 전망』 2006년 가을호.

1980년대 민주화운동 이전에도 그랬지만 그 이후에도 사회운동과 제도권 정치 사이에 어떤 합력이 존재했을 때 민주화는 크게 진전될 수 있었다.[13] 같은 선상에서 정당의 강화가 사회운동이 뒤로 물러섬으로써 촉진될 수 있을지도 의문이다.

그러나 민주화운동 과정에서 그 세력 내에 형성된 문화와 습속에는 분명 극복되어야 할 요소들이 있는 것 같다. 관련해서 지적하고 싶은 것이 '항쟁중심주의'와 '진리의 정치'이다.[14] 대한민국 헌정사에서 제헌헌법 이래로 헌정을 형성한 힘은 두가지였다. 하나는 총이고 다른 하나는 거리를 점령한 대중의 함성이었다. 이승만과 박정희 그리고 전두환이 만든 헌법은 총이 만든 헌법이다. 그리고 4·19혁명과 1987년 6월항쟁은 거리를 메운 대중이 그 총을 거꾸러뜨리고 새로운 헌정을 창출한 사건

---

13 이 점과 관련해 김선철은 이렇게 말한다. "1997년의 노동자총파업과 2000년의 총선연대도 (1987년 민주화 이전과—인용자) 비슷했다. 이 두 사례는 일견 사회운동의 독자적인 동원이자 제도정치권을 위협하는 성공적인 시민사회의 동원으로 보일 수 있으나, 그 배경에 제도권 행위자들이 있었다는 사실을 잊어서는 안 된다. 원내 다수당이었던 한나라당의 안기부법과 노동법 날치기 통과를 계기로 폭발한 97년 노동자총파업은 결국 대통령의 사과, 민주노총과 전교조의 합법화로 이어졌다. 국회 날치기 통과라는 구태에 대한 대중적 반발도 있었지만, 날치기 법안이 노동법뿐이었으면 결과는 많이 달라졌을 것이다. 노동법과 함께 안기부법도 날치기 통과되었고, 이것에 깊은 이해관계를 가진 야당의 반발과 저항이 각종 매체를 통해 대중에게 전파되는 가운데 총파업의 정당성도 커졌음은 성공적인 동원을 이해하는 데 필수적이다. 2000년 총선연대에서도 마찬가지였다. 외형상 시민사회와 정치사회가 충돌하는 듯한 모습을 보여주었지만, 각 정당의 입장과는 또다르게 낙선후보를 경쟁자로 둔 후보들은 총선연대의 낙선자 명단을 최대한 활용하려 했고 이 과정에서 의도치 않게 총선연대의 활동은 더 힘을 얻을 수 있었다." 김선철 「한국 민주화 다시 보기: 과정으로서의 민주주의」, 『창작과비평』 2007년 가을호 325~26면.

14 뒤에서 더 논의할 이 두가지 문제 외에도 이른바 운동권 문화에서 개혁되어야 할 습속은 가부장적 남성주의와 소수자 문제에 대한 둔감함을 비롯해 매우 여러가지이다. 한홍구(韓洪九)는 80년대 학생운동에 투신한 이들의 특성을 "유신의 몸, 광주의 마음"이라는 말로 요약한 적이 있는데, 이런 표현도 전환을 요구하는 습속들이 어떤 것인지 시사하는 바가 크다.

이었다. 확실히 이 모든 과정을 면밀히 살펴본다면 이미 지적했듯이 사회운동이 제도권 정치의 도움 없이 전체를 주도한 것은 아니다. 하지만 이런 항쟁의 경험은 강렬한 것이고 또 그만큼 정신적으로 깊게 각인된 것도 사실이다. 그것이 '운동에 의한 민주화'라는 테제가 그렇게 쉽게 설득력을 얻을 수 있었던 이유이기도 하다.

이런 항쟁중심주의적 태도는 정치가 절차화되는 87년체제와 잘 맞지 않는다. 거리를 메운 대중의 함성은 여전히 중요한 정치적 요소이지만 그것이 직접 억압적 국가기구의 작동을 정지시키고 정부를 퇴진시킬 수는 없다. 그것은 오직 영향력의 행사로만 남고 결정의 심급은 헌정에 새겨진 정치적 과정, 즉 정당의 입법활동과 선거정치로 넘어가게 된다.

하지만 널리 그리고 즐겨 불려진 「단결투쟁가」의 "너희는 조금씩 갉아먹지만 우리는 한꺼번에 되찾으리라" 같은 구절은 낭만적인 항쟁중심주의가 사회운동 전반에 계속해서 영향력을 가지고 있었음을 잘 보여준다. 이런 태도는 일상적인 작은 투쟁에 집요해지기 어렵게 하고, 일상의 작은 투쟁에서의 패배조차 심각한 타격이 되는 가난한 대중이 사회운동을 불신하게 만드는 계기가 되기도 한다. 2015년 6월 정의당 대표 경선에 출마했던 조성주(趙誠株)는 이 점을 예리하게 지적했다. "약자들의 싸움에선 패배해선 안 된다. 강자들은 한번 패배가 좋은 약이나 좋은 경험이 되지만, 진짜 없는 사람들은 한번의 패배로 모든 게 무너진다. 약자들의 싸움은, 약자들과 함께 싸우는 사람은 이기는 싸움을 해야 한다. 질 것 같은 싸움은 피하고 도망가고, 이길 수 있는 싸움만 해야 한다. 약자는 한번의 패배가 끝이다."[15]

---

15 「정의당 조성주 "용기있는 타협과 작은 성공으로 단단해져라"」, 『한겨레』 2015년 6월

다른 한편 우리의 사회운동은 반대파를 가혹하게 억압하는 권위주의 체제에 도전하면서 발전했다. 이런 체제와의 투쟁은 매우 위험하고, 그런 만큼 극히 제한된 자원을 집중적으로 동원하는 것이 관건이 된다. 이런 유의 투쟁이 벌어질 때면 언제나 도전세력은 매우 강한 규율을 가진 조직을 건설하는 일과 제한된 자원의 집중적 투입 방향을 둘러싼 논쟁을 수행하게 된다. 이런 조건 속의 논쟁은 정확한 정세 판단에 대한 강박 때문에 정치를 과학 또는 진리 담론의 직접적 연계로 이끈다.[16] 이렇게 옳음 또는 진리가 정치에 깊숙이 개입하면 타협과 거리가 먼 독단의 위험이 커진다. 더 나아가서 탄압의 위험 속에서 벌어지는 논쟁인 탓에 이견이 새로운 지식을 이끄는 생산적인 것이 아니라 노선 분열과 동원 가능한 자원의 분산을 가져오는 정치적 편향으로 여겨지게 된다.

민주적 법치국가 수립을 뜻하는 87년체제에서는 이견을 편향으로 배격하는 이같은 '진리의 정치'에서 벗어나야 한다. 이 체제에서 정치는 진리의 정치를 불러왔던 탄압과 동원 가능한 자원의 제약에서 벗어나는 것이기 때문이다. 오히려 공론장에서의 활발한 토론 그리고 이견을 더 나은 통찰과 사실의 발굴로 이끌어가는 것이야말로 산재한 사회적 자원을 조합함으로써 동원 가능한 자원을 확장하는 길이다.

---

27일. 스스로를 2세대 진보정치인으로 칭한 조성주에 이르러서야 이런 발언이 명료하게 발화되었다는 것은 징후적이다.

16 "맑스주의 이전의 맑스" 같은 개념적 곡예를 마다하지 않으며 맑스주의를 사회에 대한 배타적 과학이라고 주장했던 루이 알뛰세르(Louis Althusser)가 우리 사회의 좌파 지식인 사이에서 상당한 인기를 얻고 영향력을 행사한 이유도 이와 관련이 있을 것이다.

5

민주화운동의 성과로 87년체제가 수립되었지만, 이전의 논쟁 분위기가 지속되었고 이전의 정파도 유지되었다. 회고적인 고찰이지만, 1980년대에도 그랬고 포스트모더니즘 유의 각종 논의가 휩쓸고 간 뒤에도 사실 논쟁의 내용은 그렇게 풍부하지 않았다. 80년대를 놓고 보면 사태 차원에서는 한국사회의 자본주의 발전과 식민성의 정도에 대한 판단을 표준적인 맑스주의 용어로 풀어내는 것이 논쟁의 중심 내용이었다. 신식민지국가독점자본주의론이든 식민지반봉건사회론이든 일국주의적이고 단계론적인 분석이어서 지금 와서 보면 세계자본주의의 변동이나 분단체제 분석에 그렇게 쓸모있는 것은 아니었다. 사회 차원에서는 조직과 투쟁 방식에 대한 논의가 중심적이었다. 전위당이냐 대중정당이냐, 선도투쟁이냐 대중투쟁이냐를 둘러싸고 격렬한 논쟁이 벌어졌다. 정당 문제는 좀 다르지만 투쟁양식이 선도투쟁이냐 대중투쟁이냐는 어차피 상황의존적인 문제였다. 시간 차원에서는 당시의 많은 팸플릿이 '현 시기'나 '임박한' 같은 이름을 붙였던 것에서 보듯이 단기와 중장기 사이의 분별 그리고 투쟁의 선차성을 시간적으로 배분하는 문제와 관련되어 있었다. 아마도 사태, 사회, 시간의 세 차원에서 가능한 선택지를 조합하면 이런저런 정파들을 자리매김할 수 있을 텐데, 논쟁의 열기가 남긴 것은 민주, 민중, 민족이라는 세가지 의제의 상관성·선차성에 대한 판단과 활동 네트워크가 서로 연계되어 형성된 자유파, 평등파, 그리고 자주파라는 세 정파였다.[17]

87년체제를 통해서 이 세 정파 간의 갈등은 지속되었고 때로 격렬하기도 했지만, 관찰자 시점에서 보면 상당한 수렴이 발생했다. 앞서 지적한 세 차원 가운데 사태 차원에서는 이건이 지속되었어도 사회 차원에서는 대중정당론이 지배성을 획득했으며, 혁명적 정세가 세계사적으로 소멸함에 따라 시간 차원에서도 '임박한 과제' 대신 '선거 주기'가 들어섰다. 하지만 오래된 습속으로 인해 그렇게 수립된 대중정당 자체를 '패권주의적'으로 장악하려는 시도는 계속되었으며, 그런 시도는 진리의 정치에서 발원하는 독단에 의해 뒷받침되었다. 하지만 자주파 가운데 주사파는 한편으로는 박근혜 정부의 탄압에 의해서, 다른 한편으로는 내적 퇴영성으로 인해 몰락했다.[18] 그리고 비주사적 자주파는 김대중 정부의 수립과 더불어 시행된 대북 화해협력정책(이른바 '햇볕정책')을 매개로 자유파와 깊이 융합되었다.[19]

---

17 1980년대 사회운동의 전개와 당시 활동가들의 경험에 대한 상세한 연구로는 유경순 『1980년대, 변혁의 시간 전환의 기록』(전2권), 봄날의박씨 2015 참조.

18 이석기류의 주사파와 통합진보당 잔류파가 가진 문제점에 대해서는 이승환 「이석기사건과 '진보의 재구성' 논의에 부쳐」, 『창작과비평』 2013년 겨울호 참조. 이들이 사회적 공론을 통해서 정치적 적합성 상실을 판정받지 않고 박근혜 정부에 의해 억압적으로 강제 해산된 것은 매우 유감스러운 일이었다.

19 자주파가 김대중 정부의 포용정책을 매개로 자유파와 융합해간 것은 실용적인 선택이었지만, 바로 그렇게 실용적인 데 머무르기 때문에 포용정책의 함의를 끝까지 성찰하지 못했던 면이 있다. 보수파는 대체로 북한을 고립화하는 것이 북한 붕괴를 유도할 것이라고 생각한다. 이에 비해 '햇볕정책'은 북한을 개방과 개혁으로 이끌 것을 말한다. 하지만 그런 개방과 개혁은 궁극적으로 북한정권을 '안락사'로 이끄는 것일 수 있다. 그렇다면 햇볕정책도 북한 고립화 정책과 다름없는 흡수통일정책일 수 있다. 이런 문제에 대해 화해교류협력을 주도한 이들은 햇볕정책의 궁극적 귀결을 괄호 안에 묶어두고 지금의 평화와 화해의 중요성을 실용적으로 강조했다. 하지만 이런 식의 대응도 북한이 핵과 경제 병진노선을 명백히 할수록 유효성을 잃었다. 백낙청이 '포용정책 2.0'을 제기한 맥락의 한편에는 이런 문제가 자리잡고 있다. 그의 포용정책 2.0은 교류협력의 다음 단계로 국가연합을 명시함으로써 북핵 문제의 밑에 있는 북한정권의 체제안전 문제에 답을 제시하고, 한국 내부를 향해서도 퍼주기가 핵으로 되돌아왔다는 보수파의 선동을 제어하는 효과를 가지며, 자유파의 대북정

평등파 또한 동유럽 사회주의의 몰락과 더불어 복지국가를 목표로 하는 사회민주주의 노선으로 수렴해갔다. 복지국가는 세계사적으로 비맑스주의적 사회주의와 진보적 자유주의의 협력에 의해서 형성되었다.[20] 그러므로 자유파의 일부와 평등파가 연합해서 정의당을 창당한 것은 단지 정파적 이익거래의 산물만은 아니라고 할 수 있다. 앞서 지적했듯이 87년체제의 수립과 더불어 정치적 시간지평이 변하고 동원가능한 자원의 성격과 규모가 달라진 만큼 민주, 민중, 민족이라는 세 의제는 함께 제기되고 함께 개선되는 관계에 있게 된다. 따라서 세 정파의 수렴 현상은 당연한 면도 있다.

하지만 이런 외적 요인에 의한 수렴에 비해 이념과 실천의 습속 면에서의 전환은 여전히 미진한 바가 있다. 그래서 다른 정파와 자신의 차이를 실제보다 과장되게 인식하며, 자신이 관심을 갖지 않은 의제에 대해 학습하지 않고 그것을 다른 정파에 맡겨진 과제로 생각하는 경향이 있다. 그러나 예컨대 분단체제의 작동을 염두에 두지 않고는 이명박·박근혜 정부에서 왜 탈민주화가 그렇게까지 강력하게 발생하는지, 왜 노동대중의 삶을 위하겠다는 진보정당이 그런 이들로부터 계속해서 외면당하는지 그 이유를 깨닫기 어렵다. 반대로 대중의 경제적 상황이 개선되지 않아 가령 택배 노동자가 선거일에도 배달을 나가느라 투표를 할 수 없다면 민주파가 정치적 다수를 획득할 수 없고 그렇게 되면 남북관계와 한국 내부의 민주주의 후퇴를 방어할 수도 없다는 점이 절실하게 인

---

책을 현재보다 더 높은 수준으로 견인하는 효과 또한 가지고 있다. 백낙청 「'포용정책 2.0'을 향하여」, 『창작과비평』 2010년 봄호 참조.

20 James T. Kloppenberg, *Uncertain Victory: Social Democracy and Progressivism in European and American Thought, 1870~1920*, Oxford University Press 1988 참조.

식되기 어렵다. 이런 식으로 세 의제 각각의 개선은 오직 세 의제의 동시적인 개선과 변혁을 추진할 때만 나선형적으로 상승 국면에 들어설 수 있고, 한 의제의 악화가 다른 의제의 하강을 불러들이는 것이라면, 그에 걸맞은 사유와 실천의 정비가 필요할 것이다.

필자가 보기에 백낙청이 '변혁적 중도주의'를 제기한 것은 이런 과제에 부응하기 위함이라고 할 수 있다. 그가 (1) 분단체제에 무관심한 개혁주의 (2) 전쟁에 의존하는 변혁 (3) 북한만의 변혁을 요구하는 노선 (4) 남한만의 독자적인 변혁이나 혁명에 치중하는 노선 (5) 변혁을 민족해방으로 단순화하는 노선 (6) 전지구적 기획과 국지적 실천을 매개하는 분단체제 극복운동에 대한 인식을 결여한 평화운동, 생태주의 등의 경우 등을 일일이 거론하며 각각의 약점을 거론한 이유는 상호 연관된 과제들을 결합하려는 시도가 절실했기 때문이었다. 그래서 그는 이렇게 말한다.

'변혁적 중도주의가 아닌 것'의 여섯가지 예를 번호까지 붙여가며 열거했는데, 그런 식으로 이것저것 다 빼고서 무슨 세력을 확보하겠느냐는 반박을 들었다. 있을 법한 오해이기에 해명하자면, 그것은 배제의 논리가 아니라, 광범위한 세력 확보를 불가능하게 만들거나 진지한 개혁을 이룰 수 없는 기존의 각종 배제의 논리들을 반대하되 각 입장의 합리적 핵심을 살림으로써 개혁세력을 묶어낸다는 **통합의 논리였다.**[21]

21 백낙청 「큰 적공, 큰 전환을 위하여」, 『백낙청이 대전환의 길을 묻다』 57면 참조. 강조는 원문.

6

습속의 전환은 단번에 일어날 일이 아니다. 제도적 또는 정치적 전환과 동떨어져 수행될 수도 없다. 양자는 함께 수행되어 서로를 강화할 때 제대로 이루어질 수 있다. 87년체제의 정치적 전환과 관련해서 우리가 지금 주목하고 개입해야 할 중요한 대상은 선거법이다.

모두가 알듯이 87년체제하에서 선거법의 근간은 단순다수제에 의한 소선구제이다. 대통령과 국회의원 모두 그렇게 선출된다(대통령 또한 대한민국이라는 단일선거구에서 1명을 선출한다는 점에서 소선구제나 마찬가지다). 이런 식의 선거에서는 불가피하게 승자독식이 일어나고 낙선자들이 받은 표는 무가치해진다. 승자독식이나 표의 부등가성 같은 문제를 전면적으로 해결하기 위해서는 개헌이 필요할 것이다. 사실 대통령제는 승자독식을 본질로 하기 때문에 대통령제를 버리지 않는 한 이 문제로부터 벗어날 수는 없다.

혹자는 대통령제를 유지한다 하더라도 결선투표제를 도입함으로써 사표(死票)를 줄이는 동시에 과반 득표에 미달할 때 발생하는 정당성 약화를 막을 수 있다고 한다. 하지만 결선투표제라고 해서 문제가 없는 것은 아니다. 결선투표의 승리자에게 투표한 집단들이 정치적으로 이질적일 수 있으며, 최종 승리자가 1차 투표에서는 소수의 유권자로부터 지지받았다는 사실을 망각하고 전체 국민의 뜻에 의하여 선발된 듯이 행동할 수도 있다. 통상 결선투표제에서는 2차 투표에 대한 기대나 협상 전략 구사가 가능하기 때문에 후보가 난립하는 경향이 있기도 하다.[22] 그리고 1987년 민주화운동의 중심 상징이었던 대통령 직선제를 개헌을 통해 폐기하는 것에 대해서는 아직 어떤 국민적 동의도 없다.

하지만 국회의원을 단순다수제 소선구제에 의해 선출하는 것에 대해서는 계속해서 많은 문제제기가 있어왔다. 그것이 지역패권주의의 제도적 토대이며, 표의 등가성이나 사표 방지 같은 규범적 요구에서 크게 어긋나기 때문이다. 더구나 선거법 개정은 개헌처럼 의회의 3분의 2나 국민의 과반수라는 높은 문턱을 넘을 필요도 없다.

선거법 개정 방향에 있어서 중대선거구제나 결선투표제의 도입은 가능하다. 하지만 현재 국면에서는 선거법 개정을 향해 두가지 중요한 제안이 이미 주어져 있으며, 이 두 제안이 전체 지형을 규정하고 있다. 하나는 최대선거구와 최소선거구의 인구 편차가 2대 1이 넘지 않도록 국회의원 선거구를 재획정하라는 2014년 10월 30일 헌법재판소 판결이다. 이는 법적 구속력을 가진 제안이다. 다른 하나는 중앙선거관리위원회가 2015년 2월 24일 제안한, '권역별 소선거구─비례대표 연동제'라고 부를 수 있는 안이다. 거기서 선관위는 지역구 의원 수와 정당투표에 의한 권역별 비례대표 수를 2대 1로 할 것을 권고했다. 이 제안은 법적 구속력을 가진 것은 아니지만 정치권으로서는 쉽사리 무시하기도 어려운 안이다.

구속력 있는 헌법재판소의 판결만을 수용하든 중앙선관위의 제안까지 함께 수용하든 실제 개정방식으로는 매우 다양한 조합이 가능하며, 또한 현재 300명인 의원정수까지 조정 범위에 넣는다면, 경우의 수는 훨씬 늘어나게 된다. 결국 어떻게 조합될지는 다음 네가지 요인이 각기

22 더 자세한 논의는 린쯔, 바렌주엘라 『내각제와 대통령제』, 신명순·조정관 옮김, 나남 1995, 76~77면 참조.

어느 정도 힘을 가질지, 그리고 서로 어떻게 상호작용할지에 달려 있다. 첫째, 선거법 개정의 영향을 받는 당사자인 동시에 개정의 권한을 가진 의원 개개인의 재선 가능성 극대화 노력이다. 둘째, 여당과 제1야당 그리고 군소정당 각각이 자기 당 국회의원수를 극대화하려는 시도이다. 셋째, 현직 대통령의 차기 정부 창출 및 정치적 기반에 대한 관심이다. 끝으로, 선거법 개정을 민주주의의 규범적 요구를 충족할 기회로 삼으려는 공중의 관심이다.

이미 여러 언론매체에서 이 문제를 둘러싼 논쟁이 벌어졌다. 또 가능한 조합이 가져올 의석수 변화 등에 대한 시뮬레이션이 소개되기도 했다. 필자가 판단하기에 규범적인 시각에서만 보면 중앙선관위의 권고를 기초로 지역대표와 비례대표의 비중을 확정하고, 헌법재판소의 판결을 충족하도록 선거권을 획정하는 것이 제대로 된 개혁 방향이다. 만일 그것이 현역 지역구 의원의 이익을 심대하게 침해해서 타협을 어렵게 한다면, 의원정수를 적절히 늘리는 것 또한 마다할 이유가 없다. 여당은 의원정수 확대에 대한 부정적 여론에 기대서 헌법재판소의 권고만 수용하고, 그것을 충족하기 위해서는 권역별 비례대표수를 줄여야 한다고 주장하고 있는데, 의원정수 확대에 부정적인 여론은 오랫동안 계속되어온 반계몽적 캠페인의 산물일 뿐이며, 토의의 조직화와 여론화 그리고 사회운동을 통해서 극복해야 할 대상이다.[23]

---

23 우리 사회의 국회혐오 여론은 과도한 면이 있는데, 그런 여론 형성의 요인은 다음과 같다. 일반적으로 대통령제에서 대통령은 의회의 견제를 피곤하게 여기며 자신의 정책적 실패를 의회 탓으로 돌리려는 경향을 보인다. 행정부 명령에 대한 의회의 심사를 강화하는 국회법 개정을 이유로 박근혜 대통령이 유승민 새누리당 원내대표를 축출한 과정은 대통령이 야당은 물론이고 고분고분하지 않다면 여당조차 굴복시키려고 함을 잘 보여준다. 다음으로 행정부 관료도 가능하면 자신을 견제할 권한을 가진 의회가 약하길 원한다. 대자본 또한 자

이 문제를 정치적 전환의 기회로 삼기 위해서 앞서 언급한 87년체제에서 사회운동과 제도권 정치 간의 상호작용을 다시 떠올려보자. 사실 민주화 이후 총선은 매번 대통령선거 못지않게 중요한 정치적 변동의 계기였다. 그리고 2000년 16대 총선에는 1990년대를 통해서 크게 성장한 시민운동이 엄청난 동원력을 보이며 선거개혁을 요구했다. 앞서 인용한 김선철(金善哲)의 지적(각주13)처럼 그런 운동적 동원은 정치권 내부의 이해관계에 깊숙이 파고들 수 있었기 때문에 큰 영향력을 행사했다. 2004년 17대 총선은 노무현 대통령 탄핵의 후폭풍 속에서 치러졌고 사회운동의 개입도는 낮았지만, 탄핵에 반응한 대중운동이 높은 수위로 일어났으며 그 결과 열린우리당이 과반의석을 차지했다. 그리고 정당명부식 비례대표제의 도입으로 민주노동당이 원내 제3당으로 약진했다. 하지만 2008년 18대 총선은 노무현 정부에 대한 대중의 실망과 이

---

신의 이익 수호를 위해서 약한 의회를 원하며, 자신의 영향력을 극대화하려는 언론매체와 사회운동단체도 의회에 대한 비판 수위를 높이는 경향이 있다. 이런 기본적 경향을 고려하더라도 의회가 사용하는 비용을 아까워하고 의원정수를 늘리는 것을 혐오하는 여론이 광범위한 상태는 병리적이다. 국회의원의 특권이 싫고 그 특권을 줄이고 싶다면, 의원 수를 늘리는 것이 제일 쉬운 방법이기 때문이다(법조시장에서의 변호사 권한을 줄이기 위해서 동원된 가장 기본적인 조치가 변호사 수를 늘리는 것이었음을 기억해보라). 더구나 의원 수가 늘더라도 국회 총예산을 현행 수준으로 동결하겠다는 의지를 의원들이 표명할 때조차 의원 수 동결을 원하는 것은 비합리적이다. 의회 총예산은 5,000억원을 약간 상회하는 정도로, 국정원 예산의 절반도 되지 않으며, 전체 국가예산의 0.2%에도 미치지 못한다. 반면 방산비리는 수백억원, 자원외교는 수조원 단위로 예산 낭비가 발생하고 있다. 국회운영에도 예산 낭비가 없는 것은 아니며 더 엄격한 집행이 필요하지만, 늘어난 국회의원들이 성과를 내기 위해 더 경쟁적으로 행정부를 감사하여 절약할 예산을 생각하면 의원 수의 증대는 경제적으로도 합리적이다. 현재의 의원정수를 둘러싼 우리 사회의 비합리적인 여론을 보면, 필자가 어린 시절 어머니로부터 들은 이야기가 생각난다. "옛날부터 대갓집이 망할 때는 뒷담장으로 마당쇠가 몰래 쌀가마니를 줄줄이 넘기고 있는 동안 명민하지 못한 며느리가 하녀 삼월이 오월이 밥 많이 먹는다며 야단치고 있는 법이다."

명박 정부 출범 효과로 민주파의 대패로 귀결되었고 사회운동은 아무런 역할도 하지 못했다. 2000년 수준은 아니지만 사회운동이 총선에 깊이 개입해서 제도권 정치를 압박하고 견인한 것은 지난 19대 총선의 연합정치였다.

이런 경과를 되짚어보면 2016년에 치러질 20대 총선은 사회운동의 매우 중요한 대상이 되어야 마땅하다. 1987년 이후 어느 때보다 더 대규모적인 제도개혁의 가능성을 안고 있는 총선이기 때문이다. 앞서 서술했던 선거법 개정 의제들은 16대 총선에서의 부적격인사 낙천이나 19대 총선에서의 야권 연합정치를 훨씬 상회하는 정치적 전환의 기회이다. 사회운동의 개입이 필요한 이유는 더 있다. 사회운동의 압력 없이 국회 내부의 동력만으로 이런 개혁적 성과가 이루어지기는 매우 어려운 상황이기 때문이다. 여의도연구소의 보고서가 유출되어 알려졌듯이, 여당은 헌법재판소와 중앙선관위의 제안을 모두 수용하는 큰 폭의 개혁이 이루어질 경우 원내 과반수를 얻지 못할 가능성을 우려한다. 그러므로 새누리당 전체의 이익을 관철하기 위해 헌법재판소 판결만 수용하고 더 나아가 비례대표의 수마저 줄이는 개악이 이루어질 가능성이 적지 않다. 이런 일을 막기 위해서는 사회운동의 압력을 증대시켜야 한다. 그렇게 된다면 새누리당에서조차 개별 의원들의 이해타산이 작동할 가능성이 커진다. 권역별 비례대표제는 수도권의 새누리당 의원이나 호남의 새누리당 출마 희망자에게 매우 매력적이기 때문이다. 이런 점들을 고려하면 사회운동세력을 중심으로 선거법 연대가 가동되어야 마땅한 시점이라고 할 수 있다.

이런 전환을 이룬다면, 아마 가장 큰 수혜자는 진보정당이 될 가능성이 크다. 원내교섭단체 구성에 이를 가능성까지 높게 점치긴 어렵지만,

만일 교섭단체 구성요건마저 완화된다면, 여당과 거대 제1야당 사이에서 0.1 정도의 지분만을 가진 진보정당이 자리하고 있는 현 '2.1정당체제'가, 진보정당이 캐스팅보트를 쥘 수 있는 0.5 정도의 지분을 가진 '2.5정당체제'로 진화할 수도 있다. 그렇게 된다면 우리는 새로운 제도적 조건에 입각한 정치적 실험을 해나갈 수 있을 것이다.

하지만 선거법 개정이 성공적이지 못해서 또는 성공적이더라도 진보정당의 역량 부족으로 진보정당의 약진은 이루어지지 않을 수도 있다. 아마도 그런 경우라면 이남주(李南周)가 2014년 연합정치의 진전을 위해서 제안했던 것들이 좀더 신중하게 고려되어야 할 것이다.

현재 연합정치가 직면한 문제는 연합의 수준을 낮추는 것이 아니라 높임으로써 해결해가야 한다. (…) 민주파는 2017년 수권을 목표로 하는 통합적 수권정당을 건설해 총선과 대선이 연이어 실시되는 2016~17년의 정치적 전환기를 준비해야 한다. 이때에도 지난 총선의 지분 나누기와 대선의 지루한 단일화 협상을 반복한다면 민주파가 성공할 가능성은 매우 낮다. 민주당과 새정치신당(현재는 새정치민주연합으로 통합)은 물론이고 진보정의당(현재 당명은 정의당)도 단일정당으로 결집해 시대전환의 중심 동력을 만드는 것이 가장 이상적이다.[24]

선거법 개정이 낮은 수위에 머무른다면, 단순다수제 소선구제가 존속한다. 그런 제도는 모리스 뒤베르제(Maurice Duverger)가 밝혔듯이

---

24 이남주 「연합정치의 진전을 위하여: 변혁적 중도주의의 시각」, 『창작과비평』 2014년 봄호 23~24면. 괄호 안은 인용자.

양당제를 강화한다. 대통령제 또한 본질적으로 진영의 양분화를 촉진한다. 지난 총선과 대선은 87년체제를 통해서 있어왔던 교란요인들(김대중 김영삼 김종필 같은 카리스마적 정치인, 지역주의, 제3후보 등)이 제거되고 그런 양분화가 현저하게 관철되는 양상을 보였다. 선거법의 변동이 없다면 이 경향은 더 강하게 관철될 것이다. 다음 총선에서 2.5정당체제가 수립되지 않는다면 진보정당들은 이런 객관적 압박을 쉽게 피할 수 없다. 게다가 민주파 내부의 세 분파인 자유파, 평등파, 자주파의 이념적·정책적 수렴도 또한 매우 높아져 있어서 진보정당 명망가의 이익이나 운동정치 습속의 지속 이외에는 독자노선을 고집할 근거가 박약해질 것이다. 어떤 의미에서 그들은 자신들이 원하는 2.5당 혹은 3당 체제 또는 더 나아가 현재의 제1야당을 대치(代置)하는 양당체제에 이르기 위해서도 단일정당으로의 결집이라는 경로를 외면할 수 없을 것이다. 그 방향으로 발을 내딛기 위해서는 지금보다 정책과 비전의 합의 수준을 더 높여야 할 것이며, 그것을 위해서는 민주, 민중, 민족이라는 의제 간의 상호연관을 더 긴밀하게 하는 중도적 길을 모색하는 것이 필요할 것이다. 더 중요한 문제는 정당 간 격차를 극복하는 것인데, 그러기 위해 필요한 것은 강자의 기득권 내려놓기와 약자의 담대함일 것이다. 이 정도의 헌신과 전환의 큰 시도가 없다면 우리에게 남은 것은 천천히 죽어가는 길밖에 없을 것이다.[25]

---

[25] 이 글이 발표된 2015년 가을 이후 선거법 개정 협상이 지루하게 진행되었으며 그 과정에 여론과 시민운동의 압력은 제대로 작동하지 못했다. 그로 인해 20대 총선을 고작 한달여 앞둔 2016년 3월 3일에 국회를 통과한 선거법은 표의 비례성과 대표성을 강화하기보다는 오히려 악화시켰다. 의원총수는 여전히 300명으로 동결한 채, 지역구는 7개가 늘어난 반면, 비례대표는 7개가 줄어들었는데, 이는 거대양당 새누리당과 더불어민주당의 기득권 유지를 위한 타협의 결과였다.

# 제13장

# 세계체제·분단체제·87년체제의 삼중 조망
### ─박근혜 정부의 한국사 교과서 국정화 시도와 관련해서

1

　박근혜 정부의 한국사 교과서 국정화 시도는 그 놀라운 퇴행성 때문에 논쟁의 무대에 오를 자격도 없다고 할 수 있다. 하지만 이 사태는 음미할 만한 중요한 문제들을 포함하고 있다. 최장집 교수는 앨버트 허시먼(Albert O. Hirschman)의 '나누는 것이 가능한 갈등'(divisible conflicts)과 '나누는 것이 불가능한 갈등'(non-divisible conflicts)이라는 구분을 빌려 우리 사회 민족문제를 둘러싼 갈등을 조명한 적이 있다. 그는 친미/반미, 친일/반일, 친북/반북 같은 대립은 나누는 것이 불가능한 갈등적 의제여서 그것에 집중할수록 갈등이 심화되고 사회가 진영화되며, 그 과정에서 더 중요한 의제인 나누는 것이 가능한 갈등, 즉 사회경제적 의제가 덮여버릴 뿐이라고 지적했다. 그러면서 이런 나누는 것이 불가능한 갈등을 정치의 장에서 밀어내고 억제할 필요성을 말했다.[1]

---

1 최장집 「정치적 민주화: 한국 민주주의 무엇이 문제인가?」, 『비평』 2007 봄호 12~34면.

하지만 사태가 그렇게 흘러가지는 않았다. 국정화 사태는 어느 때보다 더 그렇게 되지 않음을 보여준다. 그러므로 왜 그렇게 되는가를 설명하는 일에 좀더 머물러 볼 필요가 있다. 베버의 어법을 빌린다면, 국정화 사태에는 실질적(내용적) 수준에서 사회적 조망과 재현의 두 입장이 대립하고 있다. 하나는 한국의 과거사를 건국과 산업화 중심으로 이해하는 입장이고, 다른 하나는 친일파의 존속과 독재에 대한 비판적 인식을 중시하는 입장이라고 할 수 있다. 이에 비해 형식적 수준에서도 갈등이 있다. 한쪽 편은 국정이 필요하고 정당할 수 있다는 입장이고, 다른 쪽 편은 우파적 입장에서 역사를 서술하고 가르치고 싶으면, 그런 교과서를 저술하고 그것의 채택을 위해 공론장과 교과서 시장에서 경쟁하면 되지, 정부가 특정한 역사해석을 시민들에게 강요해서는 안 된다는 입장이다. 이 두가지 수준에서 입장의 대립이 발생하고 또 지속되는 이유를 좀더 명료하게 살피기 위해서는 필자가 보기엔 세계체제론, 분단체제론, 그리고 87년체제론에 입각한 삼중 조망이 필요하다고 생각된다(이 셋은 세계, 한반도, 한국이라는 분석단위에 상응하기도 한다).

2

세계체제론이 우리 사회의 과거와 현재의 해명을 위한 이론적 매트릭스로서 가치있는 이유 가운데 하나는 자본주의적 근대 전체를 통합적으로 분석할 수 있는 시야를 열어주기 때문이다. 특히 표준적인 맑스주의적 분석과 달리 자본의 생산 및 금융 논리 못지않게, "역사적 자본주의의 영토적 논리"와 "힘의 자본주의적 논리"(침탈에 의한 축적) 같

은 현상에 깊은 관심을 기울이고 있기 때문이다.[2]

사실 우리 사회가 겪은 제국주의적 침략과 식민지 경험, 해방과 분단, 그리고 뒤이은 산업화 과정과 민주주의의 전개를 분석하기 위해서는 경제적 과정으로서의 자본주의 분석과 더불어 지정학적 분석을 회피할 수 없다. 하지만 많은 사회이론이 그런 지정학적 문제에 대한 감수성이 취약한 편이다. 그 이유는 고전적인 사회과학 형성기가 국민국가의 성장기였고, 그로 인해 사회가 은밀하게 국민국가와 동일시되었기 때문이다(맑스 역시 『자본론』에서 분석의 편의성을 위해서라고 하지만 국제무역을 분석적으로 배제한 하나의 자본주의사회를 가정하는데, 그런 분석적 구성물은 사실상 국제무역과 식민지 지배를 통해서만 충족되는 조건들이 전제된 영국이라는 국민국가를 모델로 한다). 이 글에서도 이미 썼고 계속해서 쓰게 될 우리 사회라는 말은 '한국' 혹은 '대한민국'과 사실상 동일한 외연을 가진다. 자본주의의 힘의 논리와 영토적 논리에 주목하며 그것이 자본주의의 생산과 금융 논리와 맺는 복잡하고 모순적이기도 한 상관관계를 분석의 중심 대상으로 삼는 세계체제론은 한반도의 지정학적 상황과 자본주의적 근대의 경험을 함께 다룰 수 있게 해준다.

편의상 시간지평을 좁히기 위해 식민지시기의 세계자본주의체제 분석은 건너뛰고 2차대전 이후 세계체제의 상황을 중심으로 살펴보자. 해방과 동시에 한반도가 미국과 소련에 의해서 분할 점령되고 남북 양편에서 따로 정부가 수립되며, 한국전쟁이 터지고 휴전이 이루어져 지금까지 이어오고 있는 사정은 모두가 아는 바이다. 그런데 이런 지정학적

---

2 조반니 아리기 『베이징의 애덤 스미스』, 강진아 옮김, 길 2009, 제8장.

분열은 흔히 미소의 대립으로 인한 냉전의 동아시아적 판본으로 묘사된다. 하지만 냉전이라는 표현은 지나치게 동서독 분할과 동구권 경험에 의존하고 있다. 동아시아에서는 2차대전 이후에도 한국전쟁과 베트남전쟁이라는 두번의 큰 전쟁이 있었고, 그것을 통해서 동아시아에서 미국 헤게모니의 지리적 경계가 확정되었다고 할 수 있다. 그러므로 세계체제론적 관점에 서면, 냉전은 미국 헤게모니의 유럽적 한계를 표시하는 말이고 한반도 분단은 미국 헤게모니의 아시아적 한계를 표시하는 말이라고 할 수 있다. 그리고 그 한계선의 반대편 주역 또한 유럽에서는 소련이지만, 동아시아에서는 중국이 더 큰 비중을 차지한다고 해야 할 것이다.[3] 현재의 미중관계는 'G2'라는 표현에서 드러나듯이 전지구적 의미를 가지게 되었지만, 동아시아적 수준에서 미중관계의 대립/타협/화해의 역동성은 한국전쟁과 더불어 시작되었다고 할 수 있으며, 그렇기 때문에 유럽에서의 냉전이 종식될 때에도 동아시아에서는 '냉전'이 유지되고, 경제적 교류의 증대가 정치군사적 화해로 이어지는 않는 '아시아적 역설'(Asian paradox)이 발생한다고 할 수 있다.


3


미국 헤게모니 아래의 국가간체제(interstate system)를 파악하기 위해서는 이전 헤게모니 구조의 성격을 이해할 필요가 있다. 왜냐하면 자

---

3 이삼성 「동아시아: 대분단체제와 공동체 사이에서」, 『민주주의와 인권』 6권 2호, 전남대학교 5·18연구소 2006, 5~50면.

본주의 세계체제의 국가간체제는 당연히 역사적 적층을 가지고 있기 때문이다. 네덜란드연합주가 세계자본주의의 헤게모니 세력이었던 장기 17세기의 국가간체제는 30년전쟁의 종식을 표시하는 베스트팔렌조약(1648)에 의해 제도적 모형을 얻었다. 베스트팔렌조약은 국가간체제를 주권국가들의 체제로 만들었다. 미셸 푸꼬(Michel Foucault)가 인상적으로 묘사했듯이 이 과정은 신성로마제국, 즉 "영원한 제국"을 향한 꿈을 포기함으로써 이룩된 것이었다.[4] 그렇게 해서 형성된, 통치 정당성의 원천이 세속화되고, 상호 간에 동등하게 대우하며, 중상주의적으로 경쟁하는 주권국가들의 세력균형 체제는 오늘날에도 국가간체제의 기본 모형으로 받아들여지고 있다.

영국 자본주의는 주권국가들의 중상주의를 금본위제를 매개로 자유무역으로 이끌고 역외 균형자로서 세력균형을 유지하려 했을 뿐 주권국가체제를 크게 건드리지 않았다. 물론 유럽 내부의 주권국가체제의 유지의 이면은 유럽의 두번째 전지구적 팽창과 식민지화(유럽 외부 주민들의 주권에 대한 철저한 무시)였지만 말이다.

영국의 헤게모니를 물려받은 미국 헤게모니 아래서 국가간체제는 서로 정합적이지 않은 세가지 요소가 엉성하게 얽혀 있는 양상을 띤다. 우선 주권국가 체제는 식민지들의 독립을 지원하는 이데올로기로서 수용되어 전지구적으로 확장되었다(주권 개념은 프랑스혁명을 경유하며 인민주권으로 발전하며 민주주의혁명과도 연결되었다). 그것의 직접적 계기는 레닌(V. I. Lenin)의 반제국주의 노선이었지만, 미국은 소련과의 이데올로기 경쟁 때문에도 이런 이데올로기를 받아들였다. 윌슨(T. W.

---

4 미셸 푸코『안전, 영토, 인구』, 오트르망 옮김, 난장 2011.

Wilson)의 민족자결주의가 그것이다. 2차대전 후에도 미국은 이런 주권국가체제를 받아들였고 미국이 주도한 유엔 또한 기본적인 프레임으로 수용했다. 그렇게 된 이유 가운데 일부는 미국이 내포적인 발전을 추구한 대륙 규모의 국가였고 그런 만큼 식민지 욕구가 크지 않았기 때문이기도 하다.

하지만 정치군사적 수준에서 미국은 자신의 헤게모니의 지정학적 경계면에 있는 국가들의 주권은 사실상 인정하지 않았다.[5] 따라서 미국 헤게모니의 지정학적 경계면에서 국가간체제의 이데올로기(즉 주권국가체제)와 힘의 자본주의적 논리가 매우 모순적으로 뒤얽히게 된다고 할 수 있다(이 경계면을 헌팅턴은 문명 간 "단층선"으로 명명했다[6]). 이런 경계면에서는 미국 헤게모니가 안정적인 시기에도 자유주의 이데올로기가 정착하지 않았다.


4


앞의 논의 선상에서 휴전 이후 한국이 놓인 상황을 편의상 정치군사적·경제적 그리고 이데올로기적 수준에서 본다면, 정치군사적으로는 미국 헤게모니 자본주의체제의 경계면에 놓인 반(半)주권국가였고, 경제적으로는 미국의 세계통합 이데올로기였던 발전주의의 우등생으로 성장할 높은 개연성을 가지고 있었다(이 잠재성은 실제로 실현되었다).

---

5 찰머스 존슨 『블로우 백』, 이원태·김상우 옮김, 삼인 2003.
6 새뮤얼 헌팅턴 『문명의 충돌』, 이희재 옮김, 김영사 1997.

구조적 제약(반주권국가)과 기회(경제발전의 가능성)는 이렇게 비교적 간명했다. 하지만 이에 비해 이데올로기적(좀더 넓히면 집합적 기억과 사회적 자기서술의 의미론적 자원의) 상황은 매우 복잡했다. 우선 민족주의가 기본적 프레임을 형성했다. 한반도 대중의 사고와 정서가 일본의 식민지 지배로부터 연원한 민족주의적 열정과 주권국가 이데올로기로 충전되었기 때문이다. 휴전이라는 말에 함축된 잠정성도 영향을 주었을 것이다. 당연히 다른 안정적 상태로의 이행이 가정되었는데, 도달하게 될 상태가 어떤 것이든 분단상태는 종식되는 것이 마땅하다는 것이 지배적 상상이었으니 말이다.

정확히 어느 정도 작용을 했는지 평가하긴 어렵지만, 민족주의적 열정의 토대의 하나는 종족적인 것이라고 보아야 할 것이다. 에릭 홉스봄은 중국, 한국 그리고 일본을 두고 "종족이라는 면에서 거의 또는 완전히 동질적인 인구로 구성된 역사적 국가의 극히 희귀한 사례"[7]라고 말한 적이 있는데, 아마 세 나라 가운데서도 종족적 동질성은 한국이 가장 높은 수준일 것이다(따라서 한국은 세계에서 가장 동질적인 인구로 구성되어 있는 역사적 국가일 것이다). 하지만 이런 종족적 토대의 중요성을 높게 평가한다면, 그 말대로 세계에서 거의 유일하게 민족국가일 수 있는 그런 나라가 분단된 채로 70년을 지냈다는 것은 세계체제의 지정학적 질서가 얼마나 위력적인가를 보여준다.

하지만 미국 헤게모니 체제 아래 있었기 때문에 도입된 이데올로기도 있었다. 사회적 근대화 그리고 교육수준의 향상과 더불어 점점 더 영향력을 가지게 된 것은 미국적 자유주의 문화와 보편주의에 기초한 인

---

7 에릭 홉스봄 『1780년 이후의 민족과 민족주의』, 강명세 옮김, 창작과비평사 1994, 94면.

권과 개인주의와 민주주의 문화였다. 하지만 이보다 압도적 영향력을 가지고 파괴적으로 관철된 것은 미국 헤게모니 체제의 경계면에 있었기 때문에 작동한 반공 이데올로기였다.[8] 미군정은 반공 이데올로기에 기초한 배제와 포섭을 폭력적 탄압 및 정치경제적 보상에 일관성 있게 연결했는데, 그런 과정은 전쟁을 경유하며 인구의 전면적 재배치와 이데올로기적 청소(ideological cleansing)에까지 이르렀다('빨갱이'라는 말은 사실은 '사상의 인종주의'이며, 그런 면에서 한국에서의 이데올로기적 청소는 인종 청소의 분위기를 띠고 진행되었다고 할 수 있다).[9]

이데올로기적·계급적 분할선에 따라 나뉜 내부집단 사이의 투쟁이 격렬해지고 내전으로 치닫게 된 부가적 요인의 하나는 2차대전 후 미소의 한반도 분할점령이 계급적·이데올로기적으로 부정합적인, 거의 교차 점령적인 양상을 띠었기 때문이기도 하다. 즉 사회주의 이데올로기와 더 친화성을 지닌 지역에 미국이, 반공 이데올로기와 더 친화성을 지닌 지역에 소련이 점령한 때문이기도 하다. 아무튼 우리에게 주어진 이데올로기적·의미론적 상황은 세계체제의 중심 이데올로기로서의 자유주의, 주권국가체제와 연결된 민족주의, 그리고 반공주의의 혼융 상황이었는데, 이 셋은 서로 정합적이지 않았고 그렇기 때문에 한반도의 정치군사적 질서와 한국의 경제발전(그리고 북한의 상황)에 대해 서술할 이데올로기적 입장과 의미 자원도 분열되었다고 할 수 있다.

8 자본주의 세계체제의 중심 이데올로기(또는 지구문화)인 자유주의에 대해서는 이매뉴얼 월러스틴『자유주의 이후』, 강문구 옮김, 당대 1996 참조. 미국 헤게모니의 경계면에 있는 한국사회의 특수성 가운데 하나는 자유주의의 허약성이다. 그리고 그 자유주의가 체제도전적인 성격을 지닌다는 것이다. 이 자유주의는 87년체제의 형성과 더불어 사회적으로 하나의 세력으로 등장한다.
9 김득중『'빨갱이'의 탄생: 여순사건과 반공 국가의 형성』, 선인문화사 2009.

5

　세계체제의 지정학적 질서하에서 이승만과 박정희의 독재를 어떻게 평가해야 할지는 불분명한 점이 있다. 전자의 경우 신생국가에서 반공주의와 전쟁을 계기로 정치적 반대파를 대규모로 숙청하면서 고삐 풀린 형태로 진행된 독재인 면이 있고, 후자의 경우 전쟁으로 인해 비대해지고 전쟁을 매개로 근대화된(즉 무기와 군사관료제적으로 근대화된) 군부에 의한 사회지배 시도로 보는 것이 더 적합할 것이다. 하지만 미국의 입장에서는 이승만 정부나 박정희 정부의 성격은 중요하지 않다. 자신의 핵심 이익을 지키는 데 도움이 된다면(또는 어긋나지 않는다면) 미국은 어떤 성격의 정부든 수용하고 지지했다. 한국이 미국 헤게모니의 경계면에 위치한다는 사실이 미국의 입장에서 이런 독재를 더 쉽게 수용하고 지원한 이유이기도 했을 것이다.

　미국 헤게모니 아래서 반공을 공식 이데올로기로 하는 사회라는 조건 때문에 한국사회에서는 민족주의와 자유주의가 사상적으로 융합하게 되었고 둘 모두 좌파적 지향성도 가지게 되었다고 할 수 있다. 만일 우리가 좌파/우파 또는 보수/진보를 근대 정치문화에서 정치적 대립을 규정하는 구별선으로 파악한다면, 다시 말해 국제적인 정치적 스펙트럼과 아예 절연될 수 없지만 그것을 참조점으로 삼기보다 국지적 정치문화에서 작동하는 구별도식으로(즉 한반도 차원에서 그리고 한국사회에서 서로를 인식하는 방식으로서) 이해한다면, 한국사회에서 정치적 구별선의 양편에 위치하는 것은 (반공-독재의) 보수파 대 (좌파 민족주의 및 사회주의적 지향도 일부 포괄하는 좌파 자유주의를 아우르는) 민주파라고 할 수 있다. 그리고 좌파 민족주의와 좌파 자유주의는 전두환 정권의 폭압성 아래서 각기 '자주파'와 '평등파'로 불리게 된 사회운동진영으로 분화, 발전했다고 할 수 있으며, 좀더 온건한 개혁지향적 분파는 '자유파'로 남게 되었다고 할 수 있다.

민주파의 역사인식을 자학사관이라고 비판하는 것은 부당지만(만일 그렇다면 뉴라이트 역사관은 허위 나르시시즘이라고 불려야 할 것이다), 거기에 친일 청산의 부재와 분단으로부터 연원하는 애도의 분위기가 흐르고 있는 것은 사실이다. 분단상태를 국민국가의 결손상태로 인식하고 "미완의 근대"로 기술하는 태도에는 애도를 지나 어느정도 멜랑콜리적 정서마저 흐르고 있다.[10] 다른 한편 독재 또한 분노의 대상이었는데, 그런 정서는 자유주의 이데올로기로부터 연원했다고 하겠다.[11]

대체로 독재정권 시기까지는 자유주의와 민족주의 사이의 이데올로기적 결속이 지속되었다. 하지만 민주화와 더불어 자유주의와 민족주의의 결속은 약화된다. 이 결속의 약화가 좌파 정치문화에서 자주파와 평등파의 대립으로 나타나지만, 자유파에게서는 탈민족주의적 경향으로 나타났고, 이런 탈민족주의적 경향은 본래 민족주의적이지 않던 보수파에 의해서도 상당 정도 전유되었다.

---

10 애도와 멜랑콜리(우울) 개념에 대한 고전적인 정식화로는 지그문트 프로이트 「애도와 우울」, 『무의식에 관하여』, 윤희기 옮김, 열린책들 1997, 243~70면 참조.

11 독재의 편에서 민족주의를 전유하는 것이 불가능한 것은 아니었다. 결국 실패하긴 했지만, 박정희는 민족주의를 독재를 위해 동원하기 위해 '한국적 민주주의' 같은 표현을 창안하고 그것에 입각해 유신체제를 정당화하려고 했다.

6

사회적 재현이라 말하든 사회의 자기서술이라고 표현하든, 그것에 민주화 또는 87년체제의 형성이 가져온 영향은 근본적인 것이었다. 오늘날 우파 신문과 그들이 운영하는 종합편성채널은 거의 매일 북한을 비판하고 조롱하고 있다고, 아니 조리돌림 하고 있다고 할 수 있다. 이와 관련해서 주목해야 할 점은 그들의 비판에 흐르고 있는 정조가 증오심보다는 혐오와 경멸 쪽이라는 점이다. 어떤 대상에 대해 경멸이나 혐오를 거리낌없이 표현하려면, 주체는 그 대상보다 우월하다는 자신감이 있어야 한다. 우파 신문과 종편이 내비치고 있는 우월감은 단지 한국이 북한보다 훨씬 풍요롭다는 경제적 사실에서만 나오는 것이 아니다. 거기엔 정치적·도덕적 우월감도 작동하고 있다. 그리고 이런 우월감은 한국사회가 민주화되지 않았다면 가질 수 없는 성질의 것이다.

민주노동당 분당과정에서 출현한 '종북'이라는 말이 우파의 정치적·문화적 헤게모니 행사에 쉽게 활용되었고 또 큰 도움이 되었던 이유는 그것이 좌파 진영에서 먼저 제기된 용어이기 때문이다. 하지만 그보다 더 중요한 이유는 북한을 도덕적으로 경멸할 수 있는 한국사회의 정치적·도덕적 자신감이 대중에게 널리 퍼져 있기 때문이다. '종북주의자'로 몰린 이들이 쉽게 조롱거리가 되고 정치적 탄압 대상이 될 때에도 정당한 법적 보호를 받기 어려웠던 이유는, 대중이 보기에 종북주의자들은 자신들이 경멸하고 있는 대상을 추종하는 이해하기 어렵고 시대착오적인 이들로 여겨졌기 때문이다. 다른 한편 이런 대중적 정서를 계속해서 부추기고 강화하며 거기에 기생하는 보수언론은 민주화를 방해해온 세력이면서도 민주화를 가장 잘 향유하는 셈이라고 할 수 있다.

민주화는 이렇게 우리 사회의 자기인식과 타자인식에 깊은 영향을 미쳤다. 그리고 이런 영향을 흡수하며 사회적 재현방식을 갱신하려는 시도들이 나타났다. 이 가운데 중요한 시도로 꼽을 만한 것이 좌파 민족주의에서 출발하는 분단체제론과 좌파와 우파 모두에게서 나타난 탈민족주의론이라고 할 수 있다. 양자의 발생연관을 분단체제론의 표현을 빌려 말하면, 민주화와 87년체제의 수립으로 인해 분단체제를 특징짓던 적대적 의존관계가 동요하게 되자 분단체제에 대한 인식이 가시화되고 민족에 대한 담론적 상대화가 일어나기 시작했다고 말할 수 있다.

이 과정에는 물론 세계체제 수준의 변동도 작동했다. 1979년 이후 중국의 개방과 이어진 중국의 부상, 1989년 이후 동유럽 사회주의의 몰락, 그로 인한 미국 중심 세계체제의 전면화와 그 위기의 심화가 일어났다. 그리고 냉전의 종식으로 유럽연합을 향한 길이 열렸다. 그리고 모두가 지적하듯이 신자유주의적 지구화도 일어났다. 그런 모든 과정은 국민국가의 지위를 전보다 약화하는 과정이었다. 이런 국민국가의 약화 국면이 민족과 민족주의에 대한 구성주의적 이론의 설득력을 강화하고 그것의 유행을 가져왔다.[12] 그러므로 우리 사회에서의 탈민족주의는 한국사회의 민주화에 조응할 뿐 아니라 세계체제의 변동과 이론적 유행에도 동기화(synchronization)되었다고 할 수 있다.

---

12 이와 관련된 가장 대표적인 저서는 당연히 베네디크 앤더슨의 『상상의 공동체: 민족주의의 기원과 전파에 대한 성찰』(윤형숙 옮김, 나남출판 2003)이다. 이외에 앞서 참조한 흡스봄의 저서 그리고 그가 편집한 『전통의 발명』(한국어판은 『만들어진 전통』, 박지향 옮김, 휴머니스트 2004)을 들 수 있다.

7

역사해석 작업을 민족주의의 구속에서 벗어나게 한다는 점에서 탈민족주의는 해방적이다. 확실히 탈민족주의 좌파의 작업에서는 낡은 족쇄로부터의 해방의 분위기가 풍긴다. 그런 분위기에서 이루어진 작업에서는 그때까지 자명한 전제였던 민족이 특수한 역사적 실천에 의해서 구성된 것으로 드러난다. 요컨대 국민과 민족을 발명, 변형, 규율했던, 그리고 상당 정도 억압적이기도 했던 과정이 역사적 시선에 포착되는 것이다.[13] 그리고 민족주의적 열정에 따라 구성된 각종 대립선, 예컨대 친일/반일(배일), 수탈/근대화의 분할선을 가로지르는 회색지대들이 탐색된다.[14] 또한 민족주의의 윤곽선에 따라 처진 가두리를 벗어나 트랜스내셔널한 전망을 얻으며, 민족 아래 묻혀 있던 미시적 지층들이 발굴된다. 그리고 민족을 초과한 것들을 민족 아래의 지층들과 다시 연결하는 역사적 작업이 진행된다.

이런 탈민족주의적 역사학의 작업들은 오래전 미셸 푸꼬가 수행한 것과 유사한 고고학적 또는 계보학적 작업으로 진행되는데, 그런 한에서 푸꼬가 자신의 작업을 묘사했던바, "행복한 실증주의"의 모습을 닮아간다. 애초에 탈민족주의를 탈근대적 맥락과 더불어 수용한 이들에게는 지배적 역사해석 아래 억압된 것들에게 목소리를 돌려주고 하나의 이야기(대문자 역사)를 여럿의 작은 이야기들(역사들)로 해체하는

---

13 임지현 『민족주의는 반역이다: 신화와 허무의 민족주의 담론을 넘어서』, 소나무 1999.
14 윤해동 『식민지의 회색지대』, 역사비평사 2003.

것이 목표였기 때문이다.

하지만 탈민족주의가 반드시 탈근대적 급진주의와 동맹하는 것은 아니다. 그것은 강한 근대주의와 더 긴밀하게 결합할 수 있으며, 그렇게 근대주의와 결합한 탈민족주의는 우파적 역사해석을 갱신하는 쪽으로 방향을 잡는다. 아마도 이와 관련해서 가장 전형적이고 체계적으로 입장을 개진한 것은 자신이 편집자로 참여한 『해방전후사의 재인식 1, 2』(박지향 외 엮음, 책세상 2006)의 해설형식을 취하고 있는 이영훈(李榮薰)의 『대한민국 이야기』(기파랑 2007)일 것이다.[15] 거기서 이영훈은 우파적 탈민족주의가 어떤 논증 구도를 가지고 있는지 잘 보여준다. 역사적 주체를 민족으로 가정하는 민족주의로부터 벗어나서, 개인이 역사적 주체로 부각된다. 개인들의 삶에 대한 서술이 어떻게 정치체로부터 외곽선을 얻는 집합적 단위에 곧장 바통을 넘기는지는 불분명하다. 더불어 역시 그리 성찰적이지 않은 방식으로 근대국가와 자본주의적 경제체제가 자명하고 규범적으로 정당하며 채택해야 할 '문명'으로 승인된다. 그런데 이런 시각에 서면 식민지 지배는 전혀 다른 방식으로 조명된다. 한반도 주민의 관점에서 보면 조선총독부는 봉건국가보다 더 합리적이고 덜 수탈적인 근대국가의 면모를 지닌다. 따라서 식민지 지배는 최선은 아니지만 결코 용납할 수 없는 성질의 것이 아니다. 그것을 용납할 수 없는 체제로 보는 입장은 이미 오래전에 몰락한 왕조적 관점이거나 민족주의적 관점일 뿐이다.

물질적 복지와 신분적·정치적 권리의 면에서 신장이 일어나는 과정으로서 식민지 경제발전이 정당화되면, 해방과 함께 우리에게 주어진

---

15 이영훈 『대한민국 이야기: '해방전후사의 재인식' 강의』, 기파랑 2007.

과제는 3·1운동을 통해 출현한 인민이 마침내 정부를 수립하는 것이 아니라 새로운 근대국가의 수립, 즉 건국으로 간주되게 된다. 그 건국을 통해 이룰 근대국가가 어떤 경제체제와 생활양식을 내장해야 하는지는 자명하게 주어진다. 그것은 적어도 세계사를 통해서 물질생활의 향상(싸이먼 쿠즈네츠Simon S. Kuznets에 의해 정의된 인구증가와 실질소득의 동시적 증가라는 경제발전)을 가져온 것을 입증한 자본주의경제체제가 된다.[16] 따라서 그것을 위해서라면 종족적 생활양식과 근대적 정치문화의 결합 속에서 형성된 민족이 지정학적으로 분단된 것은 그렇게 중요한 일은 아니다. 민족이 아니라 개인이 역사적 실체이기 때문이다.

그런데 이렇게 서술된 역사가 근대화의 문명적 성과에 실제로 도달했다는 자부심은 민주화에 의해서 얻어진다. 87년체제의 수립 덕분에 우파적 탈민족주의는 건국─산업화─민주화라는 간결한 역사해석의 도식을 완성할 수 있는 셈이다. 이렇게 대한민국사를 의기양양한 성공과정으로 묘사하기 위해서는 숱한 학살까지 동반했던 전쟁의 고통[17]이나 여전히 한반도 주민이 경상경비로 지불하고 있는 분단의 댓가를 무시할 수 있어야 하는데, 탈민족주의가 그런 역사로부터 눈길을 거둘 수 있는 이론적 근거로 기능하게 되는 것이다.

애초에 자본주의경제체제든 근대국가든 그것을 '문명'으로 격상하는 식의 평가적 입장을 피하고자 한 탈근대적 탈민족주 편에서는, 이

---

16 쿠즈네츠 가설이 근거하는 시기를 앞뒤로 확장함으로써 자본주의 발전이 항상 인구증가와 실질소득 증가를 모두 달성하는 것은 아니라는 것을 입증한 연구로는 토마 피케티 『21세기 자본』, 장경덕 옮김, 글항아리 2014와 브랑코 밀라노비치 『왜 우리는 불평등해졌는가: 30년 세계화가 남긴 빛과 그림자』, 서정아 옮김, 21세기북스 2017 참조.
17 김동춘 『이것은 기억과의 전쟁이다: 한국전쟁과 학살, 그 진실을 찾아서』, 사계절 2013.

런 우파적 탈민족주의가 자기 입장을 전면적으로 사회화하고 '뉴라이트'라는 이름으로 사회운동을 펼치는 사태가 당혹스러웠던 것 같다. 『근대를 다시 읽는다』(윤해동 외 엮음, 역사비평사 2006)의 서문은 이런 감정을 표현하고 있다. 그러나 당혹의 순간이 길진 않다. 이들은 곧장 『해방전후사의 인식』과 『해방전후사의 재인식』을 진영 대립으로 정의하며, 양자 모두를 지양하는 입장으로 자신의 위치를 설정한다. 하지만 이런 입장 취하기는 "행복한 실증주의"로부터 그렇게 멀리 나아간 것이 아니다. 여전히 이들은 식민지 근대나 그 이후의 근대나 모두 양가적이었다는 태도에 머무르고 있을 뿐이다. 또한 어떤 규범적 판단도 회피하는 양비론으로 나아가게 될 것이다. 그들은 분단은 극복해야 할 결손이라는 분단체제론의 입장을 수용할 수 없지만, 그렇다고 해서 한반도 주민 가운데 절반이나마 문명세계로 들어설 수 있게 해준 행운이었다는 뉴라이트의 시각을 받아들일 수도 없을 것이다. 하지만 거기에 머무르며 역사 연구를 지속하려는 입장이 지금의 분단상태 그리고 그런 상태가 한국사회 내부의 적대로 이어지는 상황에서 어떤 새로운 방향감각을 일깨울 수 있을지 의문스럽다.


8


　탈민족주의와는 다른 방향에서 사회적 재현을 혁신하려는 시도인 분단체제론을 살펴보자. 분단체제론은 분단 '체제'라는 표현이 시사하듯이 한반도 상황에 대해 통일적인 기술을 추구한다. 그렇기 때문에 이론적 의도를 응축하고 있는 중심 개념인 분단 '체제'에 대해 많은 문제제기가 있어왔다. 따지고 보면 세계체제론 또한 이른바 체제(system, 세계체제론이나 분단체제론 정도를 제외하면 '체계'라는 번역어가 더 널리 쓰이고 있다) 개념을 엄밀하게 쓰고 있다고 하기 어렵다. 시스템 개념 자체가 우주론이나 분자생물학에서부터 사회 영역까지 광범위한 영역에서 매우 다양한 의미로 쓰이고 있고, 사회이론에서도 탤컷 파슨스(Talcott Parsons)로부터 니클라스 루만(Niklas Luhmann)에 이르기까지 이 개념이 확고한 안정성을 가지고 있는 것은 아니다. 그런데도 분단 '체제'에 대해서 개념적 비판이 빈번했던 것은 남북한을 하나의 체제라고 말하는 것이 정치, 경제, 문화 전반에서 상호작용이 단절적이거나 극히 제한적인 상황에서 생기는 일상적 감각과 어긋나게 느껴진 때문이다(예컨대 필자도 직접 '북한이탈주민'과 대화를 나눠본 적이 없고, 금강산 관광 때 지도원과 몇마디를 주고받은 것이 대면 경험의 전부인데, 이런 정도가 대부분의 전후 세대 한국 사람들의 경험일 것이다).

하지만 한국 내부의 행위자들의 선택과 활동이 단지 한국 내부의 다른 행위자뿐 아니라 북한 내부의 행위자들의 선택과 활동에 깊숙이 매개된 상태라면 대면적 상호작용이나 미디어에 매개된 상호작용이 극히 낮은 수준에 있다 하더라도 하나의 체제에 귀속된 것으로 보는 개념 전략과 이론 선택이 그릇된 것은 아니다. 비유한다면, 호수 한가운데에 떠 있는 보트에 두 사람이 마주보고 타고 있다면, 한 사람의 동작은 다른 한 사람에게 경험인 동시에 후속 동작 선택의 조건이라고 할 수 있다(만일 한 사람이 벌떡 일어나서 배가 뒤집힐 위험이 발생하면 다른 사람을 제지하지 않을 수 없다). 그럴 때 이 두 사람은 친분이나 언어적 소통과 무관하게 하나의 체제 안에 있다고 할 수 있다. 남북한도 이와 유사해서, 설령 (언어적인 직접소통 경로인) 핫라인이 모두 끊어져도 상대의 행위 선택에 서로 조건화되어 있다.

사실 사회이론에서 말하는 구조도 그것이 함축하는 (사실은 불편하고 오도의 위험이 큰) 건축학적 비유를 걷어내고 본다면, 한 행위의 선택이 후속 행위의 선택을 높은 수준으로 구속하거나 조건화하는 상태에 다름 아니다(예컨대 교통신호를 어기는 행동에 대해 범칙금이라는 후속 조치가 높은 개연성을 가지고 관철되고, 바로 그런 사실 때문에 교통신호 앞에서의 행위 선택이 다시 조건화될 때, 우리는 거기서 사회구조를 발견한다). 요컨대 사회구조란 'if A, then B'의 조건화가 개연성이 높은 상태이다. 남북한이 지난 몇십년 동안 적대적 상호의존관계에 있었다고 말하는 것은 직관적 통찰에 잘 부합하며 이제는 상당히 상식적인 발언이 되었는데, 이런 파악도 같은 견지에서 이해할 수 있다. 즉 적대적 상호의존은 그것에 참여하는 구성원들의 행위 선택을 조건화하는 구조로 이해할 수 있는 것이다. 더구나 적대는 평화로운 상황보다 더 자신과 타자의 행동을 강하게 구속하고 조건화한다.[18]

적대적 상호의존과 더불어 우리는 분단체제의 다른 구조적 양상도 생각해볼 수 있다. 적대적 상호의존이 분단체제 안정기의 주된 구조적 양상이라면, 한국의 민주화와 세계체제의 변동으로 인해 야기된 분단체제 동요기에는 비적대적 상호의존과 상호의존 없는 적대의 가능성도 생각해볼 필요가 있다. 전자의 예로는 김대중·노무현 정부를 통해서 전개된 남북 간의 교류협력 과정을 들 수 있을 것이다. 후자의 경향

---

18 억울한 피해를 당한 이는 복수를 생각할 텐데, 복수는 생각과 구상의 수준에서 이미 쾌락을 산출하며 강력한 행위 동기를 제공한다. 이때 행위자는 타자에 강하게 '통합'된 상태라고 할 수 있다. 즉 적대 상태의 양자가 평화 상태의 양자보다 더 긴밀하게 '통합'된 상태인 것이다.

도 나타난다. 분단체제가 안정적이던 시기에 남과 북은 서로에 대한 위협을 자기 체제 안정의 자원으로 동원했고 그렇기 때문에 진짜 위기로 나아가려 하지 않았지만, 분단체제가 흔들리면서 높은 수준의 적대가 지속되는 것도 가능해진다. 이명박 정부의 5·24조치나 연평도 포격사건 그리고 2013년 3차 북핵 실험 이후 일련의 사태(한미 '독수리 연습'과 B-52 전폭기에 이은 B-2 전략폭격기가 한국 상공 비행, 이에 반발한 북한의 미사일 장전 시위 등)와 4차 북핵 이후 긴장의 고조는 그런 관점에서 파악할 수 있다.[19] 이런 과정은 분단체제의 동요 속에서 평화와 긴장(또는 위기) 사이의 진폭이 더욱 커지고 구조적 복잡성이 증대했다는 것을 말해준다.

9

분단체제론이 현재의 한반도 상황에 대해 설명력과 이론적 개입 능력을 어느 정도 가졌는지와 별도로 그것이 사회적 재현 수준에서 어떤 새로운 점을 도입하는지가 현재 논의에서는 더 중요할 것이다. 분단체제론은 세계체제론과 이론적 제휴 관계를 맺고 있는데, 이런 제휴에는 세계체제론이 제1세계(미국 중심의 세계자본주의 권역)와 제2세계(구소련 중심의 사회주의 권역) 모두에 대해 비판적인 관점을 견지하기 때문이다. 이매뉴얼 월러스틴은 냉전이야말로 일종의 미국과 소련이 함께 춘 미뉴에트와 같은 것이었다고 파악한다.[20] 이 점에서 세계체제론은 남

---

19 이 점에 대한 상세한 논의는 이 책의 제11장 「분단체제와 87년체제의 교차로에서」 참조.

북한의 지배층 모두에 대해 비판적 문제의식을 견지하는 전망을 발전시키려는 분단체제론과 공명한다. 다소간 수사적으로 표현한다면, 분단체제론은 어떤 의미에서 중립국으로 떠나지 않은『광장』(최인훈)의 이명준, 즉 남북한 사이의 강요된 선택의 거부를 분단체제 자체의 극복을 지향하는 이론적·실천적 활동으로 지양하려는 입장에 선다고 할 수 있다.

일단 이런 입장에 서게 되면 여러가지가 함께 바뀌게 된다. 우선 분석의 기본 단위가 한반도가 된다. 이런 관점에서 얼마나 경험적인 연구가 축적되었는가와 별도로 남북한 각각의 내부적 변동과 양자의 구조적 연동(structural coupling) 양상이 하나의 문제로 설정되는 것이다. 그렇게 보면 분단체제보다는 한반도체제라는 표현이 더 적합하고 중립적일 수 있다. 그럼에도 불구하고 분단체제라는 표현을 선택하는 것은 한반도 주민들이 경상경비로 치르고 있는 정치적·군사적·경제적·문화적·정신적 댓가 그리고 다른 삶의 가능성에 대한 비전을 따져 묻기 위해서이다.

하지만 이런 분석과 서술의 입장이 거기서 살고 있는 주민을 민족으로 일체화하는 민족주의적 관점을 함축하지 않는다. 그런 의미에서 분단체제론은 탈민족주의와 상당히 넓은 지대를 공유한다고 할 수 있다. 이런 공유점은 분단체제 극복의 전망과 관련해서도 드러난다. 더이상 체제 변동을 향도하는 이념을 민족주의로부터 길어올리지 않게 되면, 그것의 방향은 매우 개방적인 것이다. 통일, 또는 표준적인 국민국가의 '완성'이 분단체제의 극복태로서 목적론적으로 가정되지 않는다. 예를

---

20 이매뉴얼 월러스틴『미국 패권의 몰락: 혼돈의 세계와 미국』, 정범진·한기욱 옮김, 창비 2004.

들어 백낙청은 느슨한 형태의 국가연합을 주장하는데, 그것은 표준적·근대적 국민국가가 아닌, 탈중심화된 주권 구조를 가진 체제라고 할 수 있다. 그런 국가연합의 상태는 분단체제의 변형일 수도 있고 통일일 수도 있으며, 어떤 의미에서 양자 모두이다.[21]

그러나 표준적인 탈민족주의와 달리 분단체제론은 민족주의가 분단체제 극복을 위해 내연하는(물론 저강도의 연소인 것이 바람직하다고 보이지만) 에너지일 수 있는 가능성을 부인하지 않는다. 이렇게 보는 것은 여전히 남아 있는 민족주의의 잔영이 아니다. 오히려 민족 또한 개인의 생활사와 사회적 유대 속에서 형성되는 여러가지 사회적·정치적 집단의 하나이며, 개인의 의미있는 삶이 이런 사회적 유대의 확장을 통해서 인류의 차원으로 (코즈모폴리턴적으로) 확산된다는 매우 사회학적인 관점에 근거한 것이다. 탈민족주의는 역사적 행위자로서의 개인(이영훈의 표현으로는 "살아 있는 개별 인간")을 가정할 뿐, 그 개인이 어떤 사회적 삶 안으로 짜여 들어가는지 다루지 않으며, 민족이 그런 개인적 삶의 사회적 확장과정에서 형성된 역사적 구성물일 가능성을 별로 고려하지 않는다.[22] 그러나 민족적 감정은 개인들의 생활사적 토대가 없는 허구일 뿐인 것이 아니다. 더 나아가 민족은 식민지시대에도 그

---

21 이렇게 말하면 그것의 의미는 매우 제한적인 것으로 보일 수도 있다. 하지만 그런 체제가 한반도 주민의 삶을 더 평등하고 민주적인 체제로 이끄는 데 작용하는 바는 매우 크고, 더 나아가서 그것은 세계체제의 지정학과 위계적 체계를 변화시키는 중요한 동력이 될 수 있다. 백낙청 『한반도식 통일, 현재진행형』, 창비 2006 참조.

22 민족에 대한 구성주의적 이론이 종종 민족의 자연적 외관을 걷어내고 그것이 구성된 것임을 폭로하는 것이 민족이 허구적임을 증명한 것으로 오인하는 경향이 있다. 하지만 민족에 대한 구성주의적 이론은 오히려 민족의 존재(발명된 것으로, 구성적 실천의 산물로서 그것이 존재하고 있음)를 입증한다. 그것이 침식한 것은 민족이 자신을 정당화하는 방식(전통주의 내지 자연주의)이다.

랬지만, 분단체제에서도 도래할 인민의 종족적·문화적 토대 또는 잠재태의 이름이다. 그것으로부터 출현하는 심리적 에너지가 상당히 크다면, 그것을 더 나은 방향의 사회변화와 접맥할 길을 모색하는 것은 당연하다고 하겠다.


## 10

몇가지 아이디어를 제출하는 것에 머무르고 있는 이 글을 마치면서, 글머리에서 언급한 교과서 국정화 문제로 돌아가보자. 국정화 사태를 분단체제론의 관점에서 조명한다면, 한국의 보수파는 여전히 전쟁상태에 있음을 말해준다. 즉 한반도는 예외상태에 있으며 언제나 '긴급조치'를 발할 수 있다고 보는 내전의 감수성이 보수파의 에토스임을 말해준다. 그들에게 민주화는 해방공간에서 그리고 이후의 역사과정에서 자신들이 선택한 노선이 옳았음을 증명하는 화관(花冠)과 같은 것이다. 이 화관이 빌려온 것임은 두말할 나위가 없다. 한국사 교과서 국정화 시도의 흥미로운 점은, 반민주적이고 강압적인 진행이 보여주듯이 빌려온 화관 덕에 그럴듯해진 '건국—산업화—민주화'라는 의기양양한 '대한민국사'를 전파하기 위해서 기꺼이 그 화관을 짓밟아버리려 했다는 점이다.

민주화와 87년체제의 수립이 분단체제를 지양한 것은 아니었다. 87년체제는 다만 분단체제로부터 발원하는 보수파와 민주파의 대립을 민주적으로 제정된 절차 안으로 밀어넣었을 뿐이다. 이 절차에 따르면, 그들이 원하는 교과서는 또 하나의 검인정 교과서로 유통되며 더 나은 통찰을 인정받음으로써 확산되어야 한다. 하지만 그들은 내용의 힘으로 형식을 붕괴시키려 하고 있다. 그것이 그렇게 간단치는 않을 것이다. 후기구조주의의 표현을 빌리자면, 기표는 기의를 능가한다. 즉 형식이 내용을 제어하고 전치할 수 있는 것이다. 분단체제를 재안정화하려는 시도는 분단체제가 더 깊게 동요하고 있음을 방증할 뿐이며, 87년체제에서 제정된 절차의 힘을 폐기할 수 없을 것이다. 국정화 반대 여론은 박근혜 정부가 공급하려는 역사관 자체에 대한 반대보다 특정 역사관이 정부에 의해 힘으로 강요되는 것에 대한 반발에서 더 큰 에너지를 얻었다고 할 수 있다. 사회적 재현 양식을 둘러싼 투쟁은 제정된 절차 속에서 경쟁해야 한다는 것이 87년체제의 협약이다. 그리고 이 협약이 유지될 때, 우리는 더 나은 자기서술에 도달할 것이다.

제14장

# 촛불혁명에 대한 몇개의 단상

1

알랭 바디우(Alain Badiou)가 어딘가에서 지적했듯이 "사건의 명명은 사건의 일부이다." 그렇다. 만일 '프랑스대혁명'이라는 이름이 없다면, 우리가 지금 프랑스대혁명이라고 부르는 사건은 1789년 6월 20일 테니스코트의 서약, 7월 14일 바스띠유 습격, 8월 26일의 '인간과 시민의 권리 선언'의 선포, 1792년 8월 10일 뛰일리궁 포위, 1793년 1월 21일 루이 16세의 처형 같은 성격이 서로 다른 여러개의 사건으로 분산되어 흩어져버릴 것이다. '3·1운동'의 경우도 그렇다. 만일 그 이름이 없다면 우리가 3·1운동이라고 부르는 사건은 1919년 3월 1일 이후 한반도 전역에서 발생한 1,500여개의 개별 만세시위로 분해될 것이다. 그 결과 3·1운동 대신 '태화관 기미독립선언서 낭독사건' '아우내 장터 만세운동' '군산 3·5만세운동' '곽산 학살 사건' '제암리 학살 사건' 또는 '익산 이리 장날 만세운동' 같은 개별적 항일 집합행동들과 그것에 대응한 일제의 잔인한 진압만이 남게 될 것이다. 그 경우 프랑스대혁명 또는

3·1운동이라는 이름이 존재함으로써 가능한 일들, 즉 개별적으로 발생한 사태들이 하나의 사건으로 소환되고 분산된 행위자들을 그 사건의 참여자로 결속하는 일은 이루어지지 않을 것이다. 또한 개별적인 사태 사이에 의미 연관이 수립되고, 사회적 기억과 정체성을 새롭게 구성하는 계기가 되지도 못할 것이다.

이런저런 사태들이 하나의 사건으로 모아져 총괄적 이름을 획득하는 것 못지않게 중요한 것은 그것이 어떤 구체적 이름을 얻는가 하는 것이다. 하나의 이름이 쉽게 직관적 이해를 획득하고 지배적인 합의를 얻을 때도 있지만, 어떤 이름을 채택할지가 사회적 투쟁의 대상이 되는 경우도 적지 않다. 어떤 이름이 채택되느냐가 사회의 자기이해를 규정하기 때문이다. 우리의 근현대사만 돌아보아도 그렇다. 예컨대 동학란과 갑오농민전쟁, 광주사태와 5·18광주민주화운동, 세월호 침몰사고와 세월호참사 사이에는 깊은 간극이 존재한다. 이 간극은, 역사적 해석에 매개된 명명의 투쟁에서는 "죽은 자들조차 적이 승리한다면 그 적 앞에서 안전하지 못하다"[1]는 것을 말해준다.

그러니 2016년 가을부터 2017년 봄까지 공식적으로는 '박근혜정권퇴진비상국민행동'이 개최한 23차에 걸친 집회, 연인원 1,700만명이 참여한 집회에 대한 고찰 또한 이름 문제로부터 시작해보자. 그것은 어떻게 명명되고 있으며, 그것에 함축된 의미는 무엇인가, 그리고 지난가을과 겨울 광화문광장을 휘황하게 밝혔던 거대한 촛불의 물결에 걸맞은 명예를 부여하기에 마땅한 이름은 무엇인가?

---

1 발터 벤야민 「역사의 개념에 대하여」, 『역사의 개념에 대하여/폭력비판을 위하여/초현실주의 외』(발터 벤야민 선집 5), 최성만 옮김, 길 2008, 334면.

23차에 걸친 집회가 하나의 사건으로 총괄되는 것에는 아무런 이견이 없는 것 같다. 집회들을 통해서 가장 일관되고 빈번하게 외쳐진 구호는 "박근혜는 즉각 퇴진하라"였다. 이런 목표의 통일성과 그 목표의 성취가 연속된 집회들을 하나의 사건으로 통합한다. 그렇다면 그렇게 하나로 묶인 사건은 어떻게 명명되고 있는가? 가장 일반적인 것은 '2016년 촛불집회'이다. 이 이름은 집회 레퍼토리로서의 '촛불'이라는 양식적 통일성에 기대는 동시에 집회가 시작된 연도를 부기함으로써 동일한 집회 레퍼토리가 활용된 다른 사례들(2002년 촛불집회, 2004년 촛불집회 또는 2008년 촛불집회)과 구별하는 것이다. 하지만 명명은 언제나 수행적인 것이어서 이 이름 또한 사태를 객관적으로 서술한다고만은 할 수 없다. 이 이름은 사건을 중립화하고 고립시키는 효과를 가지며, 그럼으로써 사건이 새로운 정치적 사유, 의미, 행동의 지속적 출처가 되는 것을 약화시킬 수 있다. 다시 말해 이 명명은 그 사건이 '우리에게' 무엇이고 우리를 어떤 주체로 불러 세우는지 말해주지 않는다.

　'2016년 촛불집회'와 달리 사건에 강렬한 의미를 부여하는 이름이 있다. '촛불혁명'이 그것이다. 이 이름이 빠른 속도로 광범위하게 퍼져나가고 있다. 많은 학자, 문필가, 언론인이 그렇게 쓰고 있고 일상적 대화에서도 빈번하게 채택되고 있다. 5·18광주민주화운동 37주년 기념사에서 문재인 대통령 또한 '촛불혁명의 정신'을 받들 것이라고 말했다. 이런 명명을 반대하는 의견이 표명되지도 않는다. 물론 반론이 없다고 해서 이견이 없는 것은 아닐 것이다. 그런데도 짐작컨대 이견이 입안을 맴돌다 사라지는 것은 이견을 표명하고 반론을 전개할 상황이 아니라고 느끼고 있기 때문일 것이다. 이런 분위기의 엄존 자체가 촛불혁명이라는 명명이 헤게모니적 힘을 가지고 있음을 뜻한다. 이견이 있는 사람이 사건을 지칭할 유일한 방법은 현재로서는 '2016년 촛불집회'라는 이름을 사용하는 것뿐이다(그렇다고 해서 '2016년 촛불집회'라고 지칭하는 모든 경우가 은밀한 이견의 표현인 것은 당연히 아니다).

촛불혁명이란 이름이 이렇게 빠르게 사회적 설득력을 획득한 여러 이유 가운데 하나는 가시적인 정치적 성과를 명명의 중요한 기준으로 여기는 일종의 결과주의(consequentialism)가 작용한 때문으로 보인다. 4·19혁명, 5·18광주민주화운동, 6월항쟁 같은 이름들을 생각해보라. 우리 현대사에서 촛불혁명 이전에 발생했던 중요한 정치적 사건 가운데 혁명이라는 이름을 얻은 것은 4·19혁명뿐이다. 그리고 4·19혁명과 촛불혁명의 공통점은 두 사건이 모두 대통령의 퇴진에 성공했다는 것이다. 물론 집합행동이 지향하는 바를 성취했다는 것은 중요한 의미를 갖는다. 넘기 힘든 문턱을 넘었다는 사실만으로도 그것은 이후 사태의 전개 방향에 대해 흔들리지 않는 이정표가 되며, 사건 참여자들에게 보람과 자신감을 불어넣고 다음 발걸음을 힘차게 내디딜 수 있게 해준다. 설령 사건 이후에 어떤 중대한 정치적 패배와 후퇴가 일어난다고 해도, 어디가 회복해야 할 지점인지 명료하게 남는다. 그러므로 명명의 정치적 결과주의에는 분명한 타당성과 이점이 있다. 그렇다고 해서 그런 명명의 심리에 그늘이 없는 것은 아니다.

2

명명의 그늘. 이 문제와 관련해 2008년 촛불집회를 소환해보자. 그렇게 하려는 이유는 선행 사건은 뒤에 일어난 사건을 조명해줄 수 있기 때문만은 아니다. 그런 조명 작업이 후행 사건에 의해 앞서 일어난 사건의 의미를 재규정하는 기회도 되기 때문이다. 그러므로 2008년 촛불집회와 촛불혁명을 대조하는 것은 촛불혁명의 의미를 밝히는 작업뿐 아니라 자신이 이룬 것에 걸맞은 영예를 얻지 못한 2008년 촛불집회에 좀더 공정해지는 기회가 될 수 있다.

대부분의 사람들이 2008년 봄에서 여름까지 이명박 정부와 싸웠던 집회를 그저 '2008년 촛불집회'라고 부르거나 아예 제한된 의의만을 인정하기 위해 '미국산 쇠고기 수입 반대 집회'라고 부른다. 2008년 당시엔 야간집회에 대한 법적 제한이 엄격해서, 그것을 피하기 위해 '집회'가 아니라 '문화제'로 행사 신고를 했다. 그 때문에 '촛불문화제'라는 이름이 쓰였는데, 통제의 표식이 붙어 있는 이름이라고 할 수 있다. 나는 이런 식의 명명이 사건의 의미에 부합하지 못할뿐더러 부당하기조차 하다고 생각한다. 왜냐하면 그런 명명은 사건의 의미는 고사하고 그것의 고유성마저 인정하지 않기 때문이다. 적어도 나는 그 사건이 '촛불항쟁'이라고 불릴 만한 자격이 있다고 생각했다.[2]

근거는 두가지였다. 하나는 매우 새로운 양식의 항쟁의 출현이라는 점이다. 강한 비폭력지향성, 항쟁 레퍼토리의 창의성과 응집력, 자기조직적 팽창성, 정보통신네트워크의 활용 등에서 촛불항쟁은 현저히 새로운 사례였다. 항쟁 양식의 면에서는 촛불혁명의 면모를 거의 모두 선취했으며, 그런 의미에서 촛불항쟁은 촛불혁명을 예비했다. 그러므로 아주 적극적으로 말한다면, 우리는 촛불항쟁과 촛불혁명을 각각 제1차 촛불항쟁과 제2차 촛불항쟁이라 명명하며, 보수파 정부에 도전한 연속

---

2 이 책의 제6장 「촛불항쟁과 87년체제」 참조.

적인 대중투쟁으로 파악할 수도 있다.

다른 하나는 촛불항쟁은 정치적 성과가 미흡한 것으로 흔히 평가되지만 그것이 거둔 성과가 사실은 만만치 않다는 점이다. 촛불항쟁은 직접적 목표의 성취, 그러니까 미국산 쇠고기 수입의 전면적 철회를 이루지는 못했다. 정부 출범 초기라는 조건, 수입개방 철회가 국제협약을 바꾸어야 가능한 문제인 점을 생각하면, 그것은 완수하기 까다로운 목표였으며, 설령 미국산 쇠고기 수입 전면 철폐를 얻어냈다 해도 그것이 큰 정치적 승리라고 하긴 어려운 면이 있다.

하지만 이렇게 평가하기 전에 촛불항쟁이 어떤 정부와 싸웠는지 생각해볼 필요가 있다. 이명박 정부는 대통령선거와 그 직후에 치러진 총선에서 모두 압도적 승리를 거둔 강력한 정부로 출범했다. 촛불항쟁은 그런 이명박 정부의 헤게모니 능력을 조기에 해체했으며, 적어도 전력이나 상수도 같은 네트워크 기반 공기업의 민영화와 의료 민영화를 막았다. 물론 '한반도 대운하'사업의 경우, 그것이 4대강사업으로 변형되어 지속되었으니 완전히 막지 못했다고 할 수 있다. 하지만 이 경우에도 촛불항쟁이 없었다면 소백산맥을 넘는 운하가 만들어졌을 가능성을 배제할 수 없다.[3]

그럼에도 불구하고 촛불항쟁은 상당수 지식인, 언론인, 정치인으로부터 대의정치의 위기 상황에서 잠시 등판했지만 곧 강판되어야 할 구원투수로 여겨졌고 중산층 중심의 웰빙지향적 운동이라는 식으로 폄훼되기도 했다.[4] 최근에도 박상훈은 여전히 촛불항쟁은 "반정치적 혹은

---

3 이 책의 제6장 보론 「촛불항쟁과 정치문화」 참조.
4 당시 지식인들의 촛불항쟁에 대한 양가감정이 잘 표현된 책으로는 당대비평 기획위원회 엮음 『그대는 왜 촛불을 끄셨나요』, 산책자 2009 참조.

반정당적 열정으로 시작"했으며, 그로 인해 "촛불시위 현장에서 정당과 정치인들은 발언권을 갖지 못했고, 정당의 이름으로 촛불시위에 참여하는 것은 비난받았다"고 평가한다. 그러면서 촛불항쟁과 확연히 다르게도 "2016년 촛불시위는 처음부터 '민주주의가 필요로 하는 시민적 실천, 그것을 위한 정치적 진화'의 모습을 확연히 보여주었다. 2016년 촛불시위는 처음부터 끝까지 정치시위였다"고 주장한다.[5]

하지만 이렇게 촛불항쟁과 촛불혁명을 전혀 다른 지향을 가졌고 그래서 분리해서 인식해야 한다는 진술은 촛불항쟁 발생 당시의 상황을 고려하지 않고 촛불항쟁이 집회 국면을 넘어서 지속되고 확장된 양상 또한 무시하고 내려진 잘못된 평가이다. 촛불항쟁이 반정치적이거나 반정당적인 성향(모습)을 보인 것은 사실이다. 하지만 그것은 지속적 성향이 아니라 정세적 반응이었다. 촛불항쟁이 발생한 시기는 노무현 정부가 대연정 제안이나 한미FTA 추진 등으로 지지집단을 해체시켜서 이제는 당명조차 기억에 희미한 대통합민주신당 정동영(鄭東泳) 후보가 엄청난 표차로 대통령선거에서 패배했고, 그 영향 아래 총선에서도 심각한 패배를 겪은 때였다. 촛불항쟁의 참여자들이 자신들에게 커다란 실망감을 안긴 당시 야당 정치인들에게 보낸 경멸과 배제의 태도는 납득할 만한 것이었다.

박상훈도 "촛불시위가 계속되고 변화와 해결의 전망이 약해지면서 분위기가 달라지기 시작했는데, 그것은 정치가 중요하다는 인식의 성장이었다"[6]라고 말하는데, 이런 인식의 성장을 촛불항쟁과 분리해서 보

---

5 박상훈 「촛불과 정치변화: 무엇이 바뀌었으며, 무엇을 바꿔야 하는가?」, 최장집 외 『양손잡이 민주주의: 한 손에는 촛불, 다른 손에는 정치를 들다』, 후마니타스 2017, 261~62면.
6 같은 책 261면.

는 관점은 받아들이기 어렵다. 그런 학습과정은 당연히 항쟁의 일부로 포섭되어야 하거니와, 촛불항쟁 참여자들은 박상훈의 평가를 상회하는 수준의(그가 생각한 것 이상의) 학습을 성취했다. 그들은 제도적 정치과정의 중요성을 인식했을 뿐 아니라 당시 야당을 불만스럽지만 적극적으로 견인해서 고쳐서라도 쓰지 않을 수 없는 수단이라고 생각했다. 그것은 야당을 둘러싼 (정서적 과잉과 부적절한 수준의 상호 비판이 종종 일어나기는 했지만 그래도 어쨌든 활성화된) 공론장 형성과 투표 인증샷을 유행시킨 선거 참여 증가로 잘 드러난다. 그런 공론장의 활력과 선거 참여 덕분에 2010년 지방선거에서 야당과 진보교육감이 약진할 수 있었다.[7]

이렇게 촛불항쟁은 결과주의의 관점에서 보더라도 무시될 수 없는 성과를 거두었지만, 필자가 사용한 촛불항쟁이라는 이름은 널리 사용되지 않았다. 명명의 가장 중요한 기회는 사건 직후에 할당되어 있어서 그때 어떤 이름을 얻는지가 매우 중요하다. 더 나아가 명명은 세례와 같아서 일단 이루어지면 바꾸기 위해선 개종에 비견할 어려움을 겪는다. 하지만 사회의 자기이해가 변동하면 사건의 배경 지평도 변동하며, 그

---

7 이 점을 여기서 자세히 분석할 수는 없지만, 광역단체장과 기초단체장만 간단히 살펴보면 이렇다. 2006년 당시 한나라당은 16개 광역단체장 가운데 11석, 230개 기초단체장 가운데 155석을 가져갔다. 그리고 열린우리당과 민주당을 합해서 광역단체장은 3석이었고, 기초단체장은 39석이었다. 그러나 2010년에 한나라당은 16개 광역단체장 가운데 6석, 228개 기초단체장 가운데 82석에 그쳤던 반면, 민주당은 광역단체장 7석, 기초단체장 92석으로 약진했다. 그리고 2014년에는 당시 새누리당이 17개 광역단체장 가운데 8석, 226개 기초단체장 가운데 117석을 가져갔다. 그리고 새정치민주연합은 광역단체장 9석, 기초단체장은 80석을 획득했다. 지난 세번의 지방선거 가운데 민주파가 가장 선전한 것은 촛불항쟁 뒤에 치러진 2010년 지방선거였으며, 이 선거를 기점으로 민주파는 일방적인 열세가 계속되던 지방선거 지형에서 벗어났다.

에 따라 재명명의 기회 또한 열린다. 촛불항쟁에도 역사의 하늘은 여전히 푸르게 펼쳐져 있다.[8]


3


촛불항쟁에 대한 폄훼에는 앞서 지적했듯이 그것을 일종의 먹거리에 대한 집착 또는 웰빙지향적 호사로 여기는 태도가 깔려 있다. '고작 쇠고기 때문에' 정부를 위기로 몰아넣는 것에 보수파는 '너무한다고 여겼다.' 그래서 당시 여당 의원들은 직접 미국산 쇠고기를 먹는 장면을 연출하기도 했다. 민주파 안에도 "미국산 쇠고기면 어떤가, 없어서 못 먹지" 하는 태도가 남성 육체노동자 중심으로 꽤 널리 퍼져 있었다. 촛불 항쟁은 미국산 쇠고기 수입개방에서 빠른 속도로 5대 의제, 그러니까 '한반도 대운하' 반대, 공기업·수돗물·공영방송 민영화 반대, 교육자율화 반대로 확장되었다. 그리고 이런 의제들은 광우병 쇠고기 수입 개방 문제가 진지한 것이 못 된다고 생각하는 이들에게도 대단히 중요한 구조적 문제들이었다. 하지만 촛불항쟁에 합류된 이런 의제들보다 그것의 출발점에 있었던 광우병 쇠고기 문제가 계속해서 중심의제로 부각되었다. 그리고 광우병 쇠고기 문제는 대규모의 집합행동을 촉발하는 요인으로는 특이성(singularity)을 가진 것으로 여겨졌다.

---

8 다소 동떨어진 예이지만, 명명에 역사적 변화 가능성이 열려 있음을 보여주는 예로 수백년간 '임진왜란'과 '정유재란'이라 불렸던 사건이 최근 들어 동아시아가 역사서술의 지평으로 부상함에 따라 '동아시아 7년 전쟁'이라는 새로운 이름을 얻고 있는 사례를 들 수 있을 것이다.

촛불혁명으로 눈을 돌려보자. 우리는 엄청난 수의 사람들이 광화문 광장에 모인 집회의 계기가 무엇인지 잘 기억하고 있다. 박근혜 전 대통령의 오만, 불통, 기행, 권력 남용과 부패 의혹이 간헐적으로 보도되어왔고 점점 더 빈도를 높여왔지만, 결정적인 계기는 2016년 10월 24일 JTBC 뉴스룸의 최순실(崔順實)의 태블릿PC 관련 보도였다. 사람들은 보도 내용에 경악했고, 거리에 뛰쳐나왔다. 그리고 자신만이 아니라 모두가 경악했음을 깨달았다. 그러자 촛불집회는 비탈을 굴러떨어지는 눈덩이처럼 커졌다.

보도 내용의 핵심은 박근혜 대통령이 국가의 주요한 인사 및 정책 결정을 공직자도 아니고 공직 경력도 전혀 없고 사적 이력조차도 의심쩍은 일로 가득 찬 특정 개인에게 거의 전면적으로 의존했다는 것이었다. 그것은 즉각 우리가 가정했던 대통령의 인격적 통합성(integrity) 자체에 대한 의문을 불러일으켰다. 국가와 결혼했다고 공언했던 대통령에게 유사종교 집단으로도 보이는 '가족보다 더한 가족'이 있었으며, 이 유사가족이 아무렇지도 않게 여러 중요한 국가 정책과 인사를 주물러왔다는 사실은 대통령의 명령에 의해 작동하는 국가관료제 그리고 그런 국가관료제의 작동에 의해서 구성되는 사회질서 전체를 기이한 허구성으로 몰아넣었다. 그것은 일상적으로 유지되던 현실감을 뿌리로부터 위태롭게 하는 것이었다. 대통령의 지시를 받아서 정책을 수행한 관료들은 도대체 무슨 일을 한 것이며, 대통령이 TV에 나와서 그토록 여러번 결연하게 외치고 주장했던 것들, 가령 모두를 어리둥절하게 만든 '창조경제'와 '통일대박'은 다 무엇이었는가? 그런 발언에 비록 표현은 투박해도 의미심장한 메시지가 깃들어 있다며 상찬을 늘어놓은 '저명한' 지식인들의 칼럼은 다 무엇이었단 말인가?[9] 흔들리는 현실감의 위기는 일상인의 감각에도 깊이 파고들었다. "내가 낸 것이 세금인지, 복채인지 알 수가 없게 되었다"는 한 네티즌의 풍자적 자탄은 그것을 잘 보여준다.[10]

일단 언론보도의 봇물이 터지자 헌정파괴와 국정농단의 사례는 끝도 없이 쏟아져나왔으며, 점점 정경유착에서 블랙리스트에 이르는 구조적인 문제들로 나아갔다. 하지만 그런 중에도 '마늘주사'나 성형수술 같은 대통령의 '품행' 문제는 지속적으로 촛불혁명의 연료가 되었다. 혁명의 한 계기로서 통치자의 품행이 중심 테마의 하나로 등장한다는 것, 우리는 여기서도 거대한 집합행동이 생애사적으로 형성된 인격적 특이성과 접맥되는 것을 보게 된다.

이렇게 촛불항쟁과 촛불혁명 모두에서 우리는 특이성과 구조적 상황의 기묘한 접합을 보게 된다. 그것은 두 사건이 집회양식 이외의 차원에서도 유사성을 가지고 있음을 말해준다. 두 사건 모두 일반적으로 경험되고 반복적으로 확인되는 구조적 양상이 아니라 겉보기엔 사소하며 반복적이지도 일반적이지도 않은 특이성이 대규모 집합행동의 출발점일 수 있음을 보여준다.

확실히 촛불항쟁 밑에는 이명박 정부가 예고한 공격적인 신자유주의

---

**9** 매우 많지만 대표적인 예 둘만 들자면, '창조경제'에 대해서는 송호근 「뚝심은 나의 힘」, 『중앙일보』 2015년 7월 8일(http://mnews.joins.com/article/18327773#home), '통일대박'에 대해서는 윤평중 「통일은 대박인가」, 『조선일보』 2014년 2월 7일(http://premium.chosun.com/site/data/html_dir/2014/02/06/2014020604625.html) 참조.

**10** 이 문제를 필자는 「박근혜-최순실게이트가 초래한 위기와 우리의 자세」(『창비주간논평』 2016년 11월 9일)에서 다룬 바 있다. 촛불혁명 초기 국면에서 쓰인 이 글은 문제 해결을 제안하는 부분에서는 여러가지 잘못된 판단이 눈에 띄지만, 분석의 면에서는 일정한 의미가 있다고 생각한다.

정책과 급진적 개방 정책이 돌이킬 수 없는 대규모의 위험을 초래할 것이라는 민주파의 근거 있는 두려움이 자리잡고 있었다. 또한 뒤에 좀더 자세히 다루겠지만, 그런 이명박 정부에 대한 저항이 두번의 선거 패배 이후 촛불항쟁이라는 대중투쟁의 형태로 그렇게 신속하고 대규모로 조직될 수 있었던 것은 그것을 통제할 억압적인 경찰 능력이 김대중·노무현 집권기를 통해서 매우 약해져 있었다는 구조적 조건에 힘입은 바도 크다. 하지만 이런 구조적 요인들과 그것에서 비롯된 사회적 긴장만으로 촛불항쟁만 한 사건이 일어나는 것은 아니다.

촛불혁명도 마찬가지이다. 이명박·박근혜 정부를 경유하며 고착된 저성장, 비정규직화와 저임금, 사회경제적 강자들이 저지르는 여러 종류의 '갑질' 그리고 빈곤 문제(노령층에 특히 심각한)가 너무 심해져서 '헬조선'이라는 끔찍한 신조어가 생겼고, 양극화와 불평등을 풍자하는 '수저계급론'까지 등장했다. 광범위한 도청·감청, 일부는 밝혀지기도 한 국가정보원의 수상한 각종 공작과 간첩 조작, 통합진보당 해산을 비롯한 여러 정치적 탄압 그리고 '문화계 블랙리스트'로 실증된 광범위한 배제의 정치로 인한 불만이 깊게 누적되어 있었다. 이 모든 것이 구조적 배경을 형성한다. 하지만 구조적인 긴장만으로 촛불혁명이 발생하지는 않는다. 촛불혁명은 박근혜 대통령이라는 존재(인격체)의 특이성에 깊이 배태되어 있다. 그래서 우리는 촛불항쟁이나 촛불혁명을 구조적으로 설명하려고 하면 매번 사건의 고유성에 접근하지 못하게 되고, 그것의 특이성으로부터 설명하려고 하게 되면 매번 왜 그런 특이성이 이토록 거대한 변화를 초래하는지 기이한 느낌에 사로잡히게 된다. 특이성과 구조성을 매개 없이 오가는 '시차적(視差的) 관점'에 처하게 되는 것이다.[11]

따라서 두 사건은 모두 특이성과 구조적 상황 사이의 단락(短絡) 또는 쇼트서킷(short circuit)의 관점에서 조명될 필요가 있다. 마치 전기회로에서 플러스 노드와 마이너스 노드가 직접 연결되어 저항값이 무한대로 올라가고 그로 인한 열로 화재가 발생하는 것처럼, 두 사건은 모두 특이성과 구조적 상황이 뜻하지 않게 접속됨으로써 커다란 집합적 동원이 이루어졌던 것이다. 어쩌면 우리는 우리가 목도한 촛불항쟁과 촛불혁명을 사회분석에 새로운 시각을 열어주는 교훈적 계기로 받아들여야 할지 모르겠다. 다시 말해 특이성의 형태로 구조적인 동시에 구조적인 방식으로 특이점에 이르는 어떤 계기, 즉 구조적인 것과 특이성이 매개 없이 일치하는 순간이나 지점이야말로 폭발적인 사회변동의 발화점일 수 있다는 것을, 이론이 사건으로부터 배워야 할 때인 것 같다.

4

촛불항쟁이나 촛불혁명은 전체 과정을 조직하는 중심적 권위가 없는 대규모 집합행동이라는 특징을 공유한다. 그런데 조금 더 시야를 확장해보면, 우리의 근현대사에서 사회적 변곡점을 이루는 중요한 순간에 탈중심화된 대규모 집합행동이 등장하는 것은 촛불항쟁이나 촛불혁명에 한정되지 않는다. 우리의 헌정사를 생각해보자. 제헌헌법 이래로 헌법을 바꾼 힘은 두가지였다. 하나는 총구 또는 군사쿠데타였고, 다른 하나는 광장을 메운 사람들의 의지였다. 한나 아렌트(Hannah Arendt)의

---

11 시차적 관점에 대해서는 슬라보예 지젝 『시차적 관점』, 김서영 옮김, 마티 2009 참조.

유명한 구분을 도입하면 폭력 아니면 소통적으로 구성된 권력이 헌정을 교체한 힘이었다.[12] 둘 가운데 무엇이 사회적 정당성을 가졌는지는 물을 필요도 없다. 강권과 폭력에 의해서 세워진 '여리고 성벽'은 신화에서와 마찬가지로 지금 여기서도 인민의 행진과 나팔소리에 의해 무너져 내린다.

이렇게 강권과 폭력에 기초한 헌정을 붕괴시키고 새로운 헌정을 수립하는 근원적인 힘을 보유한 것이 탈중심화된 집합행동인 한, 우리는 그 힘이 어떻게 형성되는지 이해할 필요가 있다. 다시 말해 사람들의 의견과 의지가 어떻게 알려지고 모아져서 집합적인 것으로 이행하는가 하는 문제를 다뤄야 한다. 집합행동 형성 이전에 분산된 형태일망정 유사한 의견과 의지가 넓게 분포하고 있지 않다면 집합행동 자체가 형성되지 않지만 그렇다고 해서 그것이 자동적으로 집합행동으로 발전하지는 않기 때문이다. 집합적인 것으로의 도약을 가능하게 하는 것은 어떤 요소일까?

같은 의견과 의지를 표명하기 위해서 같은 시간 같은 장소에 모인다는 것, 즉 동시적인 행동이 집합행동의 핵심인데, 그것이 일어나는 논리적 구조는 첫 키스와 동일하다. 행복한 첫 키스를 경험하기 위해서는 내가 키스하고 싶다는 것으로는 모자란다. 네가 나에게 키스하고 싶어 한다는 것으로도 부족하다. 서로 사랑하지만 달콤한 키스로 그 사랑을 확인하지 못하고 헤어지는 이야기는 멜로드라마에서나 일상생활에서나 차고 넘친다. 첫 키스에 '성공'하기 위해서는 네가 키스하고 싶어 한다

---

12 폭력과 권력의 구별에 대해서는 한나 아렌트 『공화국의 위기: 정치에서의 거짓말·시민불복종·폭력론』, 김선욱·이양수 옮김, 한길사 2011, 제3장 「폭력론」 참조.

는 것을 내가 안다는 것을 네가 알아야 하고, 내가 키스하고 싶어 한다는 것을 네가 안다는 것을 내가 알아야 한다. 대개는 묵시적으로 진행되는 소통과정에서 우리는 작은 몸짓과 눈동자의 떨림에서 욕망의 상호성을 '제대로' 읽어내야 한다(물론 일단 감행하고 사과하지만, '사과하지 않아도 된다, 나도 너를 원한다'는 감격적인 말을 들을 수도 있다). 즉 서로의 욕망에 대한 '공유지식'(shared knowledge/common knowledge)에 도달해야 하는 것이다. 촛불혁명의 경우도 마찬가지이다. 이 경우에도 너와 내가 각기 박근혜의 즉각적인 퇴진을 원한다는 것으로는 충분치 않다. 내가 원한다는 것을 네가 안다는 것을 내가 알아야 하며, 네가 원한다는 것을 내가 안다는 것을 너도 알아야 한다.

일반적으로 조율(co-ordination) 문제[13] 라고 불리는 이 공유지식 형성 문제가 어떤 커뮤니케이션 구조를 필요로 하는지를 마이클 최(Michael S. Chwe)가 제시한 네트워크 유형 비교를 통해서 살펴보자. 이 문제를 최만큼 간결하게 설명하는 예는 별로 없으니 말이다.[14]

〈그림 1〉의 네트워크 속에 있는 사람들은 선으로 연결된 타자와만 커뮤니케이션을 통해서 공유지식을 형성하는 것이 가능하다. 사각형의 경우 네 사람은 모두 인접한 두 사람과는 공유지식을 형성할 수 있지

---

**13** 조율 문제를 처음 정식화한 토머스 셸링(Thomas Schelling)은 이 문제를 커뮤니케이션 없이 해결할 수 있는 방안을 찾기 위해서 조정을 유도할 수 있는, 우연적이지만 현저한 요인을 '포컬 포인트'(focal point)로 명명하고, 그것에 의해 조율이 일어나는 과정을 해명했다. 하지만 조율은 커뮤니케이션에 의해서도 가능하며 그것이 포컬 포인트 없이 조율 문제를 해결하는 더 일반적인 메커니즘이다. 셸링의 조율 문제에 대한 논의는 그의 『갈등의 전략』, 이경남 옮김, 한국경제신문사 2013 참조.

**14** Michael Suk-Young Chwe, "Structure and Strategy in Collective Action," *American Journal of Sociology*, vol. 105, No. 1, 1999, 134면.

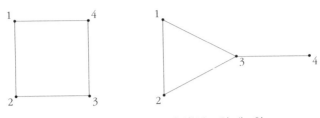

〈그림 1〉 사각형 네트워크와 연(鳶) 모양 네트워크

만 대각선에 위치한 사람과는 그렇게 할 수 없다. 그렇기 때문에 예컨 대 1은 4의 의견은 알지만, 4가 3과의 커뮤니케이션을 통해 어떤 의견을 함께하는지 알 수 없다. 동일한 상황이 네 사람 모두에게서 발생하는데, 이런 인지적 결함은 집합행동을 위한 일치된 행동을 어렵게 한다. 이에 비해 연 모양의 네트워크에서는, 4의 경우는 공유지식 형성이 불가능하 겠지만, 1, 2, 3 사이에는 공유지식이 형성된다. 각자가 서로에 대해 아 는 바를 각자가 알게 되기 때문이다. 따라서 이들은 함께 행동할 수 있 다. 즉 집합행동의 문턱을 넘을 수 있는 것이다.

이런 도식을 일상 사례에 적용해본다면, 페이스북은 사각형 네트워 크라고 할 수 있다. 페이스북을 통해 엄청난 양의 정보와 의견이 소통될 수 있지만, 나의 페이스북 친구들과 너의 페이스북 친구들 그리고 너의 페이스북 친구들의 친구와 나의 페이스북 친구들의 친구 사이의 연결 고리는 대부분 끊어져 있다. 따라서 페이스북에서는 의견의 순환은 일 어나지만 공유지식이 형성되지 않는다. 이에 비해 집회는 연 모양의 네 트워크를 형성하고 그럼으로써 공유지식을 창출하는 강력한 기제라고 할 수 있다. 집회는 모든 사람이 모든 사람을 바라보며 모든 사람의 의 견이 구호로 빠른 속도로 선별되고 집약되는 과정을 밟는다. 그렇기 때 문에 집회는 사회적 의견을 의지로 모아내며 나아갈 수 있는 것이다. 이

442

것이 집회가 민주주의와 내적 연관을 맺고 있는 이유이다.

하지만 집회가 그렇게 공유지식을 생산하는 엔진으로 작동하기 위해서는 그런 집회가 존재할 것이라는 인식과 믿음이 선행해야 한다. 언제나 그렇지만 그런 계기를 마련하는 것은 역설적으로 공유지식의 존재 여부에 개의치 않고 자기확신과 규범적 명령에 따라 행동하는 '일상적 칸트주의자'들이다. 그들은 참을 수 없는 것에 대해 다른 사람의 참여에 개의치 않고 참을 수 없다고 표명한다. 촛불혁명의 경우 그것은 2016년 10월 29일 제1차 촛불집회에 참여한 2만명의 사람이었다.

통상 이런 일상적 칸트주의자의 활동은 억압적 통제가 개입하지 않으면, 뒤이어 공리주의자와 공정성주의자의 도덕적 릴레이를 불러일으키며 확산된다.[15] 촛불혁명의 경우 놀라운 점은 이런 도덕적 릴레이를 알아보기 힘들 정도로 엄청나게 빠른 확장이 일어났다는 것이다. 한주 뒤에 열린 2차 집회에는 주최 측 추산 20만명이 참여했고, 그리고 그다음 주에 열린 3차에는 100만명 그리고 5차엔 거의 광화문광장 일대의 물리적 한계에 이르는 수준인 150만여명(전국 추산 190만명)이 참여했다.

이런 급속한 증가 이유는 세가지로 추정된다. 우선 박근혜 대통령이 저지른 정치적 과오와 헌정문란 그리고 부패에 대해 점점 더 놀라운 추가 보도가 이어졌기 때문이다. 다음으로 박근혜 대통령이 직접 기자회견에 나오지도 않고 녹화화면을 내보내는 등 드러난 과오에 대해 대단히 부적절한 대응 태도를 보였기 때문이다. 잘못된 품행에 대해 사과하는 품행도 잘못되어서, 사과가 허물을 벗겨주는 것이 아니라 그것

---

15 이런 도덕적 릴레이에 대해서는 이 책의 제7장 「이명박 시대, 민주적 법치와 도덕성의 위기」 마지막 절 참조.

을 확증해준 꼴이었다. 끝으로 잘 언급되지 않는 중요한 요인은 모두가 2008년 촛불항쟁의 기억을 가지고 있다는 점이다. 광장을 대규모로 점유하는 집회의 역사적 경험이 없었다면, 이런 속도로 참여 규모가 확대되기는 어려웠다. 이 역사적 경험이야말로 공유지식의 중요한 형태의 하나이다. 우리는 어디에 모여야 하고 모여서 무엇을 해야 하고 또 할 수 있는지 모두 알고 있었다. 더 나아가 매일 모이며 거의 매일 집회를 열고, 새벽까지 이어갔던(그리고 새벽에 참여 숫자가 줄고 고립되면 폭력적으로 진압되기도 했던), 어떤 의미에서 어떻게 집회의 리듬을 조절해야 할지 모르고 폭주했던 촛불항쟁과 달리 참여의 열기를 주말을 중심으로 조절하며 길어질 수 있는 싸움에 대비해야 한다는 것까지 알고 있었다. 이 점에서도 촛불항쟁은 촛불혁명을 예비했다고 할 수 있다.

5

촛불혁명이라는 이름의 앞부분 '촛불'에 주목해보자. 투쟁적인 집회와 시위가 주된 요소인 사건의 특징을 그것에 동원된 항쟁 레퍼토리(contentious repertoire)에서 찾는 것이 촛불항쟁이나 촛불혁명에 한정된 것은 아니다.[16] 비근한 예로 홍콩의 '우산운동'도 있다.[17] 그렇다고 해서 그것이 흔한 일은 아니다. 촛불항쟁과 촛불혁명 이외에 우리 근현대

---

16 항쟁 레퍼토리 개념에 대해서는 Charles Tilly, *Contentious Performances*, Cambridge University Press 2008 참조.
17 우산혁명에 대한 소개로는 후이 보경 「학습과 사유를 결여한 홍콩사회에서 '우산운동'을 사고한다」, 송가배 옮김, 『창작과비평』 2015년 봄호 392~407면 참조.

사를 통해서 주요한 사건에 이런 식의 명칭이 붙은 것은 없다. 예컨대 누구도 6월항쟁을 '화염병'항쟁이라고 부르지 않는다. 그러므로 촛불혁명에 대해 살피기 위해서는 그것의 항쟁 레퍼토리인 촛불에 대한 고찰을 피할 수 없다.

촛불이 항쟁을 위한 레퍼토리로 광범위하게 쓰이게 된 것이 지금은 당연하게 느껴질 수도 있지만, 생각해보면 쉽게 예상될 수 있는 일은 아니다. 촛불이 속한 의미의 장은 투쟁 현장과는 거리가 먼 곳에 있었다. 하지만 2002년 효순이·미선이 추모집회를 통해서 촛불은 집회에 등장했다. 한 네티즌의 제안이 받아들여진 것인데, 그럴 수 있었던 이유 가운데 하나는 집회의 성격이 '추모'였기 때문일 것이다. 그 이후 촛불은 노무현 대통령 탄핵 반대 집회를 비롯해 크고 작은 집회에 소환되었고, 2005년 사학법 개정 반대를 위한 보수파의 집회에서까지도 사용되었다. 그러나 필자가 다른 글에서 밝혔듯이, 2008년 촛불항쟁을 계기로 촛불은 '민주파의 것'이 되었다. 그때 보수파는 촛불에 심하게 '데였다'고 느꼈으며, 그로 인해 촛불이라는 레퍼토리와는 결별해버렸다.[18]

일단 항쟁 레퍼토리에 편입되자 촛불이 가진 레퍼토리로서의 자질은 탁월한 것으로 드러났다. 촛불은 아름다움, 고요함, 밝음, 빛으로 전환되며 소멸해가는 물질의 '희생', 바람에 일렁이지만 쉽게 꺼지지 않는 힘, 작은 것의 아름다움, 작고 힘없는 것들이 모여 이루는 거대한 빛의 일렁임 같은 풍부한 의미와 물질적 상상력을 유도하며, 그런 의미에서 고유한 미학을 가지고 있다. 그리고 거기서 더 나아가 그런 미학은 정서적 정화를 경유해서 어떤 행동 규율 내지 윤리학에까지 이른다. 촛불이라는

---

18 이 책의 제6장 보론 「촛불항쟁과 정치문화」 참조.

집회 도구 자체가 참여자는 물론이고 그것을 바라보는 관찰자 그리고 그들을 통제하려는 이들에게까지 행동을 평화화(pacification)하는 효과를 발휘하는 것이다. 촛불의 이런 평화화 효과가 아니었다면, 촛불집회에 여성과 어린아이가 그렇게 많이 참여하기는 어려웠을 것이다.

촛불은 이외에도 두가지 면에서 항쟁 레퍼토리로서 탁월하다. 우선 집회의 동원력 면에서 그렇다. 현대적인 도시생활의 특성상 한낮의 집회가 가진 동원력은 제한적이다. 사람들의 생활주기를 염두에 두면, 동원 극대화를 위해서는 야간집회가 불가피하다. 하지만 집회가 일정 규모를 넘어서면 도시의 가로등은 참여자들에게 충분한 안전감을 제공할 만큼 밝지 못하다. 그렇지만 집회 주최 측이 제공할 수 있는 추가적인 조명은 중앙무대 주변을 넘어서기 어렵다. 촛불은 이런 야간집회가 가진 난점을 쉽게 극복한다. 집회 공간 자체를 온화한 빛으로 채워주며, 서로가 서로를 밝히는 촛불은 이웃한 낯선 참여자에게 연대감을 느낄 수 있게 해주기 때문이다.

촛불은 공유지식의 형성 면에서도 탁월하다. 촛불은 참여자가 일정 범위를 넘어서면 그 자체가 하나의 스펙터클이 되며, 참여자가 많으면 많을수록 스펙터클로서의 가치가 지수함수적으로 상승한다. 방송은 물론이고 스마트폰과 SNS 같은 현대 미디어 환경을 생각하면 이런 스펙터클은 강력한 복제와 증폭의 대상이 되며, 그만큼 공유지식의 범위를 확장하는 힘을 가지게 되는 것이다.

촛불은 기존의 여러 항쟁 레퍼토리와는 다른 발상에 기초하고 있다는 점도 주목할 만하다. 두서없지만, 그간 우리 사회에서 채택되어온 항쟁 레퍼토리들을 언급해보면 이렇다. 1인시위, 탄원, 기자회견, 전단지 배포, 대자보 게시, 거리행진, 삼보일배, 삭발, 단식, 화염병, 고공농성 그리고 분신자살. 이런 항쟁 레퍼토리는 그렇게 투쟁과 시위에 나서야 하는 사정의 절박함, 거의 비명이 되지 않고는 들려지지 않는 고립된 미디어 환경을 타개하려는 결연함 같은 것이 배어 있다. 하지만 이런 모든 항쟁 레퍼토리는 유감스럽게도 한계효용의 체감을 겪게 된다. 많은 이들이 김진숙 민주노총 지도위원의 한진중공업 고공농성을 기억한다.[19] 그를 응원하기 위해서 여러 곳의 사람들이 희망버스를 타고 내려갔다. 하지만 고통받는 수많은 노동자가 김진숙을 따라 높이 올라갔고, 더 긴 시간 동안 고공의 생활을 이어갔지만, 누구도 김진숙이 거둔 만큼의 '성공'을 거둘 수는 없었다. '성공적인' 항쟁 레퍼토리라 하더라도 반복되면 새로운 것과 기록 경신에만 몰입하는 현대 미디어의 습속 앞에서 공유지식으로 확산될 기회를 빠른 속도로 잃어가고, 그러면 더 극단적인 항쟁 레퍼토리를 구상하고 실행하는 '악순환'이 일어나곤 했던 것이다.

촛불은 이런 항쟁 레퍼토리들과 다른 경로를 개척했다. 그것은 참여자 개개인이 져야 하는 부담을 낮추었다. 참여자들은 하나의 촛불로 참여하고 그만큼의 부담을 진다. 촛불은 자신이 처한 상황의 절박함을 들어줄 청중을 원하지 않는다. 촛불은 그저 자신의 의견을 표명할 뿐이다. 의지의 결연함을 표나게 내세우지도 않는다. 촛불은 유쾌하고 온화하고 차분한 태도로 타들어가며 은유적으로 자신의 의지를 드러낸다. 그렇기 때문에 촛불은 효용체감의 법칙에 종속되지 않는다. 촛불은 참여자가 늘어나는 그만큼 점점 더 공유지식을 확장하고 더 큰 스펙터클로 호소력을 갖는 것이다.

---

19 김진숙 지도위원의 고공농성과 희망버스에 대해서는 이 책의 제10장 「더 나은 체제를 향해」 마지막 절 참조.

물론 촛불이라는 항쟁 레퍼토리 또한 당연히 한계를 가진다. 촛불은 처절한 당사자 운동보다 참여자가 어느정도는 심리적 여유를 가질 수 있는 의제에 적합한데, 바로 그 점이 그렇지 않은 사례에 대해 한계로 작용한다(하지만 누구도 관찰자로서는 평정하라고 훈계할 수 없는 처절한 상황 속의 투쟁일지라도, 당사자 자신은 오히려 그런 투쟁 속에서도 어떤 평정심과 자기 도야를 위해 애써야 함을 촛불이 예시해준다는 것을 기억할 필요가 있다). 또한 야간집회의 난관을 돌파한다는 점이 바로 불가피하게 주간집회가 필요할 때 한계가 된다(아마 주간집회라면 태극기가 더 나은 집회 도구일 것이다. 그래선지 이른바 '태극기집회'는 낮에 열렸고, 밤이 되면 해산했다. 그 점이 주 참여층인 노령층의 라이프스타일에도 잘 맞았다). 그리고 일정 규모 이상의 참여를 유도하는 강력한 기제를 갖추고 있음에도 불구하고 그런 규모에 도달하지 않는다면 촛불은 효과적이기 어렵다. 언제나 일정 수준 이상의 규모를 요구한다는 것, 그것이 촛불의 한계이다. 그러나 이런 한계에도 불구하고 촛불은 한국 현대사가 창안한 가장 탁월한 항쟁 레퍼토리이다.


6


4차 촛불집회에 즈음하여 촛불혁명의 평화지향성에 대한 비판이 제기되었다. "평화시위로는 바뀌는 것이 없다"는 의견들이 인터넷 게시판 등에 올라왔고, 그로 인해 약간의 논쟁이 있었다. 집회 현장에서도 경찰의 차벽 위로 올라가는 일부 집회 참여자들을 다른 참여자들이 만류하거나 비난하는 일이 꽤 여러번 있었다. 사후적으로는 촛불혁명의 평화

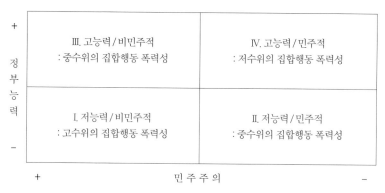

| | | |
|---|---|---|
| **+** | Ⅲ. 고능력/비민주적<br>: 중수위의 집합행동 폭력성 | Ⅳ. 고능력/민주적<br>: 저수위의 집합행동 폭력성 |
| 정<br>부<br>능<br>력<br>**-** | Ⅰ. 저능력/비민주적<br>: 고수위의 집합행동 폭력성 | Ⅱ. 저능력/민주적<br>: 중수위의 집합행동 폭력성 |

**+**　　　　　　　민 주 주 의　　　　　　　**-**

〈그림 2〉 민주주의, 정부능력, 집합행동 폭력성의 상관성

지향성 또는 비폭력성이 우리 자신뿐 아니라 세계 여러 나라 사람들에게 경탄과 칭송의 대상이었다. 하지만 한창 촛불집회가 진행되고 있던 중에는 집회 목표를 성취할 수 있을지 불확실했고, 집권세력의 저항과 반격 가능성에 대한 우려도 많았다. 다음에 전개될 일이 무엇인지 알 수 없는 상황에서 집회 참여자 가운데 일부는 평화적인 집회를 통한 박근혜 퇴진의 가능성에 대해 회의적이었고 더 급진적이고 폭력적인 방식의 필요성을 제기했다. 하지만 그럼에도 불구하고 집회는 평화적으로 운영되었다. 어떻게 그럴 수 있었던 것일까?

필자는 다른 글에서 찰스 틸리의 도식을 이용하여 우리 사회에서 일어났던 민주화와 탈민주화(de-democratization)의 경로를 그려본 적이 있다. 거기서 필자는 우리 사회가 〈그림 2〉의 Ⅰ(제1공화국 시기)에서 Ⅱ(제2공화국)를 거쳐 Ⅲ(박정희 체제)·Ⅳ(87년체제)로 이동했으며, 이명박·박근혜 정부 시기에는 탈민주화와 정부능력 후퇴가 함께 일어났음(Ⅳ영역에서 Ⅲ영역으로 하강 이동)을 보여주었다.[20] 같은 도식을 틸리는 집합행동의 폭력성에 대해서도 적용하는데 〈그림 2〉는 그 내용

을 포함해서 도표로 요약해본 것이다.[21]

틸리의 도식에 비춰보면, 우리 사회가 IV영역에서 III영역으로 하강하며 이동했다면 집합행동의 폭력성이 증가해야 할 것이다. 하지만 사태는 그렇게 진행되지 않았다. 뒤에서 다시 살펴보겠듯이 정부의 집회 통제방식의 폭력성 수위는 높아졌지만 비례적으로 높아진 것은 아니다. 그리고 집합행동의 경우, 촛불혁명이 보여주듯이 폭력성이 높아지기는커녕 오히려 낮아졌다. 체제변동이 통제행동이나 집합행동에 미친 영향은 매우 제한적이었던 셈이다. 그러므로 항쟁에서의 폭력성 문제가 민주주의나 정부능력과 맺는 관계를 좀더 복합적으로 이해할 필요가 있다.

촛불집회 참여자들의 행동준칙은 다음과 같이 요약할 수 있다. (1) 구호는 강건하고 비타협적이되 (2) 행동의 면에서는 높은 수준의 자제심을 유지하며 (3) 열정적 참여를 견결하게 이어가기. 이 가운데 (1)은 집회의 성격상 매우 개연적이다. 집회에 참석한 이들 사이에 가치관이나 정책지향 면에서 일정 수준의 공통성이 있다고 하더라도 구호는 다양하게 표명된다. 하지만 어떤 구호가 호응을 얻는가에 따라 서서히 몇 가지 구호로 집합적 의사가 응집되어간다(다시 한번 강조하건대, 이런 구호 선별과정의 신속함 자체가 공유지식 형성을 촉진하는 집회의 힘이라고 할 수 있다). 그런 과정에서 채택 가능성이 높은 것은 간결하고 선명한 최대주의적(maximalist) 구호이다. 모여드는 사람도, 그들로 이루어진 집회도 소심하지 않기 때문이다. 그리고 통상 이런 구호에서의

---

20 이 책의 제12장 「바꾸거나, 천천히 죽거나」 참조.
21 이 책의 제12장 「바꾸거나, 천천히 죽거나」 참조.

최대주의는 행동 수준의 급진성과 결합한다. 하지만 촛불집회 참여자들은 최대주의적 구호와 온건하고 절제된 행동을 결합했다. 그리고 절제를 통해 절약된 의지의 에너지는 끈기있는 참여로 방향을 잡았다.

이런 있기 어려운 조합의 중심에는 절제된 행동 또는 평화적 집회 진행이 자리잡고 있다. 그렇다면 이 평화지향은 어떤 성질의 것인가? 그것은 확실히 어떤 이데올로기적 원리의 고수라는 의미에서 평화 '주의'는 아니었다. 평화가 종교에 의해 동기화되었다거나 강한 규범적 헌신의 대상이었던 것은 아니었다. 그렇다면 단지 평화를 행위 옵션으로 전략적으로 선택했고 그런 의미에서 평화시위가 아니라 비폭력시위라고 부르는 것이 맞는 것일까?[22] 촛불집회 참여자들의 평화지향은 규범적 헌신은 아니지만 그렇다고 해서 전략적으로 선택된 것도 아니다. 이런 행위지향을 다루기 위해서는 전략적 행위이론의 시야에는 잘 들어오지 않는 영역, 명시적으로 규범적인 선택은 아니지만 그렇다고 선택지들을 자유롭게 비교하고 선별하는 전략적 행위도 아닌, 삐에르 부르디외(Pierre Bourdieu)가 하비투스(habitus)라고 불렀던 영역에 주목할 필요가 있다.

관련해서 여러가지 항쟁 레퍼토리 가운데 어떤 것을 채택할지도 전적으로 자유로운 선택은 아니라는 점도 지적하고 싶다. 분명 항쟁 레퍼토리 가운데는 피케팅이나 기자회견 같은 거의 중립적인 문화적 선택지들도 있다. 하지만 많은 항쟁 레퍼토리가 의지표현과 결단의 수위,

---

22 촛불혁명 와중에 인구의 3.5%가 집회에 참여하면 체제를 변화시킬 수 있다는 이론으로 유명해진 에리카 체노웨스는 이런 전략적 행위이론의 입장에 선다. Erica Chenoweth & M. J. Stephan, "Why Civil Resistance Works: The Strategic Logic of Nonviolent Conflict," *International Security*, vol. 33, no. 1, 2008, 7~44면 참조.

준비 조건의 까다로움, 기회포착 전략 면에서 큰 차이를 보인다. 예컨 대 삼보일배 같은 항쟁 레퍼토리는 필요하면 언제든 꺼낼 수 있는 것이 아니다. 항쟁 레퍼토리 가운데는 경험을 통해 습득되어 언제나 현행화 (actualization) 가능한 형태로 실행자에게 육화되어 있을 때나 채택될 수 있는 것도 많은 셈이다. 그러므로 우리는 항쟁 레퍼토리의 채택에 일 종의 항쟁 하비투스가 작동한다고 말할 수 있다.

여러 주제와 관련해 논의되는 세대론은 항쟁 하비투스에도 적용될 수 있다. 예컨대 1980년대 대학을 다닌 세대 가운데 상당수에게 화염병 은 '친숙한' 항쟁 레퍼토리이다. 하지만 1990년대 후반 이후 대학에 진 학한 세대는 화염병을 던지는 것은 고사하고 만드는 방법조차 모르며, 2010년대 대학에 진학한 세대에게 화염병은 두려움과 혐오의 대상일 것이다. 화염병이라는 항쟁 레퍼토리는 그것에 상응하는 항쟁 하비투 스가 없다면 전략적 이점이 있다고 해서 쉽게 채택할 수 있는 성질의 것 이 아니다.

화염병 같은 항쟁 레퍼토리가 2010년대에는 선택지에서 탈락했다는 사실은 87년체제 안에서 노버트 엘리아스(Norbert Elias)적인 의미에서 일종의 문명화 과정(civilizing process)이 진행되었음을 뜻한다.[23] 엘리

---

23 잘 알려져 있듯이, 근대국가의 기준 가운데 하나는 영토 내에서의 폭력독점의 성취이다. 이런 국가의 폭력독점은 사회 내부의 폭력을 제거하는 효과를 갖는다. 즉 영토 내부의 사회 적 삶에서는 평화가 정착되는 것이다(이것을 내부 평화화internal pacification 현상이라고 한다). 엘리아스는 이런 사회변동이 감수성의 영역에서 어떤 변화를 초래하는지를 밝혔다. 그에 의하면 폭력이 영토 내에서 약화되면, 사회 성원들의 폭력에 대한 민감도는 올라가게 된다. 이전에는 흔하게 경험되고 그래서 감내할 만하다고 생각했던 폭력이 점점 받아들일 수 없는 잔인한 것으로 여겨지는 것이다. 이런 폭력 경험의 변화, 감내할 만한 폭력의 역치 의 변화는 식사예법에서 성생활이나 죽음에 대한 태도에 이르기까지 광범위한 감수성 변 화를 야기한다. 엘리아스는 그런 변화를 문명화 과정이라고 명명했다. 좀더 자세한 것은 노

452

아스가 근대국가의 폭력독점이라는 맥락에서 제기한 문명화 과정은 민주화에 의해서도 추진되기 때문이다. 민주화는 행위조정의 중심 메커니즘을 강권과 폭력으로부터 언어에 매개된 소통과 여론형성 과정으로 전환한다. 또한 민주화로 인해 국가가 시민에 의해서 정치적으로 더 많이 통제됨에 따라, 국가의 여러가지 억압적 기구가 시민을 향해 행사할 수 있는 폭력행위의 수위도 낮아진다. 그리고 이렇게 사회 전반에서 폭력행사 수위가 점점 낮아지는데, 그럴수록 폭력에 대한 불관용적인 태도가 강화되는 것이다.

지금까지 제기된 개념들을 활용해서 촛불혁명에서 평화지향성 또는 비폭력성 문제를 정리해보면 다음과 같다. (1) 우리 사회에서는 지난 30년간 87년체제의 성과로 문명화가 진행되었다. 그로 인해 폭력에 대한 민감성이 강화되고 폭력적인 시위 방법에 대한 문화적 거부감이 커졌다. 폭력적인 집회 방식은 감수성의 수준에서 설득력을 상실했다. (2) 하지만 촛불혁명처럼 대규모의 참여가 일어나는 경우, 항쟁 하비투스가 상이한 여러 세대가 혼재한 상황이 된다. 1980년대 항쟁 하비투스와 2010년대 항쟁 하비투스가 갈등을 빚고, 중심화된 민중운동의 항쟁 하비투스와 탈중심적인 집합행동의 하비투스가 어긋날 수 있다. (3) 그런 상황에서 집회 목표의 성취 전망의 불확실성 또는 지배세력의 반격에 대한 두려움 등은 오래된 폭력적 항쟁 하비투스를 활성화한다. (4) 하지만 지난 30년간 서서히 진행된 문명화 과정의 성과 그리고 그런 문명화에 힘입어 형성된 항쟁 하비투스는 설령 국가의 탈민주화가 일어나더라도 쉽게 따라 변하지 않는 지속성을 보였으며, 그 지속성은 집회 목표

베르트 엘리아스『문명화 과정 1, 2』, 박미애 옮김, 한길사 1996, 1999 참조.

성취의 불확실성에 의해 쉽게 흔들지 않을 만큼 견고했다. 그러므로 촛불혁명이 폭력적인 사태 없이 평화적으로 집회 목표를 성취한 것은 촛불이라는 항쟁 레퍼토리 특유의 평화화 효과뿐 아니라 87년체제의 문명화 성과에 힘입은 것이라고 할 수 있다.


7


촛불혁명 속에서 유지된 평화는 국가권력의 작동과 무관하게 이루어진 것이 아니다. 촛불집회 속에서 억압적 국가기구를 대변하는 경찰은 기본적으로 '중립적인' 입장을 취했는데, 그런 경찰의 태도 또한 의식적이고 전략적으로 선택되었다고 하기 어렵다. 시위 진압을 위해 수만명의 전투경찰대(2016년부터 의무경찰대로 명칭이 바뀌었지만)를 손쉽게 동원할 수 있는 경찰이 국회가 대통령을 탄핵하기 이전부터 대통령에 대한 확고한 충성 태도를 버리고 '중립화'된 것은 촛불집회를 주권적 행위로 간주한 광범위한 여론의 힘 덕분이다. 그럼에도 불구하고 일종의 명령-복종 연쇄에 따라 작동하는 '기계'의 성격을 띤 경찰기구가 집회에 대해 보인 태도는 관행과 습속의 힘 없이 설명하기 어렵다. 탈민주화가 항쟁 레퍼토리의 변동을 곧장 야기하지 않는 것이 항쟁 하비투스의 지속성 때문인 것처럼, 국가권력의 '통제 레퍼토리' 또한 일정한 지속성을 가진 '통제 하비투스'에 의해 영향을 받는다고 할 수 있다.

이 문제를 살피기 위해서 다시 한번 2008년 촛불항쟁으로 돌아가 보자. 촛불항쟁은 이명박 정부가 출범하고 몇달 되지 않아서 발생했다. 그렇기 때문에 항쟁을 통제해야 하는 경찰은 여전히 김대중·노무현 정부

10년 동안 형성된 통제 레퍼토리와 하비투스 아래 있었다고 할 수 있다. 물론 '민주정부 10년' 동안에도 민주노총이 주도한 여러 쟁의 이외에도 의약분업을 둘러싼 의사들의 파업이나 부안 방폐장 반대 투쟁같이 심각하고 폭력 수위가 높은 집회가 상당수 있었으며, 이런 투쟁에 대한 경찰의 통제행위 또한 매우 폭력적이었다. 그렇다 해도 '민주정부' 시기는 통제 레퍼토리 가운데 최루탄이 없어지는 등 이전 정부보다 폭력 수위가 낮은 편이었으며, 문명화 경로 안에 있었던 항쟁 레퍼토리와 상호작용하며 폭력성을 낮추어갔다고 할 수 있다. 따라서 이명박 정부는 촛불집회를 폭력적으로 진압할 태세를 갖추고 있지 못했다. 더구나 그런 집회를 처음에 주도하고 나선 것은 당시 엠블럼이었던 '촛불소녀'가 말해주듯이 청소년들이었다. 이런 집회를 경찰이 폭력적으로 진압하기는 더더욱 어려웠다. 그런 중에 엄청난 규모로 불어나는 촛불집회에 대응하기 위해서 경찰은 '명박산성' 같은 즉흥적 처방을 활용하지 않을 수 없었다.

촛불항쟁에 의해 헤게모니 능력이 손상된 이명박 정부는 강경한 통제 레퍼토리를 통해 저항적 사회운동을 억누르고 정국의 주도권을 잡고자 했다. 특히 국지적으로 고립될 수 있고 여론의 반발이 강하지 않은 경우에 정부는 자신이 강경한 통제력을 가지고 있음을 과시하고자 했다. 하지만 그런 전시적(展示的)인 폭력행사는 용산참사를 야기했다. 그리고 용산참사에 대한 광범위한 사회적 비난에도 불구하고 뒤이은 쌍용자동차 파업 진압에서도 테이저건을 남용했다. 하지만 이런 통제 양식은 더 광범위한 사회적 저항을 야기했을 뿐이다.

이명박·박근혜 정부 시기 사회적으로 진전된 문명화 과정과 폭력에 대한 감수성에 부합하면서 점차 널리 채택된 통제 레퍼토리는 '차벽'이었다. 차벽은 삼중의 효과를 가지고 있었다. 첫째, 집회 현장과 외부를 효과적으로 차단하고 집회 참여 인원을 효율적으로 제한하는 동시에 집회의 공유지식 확산 능력을 억압하는 데 뛰어난 효과를 발휘한다. 둘째, 가시적이고 신체적인 폭력을 수반하지 않으면서도 집회 참여자들을 폐소공포증과 고립감으로 몰아넣고 위축시킬 수 있다. 마지막으로 설령 고립된 집회 참여자들의 저항이 강해지더라도 그것을 분쇄할 물대포를 쏠 살수차를 배치하고 운용할 진지를 경찰에 확보해준다(이 마지막 요소와 관련해서 경찰의 무절제하고 공격적인 집회 통제로 인해 발생한 비극적인 사건이 고 백남기白南基의 죽음이었다).

이런 차벽의 억압적 효과를 황정은의 소설 「웃는 남자」는 잘 그리고 있다. 그는 소설에서 세번에 걸쳐 하이파이 앰프에 사용되는 '진공관'에 빗대어 차벽에 대한 성찰을 전개한다. 그 첫번째 장면에서 황정은은 차벽이 사람들의 동선을 통제하고 의지를 무력화시켜나가는 양상을 묘사한다.

박조배와 d는 취한 사람들과 데이트를 하러 나온 연인과 봄을 맞아 겨울 외투를 벗고 나온 사람들 틈에서 걸었다. 보신각 근처로 갈수록 보도는 한산해졌다. 종각을 지나면서 그들은 도로로 내려갔다. 양쪽 보도는 경찰 버스와 병력으로 막혀 있었다. 박조배와 d는 차량 통행이 완전히 사라진 도로를 걸어 세종대로 사거리에 이르렀다.

그곳에 당도해서야 그들은 그들이 청계광장 쪽에서 목격한 차벽 뒤로 몇겹의 벽이 더 있었음을 알게 되었다. 북쪽과 남쪽을 잇는 세종대로는 두겹의 차벽으로 가로막혀 북쪽으로도 남쪽으로도 갈 수 없게 되어 있었다. d는 오가는 차도 행인도 없이 넓은 도로가 깨끗하게 비어 있는 것을 보았다. 국화를 쥔 젊은 여성과 남성이 차벽 사이를 들여다보며 광화문광장 쪽으로 나갈 틈을 찾고 있었다. d는 그들이 틈을 찾아내지 못하고 달각거리는 발소리를 내며 종각 쪽으로 점점 이동하는 것을 지켜보았다. 세종대로 사거리는 두개의 긴 벽을 사이에 둔 공간(空間)이 되어 있었다. 너무 밝고 고요하게 정지되어 있어 진공이나 다름없었다. 사십여분 전에 박조배와 d가 머물고 있던 청계광장 쪽에서 함성이 들려왔다. d는 경찰 버스 너머로 솟은 이순신 장군 동상을 바라보았다. 저 소리는 이 간격을, 이 진공을 도저히 통과하지 못할 것이라고 생각했다. 조배야 이것이 혁명이로구나. d는 생각했다. 우리는 우회한 것이 아니고 저 차벽이 만들어낸 흐름을 충실하게 따라 찌꺼기처럼 여기 도착했구나. 혁명은 이미 도래했고 이것이 그것 아니냐고 d는 생각했다. 혁명을 거의 가능하지 않도록 하는 혁명…… 격벽을 발명해낸 사람들이 만들어낸 혁명…… 밤공기가 싸늘했다.[24]

하지만 황정은은 진공관에 빗대어 차벽에 의해 격리된 공간 내부에서 어떤 소리가 "정류"되고 "증폭"되고 있음을 말한다.

어째서 앰프에 전구가 달려 있느냐고 d는 물었다.
전구?
진공관은 전구가 아니라고 여소녀는 말했다. 구조가 다르고 역할도 다르다. 전구는 소리하고는 아무런 관련이 없지만, 진공관은 소리

---

24 황정은 「웃는 남자」, 『창작과비평』 2016년 겨울호 276~77면.

를 좌우한다고 그는 말했다. 정류와 증폭이라고…… 들어봤나? 정류는 산만하게 흩어진 것을 한 방향으로 흐르게 하는 것이고, 증폭은 신호의 진폭을 늘리는 것인데 말이야. 이 앰프에서 그걸 하는 게 얘네들이야. 이게 제대로 켜져야 이 앰프가 사는 것이고, 모든 게 제대로 흐르는 거라고.[25]

그리고 마지막으로 차벽 내부에서 울려 퍼지고 있는 소통의 에너지가 너무나 뜨거워서 언젠가는 마침내 차벽을 뚫고 나오리라는 것을 다음과 같이 예감한다.

d는 놀라 진공관을 바라보았다. 이미 손을 뗐는데도 그 얇고 뜨거운 유리막이 달라붙어 있는 듯했다. 통증은 피부를 뚫고 들어온 가시처럼 집요하게 남아 있었다. 우습게 보지 말라고 여소녀가 말했다. 그것이 무척 뜨거우니, 조심을 하라고.[26]

황정은은 이 소설을 1차 촛불집회 며칠 뒤에 탈고했다. 그는 촛불혁명이 가시화되기 전에 이미 다가올 촛불혁명의 가능성을 마음에 그렸던 셈이다. 황정은이 무척 뜨거우니 조심해야 한다고 말했던 진공관 내부의 외침은 그가 소설을 탈고한 직후부터 거대하게 팽창해서 차벽을 밀어내버리기 시작했으니 말이다. 압도적인 규모의 촛불집회 참여자 앞에서 견고하고 절망적으로 보이던 차벽은 수수깡처럼 밀려나버렸다.

---

25 같은 글 282면.
26 같은 글 284면.

더불어 차벽의 기능은 항쟁을 고립적으로 감싸는 것에서 항쟁 주체가 타도하려는 대상을 겨우 감싸서 지키는 것으로 바뀌었다. 마치 안과 밖이 뒤집히는 것 같은 전환이었다. 그런데 생각해보면 이런 전환이야말로 차벽이라는 통제 레퍼토리의 특징이라고 할 수 있다. 차벽은 가둘 수 있는 것을 잘 가두는 방법이다. 하지만 그 범위를 벗어나면 그 자신이 가두어진다. 이 점은 동시에 촛불혁명이 왜 압도적 다수의 참여, 비상한 동원의 에너지를 필요로 했는가를 말해주기도 한다. 그러니 이렇게 말할 수도 있겠다. 단순한 덧셈의 힘과 아름다움, 한 촛불에 한 촛불이 모이고 또 한 촛불이 모이는 것의 힘과 아름다움, 그것이 촛불혁명이라고.

## 8

촛불혁명의 기원 가운데 하나는 세월호참사이다. TV로 국가의 부작위 아래 수백명의 사람이 안타깝게 죽어가는 장면이 며칠 동안 중계되었을 때, 박근혜 정부의 정당성은 이미 무너져내렸다. 그래서 촛불혁명 과정에서도 그리고 헌법재판소의 탄핵심판에서도 세월호참사 당일 '대통령의 사라진 7시간'에 대한 문제제기가 이어졌던 것이다. 이 점은 대통령의 품행이라는 특이성의 문제인 동시에 촛불혁명이 어떤 국가와 싸우고 있고 또 국가를 개조하려는 의지를 가졌는가 하는 문제이기도 하다. 촛불혁명의 결과로 치러진 대통령 보궐선거에서 당선된 문재인 후보의 캠페인 구호는 '나라다운 나라'였다. 그의 당선은 이 구호가 대중의 마음과 공명했다는 것을 뜻한다. 그렇다면 촛불혁명 속에서 사람들이 마음속에 그린 나라다운 나라란 어떤 것인가?

5·18광주민주화운동 37주년 기념식에서 문재인 대통령이 했던 기념 사에서 실마리를 찾아보자. 그는 이렇게 말했다. "2년 전 진도 팽목항에 5·18의 엄마가 4·16의 엄마에게 보내는 펼침막이 있었습니다. '당신 원통함을 내가 아오. 힘내소. 쓰러지지 마시오'라는 내용이었습니다. 국민의 생명을 짓밟은 국가와 국민의 생명을 지키지 못한 국가를 통렬히 꾸짖는 외침이었습니다. 다시는 그런 원통함이 반복되지 않도록 하겠습니다." 그는 5·18과 4·16을 연결하는 동시에 둘 사이의 차이를 "국민의 생명을 짓밟은 국가"와 "국민의 생명을 지키지 못한 국가"에서 찾고 있다. 이 차이는 우리의 국가가 어떤 변화과정을 겪어왔는지를 근대적 생명정치(bio-politics)와의 연관 속에서 보여준다.[27]

주지하다시피 좌우파 투쟁과 한국전쟁을 통해서 수립된 대한민국은 '적'을 통해서 자신의 정체성을 수립하며 출발했다. 우리의 국가는 정치적 상대를 '빨갱이'로 몰아 죽이는 증오와 학살의 정치 속에서 탄생했던 것이다. 이런 국가에서 권력은 '죽이거나 살게 내버려둠'이라는 이항적 대립을 통해서 작동했다. 사찰하고 조작해서라도 간첩으로 만들어 죽이거나 가두어버리는 권력, 죽이고자 하면 죽일 수 있는 권력, 이것이 분단체제 아래서의 권력의 기본 운용방식이었다. 이런 상황에서 삶이란 그저 국가권력이 살게 내버려두었기 때문에 가능한 것이 된다. 이런 죽이는 권력의 힘은 이승만과 박정희를 거쳐 전두환에게까지 이어졌다. 이런 죽이는 권력의 가깝고 끔찍한 경험이 바로 1980년 광주가 겪은 "국민의 생명을 짓밟은 국가"였다.

---

27 생명정치 개념에 대해서는 미셸 푸코 『안전, 영토, 인구: 콜레주드프랑스 강의 1977~78년』, 심세광 외 옮김, 난장 2011과 조르조 아감벤 『호모 사케르: 주권 권력과 벌거벗은 생명』, 박진우 옮김, 새물결 2008 참조.

이런 권력의 결례로부터 근대 자유주의가 어디서 기원하는지 알게 된다. 자유주의란 죽이는 권력이 허용한 '살게 내버려둠'을 하나의 제도적 권리로 확립하려는 시도라고 할 수 있다. 국가로부터 그것이 가졌다고 주장하는 생사여탈권을 빼앗고, 권력의 자의적 개입을 통제함으로써 국가 외부의 자유로운 삶을 확보하는 것이 자유주의의 과제였던 것이다. 분단체제 아래서 자유주의가 일정한 진보성을 띤 이유는 바로 이런 연유에 있다.

죽이거나 살게 내버려둠과 다른 차원에 위치한 생명정치의 또다른 이항대립은 '살게 하는 것과 죽게 내버려둠'이다. 살게 하는 권력, 생명을 유지하고 부양하고 성장시키는 권력은 자신의 정당성을 행정서비스와 복지의 공급을 통해서 획득한다. 한국사회에서 박정희체제의 수립이 의미하는 바는 국가가 '(잘)살게 해주는 권력'으로서 작동하기 시작했다는 것이다. 경제성장을 향도하는 행정국가를 추구한 박정희식 발전국가는 우리 사회에서 수립된 낮은 수준의 사회복지국가였던 것이다. 하지만 박정희 전 대통령이 단순히 '살게 하는 권력'만을 추구한 것은 아니다. 그는 죽이는 권력과 살게 하는 권력을 조합했다. 즉 경제성장을 통해 대중의 생활을 향상시키고자 했지만, 자신에게 도전하는 이들을 숙청하고 간첩으로 몰아 죽이거나 가두는 분단체제에서 연원한 내전의 정치를 이어갔다.

공격적 신자유주의를 추구한 이명박 정부는 새로운 단계를 표시한다. 광우병 위험이 있는 미국산 쇠고기 수입 정책에서 대중이 목도한 것은 '쉽게 막을 수 있는 위험으로부터 시민을 방어하지 않고 방임하는 국가권력'이라는 새로운 현상이었다. 살게 하는 권력으로부터 '죽게 내버려두는 권력'으로의 방향전환이 일어난 것이다. 그런 의미에서 문제인 대통령이 말한 "국민의 생명을 지키지 못한 국가"는 약간은 잘못된 표현이다. 정확히 말하자면 그것은 국민의 생명을 지키지 '않는' 국가이다.

이런 권력은 도착적으로 도입되었다. 이명박 정부는 김대중·노무현 정부와 달리 대중을 잘살게 할 수 있는 권력일 것이라는 대중의 기대 덕분에 수립되었지만, 우리를 잘살게 하겠다는 명분으로 우리를 죽게 내버려두는 정책을 택했기 때문이다. 그리고 그런 정책을 고수하는 것이 대중의 저항에 부딪히자 냉전적 권력, 즉 죽이는 권력을 다시 불러들였다. 그렇게 해서 도달하게 된 것은 '죽이는 권력과 죽게 내버려두는 권력'이라는 끔찍한 조합이었다.

박근혜 전 대통령은 이런 흐름을 이어갔다. 다만 박정희의 딸답게 죽이는 권력의 면에서는 이명박 전 대통령을 앞섰을 뿐이다. 하지만 이렇게 죽이는 권력과 죽게 내버려두는 권력을 조합한다는 것은 그가 아버지를 충실하게 계승하지 않았음을 뜻한다. 오직 자신의 허위의식 속에서만 국민의 행복을 도모하며 그런 의미에서 아버지를 계승한다고 생각했을 뿐, 실제로 채택된 권력행사 방식은 아버지보다 더 나쁜 조합이었다. '국가를 수익모델로 삼는' 이명박 전 대통령과 재벌에게 특혜를 주고 뇌물을 받은 혐의로 재판받는 박근혜 전 대통령, 공공서비스를 약탈적 수입의 원천으로 만들어버리는 전현직 관료의 부패 네트워크 혹은 이들과 자본 사이의 결탁 속에서 세월호참사나 메르스 사태 혹은 가습기살균제 참사 같은 일은 언제든 일어날 수 있는 재앙이 되었다. 이렇게 죽게 내버려두는 권력은 국민을 '미생(未生)'의 존재로 내몰고 내부로부터 난민화한 것이다. 그리고 그것에 항의하고 도전하는 이들에 대해서는 블랙리스트를 만들어 배제하고 탄압했다.

462

대중이 현대사를 통해서 줄곧 꾸어왔던 꿈, 그리고 촛불혁명에도 스며 있는 꿈은 '살게 내버려두는 권력과 살게 해주는 권력'의 조합이었다. 법 없이도 살 수 있는 선량한 이들의 자생적 결사가 영위되는 자유주의적 질서를 수립하는 정치적 해방 그리고 사적 삶들의 단순한 병존이 유발하는 죄수의 딜레마와 무임승차 문제를 국가를 경유해 해결하는 공공성의 확립과 빈곤으로부터의 사회적 해방을 실현하는 복지가 결합된 삶 말이다.[28]

이 꿈을 토머스 마셜(Thomas H. Marshall)의 시민권이론으로 옮겨본다면, 그것은 자유권(권리로 확립된 살게 내버려둠)과 사회권(살게 해주는 권력에 대한 사회적 요구권)이 결합된 사회일 것이다. 하지만 이 두 가지 권리의 충족을 위해서는 항상 참정권이라는 권리가 작동하고 실현되어야 한다.[29] 자유권이나 사회권은 모두 단순한 생명, 즉 목숨을 테

---

28 생명권력의 상호관계를 그레마스(Algirdas Julius Greimas)의 기호학적 사각형 위에 배치해보면 다음과 같을 것이다.

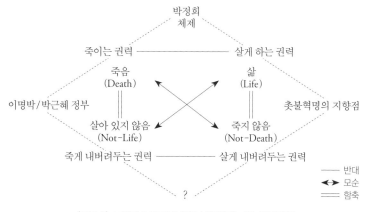

〈그림 3〉 그레마스의 기호학적 사변형에 따른 생명권력

29 세가지 권리 개념 가운데 참정권이 다른 권리와는 다른 위상과 중요성을 가지고 있음을

마로 삼는다. 국가권력의 자의적 개입에 대한 두려움에서 해방된 삶이 보증되어야 하며, 그 삶이 궁핍하지 않기 위해서 우리는 다시금 국가의 개입을 요청하게 된다. 왜냐하면 생로병사의 사적 삶의 운영도 의료와 교육과 주거라는 사회적 장치를 통해서 가능하기 때문이며, 그래서 살게 해주는 권력의 작동을 필요로 하기 때문이다. 요컨대 우리는 살게 내버려두어야 할 것을 그렇게 놓아두고, 살게 해주어야 할 영역에는 분별력 있게 개입하는 국가를 필요로 하는 것이다. 자유권과 사회권의 균형적인 실현이라는 까다로운 과제를 해결하기 위해서는 참정권의 작동, 다시 말해 정치적 참여를 마다하지 않는 공적 시민의 존재가 필수적이다. 목숨을 보증하기 위해서는 목숨 너머의 삶, 낯선 사람들 속에서 낯설게 살아가는 것 너머의 삶, 공적 삶으로 들어가야 한다. 그것이 항상적인 참여 속의 삶은 아니겠지만, 참여 태세의 항상성을 유지하는 삶이기는 할 것이다. 요컨대 촛불혁명이 원한 '나라다운 나라'는 촛불혁명 없이 만들어질 수도 지켜질 수도 없다. 이 점을 우리는 혁명의 의미론 속에서도 발견하게 된다.

9

촛불혁명은 혁명으로 불리는 한, 근대 혁명사의 의미론적 유산 전체와 접맥된다. 따라서 혁명은 무엇이고 촛불혁명이 그렇게 불릴 만한 이

민주적 법치국가 형성과 관련해서 다룬 이 책의 제7장「이명박 시대, 민주적 법치와 도덕성의 위기」제2절 참조.

유는 무엇인가 하는 질문으로 반복해서 되돌아갈 수밖에 없다. 이 문제를 다루기 위해 한나 아렌트의 『혁명론』을 일부 참조해보자. 혁명에 대한 저술은 많지만, 아렌트의 이 책만큼 혁명의 '의미'를 깊이 천착한 책이 별로 없으니 이런 선택이 편의적인 것만은 아니다. 그러나 그의 논의조차 상세히 다루려면 다른 기회를 빌려야 하니, 여기서는 혁명의 본질과 관련된 두가지 주장만을 다뤄보자.

하나는 혁명이 새로운 '시작'이라는 주장이다. 그에 의하면 "혁명은 우리에게 '시작'의 문제를 불가피하게 직접 대면케 하는 유일한 정치적 사건"[30]이다. 이때 시작은 어떤 폭력을 동반한다. 시작은 새로운 제도적 창설을 뜻하며, 창설은 낡은 제도를 파괴하는 설립적 폭력(foundational violence)을 경유하는 것이다.

다른 하나는 자유와 해방이 구별되어야 하며, 혁명의 중심의제는 자유라는 것이다. 그는 이렇게 말한다.

이러한 자유(시민적 자유 또는 가난과 공포로부터의 자유)는 물론 본질적으로 소극적 자유이며, 해방의 결과이기는 하지만 자유의 실제적인 내용, 즉 우리가 나중에 고찰할 공공 문제 참여, 공공영역의 진입은 결코 아니다. 혁명이 단지 시민권의 보장만을 목표로 했다면, 그것은 자유를 목표로 한 것이 아니라 오랜 시간에 걸쳐 잘 정립된 권리를 침해하는 월권행위를 했던 정부로부터 해방됨을 목표로 한 것이다. (…) 억압에서 자유로워지려는 욕구는 군주정 아래서 충족될 수 있었던 것에 반해, 정치적 삶의 방식인 자유에 대한 욕구는 새로운 또

---

30 한나 아렌트 『혁명론』, 홍원표 옮김, 한길사 2004, 85면.

는 어느정도 재발견된 정부 형태의 형성을 필요로 했다는 것이다. 자유에 대한 욕구는 공화정의 수립을 필요로 했다.[31]

그러니까 억압적 권력에서 벗어나는 것, 궁핍이나 불안으로부터 해방되는 것만으로는 혁명이라고 할 수 없고, 혁명은 오직 공적 삶에 참여하고 실현하는 자유의 행사와 관련된다는 것이다.

아렌트의 이런 두 주장을 우리는 '공적 자유의 한 단계 더 높은 수준으로의 제도화'로 종합해볼 수 있다. 앞서 지적했듯이 혁명이 말하는 시작의 문제는 새로운 제도 수립이라는 의미에서 시작이며, 혁명의 중심 의제가 사적 해방이 아니라 공적 자유라면, 아렌트가 뜻한바 혁명은 공적 자유의 새로운 제도화일 수밖에 없기 때문이다. 요컨대 자유가 "공화정의 수립을 필요"로 한다면, 그것을 수립하는 일을 '시작'하는 것이 혁명인 것이다. 이런 해석은 아렌트가 계속해서 혁명과 반혁명 사이에서 동요한 프랑스혁명보다 새로운 헌정을 수립하는 데 성공한 미국혁명을 더 높게 평가했다는 점에서도 타당성이 입증된다. 혁명의 목표는 공적 자유를 보장하고 그것의 실현 공간을 마련하는 제도의 창설인 것이다.

이런 아렌트의 주장에 촛불혁명을 대입해보면, 촛불혁명은 확실히 공적 자유가 표현되고 경험되는 과정이었다. 아렌트는 『혁명론』에서 존 애덤스(John Adams)가 미국의 독립혁명 과정에서 느낀 감정을 이렇게 전한다. "'예상하지 않았는데 요청을 받았고 전에는 관심이 없었지만 활동(sic)해야 했던' 사람들은 이러한 경험을 통해 '우리에게 즐거움을 주는 것은 휴식이 아니라 행동이라는 사실을 깨달았다.'"[32] 촛불혁명에

---

31  같은 책 100~101면. 괄호 안은 인용자 보충, 강조는 원문 그대로.

참여하는 이들도 존 애덤스처럼 행동(action)에 초대되었고,[33] 공적 참여의 경험 속에서 고양된 존재가 되었다. 그들은 예컨대 연인과 영화를 보는 안락한 시간을 참여의 댓가로 지불했던 것은 아니었다.

또한 이 참여의 순간에 이들은 모두 동등한 시민으로서 참여했다. 집회 한가운데 마련된 무대에 올라서 발언하는 데 어떤 자격이 있었던 것은 아니며, 종종 참여자들에게 감동을 주었던 것은 명망있는 인물보다 어린 청소년인 경우가 많았다. 그들은 발언 순간에 누구와도 동등한 시민이었다. 반드시 공적 '무대'가 아니더라도 촛불혁명의 주요한 사건이나 주제와 관련해 자신의 의견을 용기있게 공적으로 표현하는 것은 언제나 가능했다. 이 점을 가장 잘 보여준 예는 최순실이 법정에 출두하며 보인 무도한 모습을 보고 법원 청소부 아주머니가 했던 "염병하네, 염병하네, 염병하네"라는 발언이었다. 촛불혁명 속의 발언 가운데 감탄할 만한 수사법을 발휘한 말이 정말 많았지만, 이보다 간결하고 진솔하고 힘있는 웅변은 별로 없었다.

물론 집회가 끝나도 삶은 변하지 않고 우리는 여전히 초라한 거처로 되돌아오게 된다. 맑스의 표현을 빌리자면, 정치적 해방이 인간 해방은

---

32 같은 책 102면.

33 아렌트의 'action'은 활동, 행위, 행동으로 옮겨진다. 그런데 행위자의 움직임 가운데 의미 부여가 분명하고 평범한 일상성을 넘어서는 것을 명명할 때, 우리 사회에서 일반적으로 쓰는 말은 '행동'이며, 정치와 관련될 때는 더욱 그렇다. 촛불집회를 주최한 '공식' 조직의 명칭은 박근혜정권퇴진 비상국민 '행동'이었지 비상국민 '활동'도 비상국민 '행위'도 아니었다. 번역의 일차적 과제는 원본 텍스트에서 구별되는 어휘들을 우리말에서도 구별되는 어휘들로 일관성 있게 대응시켜주는 것인 만큼, 활동이나 행위가 잘못된 번역은 아니지만, 가능한 한 어휘의 일상적 감각 수준에서도 상응성을 추구해야 하는 점을 고려하면 아렌트의 'action'은 '행동'으로 옮기는 것이 적합해 보인다. 아렌트의 행동 개념에 대해서는 그의 『인간의 조건』, 이진우·태정호 옮김, 한길사 1996 참조.

아니다. 혁명에 참여해도 동등한 공적 삶과 차별적이고 불평등한 사적 삶의 구별은 쉽사리 사라지지 않는다. 이런 점을 들어가며 촛불혁명의 한계를 재빨리 지적하는 이도 많다. 하지만 중요한 것은 원룸에 살든 저택에 살든 우리 모두가 동등한 공적 인간이라는 것, 광장이 우리를 그렇게 품고 대우해준다는 사실이다. 그것이 일상적 삶을 직접 그리고 즉각 개선해주지 않더라도, 우리를 서로에 대해 존엄한 존재로 만들어준다는 점은 비할 데 없이 중요하다. 그뿐만 아니라 그런 사실을 고수하고 참여의 자세를 유지하지 않고는 일상적 삶을 개선할 제도적 전망을 열어갈 수 없다.

하지만 공적 자유의 '표현'이 아니라 그것의 한 단계 높은 수준으로의 '제도화' 측면에서 촛불혁명은 어떻게 평가될 수 있을까? 이 점에 관한 한, 촛불혁명은 새로운 시작을 이룩한 혁명이라고 말하긴 어렵다. 촛불혁명은 헌 체제인 87년체제를 구체제로 밀어내고 새로운 제도를 창설한 것은 아니다. 촛불시민들은 오히려 87년체제 안에 새겨져 있는 제도적 절차들이 '정상적으로' 작동하도록 압박했다. 거리를 메운 시민들의 함성이 한 일은 제도적 가능성으로만 열려 있을 뿐 건너본 적 없는 강 앞에서 머뭇거리는 제도적 행위자들에게 부교(浮橋)를 설치해주는 일이었다. 그 덕분에 국회의 대통령 탄핵과 박근혜-최순실게이트 특검법 통과, 특검수사와 헌법재판소의 탄핵심판, 그리고 헌정사상 최초의 대통령 보궐선거라는 강을 건널 수 있었다. 이렇게 제도 외부의 압력으로 제도 내부의 절차가 작동케 하는 외압내진(外壓內進)의 경로를 밟은 촛불혁명은 87년체제 아래서 이루어진 최량의 정치적 성과 중 하나이며, 87년체제의 극복이 아니라 그것을 수호한 '보수적' 혁명이다. 그런 의미에서 촛불혁명은 6월항쟁의 사후 완성이라고 해도 좋을 것이다.

그런데 이런 점이 6월항쟁의 편에서는 반갑고 고마운 일이겠지만, 촛불혁명으로서는 자유의 새로운 제도화라는 영예를 얻지 못했다는 것을 뜻한다. 그런 제도 창설을 결여한 촛불혁명은 혁명에 미달한다고, 혁명이 아니라고, 혁명이라 명명하는 것은 과도하다고 이야기될 수 있는 것이다. 하지만 스스럼없이 촛불혁명이라는 이름을 부여한 대중의 직관적 통찰을 쉽게 내던져버리지 말고, 그것을 좀더 짚어볼 필요가 있다. 관련해서 혁명의 성과를 새로운 제도의 창설이 아니라 사회의 자기이해 그리고 혁명의 자기이해 갱신의 성취라는 면에서 살펴볼 것을 제안하고 싶다. 마치 문학사에서 진정한 걸작이 작품 평가의 기준 자체를 갱신하듯이, 촛불혁명도 혁명에 대한 새로운 이해를 자극하고 지금까지와는 전혀 다른 혁명의 길을 펼쳐 보여주는 면이 있기 때문이다.

이와 관련해 가장 선명하게 눈에 띄는 점은 촛불혁명이 현 체제를 전복하지 않고 그것에 잠재된 민주적 가능성을 남김없이 사용하여 이룩된 혁명이었다는 점, 그리고 바로 그렇기 때문에 혁명적 시작에 내포된 설립적 폭력을 피할 수 있었다는 점이다. 유토피아가 혁명을 만들지만, 혁명에도 스스로에 대한 유토피아가 있다. 그것은 혁명이 불가피하게 수반해온 시작의 폭력을 피하는 것이다. 지금까지 모든 혁명은 언제나 만장일치의 축포 속에서 새로운 제도의 진수식(進水式)을 거행하고자 했다. 이 진수식이 바로 혁명을 기념하는 혁명적 축제이다. 그러나 그 축제가 떠맡아야 했던 과제는 언제나 설립적 폭력의 흔적을 지우는 일이었다. 하지만 혁명을 물들인 피의 얼룩은 잘 지워지지 않았고, 혁명에 내포된 과잉은 또다른 과잉 혹은 반동의 원인이 되고는 했다. 그래서 혁명이 오래 꾸어온 꿈은 그것이 축제로 기념되는 것이 아니라 그 자체가 폭력 없는 축제인 혁명이 되는 것이었다.[34] 촛불혁명은 오로지 '함께 의견과 의지를 표명함'이라는 단 한가지 수단만을 사용해 이룩된 혁명이며 그런 의미에서 혁명의 유토피아에 가장 가까이 다가간 혁명이다.

지금 촛불혁명은 현 체제의 민주적 가능성을 실현했고, 그럼으로써 대통령선거에서의 야당 승리라는 제도적 결실을 맺었다. 이로써 촛불혁명의 제1라운드가 종료되었으며, 그것이 남긴 제도적 결실은 새로운 체제로 나아갈 디딤돌이 될 것이다. 하지만 디딤돌만으로 새로운 체제의 도래가 보증되지는 않으며 도래할 체제가 촛불의 형상을 닮을 것임이 확실해지는 것도 아니다. 그런 의미에서 우리는 이제 촛불혁명의 제2라운드 앞에 서 있다고 할 수 있다. 지난가을에서 봄까지 촛불을 들었던 시민들이 불침번의 역할을 자임하고 필요하면 다시 신발끈을 매고 광장으로 나아가 동료시민들과 함께 우정의 정치에 참여할 의지를 가지고 있다면, 이제 30주년을 맞은 87년체제를 온전히 극복하는 것도 가능할 것이다. 그럴 경우 우리는 87년체제가 자신이 열어놓은 민주적 가능성을 최대한 실현한 촛불혁명에 의해서 극복되었다고 즐겁게 말할 수 있을 것이다.[35]

---

**34** 프랑스혁명에서 혁명적 축제의 전개, 그리고 혁명인 축제이자 축제인 혁명에 대한 유토피아적 이상에 대해서는 Mona Ozouf, *Festivals and the French Revolution*, tr. by Alan Sheridan, Harvard University Press 1991 참조.

**35** 같은 논지에서 쓰였고 촛불혁명의 제2라운드에서 이루어져야 할 일들을 조금 더 자세히 기술한 것으로는 졸고 「촛불혁명의 새로운 단계를 향하여」, 『창비주간논평』 2017년 5월 24일 참조.

서론: 몇개의 메타이론적 고찰  새로 집필

제1장 분단체제론의 궤적 『동향과전망』 61호, 2004년 여름호

제2장 사회적 자화상으로서의 분단체제론 (원제: '사회를 말하는 사회'와 분단

　　　체제론) 『창작과비평』 165호, 2014년 가을호

제3장 분단체제와 사립대학: 민주적 개혁의 관점에서  윤지관 외 지음 『사학문제의

　　　해법을 모색한다: 한국 사학의 역사 현실 전망』, 실천문학사 2012

제4장 87년체제와 분단체제: 해방 60주년에 즈음하여  『창작과비평』 130호,

　　　2005년 겨울호

제5장 87년체제와 진보논쟁 『창작과비평』 136호, 2007년 여름호

제6장 촛불항쟁과 87년체제 『창작과비평』 141호, 2008년 가을호

　　　보론: 촛불항쟁과 정치문화  http://bit.ly/1QcXrWQ

제7장 이명박 시대, 민주적 법치와 도덕성의 위기 『창작과비평』 147호, 2010년

　　　봄호

제8장 교육에서의 87년체제 『경제와사회』 84호, 2009년 겨울호

　　　보론: 우리에게 해체할 평준화가 남아 있는가 『사회비평』 37호, 2007년 가

474

분단체제와 87년체제

초판 1쇄 발행 / 2017년 6월 10일

지은이 / 김종엽
펴낸이 / 강일우
책임편집 / 박대우·정편집실
조판 / 박지현
펴낸곳 / (주)창비
등록 / 1986년 8월 5일 제85호
주소 / 10881 경기도 파주시 회동길 184
전화 / 031-955-3333
팩시밀리 / 영업 031-955-3399 편집 031-955-3400
홈페이지 / www.changbi.com
전자우편 / human@changbi.com